Mathias Wagner · Wojciech Łukowski (Hrsg.)

Alltag im Grenzland

Mathias Wagner
Wojciech Łukowski (Hrsg.)

Alltag im Grenzland

Schmuggel als ökonomische Strategie im Osten Europas

Mit einem Geleitwort von Ulrich Mai

VS VERLAG

Bibliografische Information der Deutschen Nationalbibliothek
Die Deutsche Nationalbibliothek verzeichnet diese Publikation in der Deutschen Nationalbibliografie; detaillierte bibliografische Daten sind im Internet über <http://dnb.d-nb.de> abrufbar.

Die Publikation wurde finanziert durch die VolkswagenStiftung Hannover.

1. Auflage 2010

Lektorat: Dorothee Koch / Tanja Köhler

VS Verlag für Sozialwissenschaften ist eine Marke von Springer Fachmedien.
Springer Fachmedien ist Teil der Fachverlagsgruppe Springer Science+Business Media.
www.vs-verlag.de

Umschlaggestaltung: KünkelLopka Medienentwicklung, Heidelberg
Druck und buchbinderische Verarbeitung: STRAUSS GMBH, Mörlenbach
Gedruckt auf säurefreiem und chlorfrei gebleichtem Papier
Printed in Germany

ISBN 978-3-531-17087-9

Inhalt

Vorwort

Ulrich Mai

Das Ende des kommunistischen Regimes 1989/90 war gerade in Polen unstrittig von der großen Mehrheit der polnischen Bevölkerung getragen. Die Folgen der darauf einsetzenden Transformation von der sozialistischen Planwirtschaft zur Marktwirtschaft waren allerdings den wenigsten zu diesem Zeitpunkt einsichtig. Auch 20 Jahre nach der politischen Wende ist besonders die Arbeitslosigkeit in manchen Regionen des Landes dramatisch hoch. Dies betrifft weniger die urbanen Ballungsräume, mehr jedoch die peripheren ländlichen Gebiete, und hier vor allem die nördlichen und östlichen Grenzregionen, in denen bislang neben der meist kleinbäuerlichen Landwirtschaft kaum alternative Erwerbsmöglichkeiten vorhanden sind. Viele der jüngeren qualifizierten Generation haben auf diese Verhältnisse mit einem hohen Maß an saisonaler oder auch permanenter Abwanderung in die Ballungsräume oder ins Ausland reagiert.

Für jene, die bleiben, ist der Grenzhandel eine wichtige Erwerbstätigkeit, die Arbeitslosigkeit und Verarmungsprozesse mildern kann. Das Forschungsprojekt „Grenze als Ressource: Kleinhandel in der Armutsökonomie an der neuen EU-Außengrenze zwischen Nordostpolen und dem Bezirk Kaliningrad" (2005-2008)[1] untersucht nun die Bedeutung des illegalen grenzüberschreitenden Kleinhandels als Teil des informellen Sektors und seine Einbindung in die komplementären Tätigkeiten in bäuerlicher landwirtschaftlicher Subsistenzwirtschaft und Arbeitsmigration, aber auch im formalen Sektor. Gerade der illegale Charakter des Kleinhandels setzt dabei naturgemäß ein hohes Maß an sozialer und kultureller Kompetenz sowie festgefügte soziale Netzwerke von Vertrauen und Berechenbarkeit voraus. Der Fokus der Forschungen lag daher auf den aktiven und reaktiven Strategien russischer und polnischer Kleinhändler mitsamt deren sozialer und kultureller Einbettung in die dörfliche und kleinstädtische Gesellschaft.

1 Die Artikel von Bettina Bruns, Ewa Matejko, Wojciech Łukowski und Mathias Wagner basieren auf Forschungen, die von 2005 bis 2008 im Rahmen des von der VolkswagenStiftung finanzierten Projektes „Grenze als Ressource. Kleinhandel in der Armutsökonomie an der neuen EU-Außengrenze zwischen Nordostpolen und dem Bezirk Kaliningrad" unter der Leitung der Universität Bielefeld (Fakultät für Soziologie) in Kooperation mit der Warschauer Hochschule für Sozialpsychologie (Fakultät für Soziologie) und der Kaliningrader Immanuel-Kant-Universität (Fakultät für Wirtschaftsgeografie) durchgeführt wurden.

Gerade der in diesem Forschungsprojekt eingelöste Anspruch qualitativer Sozialforschung mit einer deutlichen Akzentuierung qualitativer Interviews und teilnehmender Beobachtung – mit Feldforschungsaufenthalten von bis zu einem Jahr in der fraglichen Region – machte eine deutsch-polnisch-russische Zusammenarbeit im Projekt unabdingbar. So ist nicht nur das Forschungskonzept Produkt gemeinsamer Diskussionen, sondern während des gesamten Verlaufs der empirischen Forschungen waren die erhobenen qualitativen Daten und die Erprobung der Methoden Gegenstand intensiver Diskussion. Dies geschah während der gemeinsamen Feldforschung, vor allem aber in den zahlreichen projektinternen Workshops, wie auch auf einer zusätzlichen internationalen Konferenz, auf der die Ergebnisse einer breiteren Öffentlichkeit vorgestellt wurden. Gerade der internationale Charakter der Diskussion im Projekt war eine wichtige Hilfe bei der Vermeidung kultureller Wahrnehmungsbarrieren in der sozialwissenschaftlichen Hermeneutik.

Bei der Würdigung der internationalen Zusammenarbeit muss betont werden, dass auf den Erfahrungen gelungener Kooperation in einem vorausgegangenen, ebenso von der VolkswagenStiftung beförderten Forschungsprojekt in derselben Region (zur interethnischen Verständigung über Heimat in Masuren nach 1945) aufgebaut werden konnte. In ihm hatte sich die Kooperation mit Prof. Dr. Wojciech Łukowski und seinem Forscherteam von der Universität Warschau bereits bewährt. Daneben waren naturgemäß die seinerzeit erworbenen regionalen und kulturellen Kompetenzen der Beteiligten hilfreich. Das Bielefelder Forscherteam bedankt sich sehr herzlich für die seit ca. 15 Jahren anhaltende zuverlässige Zusammenarbeit mit den Kollegen und Kolleginnen in Warschau. Sie ist ein hervorragendes Beispiel gelungener deutsch-polnischer Kooperation.

Besonderer Dank geht an die VolkswagenStiftung, deren großzügige Förderung mit weitgehend paritätischer Ausstattung und zahlreichen Workshops die aufwändigen Forschungen mit ihrem intensiven projektinternen Diskurs und langen Feldaufenthalten, nicht zuletzt auch die mit diesem Band erfolgende Präsentation der Forschungsergebnisse erst möglich gemacht hat.

Ein herzlicher Dank geht im Übrigen an jene, die bei Behörden und Institutionen den Forschenden Auskunft, gleich welcher Art, erteilt haben. Auch die Wahrnehmung des illegalen Kleinhandels bei Behörden, unter Nachbarn und in der weiteren Bevölkerung war für die Forschung wichtig. Ein besonders herzlicher Dank gilt aber den Akteuren des Kleinhandels, die nicht nur bereitwillig in Interviews Auskunft gaben, sondern während der teilnehmenden Beobachtung den Forschern und Forscherinnen gleichsam als Experten zur Verfügung standen und Einblick gewährten in die Grauzone eines Leben, das in gleicher Weise von Romantikern verklärt, von der Obrigkeit dämonisiert und von manchen Realisten als Alltag abgetan wird.

Einleitung: Von Grenzen und ihrer Überwindung

Wojciech Łukowski und Mathias Wagner

Überlegungen zu Grenzen und den Welten an der Grenze gehörten über Jahrzehnte zu den wichtigsten Reflexionsfeldern der polnischen Sozialwissenschaften. Das ist in gewissem Sinne paradox, denn infolge von Veränderungen während und nach dem Zweiten Weltkrieg ist Polen ein in hohem Maße kulturell und ethnisch homogenes Land geworden. In dem polnischen Interesse an Grenzen und Grenzländern ist gleichzeitig auch eine Neigung zur Idealisierung erkennbar: Grenzgebiete werden als Orte eines Kulturaustausches mit einer überdurchschnittlichen Dynamik verstanden, der das Leben der Bewohner bereichert. Mit einer Prise Ironie könnte man daraus die Forderung nach der Umwandlung jeder Gemeinschaft in eine Grenzgemeinschaft ableiten.

Nach 1990 offenbarte sich die Freude über die wiedergewonnene Freiheit unter anderem auch in der Infragestellung eines kulturell homogenen polnischen Staates. Im Kontext der Tragödie auf dem Balkan schaute man unruhig auf die russischen, litauischen und belarussischen Nachbarn, jedoch seltener auf die Tschechen, Slowaken oder Deutschen.

Als lediglich ein Spalt in der östlichen Landesgrenze zu erkennen war, jedoch noch nicht die volle Öffnung, setzte sich eine überaus friedliche Massenmobilität in Gang, deren Ziel der Handelsaustausch war. Es gab kaum eine polnische Stadt, die nicht von Händlern aus dem Osten angesteuert wurde. Unter den Kleinhändlern, die legalen Handel betrieben, und jenen, die in großem Umfang im Rahmen der organisierten Kriminalität agierten, gab es jedoch nur relativ wenige ‚Profis'. Die meisten von ihnen waren ‚Amateure', die nahezu alles feilboten, vor allem aber sozialistische Erzeugnisse von schlechter Qualität. Manchmal musste man den Eindruck gewinnen, dass die Waren eher irrelevant waren. Was zählte, waren Bewegung, Begegnung und Freiheit.

Die Ansprüche wuchsen jedoch rasch, denn die Händler bekamen bald auch die globale Konkurrenz aus China zu spüren. Über die Übergänge, wie z. B. an der Grenze Polens zum Kaliningrader Gebiet, wurden nun vor allem Zigaretten, Alkohol, Benzin und Diesel nach Polen eingeführt. Die Grenze erwachte zu neuem Leben, ja sie boomte geradezu, doch nicht so, wie sich das Politiker und Befürworter einer polnisch-russischen bzw. europäisch-russischen Zusammenarbeit vorgestellt hatten. Anstatt den legalen Handelsaustausch und Personenverkehr zu fördern, begannen die Anwohner der grenznahen Region den Übergang zum Aufbau eines informellen Handelsnetzes zu nutzen.

Man schätzt, dass sich 99 % aller Reisenden an diesen Grenzübergängen, wie dem am weitesten im Osten gelegenen Übergang Gołdap-Gusev, auf den Weg machen, um Zigaretten, Alkohol und Treibstoff in Russland zu kaufen. Zugleich reisen die Russen mit demselben Sortiment nach Polen ein. In diesem Warendreieck kommt den Zigaretten eine besondere Bedeutung zu, denn sie lassen sich relativ leicht schmuggeln und versprechen zudem die höchsten Gewinne. Die billigsten Zigaretten werden in Russland schon für rund 10–15 Cent pro Schachtel verkauft, während in Polen der Preis im offiziellen Handel bei mehr als 2 EUR liegt, und in Ländern der ‚alten' EU eine Zigarettenschachtel 5 EUR und mehr kostet. Damit ergeben sich Handelsspannen, die den Schmuggel zu einem lukrativen Geschäft machen.

Als Bindeglied zwischen der Europäischen Union und Russland fungiert zurzeit nicht der *Nord Stream,* sondern ein *Stream* von gesundheitsschädlichen Zigaretten. Wie hoch der Schaden an Gesundheit und in soziokultureller Hinsicht ist, und inwiefern sich dahinter auch ein Modernisierungspotenzial verbirgt, lässt sich nur schwer schätzen. Viele der von uns befragten Schmuggler reinvestierten ihre Erlöse in die Modernisierung bzw. den Bau ihrer Häuser, in die Ausbildung ihrer Kinder oder die Gründung einer legalen Firma.[1] Viele Schmuggler sind auch auf ihre Weise ‚süchtig' nach der Grenze, nach dem Schmuggel, nach Alkohol und Nikotin geworden.

Die polnisch-russische Grenze, auch wenn sie stabil ist und bisher von niemandem infrage gestellt wird, ist eine der am wenigsten ‚selbstverständlichen' Grenzen im heutigen Europa. Sie hat nicht nur die in Jahrhunderten gewachsenen regionalen Strukturen durchtrennt, indem sie das frühere Ostpreußen in den südlichen – nun polnischen – und den nördlichen – einst sowjetischen – Teil spaltete, sondern wurde nach 1945 auch noch von einem nahezu kompletten Bevölkerungsaustausch auf beiden Seiten der Demarkationslinie begleitet.

Infolge dieser Veränderungen liegen Städte wie Gołdap heute an der Grenze zwischen Russland und der westlichen Welt. Geografisch ist von dort der Weg in die russischen Metropolen kürzer als nach Brüssel, London oder Paris. Über das 30 Kilometer nördlich von Gołdap gelegene russische Gusev verläuft eine Bahnlinie, die Kaliningrad mit Moskau oder St. Petersburg verbindet. 30 km östlich von Gołdap liegt das Dreiländereck Russland-Polen-Litauen und 3 km nördlich befindet sich der polnisch-russische Grenzübergang.

1 Von 2005 bis 2008 wurde, finanziert von der VolkswagenStiftung, in dem Forschungsprojekt „Grenze als Ressource: Kleinhandel in der Armutsökonomie an der neuen EU-Außengrenze zwischen Nordostpolen und dem Bezirk Kaliningrad" der Schmuggel untersucht.

Der gesamte polnische Grenzstreifen zum Kaliningrader Gebiet ist von akuter Armut, Rückständigkeit und einer Arbeitslosigkeit von bis zu 40 Prozent betroffen. Im Jahr 1947 wurden hierher im Rahmen der sog. „Akcja Wisła“ Menschen ukrainischer Herkunft aus dem polnisch-ukrainischen Grenzgebiet zwangsweise umgesiedelt.[2] Hier entstanden schließlich große staatliche landwirtschaftliche Betriebe, die häufig auf Flächen wirtschafteten, die bis Kriegsende im Besitz ostpreußischer Adliger waren. Die Arbeit dort wirkte sich eher demoralisierend auf die Mitarbeiter aus, da sie wenig Raum für unternehmerisches Handeln und Geschick bot. Als zu Beginn der 1990er-Jahre im Zuge der von Leszek Balcerowicz entworfenen Reformen die staatlichen Güter abgewickelt wurden, wurde gleichzeitig an der Grenze zu Russland nicht nur der wichtigste, sondern vielerorts auch der einzige Wirtschaftszweig abgeschafft. Die vom sozialistischen System ‚geschaffenen' Menschen landeten im real existierenden Frühkapitalismus. Die Öffnung der Grenze zum bis dato nahezu komplett abgeriegelten Kaliningrader Gebiet und die Errichtung von Grenzübergängen stellte somit eine unverhoffte Chance auf ‚Beschäftigung' dar, und das fast tägliche Passieren der Grenze garantierte nicht nur das pure Überleben, sondern nicht selten auch einen relativ guten Wohlstand.

Allerdings weisen die Autorinnen und Autoren dieses Bandes auch auf ein Potenzial der Grenzgebiete jenseits einer Mythologisierung von modernen Tugenden der Mobilität hin. Die Mobilität der Schmuggler geht nämlich mit einer sozialen Deformation einher, die von Fatalismus begleitet wird. In diesem Sinne kann man durchaus konstatieren, dass sich die geografische und politische Peripherie der Region mit einer sozialen Peripherie multipliziert. Deswegen beinhaltet dieses Buch vor allem eine Reflexion über die Regeln der Modernisierung, wie sie sich an europäischen Randgebieten vollzieht. Vielleicht ist das Geschehen am östlichen Grenzraum der Europäischen Union ein genauso relevanter Hinweis auf den Erfolg des europäischen Projekts wie das intensive Wachstum in den großen Metropolen und Regionen.

Im deutschsprachigen Raum gewinnt der sozialwissenschaftliche Diskurs über Funktion, Aufbau und die Raumdimension von Grenzen seit dem Fall der innereuropäischen Grenzen zunehmend an Bedeutung (vgl. z. B. Haase et al.

2 Als „Aktion Weichsel“ (pol. Akcja Wisła) wird die Zwangsumsiedlung von polnischen Staatsbürgern ukrainischer und lemkischer Ethnizität aus dem Südosten von Polen in den Norden und Westen bezeichnet. Vorausgegangen waren anhaltende Kämpfe der UPA (Українська повстанча армія – dt. Ukrainische Aufstandsarmee) gegen das polnische Militär. Ziel der UPA war die Schaffung eines selbstständigen ukrainischen Staates mit bürgerlicher Regierung, dessen Staatsgebiet auch Teile Polens umfassen sollte. Formaler Auslöser der Umsiedlung war die Ermordung des polnischen Generals Świerczewski am 28. März 1947 durch die UPA. Daraufhin wurden vom 28. April bis 31. Juli 1947 ca. 140.000 Personen umgesiedelt und 1.509 Angehörige der UPA getötet oder verhaftet. Mit der Umsiedlungsaktion entzog man der Partisanenarmee UPA ihre Basis (Motyka 1998, Filar 1997).

2004, Eigmüller/Vobruba 2006, Eigmüller 2007). Weniger erstaunlich ist dieser Prozess, bedenkt man die verstärkte Abwehr von Waren und Menschen an den äußeren Grenzen der Europäischen Gemeinschaft. Allerdings haben die Sozialwissenschaften lediglich Teilbereiche behandelt. Diskursbeherrschend sind neben Überlegungen zur Frage der Entwicklung einer Soziologie der Grenzen sowie der Institutionalisierung von Grenzen vor allem Fragen der Migration bzw. der verhinderten Immigration in die EU. In journalistischen und sozialwissenschaftlichen Publikationen dominieren vor allem Aspekte der illegalen Zuwanderung, die Gewährung von Asyl und die Öffnung der Arbeitsmärkte. Und zu Recht fordern die dramatischen Szenen im Mittelmeerraum und den südlichen Anrainerstaaten unser Engagement dahingehend heraus, Europa nicht zu der sprichwörtlich ‚uneinnehmbaren Festung' werden zu lassen.

Wenig Beachtung wurde dagegen der Entwicklung an den Ostgrenzen der EU geschenkt, soweit sie nicht Fragen der illegalen Einreise betrafen. Dabei hatte sich an den Grenzen zwischen den Staaten, die ehemals Republiken der Sowjetunion waren, und ihren mitteleuropäischen Nachbarn schon seit Anfang der 1990er-Jahre ein reger informeller Kleinhandel entwickelt. Faktisch handelt es sich um Schmuggel, der innerhalb weniger Jahre und mit erstaunlicher Langzeitwirkung zur zentralen Erwerbsquelle für umfangreiche Bevölkerungsgruppen wurde. Verständlich ist die Intensität des Schmuggels nur vor dem Hintergrund einer mit Arbeitslosigkeit verbundenen Verarmung breiter Bevölkerungsschichten. Da sich der Schmuggel auf Alltagsprodukte konzentriert, die allerorts auch legal zu erwerben sind, und lediglich ein Preisgefälle zwischen den Staaten ausnutzt, erscheint er zunächst unspektakulär. Trotzdem ist das Phänomen gesellschaftlich relevant und somit ein sozialwissenschaftliches Forschungsthema, da der Schmuggel für eine große Bevölkerungsgruppe zu einer tolerierten Erwerbstätigkeit geworden ist.

Obwohl der Schmuggel als Teil der informellen Ökonomie den Bruch von Normen und Werten einschließt, wird er in der betroffenen Region nicht nur von einer Vielzahl der Einwohner einschließlich der Bürgermeister und Gemeindevertreter toleriert. Der Schmuggel scheint die üblichen Wertmaßstäbe ‚auf den Kopf' zu stellen, wenn Bürgermeister den Schmugglern Tipps geben, wie sie die Zollgesetze umgehen können. Jedoch existiert der Schmuggel nicht losgelöst von den sozialen und ökonomischen gesellschaftlichen Bedingungen und wird erst aus dem Alltag der Bewohner an der Peripherie Europas verständlich.[3]

Der vorliegende Band präsentiert Forschungen von polnischen, tschechischen, rumänischen, französischen und deutschen Wissenschaftlern, die über

3 Obwohl der hier untersuchte Schmuggel sich nur auf alltägliche legale Produkte bezieht, stellt dieser Aspekt eine Parallele in der Untersuchung von Mendoza Rockwell (2009) zur Integration des Drogenschmuggels in einem mexikanischen Dorf dar.

Schmuggel und die Lebensbedingungen der Bevölkerung an der EU-Ostgrenze gearbeitet haben. Damit will der Band zum einen Einblicke in den aktuellen Stand der Forschungen zu den sozioökonomischen Verwerfungen der mittelosteuropäischen Transformationsstaaten geben, und zum anderen auf der Handlungsebene die Einbettung des Schmuggels in den Alltag der Akteure analysieren. Obgleich sich andere Autoren ebenfalls mit den Fragen des informellen Kleinhandels befasst haben (vgl. die Literaturhinweise bei Grygar in diesem Band, auch Hann 2002), und auch die Arbeiten des Leipziger Instituts für Länderkunde (Haase et al. 2004) hier einen wichtigen Beitrag geleistet haben, wurden die sozioökonomischen Hintergründe des Schmuggels erstaunlicherweise bisher kaum auf der Akteursebene im lokalen gesellschaftlichen Kontext erforscht. Überhaupt scheint der Schmuggel in der deutschsprachigen sozialwissenschaftlichen Literatur kein relevantes Thema zu sein. Die einzige uns bekannte Ausnahme stellt die Arbeit von Dieter Haller (Haller 2000) zum Warenschmuggel an der Grenze zwischen Gibraltar und Spanien dar. Erst vor kurzem sind weitere Publikationen erschienen, die sich mit dem Phänomen auseinandersetzen (Heller/Arambaşa 2009, Łukowski et al. 2009).

Insoweit hat das von der VolkswagenStiftung von 2005 bis 2008 finanzierte Forschungsprojekt „Grenze als Ressource: Kleinhandel in der Armutsökonomie an der neuen EU-Außengrenze zwischen Nordostpolen und dem Bezirk Kaliningrad“ ein bisher sozialwissenschaftlich kaum erschlossenes Feld bearbeitet. Unter der Leitung der Fakultät für Soziologie der Universität Bielefeld und in Kooperation mit der Warschauer Hochschule für Sozialpsychologie sowie der Kaliningrader Immanuel-Kant-Universität arbeiteten Wissenschaftler aller drei Universitäten in dem Projekt zusammen. In einjährigen Feldforschungen, deren zentraler Aspekt die teilnehmende Beobachtung im Alltag der Schmuggler und die Teilnahme an ihren Handelsfahrten bildeten, gelang es, die Hintergründe, Motive und Lebenszusammenhänge der Bevölkerung zu erkunden.

Die Herausgeber bedanken sich bei Piotr Żwak für die Übersetzung der polnischen Texte von H. Bojar, W. Łukowski, E. Matejko und E. Tarkowska sowie bei Lubor Spis für die Übersetzung des Artikels von J. Grygar aus dem Tschechischen. Das Lektorat wurde von Matthias Öhler, Rheinschrift, durchgeführt. Wir danken der VolkswagenStiftung für die großzügige Finanzierung der Herausgabe des Buches, die erst die Übersetzungen ins Deutsche ermöglichte. Anmerken möchten die Herausgeber noch, dass die überwiegende Verwendung der männlichen Personenbezeichnungen in den Texten einer besseren Lesbarkeit geschuldet ist, wir uns der damit verbundenen Einschränkung aber bewusst sind.

1 Neue Armut an Europas Ostgrenzen

Soziale Ökonomie der Armut: Kontinuität und Wandel

Elżbieta Tarkowska

Die soziale Ökonomie ist ein sehr weit gefasster Begriff. Im Vordergrund stehen dabei die soziale Dimension wirtschaftlicher Aktivitäten, besondere Formen unternehmerischer Tätigkeit sowie Werte wie Solidarität, Verantwortung, Vertrauen, Beteiligung und soziales Engagement. Im Gegensatz zur Marktökonomie, die nach Gewinn strebt, geht es der sozialen Ökonomie um Befriedigung von Bedürfnissen, die hier als Schlüsselwert gelten.

Im sozialpolitischen Diskurs in Polen, insbesondere im Bereich der Nichtregierungsorganisationen, wird die soziale Ökonomie in enger Verbindung mit Armut und sozialer Ausgrenzung gesehen. Es handelt sich dabei um Institutionen und Maßnahmen zur Förderung der sozialen Integration und Chancengleichheit von Benachteiligten, um soziale und wirtschaftliche Initiativen als wichtige Instrumente zur Bekämpfung dieser Probleme. Diese Initiativen und Maßnahmen werden institutionell unterschiedlich gestaltet und funktionieren als Genossenschaften, gesellschaftliche und soziale Betriebe, Versicherungsvereine auf Gegenseitigkeit, Genossenschaftsbanken, Mikrokredite u. v. a.

In meinem Beitrag fasse ich die soziale Ökonomie der Armut anders auf. Mir geht es nämlich um informelle, spontane (wenn auch häufig institutionalisierte) Aktionen und gewerbliche Aktivitäten von unten, die von einzelnen Personen und ganzen Familien als Strategien zur Bewältigung ihrer schwierigen Lebenslage ergriffen werden (sog. „coping strategies"). Es handelt sich um Strategien, die angesichts extremer Armut und Not die eigene Lage verbessern sollen.

Langjährige Untersuchungen der Armut und Arbeitslosigkeit aus mehreren Ländern haben bestätigt, dass sich die Strategien mittelloser Menschen wiederholen und eine auffallende Beständigkeit aufweisen. Ein ähnliches Repertoire von ergriffenen Gegenmaßnahmen finden wir z. B. in der Arbeit „Die Arbeitslosen von Marienthal" von Jahoda/Lazarsfeld/Zeisel (1933) und in den „Pamiętniki bezrobotnych" (Pamiętniki 1933), in zahlreichen zeitgenössischen britischen Untersuchungen sowie in der aktuellen Studie „Warunki życia społeczeństwa polskiego: problemy i strategie" vom CBOS[1] aus dem Jahr 2007, wo nach den Le-

1 CBOS (Centrum Badania Opini Społecznej): polnisches Meinungsforschungsinstitut.

bensbedingungen und dem Wohlbefinden der Polen gefragt wurde (Zagórski 2009). Variabel ist die Quantität, Verbreitung und die konkrete Ausgestaltung einzelner Maßnahmen, doch ihr Katalog bleibt nahezu unverändert. In der vorstehenden Beschreibung der sozialen Ökonomie der Armut, also bei der Darstellung der Strategien, die das Überleben garantieren und die Bedürfnisse der Menschen in Armut befriedigen, möchte ich mich auf die Situation in Polen konzentrieren.

Die Armut bildet eines der schwierigsten sozialen Probleme, das während der Transformation Polens zur Marktwirtschaft entstanden ist. Ihren Höhepunkt erreichte sie in den Jahren 2003–2004, als 20 % von Armut und 12 % von extremer Armut betroffen waren. Gleichzeitig lag in den Jahren 2002–2003 die Arbeitslosenrate bei 20 %. Die entsprechenden Zahlen sind zwar in den letzten Jahren deutlich zurückgegangen – die Armut auf ca. 17 % im Jahr 2008 (auf 5,6 % in ihrer akuten Form) und die Arbeitslosenrate auf 10,7 % im Juni 2009 (GUS 2009a, GUS 2009b), trotzdem stellen beide Phänomene nach wie vor ein wichtiges und gravierendes Problem dar. In Polen, wie überall, war und ist die Armut ein komplexes, differenziertes und variables Phänomen, das durch mehrere Faktoren bedingt ist. Zu den wichtigsten Eigenschaften der polnischen Armut gehören:

- Ihre Konzentration auf dem Lande
- Ihre Nachhaltigkeit und gar ihre ‚Vererbung' in manchen Gruppen
- Ihre Regionalisierung und Konzentration sowohl in städtischen als auch ländlichen Enklaven
- Die Verbindung mit Arbeitslosigkeit und schlecht bezahlter Arbeit
- Das junge Alter der Betroffenen, also Armut von Kindern, Jugendlichen und kinderreichen Familien
- Die besondere Form einer Feminisierung der Armut (vgl. Tarkowska 2005)

Ich erwähne diese Eigenschaften, da sie sich in Entscheidungen über die Wahl der jeweiligen Strategie und die Form ihrer Umsetzung durch einzelne Personen und ganze Familien widerspiegeln.

Ähnlich vielfältig sind demzufolge auch Strategien, die von den betroffenen Menschen gewählt werden. Sie hängen von verschiedenen Faktoren ab: Zum Ersten von der Tiefe und Dauer der Armut – manche Strategien begleiten eine leichte, andere eine tiefe Armut, unterschiedlich sind auch die Gegenmaßnahmen bei einer kurzen bzw. einer mehrjährigen Not. Zum Zweiten wird die Wahl einer Strategie durch den Charakter der Einkommensquellen der privaten Haushalte bedingt: Entscheidend ist hier, ob es sich dabei um eine Beschäftigung (welcher Art auch immer: versicherungspflichtig, Gelegenheitsarbeit, Niedriglohnsektor) oder um Sozialleistungen und andere Zahlungen handelt. Zum Dritten werden auf dem Lande andere Maßnahmen als in der Stadt angewandt, und auch in armen Regionen mit hoher Arbeitslosigkeit unterscheiden sie sich von denen in relativ wohlhabenden Regionen. Zum Vierten wird die Strategie von der Struktur der betroffenen Familie beeinflusst: ob es sich um eine Familie mit Kindern bzw. um allein erziehende Elternteile handelt. Wichtig ist schließlich auch die Zahl der unterhaltsberechtigten Kinder. Zum Fünften wird die Wahl der konkreten Strategie durch die Verfassung der einzelnen Familienmitglieder bedingt, d. h. durch Alter, Geschlecht, Ausbildung, Qualifikationen und Gesundheitszustand (Krankheiten und Behinderungen).

Bei der Schilderung der Armut in Polen berufe ich mich auf Erkenntnisse aus den letzten Jahren, darunter auf Ergebnisse meiner eigenen Untersuchungen (Tarkowska 1999/2000/2001/2002, Tarkowska/Korzeniowska 2002, Tarkowska et al. 2007) sowie auf das außergewöhnliche empirische Material aus den mehrbändigen „Pamiętniki bezrobotnych“, die als Ertrag eines im Jahr 2000 ausgeschriebenen Wettbewerbs erschienen sind (Pamiętniki 2003–2008). Da manche Praktiken informellen Charakter haben, gesellschaftlich missbilligt werden und zuweilen auch illegal sind, erschließen sie sich der Forschung nur schwer. Deshalb muss man sich hier und da auf eine sehr vorläufige Exploration beschränken oder sogar Berichte aus den Medien heranziehen, die dann als ergänzende Quellen dienen.

1 Strategien angesichts der Armut

In dem Buch „Die Arbeitslosen von Marienthal“ von Maria Jahoda, Paul Lazarsfeld und Hans Zeisel wird das Leben in einer von Arbeitslosigkeit betroffenen Arbeitersiedlung in der Nähe von Wien beschrieben. Wir lesen dort, dass Menschen Kohlen auf dem Bahnhof sowie Kohl und Kartoffeln von den Feldern gestohlen, Katzen und Hunde gefangen und verspeist, das Angelrecht verletzt und gefangene Tiere und Vögel illegal verkauft haben. Um der Armut zu entkommen, bauten arbeitslose Marienthaler auch Gemüse an, züchteten Kaninchen, arbeiteten in Gelegenheitsjobs und nahmen in äußersten Fällen Beihilfen der Kommune in Anspruch. Der Mangel an Ressourcen führte zum Rückgang des Konsums, der um 75 % gesunken war, und zum Verzicht auf viele Aktivitäten. Beim Wirtschaften mit begrenzten Mitteln setzten die Betroffenen auf detailliert durchdachte Kalkulationen (Jahoda et al. 1933).

In den polnischen „Pamiętniki bezrobotnych“, veröffentlicht ebenfalls im Jahr 1933, werden vielfältige Bewältigungsstrategien genannt: Gelegenheitsarbeiten (auf dem Bau, bei Renovierungen), Hausieren, Handel mit selbst erzeugten Artikeln, Verkauf von Waldfrüchten und Pilzen, Ausverkauf von Hausrat und Kleidern, Verpfändung von Wertsachen, Hilfe durch Angehörige und frühere Arbeitskollegen, Beihilfen des Staates und der lokalen Gemeinschaft, verdeckte Formen von Betteln (Singen in Hinterhöfen), Sammeln von Abfällen, kleine Diebstahldelikte (Gemüse aus fremden Gärten, Kohlen vom Bahnhof), Waldarbeiten und Prostitution. Die „Pamiętniki" schildern auch drastische Sparstrategien, Erfahrung von Hunger, Schwächeanfälle, unbeheizte Wohnungen, Mangel an Kleidung und Hausrat. Heute werden nicht minder drastische Maßnahmen ergriffen, die auf die Beschränkung von Bedürfnissen, Kürzung der Ausgaben und Erschließung neuer Verdienstmöglichkeiten abzielen.

Um dieses Phänomen erfassen zu können, wurde das gesammelte Wissen in Form von Typologien geordnet. Unter zahlreichen Angeboten werden in der wissenschaftlichen Literatur besonders häufig zwei Typen von Strategien genannt, die nach Stephen Gilliat Strategien zur Vermehrung der Ressourcen und zur Minimierung der Ausgaben genannt werden (Gilliat 1001: 65). Andere Forscher (Drozdowski 2001) sprechen von offensiven (Handeln, Investitionen) und defensiven Strategien (Einschränkung der Bedürfnisse und Konsumansprüche) bzw. von Strategien, die der Aufstockung der Einnahmen und der Begrenzung der Bedürfnisse und Ausgaben dienen sollen (Staszyńska/Zagórski 2009). Erneut finden wir hier eine Unterscheidung zwischen Maßnahmen, die das Maximieren von Ressourcen bzw. Einnahmen einerseits, und die Beschränkung von Ansprüchen und das Minimieren der Ausgaben andererseits zum Ziel haben.

Eine ähnliche (obwohl anders genannte) Aufteilung schlägt Róża Milic-Czerniak vor. In ihrem Artikel „Zachowania przystosowawcze do nowych warunków ekonomicznych" (1999) unterscheidet sie zwischen lang- und kurzfristigen Strategien. Zu den langfristigen zählt sie:

- Sozialdemografische Strategien bei der Entscheidung über die Zahl der Kinder
- Ökonomische Strategien, wenn durch Arbeitsplatzwechsel, Umschulung, Fortbildung oder Migration das Einkommen erhöht werden soll
- Soziale Strategien bei der Bildung von Netzwerken und Arbeitslosenorganisationen (Milic-Czerniak 1999: 55)

Bei den kurzfristigen Strategien mit wirtschaftlicher Dimension, die zur Aufstockung der fehlenden Mittel für den täglichen Bedarf führen sollen, trennt die Autorin passive, aktive und krisenbedingte Strategien (Milic-Czerniak 1999: 61). Als passive Strategie nennt sie Sparen und Begrenzen von Bedürfnissen und Ausgaben, Rückgriff auf Ersparnisse und Inanspruchnahme der Unterstützung von Familienangehörigen und Freunden, Verkauf von Dienstleistungen und Eigenprodukten (Prosumption) sowie ständiges Reparieren diverser Geräte, um ihre Betriebszeit zu verlängern (Milic-Czerniak 1999: 58). Aktive Strategien umfassen dagegen Maßnahmen zur Verbesserung der Einkommenssituation: zusätzliche Beschäftigung, Herstellung von Verkaufsgütern, Verkauf eigener Zeit und Fertigkeiten, Aufnahme von Investitionskrediten mit Hinblick auf künftige Einnahmen. Krisenstrategien umfassen wiederum den Rückgriff auf bisherige Ressourcen in Form von Ersparnissen, Kapitalrücklagen und Rentenfonds, den Ausverkauf von Artikeln des täglichen Bedarfs aus dem Haushalt, Verpfändung von Wertsachen und Inanspruchnahme der Sozialhilfe. Es handelt sich bei ihr um eine grundlegende Unterscheidung zwischen der Begrenzung von Ansprüchen und Ausgaben auf der einen, und der Aufstockung der Einnahmen auf der anderen Seite. Doch scheint die Terminologie nicht ganz glücklich gewählt zu sein, besonders der Begriff „passive Strategien“, da sich hinter ihnen doch Entscheidungen und Maßnahmen verbergen, die zuweilen mit großem Aufwand von Zeit und Energie einhergehen.[2] Ruth Lister weist in ihrem Buch „Poverty“ nach, dass sämtliche Bewältigungsstrategien, die von Betroffenen ergriffen werden, ihr aktives Handeln zum Ausdruck bringen (Lister 2007)Elam beschreibt sechs Strategien, mit deren Hilfe die fehlenden Einkünfte aufgestockt werden sollen (Elam et al. 2000: 219–220):

- Informelle, finanzielle bzw. materielle Unterstützung seitens der Angehörigen und Freunde: Darlehen, Sachleistungen, Spenden
- Verkauf bzw. Tausch von Gütern, Eigenprodukten, Leistungen und eigenen Fertigkeiten an nicht zur Familie gehörende Personen
- Selbstversorgung durch Handwerk bzw. Ackerland
- Rückgriff auf Ersparnisse, Kapital, Versicherungen, Rentenfonds, Hypotheken
- Diebstahl, Hehlerei, Drogenhandel und andere illegale Methoden zur Aufstockung fehlender Einkommen
- Aufnahme von Krediten und Verschuldung: Einsatz von Kreditkarten, Bonuskarten, Einkäufe bei Discountern, Sonderangebote usw.

2 Die Schwäche dieser Bezeichnung besteht in den unerwünschten Assoziationen mit dem stigmatisierenden Armutsdiskurs, der Notleidenden Passivität und Anspruchsdenken attestiert, sowie in einem traditionellen Verständnis von Arbeit, das der von Frauen geleisteten unbezahlten Arbeit eine nur marginale Bedeutung zukommen lässt, während sie in Wirklichkeit angesichts der Armut eine ungemein wichtige Rolle spielt. Als Rechtfertigung kann man vielleicht anführen, dass sich der Vorschlag der Autorin nicht nur auf Armut, sondern generell auf Anpassung an die neuen Bedingungen bezog.

In dem vorliegenden Beitrag greife ich auf einige dieser Überlegungen zurück und übernehme von vielen Autoren die generelle Einteilung der Strategien in solche, die auf der einen Seite Ausgaben und Ansprüche reduzieren, und auf der anderen das Einkommen maximieren sollen. Von britischen Forschern übernehme ich das universelle Muster der Unterstützung durch Familie und Freunde sowie die Kategorie der illegalen Maßnahmen zur Armutsbekämpfung. Dieser Vorschlag brachte mich auf die Idee, nach illegalen bzw. gesellschaftlich missbilligten Strategien zu suchen, die von Betroffenen eingesetzt werden. Einige Bewältigungsstrategien sind wohl bekannt, erforscht und beschrieben, wie z. B. die diversen Spartechniken, informelle bzw. formelle Leistungen, Leben mit Schulden oder die aktive Erschließung neuer Einnahmequellen. Über andere Strategien, die sich der Forschung nur schwer erschließen (z. B. Prostitution, Diebstahl, Wilderei, Schmuggel u. v. a.) wissen wir dagegen wenig. Im Folgenden sollen sie zumindest angedeutet werden. Zu bedenken ist auch, dass sich einige der dargestellten Strategien nicht allein auf Armut beziehen, sondern lediglich als Methoden zur Verbesserung der Einkommenssituation und der Ressourcen dienen.

2 Die Strategien der Polen

Die Ergebnisse einer Untersuchung, die Róża Milic-Czerniak 1995 in fünf früheren kommunistischen Ländern (in Polen, Ungarn, der Slowakei, Tschechien und den neuen Bundesländern) durchgeführt hatte, zeigten, dass die Polen die meisten Strategien zur Aufstockung fehlender Einnahmen anwandten. Am weitesten verbreitet war in der ersten Hälfte der 1990er-Jahre die Begrenzung der eigenen Ausgaben (bei 94,5 % der Befragten), gefolgt vom Reparieren alter Gerätschaften (93,1 %), Einkäufen bei Discountern (91,3 %) und Heimarbeit (87,6 %). Im Zeitraum 1990–1995 stieg die Zahl jener, die auf Darlehen bei Familienangehörigen und Freunden (62,8 %) setzten. 39,0 % der Befragten gingen einer zusätzlichen Beschäftigung nach, fast ebenso viele (38,5 %) stellten Anträge auf Beihilfen oder Sozialhilfe. Am seltensten griffen die Polen auf den Lombardkredit (1,8 %), den Verkauf von Hausrat (7,3 %) und Bankkredite (25,7 %) zurück (Milic-Czerniak 1999: 59). In den Jahren 1990–1995 stieg somit der Anteil von Haushalten, in denen Ausgaben begrenzt und Reparaturen, Renovierungen und andere Arbeiten selbst ausgeführt wurden (Prosumption).

Diese Ergebnisse zeigen auch, dass sich die Wahl der jeweiligen Strategie nach der sozialen, demografischen und ökonomischen Lage der Befragten richtet. Das Alter ist insofern bedeutend, dass ältere Menschen weniger Anpassungsmaßnahmen ergreifen; Rentnerhaushalte streben nach einem ausgeglichenen Budget durch „Anpassung der Bedürfnisse und Verzicht auf Ansprüche und Lebensziele“ (Milic-Czerniak 1999: 67). Ältere Menschen und Rentner begnügen sich mit dem früher Erreichten, reduzieren ihre Bedürfnisse, Ausgaben und ändern ihr Konsumverhalten. Arbeitslose ergreifen ebenfalls unterschiedliche Strategien, auch solche, die Milic-Czerniak als „Krisenstrategien“ bezeichnet. Es handelt sich dann um die Aufnahme eines Lombardkredits oder den Verkauf von Hausrat. Nahezu alle Strategien, auch die krisenbedingten, werden eingesetzt, wenn der Bedarf an Lebensmitteln bzw. Kleidern nicht mehr gedeckt werden kann oder wenn es Schwierigkeiten mit der Zahlung von Miete oder Nebenkosten gibt. Die Zahl der eingesetzten Strategien richtet sich auch nach der Zahl der Kinder im Haushalt. Personen mit höheren Qualifikationen und einer besseren Ausbildung setzen eher auf zusätzliche Beschäftigung bzw. auf Bankkredite als Strategie (Milic-Czerniak 1999: 67–68).

Einen allgemeinen Überblick über die von einzelnen Personen und ganzen Familien eingesetzten Strategien liefern auch Ergebnisse einer Langzeituntersuchung des CBOS, in dessen Rahmen repräsentative Gruppen von Betroffenen im ganzen Land untersucht wurden. Sie weisen auf eine Kontinuität und Beständigkeit der gewählten Strategien hin sowie auf eine – generelle – Stabilität ihres sozialen Umfangs (Derczyński 2005). Die wirtschaftliche Erholung, der Rückgang der Arbeitslosenzahlen und der Armut in Polen veränderten sowohl die Zahl einzelner Strategien als auch den Anteil der Menschen mit der jeweiligen Strategie (CBOS 2007).

Bei Geldmangel wird als Strategie am häufigsten die Begrenzung von Ausgaben im Allgemeinen oder zumindest für manche Zwecke praktiziert. Auf eine allgemeine Ausgabenbegrenzung wiesen in den Jahren 1993–2003 ca. 74–79 % der Befragten hin. Im November 2006 waren das nur noch 64 % (CBOS 2007). Im Jahr 2003 verzichteten 82 % der Befragten auf einzelne Ausgaben und 60 % im Jahr 2006. Stabil war auch der Anteil von Personen, die auf die weit verbreitete Unterstützung durch Familienangehörige und Freunde setzten. Diese Zahl schwankte zwischen 22 und 25 % und lag im Jahr 2006 lediglich bei 16 %. Institutionelle Hilfen nahmen 8–10 % der Befragten in Anspruch, 2006 ging ihr Anteil auf 5 % zurück. Der soziale Umfang der Darlehensstrategie hatte sich dagegen verändert. In den Jahren 1993–2003 haben sich 20–26 % und im Jahr 2006 nur 13 % der Befragten dafür entschieden. Auf die eigenen Ersparnisse griffen in den 1990er-Jahren 28 % der Befragten zurück, im Jahr 2006 lediglich 13 %. Ähnlich veränderte sich auch die Zahl jener, die einer zusätzlichen Beschäftigung nachgingen: 1996 waren es 29 %, im Jahr 2006 nur noch 13 % der Befragten (Derczyński 2005: 281–282, CBOS 2007).

Abschließend ist ein Rückgang aller eingesetzten Strategien festzustellen. Demzufolge mussten 28 % der Befragten im Jahr 2007 überhaupt keine zusätzlichen Strategien anwenden (CBOS 2007). Was verbirgt sich hinter einem so gezeichneten Bild der eingesetzten Bewältigungsstrategien? Mit Rückgriff auf qualitative Untersuchungen, Tagebücher, Reportagen und andere Quellen wollen wir folgende Aspekte beleuchten:

1. Sparstrategien, d. h. Begrenzung von Bedürfnissen und Ausgaben
2. Hilfen von Angehörigen und Freunden
3. Institutionelle Hilfen
4. Leben mit Überschuldung
5. Einkommensstrategien, d. h. das Maximieren der Einkünfte
6. Illegale und gesellschaftlich missbilligte Strategien

2.1 Sparstrategien: Begrenzung von Bedürfnissen und Ausgaben

Die oben angeführten Ergebnisse des CBOS belegen einen verhältnismäßig weit verbreitete Sparstrategien mit der Begrenzung von Ansprüchen und Kürzung von Ausgaben – darauf verwiesen 70–80 % der Befragten.[3] Wie aus qualitativen Untersuchungen hervorgeht, bezieht sich diese Praxis auf die Befriedigung zahlreicher bzw. aller – im Falle einer tiefen und lang anhaltenden Armut – Bedürfnisse des alltäglichen Lebens. Die Untersuchung „Dawne i nowe formy ubóstwa – styl życia biednych rodzin" (Tarkowska 2000[4]), die sich mit dem Familienalltag beschäftigte, ergab, dass für arme Familien alles zum schwer lösbaren Problem wird, auch die Befriedigung der täglichen Grundbedürfnisse. Die Sparmaßnahmen beziehen sich auf Lebensmittel, Kleidung, Gesundheit, Körperpflege, Transport, Verkehr, Energie, Heizung, sie betreffen auch Ausgaben für Bildung, Kultur, Unterhaltung, soziale Kontakte und gesellschaftliches Leben.

Die Sparmaßnahmen bedeuten zunächst Einkäufe bei Discountern, auf Märkten, Basaren, bei Straßenhändlern, in Secondhandgeschäften. Es ist sehr zeitaufwändig und umständlich, wenn größere Entfernungen bewältigt und gleichzeitig Fahrtkosten eingespart werden müssen[5]. Gekauft werden Produkte

---

3 Ein Vergleich mit den Ergebnissen der groß angelegten Untersuchung „Warunki życia społeczeństwa polskiego: problemy i strategie" des CBOS von 2007 ist nicht einfach, denn diese beschäftigte sich mit Strategien, die von Familien und nicht von Individuen gewählt wurden. Erwähnenswert ist jedoch, dass rund 85 % der Familien im Jahr 2007 das Prinzip der „Wirtschaftlichkeit" und ca. 80 Prozent Spar- und Darlehensstrategien einsetzten (‚den Gürtel enger schnallen' und Verschuldung) (Staszyńska/Zagórski 2009: 118–122).

4 Ein Kapitel des Buches „Zrozumieć biednego", in dem die genannte Untersuchung enthalten ist, trägt den Titel „Strategie trwania i radzenia sobie z biedą".

5 Über das zeitaufwändige und anstrengende Bewältigen von Entfernungen zu Fuß berichten die Autoren der Tagebücher der Arbeitslosen (Pamiętniki bezrobotnych 2003–2008).

minderer Qualität (Lebensmittel, Kleidung) oder gebrauchte Artikel (Kleidung). Weit verbreitet als Sparmaßnahme ist die Selbstversorgung: Anbau von Gemüse und Obst, Geflügelhaltung und Einkochen. Das betrifft hauptsächlich Familien auf dem Lande oder Städter, die einen Schrebergarten besitzen. Als Sparmaßnahme gelten auch das Pflücken von Waldfrüchten und Sammeln von Pilzen in der Saison, die dann zu Grundnahrungsmitteln[6] bzw. für den späteren Verzehr verarbeitet und eingekocht werden. Die Sparpraktiken beim Essen führen zu Speisen mit niedrigem Nährwert. Dann gibt es Klöße, Kartoffelpuffer, Kartoffeln, Kohl[7], gebratene Zwiebeln, mehrmals benutzte Teebeutel, Schmalz als wichtigstes Fettprodukt, Knochen und Geflügeltorso statt Fleisch, Soßen mit gehackter Wurst als Fleischersatz, mit Wasser verdünnte Milch usw. (Beispiele aus meinen Befragungen). Die Zubereitung dieser Speisen ist sehr zeitaufwändig, anstrengend und stellt eine weitere Belastung für Frauen dar (Tarkowska 2002).

Sparstrategien beruhen auch auf der Verlängerung der Nutzungs- und Betriebszeiten verschiedener Gebrauchsgüter durch ihre Reparatur in eigener Regie. Das bezieht sich heute weniger auf Kleidung, die im Secondhandshop ersetzt werden kann. Selbstständig durchgeführt werden Reparaturen von Haushaltsgeräten oder Renovierungen von Wohnungen; nach den Ergebnissen von 2007 wird diese Strategie von mehr als 70 % der Familien praktiziert (Staszyńska/Zagórski 2009: 122). Die Begrenzung der Bedürfnisse und diverse Spar- und Entbehrungsstrategien beziehen sich auf Kleidung (Kleidung wird gebraucht gekauft, als Geschenk oder Spende angenommen, Jüngere tragen die Sachen älterer Geschwister), Wohnung (unzureichende Ausstattung, Mangel an elementaren Geräten, Renovierungsbedarf), Heizung (um Heizkosten zu sparen wird ein Teil der Wohnung nicht benutzt), Strom (Glühbirnen mit niedriger Leistung, Fernsehen in unbeleuchteten Räumen), Wasserverbrauch oder Telefon (nur zum Empfang und nicht zum Versenden von Nachrichten). Wegen der Sparzwänge läuft man zu Fuß oder fährt mit dem Fahrrad. Gespart wird an Hygieneartikeln und an Medikamenten, weit verbreitet ist die Behandlung von Krankheiten mit häuslichen Mitteln.

Die Einschränkungen betreffen auch Bildung, Teilhabe an Kultur und sozialem Leben sowie Freizeitgestaltung in Form von Unterhaltung und Erholung. Das kulturelle Leben wird eingeschränkt, oft mit der Begründung, dass ein Kinobesuch oder der Kauf einer Zeitung „rausgeschmissenes Geld“ sind, da man ja Filme oder Nachrichten im Fernsehen schauen kann. Private Kontakte werden

6 Über selbst gesammelte Pilze als Grundnahrungsmittel in den Herbstmonaten berichtete die arbeitslose Autorin des Tagebuches „Pamiętnik bezrobotnej matki rok 2000“ (Pamiętniki bezrobotnych 2003–2008).

7 Über die Ernährung mit Kartoffeln und Kohl als Grundnahrungsmitteln berichten aus Nordpolen die Autoren des Buches „Ubóstwo na terenach wiejskich północnej Polski“ (Zabłocki et al. 1999).

eingestellt, weil man doch niemanden „mit leeren Händen“ besuchen kann. „Wir gehen nie aus, gesellschaftliche Kontakte gibt es keine, wir besuchen niemanden, niemand besucht uns“ berichtete eine arbeitslose Frau mittleren Alters aus einer Großstadt.[8] Feiertage, Urlaub, Ferien werden zu Hause verbracht, denn eine Reise – selbst zu Verwandten auf dem Lande – kostet Geld. Die Armut schließt die Menschen im wahrsten Sinne des Wortes zu Hause ein. Die Folgen von Verzicht, Rückzug und die Drosselung der Bedürfnisse bekommen am stärksten die Kinder zu spüren, die auf diese Weise aus dem Kreis ihrer Altersgenossen ausgegrenzt werden. Auch allein lebende Alte werden durch den Mangel an Geld zu Hause ‚eingesperrt’, isoliert und ausgeschlossen.

Den Abschnitt über Sparstrategien möchte ich mit zwei weiteren Aspekten abschließen. Die als kollektiv bezeichneten Bedürfnisse und Ausgaben bilden eine unbestrittene Priorität – Lebensmittel, Miete, Nebenkosten usw. Wenn es jedoch um individuelle Bedürfnisse geht, genießen im Allgemeinen die Bedürfnisse der Kinder Vorrang (sofern es sich um eine intakte Familie handelt), gefolgt von Bedürfnissen der Männer in Form von Zigaretten (manchmal gekauft und rationiert von der Ehefrau) und gelegentlich auch Alkohol. Generell haben Frauen keine privaten, persönlichen Bedürfnisse. Die im Zusammenhang mit Einsparstrategien gewählten Prioritäten offenbaren eine ungleiche Stellung einzelner Familienmitglieder beim Zugang zu Gütern und bei der Befriedigung der Bedürfnisse. Hervorzuheben ist der enorme Einsatz von Arbeit, Zeit und Energie, den Frauen bei der Umsetzung der Sparstrategien leisten. Ruth Lister bezeichnete englische Frauen (1995: 65) als „Managerinnen der Armut“. Wie wir im Folgenden sehen werden, spielen Frauen eine Schlüsselrolle auch bei anderen Strategien, die zur Bekämpfung der Armut ergriffen werden.

2.2 Hilfe durch Familie und Verwandte

Eine der typischen und dauerhaften Strategien, die Arme in Polen ergreifen, ist die Inanspruchnahme informeller Hilfe seitens der Familie und der Verwandten. Diese Angaben macht ein Viertel der durch CBOS befragten Menschen. Auch in der Untersuchung von Róża Milic-Czerniak war dies eine weit verbreitete Strategie, obwohl die Forscherin nach der Unterstützung fragte, die von Verwandten und Bekannten empfangen wurde. Wie die von mir geleitete Untersuchung der Armut in Polen ergab, bildet der erweiterte Familienkreis mit seinem verzweigten Netz von Familienmitgliedern, das grundlegende, manchmal sogar das einzige Milieu armer Menschen. Die Familie bildet die dominierende bzw. einzige

8 Beispiele aus Untersuchungen, die dem Buch „Zrozumieć biednego“ (Tarkowska 2000) entnommen wurden.

Ebene von Kontakten mit Menschen außerhalb des eigenen Haushalts. Die von Armut betroffenen Menschen können auf die Unterstützung durch Angehörige hoffen, durch Nachbarn und Freunde dagegen nicht mehr.[9] Die Befragten haben dafür eine doppelte Erklärung: Zum Ersten gibt es niemanden, von dem man Geld borgen könnte, denn alle sind gleich arm; zum Zweiten kann man nicht auf die Nachbarn setzen, denn diese gehören zu einer fremden, feindlich gesinnten und von Neid geprägten Welt. Angesichts dieser Situation kann man dann nur auf die Unterstützung durch die Familie hoffen.

Wie unsere Forschungen nachgewiesen haben, bilden Spenden und Darlehen die einzige Überlebensmöglichkeit und eine unverzichtbare Einnahmequelle vieler Familien (Palska 2000: 172). Ihre sicherste Quelle sind Familienangehörige; das Leihen bei Verwandten hat keine unangenehmen Folgen in Form von Abhängigkeit bzw. Verunsicherung. Eine versäumte Rückzahlung bleibt in der Regel ohne juristische Konsequenzen. Man leiht am häufigsten von den eigenen Eltern und wendet sich dabei bevorzugt an die Mütter: „Ich gehe zu meiner Mutter, und wenn sie nicht kann, dann geht meine Frau zu ihrer, auf jeden Fall werde ich schon etwas finden.“[10] Eine wichtige Hilfe leisten auch die Großeltern, die mit ihrer Rente die erwachsenen Kinder und Enkelkinder unterstützen. Aus zahlreichen Untersuchungen geht hervor, dass ältere Menschen häufiger Hilfe leisten als sie selbst empfangen. Es handelt sich stets um eine ‚Einbahnstraße’: von Älteren an die Jüngeren. In Familien, die von Dauerarbeitslosigkeit betroffen sind bzw. niedrige Einnahmen erzielen, werden Rentner manchmal zu den „einzigen Ernährern“ der Familien ihrer Kinder und Kindeskinder. Auch die Tagebücher der Arbeitslosen liefern zahlreiche Beispiele für alltägliche Hilfeleistungen innerhalb des Familienkreises.

2.3 Institutionelle Hilfe

Die Untersuchungen des CBOS zeigen, dass Leistungen der Sozialeinrichtungen von 8–10 % der Bevölkerung in Anspruch genommen werden. Nach Roża Milic-Czerniak wird dies als Krisenstrategie gewertet. Zahlreiche, auch meine eigenen, Untersuchungen ergaben, dass sich die Menschen erst in äußerster Not an öffentliche Einrichtungen wenden. Dieser Schritt wird dann von Scham und empfundener Demütigung begleitet:

9 Die Arbeitskollegen werden hier nicht aufgeführt, weil, wie Hanna Palska nachgewiesen hat, der „Austausch unter Kollegen“ eine nun verschwindende Institution darstellt (Palska 2000: 178).
10 Zitat aus eigener Forschung.

„Ich schämte mich zum Sozialamt zu gehen.“

„Am Anfang habe ich mich geschämt. (…) Wenn jetzt jemand etwas bringt, schäme ich mich nicht mehr, denn ich weiß, dass die Kinder nichts mehr haben.“ (Vater einer kinderreichen Familie)

„Wenn ich dorthin gehe, dann sind das Erlebnisse, einfach fürchterlich.“ (Tarkowska 2000)

Auch in den Tagebüchern der Arbeitslosen werden Kontakte mit Sozialeinrichtungen als schwierig und als Stress geschildert. Neben dem Sozialamt bildet auch die Schule eine für arme Familien wichtige Einrichtung. Hier bekommen Kinder nämlich eine warme Mahlzeit. Gelegentlich übernehmen Kirchengemeinden, seltener die NGOs, diese Funktion.

Eine sehr wichtige Rolle bei der Lösung von Alltagsproblemen armer Menschen spielt der Lebensmittelladen um die Ecke und eine vom Wohlwollen geprägte Haltung der Eigentümer bzw. Verkäufer, die Einkaufen auf Pump erlauben. Diese informellen Kredite bilden einen festen Bestandteil der Strategien bedürftiger Menschen, die permanent in finanziellen Nöten stecken.

2.4 Leben mit Schulden

Die seit mehreren Jahren wiederholten Befragungen des CBOS zeigen, dass ein Fünftel, ja sogar bis zu einem Viertel aller Polen Schulden macht. Nach einer Erhebung eines Hilfsnetzwerks in der Wojewodschaft Łódź greift knapp die Hälfte der befragten Haushalte (48,2 %) auf Kredite zurück (bei Banken, seltener bei anderen Institutionen, bei Bekannten und Angehörigen). Diese Mittel werden dann für die Grundbedürfnisse (Nahrung, Kleidung, Miete, medizinische Versorgung) bzw. für besondere Ziele (Renovierung der Wohnung, seltener für die Ausbildung der Kinder und Erholung) bestimmt. Interessanterweise werden viele dieser Darlehen für die Tilgung früherer Schulden eingesetzt (Wawrzynek-Kruszyńska/Grotowska-Leder 2007).

Schulden, Kredite, Leben mit Überschuldung, also die typischen Strategien armer Menschen, haben Konsequenzen für ihre soziale und psychologische Verfassung. Wie Linda Grant (2000) nachgewiesen hat, verändert das Leben mit Schulden die Identität der Menschen, beeinflusst die Beziehungen innerhalb der Familie und das Verhältnis zum Umfeld. Es bildet den zentralen Bezugspunkt. Den zerstörerischen Charakter dieser Erfahrung veranschaulichen auch unsere Untersuchungen. Sie offenbaren diverse Formen der Überschuldung (offene Rechnungen für Strom, Gas, Miete), den immer wieder aufgenommenen Kredit im Laden, die Unfähigkeit, der Schuldenfalle zu entrinnen. Überschuldung und das Leben mit Schulden haben tiefe psychologische Folgen: Verunsicherung und

Abhängigkeit, Furcht vor den Folgen der Schulden, Ängste und Scham (vgl. Palska 2000, Pamiętniki bezrobotnych 2003–2008). „Am schönsten ist es samstags und sonntags“, sagte eine arbeitslose und verschuldete Frau, „dann kommt kein Gerichtsvollzieher und keine Mahnung. An diesen Tagen laufen sie nicht herum.“

2.5 Einkommensstrategien, d. h. Maximierung der Einnahmen

Wie aus der Untersuchung des CBOS hervorgeht, hat sich die Zahl der Menschen, die einer zusätzlichen Beschäftigung nachgingen, verändert. Im Jahr 2003 lag sie bei 26 % und 2006 bei 13 %. Im Falle von Arbeitslosen kann es sich allerdings um ihre einzige Beschäftigung handeln. Die „Diagnoza społeczna“ fand heraus, dass 22,4 % aller Arbeitslosen, die Arbeitslosenunterstützung beziehen, ‚schwarz' arbeiteten und dabei monatlich mindestens 850,00 PLN verdienten (Czapiński/Panek 2005: 252).

Arme, die aktive Verdienststrategien ergreifen, gehen verschiedenen Beschäftigungen nach: Werk- und Honorarverträge, ‚Schwarzarbeit' im In- und Ausland, Gelegenheitsjobs, Sammeln in der Stadt (Schrott, Sekundärstoffe) und auf dem Lande (Blaubeeren, Pilze, Schnecken, Kräuter), Anbau von Gemüse, Obst und Blumen, Arbeit bei illegalen Abrissarbeiten, Kohleförderung in sog. Armenschächten, Austragen von Flugblättern, Straßenhandel, Handel an der Grenze und im Internet, Kleingewerbe (Heimarbeit), Untervermietung von Räumen der eigenen Wohnung, Arbeit als Parkplatzanweiser in überfüllten Stadtzentren, Waschen von Autoscheiben an Ampeln gegen den Willen des Fahrzeughalters, kleine Leistungen auf Parkplätzen in den Einkaufszentren (Gandziarowska/Pieliński 2007, Rakowski 2006, Staszyńska/Zagórski 2009). Manche dieser Arbeiten werden von Obdachlosen und extrem armen Menschen ergriffen, die dauerhaft am Rande der Gesellschaft leben. Gleichzeitig gehen ihnen auch Menschen nach, die sich in einer besseren Lage befinden und dadurch ihre alltäglichen bzw. besonderen Bedürfnisse befriedigen wollen. In jüngster Zeit wird auch die Auswanderung als weit verbreitete Erwerbsstrategie ergriffen. Dabei handelt es sich hauptsächlich um junge Menschen. Wie meine eigenen Untersuchungen gezeigt haben, wird die Emigration als Strategie auch von armen Menschen gewählt (Tarkowska 2007).

Abschließend wäre noch die Kinder- und Jugendarbeit als Strategie zur Bewältigung der Armut zu nennen. Die weit verbreitete Kinderarbeit stellt ein neues Phänomen in Polen dar und bildet eine Art Krisenstrategie. Gewöhnlich handelt es sich hier um Saisonarbeiten während der Ferien, also um das Sammeln von Kräutern, Pilzen, und Waldfrüchten; manche Arbeiten werden von Kindern allerdings auch während des Schuljahres wahrgenommen. Aus den alljährlichen Befragungen des CBOS über Freizeit und Jobben während der Ferien geht hervor, dass Jugendliche immer häufiger einer Beschäftigung nachgehen. Am höchsten waren die entsprechenden Zahlen im Jahr 2008, als 41 % der Schüler aus der Oberstufe, 21 % aus der Unterstufe und 12 % der Volksschüler (Klassen 1–6) während der Ferien gejobbt hatten. Die Forscher sind hier jedoch der Auffassung, dass dies nicht so sehr aus materieller Not, sondern vielmehr wegen der breiteren Beschäftigungsmöglichkeiten geschah (CBOS 2008). Nach Kinderarbeit während des Schuljahres wurde nicht gefragt, aber aus qualitativen soziologischen Untersuchungen geht hervor, dass es sie durchaus gibt. Die Beschäftigung von Jugendlichen wird als Unternehmenstraining gesellschaftlich akzeptiert (86 %), während die Arbeit von Grundschulkindern negativ beurteilt wird (90 %) (CBOS 2008).

2.6 Illegale bzw. gesellschaftlich missbilligte Strategien

Einige Beschäftigungsstrategien, die sich außerhalb des Arbeitsmarktes vollziehen, werden gesellschaftlich missbilligt (Betteln, Kinderbetteln, Prostitution) bzw. bewegen sich außerhalb der Legalität: Diebstahl (z. B. Kohle von Güterzügen), Wilderei, Jugendkriminalität bzw. -prostitution. Wie weit diese Tätigkeiten verbreitet sind, wissen wir nicht. Vor wenigen Jahren gaben 22 % der Arbeitslosen zu, „Geld nicht ganz legal zu verdienen" (Wiórka/Wenzel 2005: 295). Welche konkreten Handlungen und Maßnahmen sich dahinter verbergen, wissen wir nicht, und es ist auch unbekannt, inwieweit sie durch Armut bedingt sind. Die Untersuchungen über Betteln, Prostitution und andere negativ wahrgenommenen Verhaltensweisen liefern keine Antworten. So wird z. B. die Schwarzarbeit angesichts fehlender steuerpflichtiger Arbeitsmöglichkeiten als notwendiges Übel angesehen, wobei diese nicht nur mit der Armut zusammenhängt. Aus den Berichten in den Tagebüchern[11] geht hervor, dass man auf diese Weise Einnahmen erzielen kann, die einen Lebensstandard auf durchschnittlichem Niveau sichern und Investitionen im Haushalt erlauben.

In meinen Untersuchungen kamen auch Diebstahl und Wilderei vor. Allerdings wurden sie auf die Vergangenheit (staatliche landwirtschaftliche Güter) und ein besonderes Verhältnis zum Eigentum bezogen. Gebilligt wurden Diebstahldelikte, wenn durch sie Bedürfnisse befriedigt wurden, die sonst wegen der Armut offen bleiben mussten. Als „echter Diebstahl" galten dagegen Delikte, bei denen es um Weiterverkauf und Gewinn ging. Der Schmuggel tauchte in den In-

11 Arbeitslosentagebuch von Tejot (Pamiętniki bezrobotnych 2003–2008, Bd.1).

terviews als zulässige Armutsstrategie nur am Rande auf. Zu erwähnen wäre noch, dass viele Befragte, die in Armut lebten, Diebstahl und Betteln kategorisch für sich ausgeschlossen haben (Palska 2000: 197). Die hier geschilderten Strategien werden von den privaten Haushalten aneinander gekoppelt und bilden unterschiedliche Kombinationen von Maßnahmen zur Minimierung der Bedürfnisse und Ausgaben und zur Maximierung der Einnahmen. „Mit hoher Wahrscheinlichkeit darf man annehmen, dass jeder Haushalt eigene wirtschaftliche Strategien verfolgt“ (Derczyński 2005: 281).

3 Feminisierung und Juvenilisierung der Armutsbekämpfung

Am Ende meines Beitrags möchte ich noch auf zwei Gruppen eingehen, die angesichts der Armut besonderen Belastungen ausgesetzt sind: Frauen und Kinder. Es sind überwiegend die Frauen, die diverse aufwändige Sparmaßnahmen ergreifen. Sie erledigen notwendige Formalitäten im Zusammenhang mit Sozialleistungen, stellen Anträge, borgen Geld, gehen zum Pfarrer und zu karitativen Organisationen. Zofia Kawczyńska-Butrym beschreibt Frauen aus den früheren staatlichen landwirtschaftlichen Gütern, die „ums Überleben kämpfen“ und die „scheinbar wenig bedeutende Entscheidungen“ treffen, die Lasten des „alltäglichen Kampfes ums Überleben tragen und deren Chancen, ihr eigenes und das Schicksal ihrer Kinder zu verbessern, in weite Ferne gerückt sind“ (Kawczyńska-Butrym 2004: 59). Nach den Ergebnissen von Kawczyńska-Butrym verteilen sich die Strategien der Ehepaare wie folgt:

Tabelle 1: Strategien der Frauen und ihrer Ehemänner (in %)

Handlung	Frauen	Männer
Geld leihen	53,5	12,9
Kauf auf Pump	10,9	0,3
Ausgabenbegrenzung	21,4	2,2
Gelegenheitsjobs	9,8	26,4
Verzweiflung, Kummer[12]	12,3	7,6
Passivität, Warten	0,0	21,0

12 Hierbei handelt es sich um eine Auswirkung, die im Zusammenhang mit den vorgenannten Strategien zu verstehen sind (Anmerkung der Herausgeber).

Frauen leisten Gelegenheits- und Saisonarbeit, sie sind es, die hauptsächlich (zusammen mit Kindern) Waldfrüchte sammeln und verkaufen, die den Garten bestellen und für den Winter einkochen. Die zusätzlichen Arbeiten ersetzen keineswegs die bisherigen Pflichten im Haushalt. Im Endeffekt werden Frauen aus armen Haushalten viel stärker als andere durch verschiedene Pflichten und Aufgaben beansprucht. Die umfangreichen Pflichten haben zur Folge, dass Frauen nicht nur überlastet und erschöpft sind, sondern dass sie auch unter permanentem Zeitmangel leiden. Sie werden, nach Ruth Lister (1995), durch Zeitarmut („time poverty") gekennzeichnet. Das zeigt deutlich die Feminisierung der Armut auf der Ebene der Familie. Doch ist die Rolle der Frauen als „Armutsmanagerinnen" (ebenfalls Ruth Lister) vielfältiger und unabhängig vom jeweiligen Standort.

Im Zusammenhang mit Armut und Strategien zu ihrer Bewältigung sollten auch Kinder und Jugendliche angesprochen werden. Sie bilden nämlich einen Großteil der in Armut lebenden Population. Auf sie beziehen sich auch sämtliche Einsparstrategien sowie Maßnahmen zur Aufstockung der fehlenden Ressourcen. Kinder, die Autoscheiben waschen, Kohlen vom Güterzug stehlen, die arbeiten müssen, während ihre Altersgenossen lernen bzw. sich ausruhen dürfen, stehen für ein Phänomen, das als Juvenilisierung der polnischen Armut bezeichnet wird (vgl. Tarkowska et al. 2007).

Schließlich möchte ich noch auf die psychischen und emotionalen Kosten der Armut eingehen. Die Armen ‚zahlen' mit ihrer körperlichen und psychischen Gesundheit für den Einsatz von diversen ausgeklügelten, zeitaufwändigen und zuweilen auch riskanten (Schmuggel) und mit Stress verbundenen Strategien, die ihre Ausgaben reduzieren und Einnahmen erhöhen sollen. Das wird von autobiografischen Aufzeichnungen von Armen und Arbeitslosen und von qualitativen Untersuchungen der Forschung bestätigt. Die Tagebücher der Arbeitslosen (Pamiętniki bezrobotnych) aus der Zeit der großen Krise zeigten, womit Arbeitslosigkeit und die darauf folgende Armut emotional und psychologisch verbunden sind. Diese Texte wurden eingehend von Bohdan Zawadzki und Paul Lazarsfeld in „Psychological Effects of Unemployment" (1935) untersucht. Der oben zitierte Stephen Gilliat regte an, das „Stressmanagement" als eine der Schlüsselstrategien angesichts der Armut anzusehen. Es ist ein sehr wichtiger Aspekt der sozialen Armutsökonomie.

4 Schlussfolgerungen

In meinem Text versuchte ich die Vielfalt und Verschiedenheit der Methoden zur Armutsbekämpfung und gleichzeitig ihre Nachhaltigkeit aufzuzeigen Die soziale Ökonomie der Armut bildet einen vielfältigen Komplex, in dem gewisse Gesetzmäßigkeiten festzustellen sind.

Der grenznahe Raum, um den es in dieser Veröffentlichung geht, wird durch besondere Eigenschaften gekennzeichnet. Dazu gehören u. a. auch Armut und Arbeitslosigkeit, die hier viel höher als in anderen Regionen des Landes sind. Diese ungünstige Situation setzt sich trotz der positiven wirtschaftlichen Entwicklung in Polen fort. Als im Dezember 2008 die durchschnittliche Arbeitslosenquote landesweit bei 9,5 % lag, war sie in manchen Landkreisen der Wojewodschaften Ermland-Masuren (województwo warmińsko-mazurskie) sowie Westpommern (województwo zachodniopomorskie) um das Dreifache höher. Zum Beispiel lag die Arbeitslosenrate im Landkreis Bartoszyce bei 30,9 %, im Landkreis Braniewo bei 29,5 % und im Landkreis Białogard bei 28,4 % (GUS 2008).

Der Abbau regionaler Disparitäten und die Kohäsion auf dem Gebiet der gesamten EU gelten als Prioritäten der EU-Politiken, die auch in Polen greifen. Auf die Ergebnisse dieser Programme und Maßnahmen werden wir jedoch noch warten müssen, da sich ihre Ergebnisse zeitversetzt einstellen. Solange es Armut, Not und unbefriedigte Bedürfnisse geben wird, solange werden Menschen ihre Zeit, Kreativität und Energie, ihre psychischen und körperlichen Kräfte einsetzen, um diese Situation zu bewältigen. So lange wird infolgedessen auch die soziale Ökonomie der Armut bestehen bleiben.

Familie als Ressource der lokalen Gesellschaft an der Grenze

Hanna Bojar

In meinem Beitrag versuche ich, die Familie als Ressource einer lokalen Gesellschaft zu betrachten. Zwischen der Verfassung einer lokalen Gesellschaft und den Charakteristiken einer Familie besteht eine starke gegenseitige Verbindung. In der Familie konzentrieren sich Phänomene und Prozesse, die für die Verfassung von heutigen lokalen Gesellschaften von Bedeutung sind. Alle Lebensbereiche, Wirtschaft, Politik, Soziales und Kultur sowie ihre lokale Ausdifferenzierung, spiegeln sich in vielfältigen Anpassungsstrategien zeitgenössischer polnischer Familien wider. Diese Strategien beeinflussen wiederum das soziale, kulturelle und ökonomische Kapital dieser Gesellschaft.[1]

In lokalen Strukturen kann man viele Bereiche erkennen, die als Quelle von Ressourcen mit psychischem, ökonomischem, kulturellem, sozialem, politischem und symbolischem Charakter gelten. Wie Wojciech Łukowski (2009) beobachtet hatte, erfolgt der Einsatz von Ressourcen auf verschiedene Weise. Eine Ressource kann zum Kapital werden, das gezielt nach einem bestimmten Plan bzw. einer bewusst gewordenen Strategie realisiert wird, sie kann aber auch lediglich routinemäßig eingesetzt werden.

Obwohl – nach Auffassung von Coleman – frühere Formen des Kapitals verdrängt und von anderen ersetzt (die sog. Substitution des Kapitals) und lokale und autonome Kapitalformen durch formellere und weiter reichende Netzwerke und Institutionen abgelöst werden (Coleman 1993), erfolgt trotzdem der Einsatz von Ressourcen im kürzeren zeitlichen Horizont nach relativ gefestigten Mustern. Anhand der Ergebnisse von verschiedenen Studien über kleine lokale Gesellschaften kann man die These aufstellen, dass die Form der Familie sowie die Gestalt der lokalen Institutionen und das Niveau des Sozialkapitals eine Konsequenz der Mechanismen darstellen, nach denen die im jeweiligen sozialen Gefü-

1 In diesem Beitrag nehme ich Bezug auf Ergebnisse von drei Forschungsprojekten: „Zasoby peryferyjnej społeczności lokalnej i mechanizmy ich wykorzystania, na przykładzie mikroregionu Gołdap" (2006–2008), „Strategie adaptacyjne Polaków" (2007) und „Tradycja jako sposób radzenia sobie z nową rzeczywistością: studia porównawcze działań wzorcotwórczych rodzin i autorytetów lokalnych" (1996–1998). Alle in diesem Beitrag angeführten Zitate stammen aus den vertieften Interviews aus dem Forschungsprojekt „Zasoby peryferyjnej społeczności lokalnej i mechanizmy ich wykorzystania".

ge vorhandenen Ressourcen eingesetzt werden (Trutkowski/Mandes 2005). Mit anderen Worten: Formen und Regeln, nach denen die Ressourcen eingesetzt werden, spiegeln sich in den Strukturen der Familie, in der lokalen Sozialstruktur und in der Gestalt lokaler Institutionen wider.

Im Coleman'schen Konzept kommt dem Begriff Sozialkapital, das als Ressource verstanden wird und den rational handelnden Individuen bzw. Gruppen zur Verfügung steht, eine besondere Rolle zu. Sämtliche Formen des Kapitals erleichtern das Erreichen eines bestimmten Zieles, wobei nur das Sozialkapital in der Beziehungsstruktur zwischen handelnden Individuen und Gruppen verankert ist. Es bildet die Grundlage für ein Zusammenwirken, das allen Beteiligten in der jeweiligen sozialen Struktur zugute kommt. Als einen bestimmten Kapitaltypus lassen sich auch die gemeinsamen Vorgehensnormen und Kommunikationswege auffassen (Coleman 1987).

Voraussetzung für die Entstehung und Festigung von Normen, also eines wichtigen Bestandteils des sozialen Kapitals, ist ein engmaschiges Netz von sozialen Beziehungen, in denen die Mechanismen der sozialen Kontrolle verankert sind. Sie bilden die Grundlage für Vertrauen und Zusammenarbeit. Die Wahrscheinlichkeit, dass eine ‚abgeschlossene' soziale Struktur entsteht, ist theoretisch in einer Gesellschaft mit *face to face*-Relationen am höchsten. Kein Wunder also, dass für Coleman Gesellschaften mit Beziehungen von primärem Charakter („primordial relationship"), also Familien und kleine lokale Gesellschaften, den natürlichen Nährboden für das soziale Kapital darstellen.

Das soziale Kapital ist eine Menge von Ressourcen, die entweder den familiären Beziehungen innewohnen oder aus einer bestimmten Organisationsform der sozialen Beziehungen innerhalb einer beliebigen Gesellschaft hervorgehen (Coleman 1994: 300).

Coleman setzt die Tatsache, dass das soziale Kapital zivilen bzw. nichtzivilen Charakter hat, voraus, während Putnam dies erst gar nicht in Betracht zieht. Anna Kiersztyn stellt fest, dass …

> „das Colemansche Sozialkapital eher als Werkzeug aufzufassen ist, das an sich weder gut noch schlecht ist. Es hilft den Menschen bei der Umsetzung gewisser Ziele, aber (…) es setzt nicht von vornherein voraus, dass jene Ziele immer nur prosozial sind bzw. auf das Gemeinwohl abzielen." (Kiersztyn 2004: 41)

In dem für uns interessanten Zusammenhang – Familie als Ressource einer lokalen Gesellschaft – stellt sich vor allem die Frage nach dem Einfluss, den Familienstrukturen und -typen sowie Muster von Lebensstrategien auf die Form und Beschaffenheit des gesamten sozialen Raumes einer lokalen Gesellschaft haben. Von besonderem Interesse ist dabei der Einfluss, den die Lebensstrategien diverser Familientypen auf die soziale Beschaffenheit einer konkreten lokalen Gesellschaft haben, und der Hinweis darauf, dass einzelne Segmente und ihr Lebensstil häufig eine entscheidende Bedeutung für den öffentlichen Raum besitzen. Intuitiv erfolgt eine Etikettierung lokaler Gesellschaften als *Schmuggler- und Händlerstadt*, *Stadt der Arbeitslosen*, *aussterbende Stadt* oder *Stadt von ungebildeten Menschen*.

Zu betonen wäre noch, dass viele Familien nach mehr oder weniger bewusst gewordenen Anpassungsstrategien handeln. Einen wichtigen Befund aus meinen früheren Forschungen über diese Strategien bildet die Feststellung, dass sich dieser Prozess auf ganze Familien und nicht nur auf einzelne Familienmitglieder bezieht. Entscheidungen, die einzelne Familienmitglieder im Kontext von Arbeit, Bildung, Familiengründung und Kindern treffen, berücksichtigen häufig die soziale und materielle Situation der gesamten Familie und beschließen die aus deren Sicht effektivsten Maßnahmen (Staszyńska/Bojar 2008).

Im Folgenden möchte ich am Beispiel einiger Familien aus Gołdap – also aus einer kleinen lokalen Gesellschaft an der polnisch-russischen Grenze – zeigen, welche gesamtgesellschaftlichen Konsequenzen Strategien bzw. Anpassungsmuster haben können, die von Familien aufgebaut und umgesetzt werden. Gegenstand meiner Analyse sind ausgewählte Prozesse und Phänomene, die sich in wirtschaftlichen, sozialen und kulturellen Dimensionen offenbaren und für die Kapitalisierung der Familie von grundlegender Bedeutung sind.

1 Ökonomisches Kapital – familiäre Bewältigungsstrategien und ihre Konsequenzen

Die erste Form der Kapitalisierung bildet der Rückgriff auf Familie zwecks Erschließung von ökonomischem Kapital, das hier als physisch messbarer Wert in Form von Geld bzw. Vermögen verstanden wird. In der Analyse von Familienstrategien im ökonomischen Raum werde ich mich vor allem auf die Folgen von zwei Vorgehensweisen konzentrieren, die den Charakter der untersuchten lokalen Gesellschaft am stärksten prägen. Zum Ersten der allgemein verbreitete Handel und Schmuggel an der Grenze, der als feste oder zeitlich begrenzte Beschäftigung verstanden wird. Zum Zweiten die Migrationen, um entweder einen Hochschulabschluss zu erlangen und so die eigenen Chancen auf dem Arbeitsmarkt zu verbessern, oder um in einer polnischen Großstadt bzw. im Ausland einer besser bezahlten Beschäftigung nachzugehen.

1.1 Handel an der Grenze und Schmuggel

In der uns interessierenden lokalen Gesellschaft an der Grenze greifen viele Familien beim Aufbau ihres ökonomischen Kapitals intensiv auf den Handel an der Grenze sowie auf kleinen oder groß angelegten Schmuggel zurück. Diese Aktivitäten, obwohl illegal bzw. an der Grenze der Legalität, bringen in der untersuchten lokalen Gesellschaft erhebliche wirtschaftliche Vorteile. Angesichts einer hohen Arbeitslosigkeit haben Arbeitslose durch den Kleinhandel bzw. Schmuggel die Möglichkeit, die Grundbedürfnisse ihrer Familien zu befriedigen. Er mildert die Härten der Arbeitslosigkeit und verringert die Armutsgefahr. Die Grenze gibt vielen Menschen Brot und Halt, die Familien bleiben intakt, haben ihr Auskommen und können überleben.

Den zweiten wesentlichen Vorteil, den die Errichtung des Grenzübergangs mit sich brachte, stellte – nach Auffassung der Befragten – die Verbesserung der Sicherheitslage dar. Der Grenzübergang verhinderte einen Anstieg der Aggression und Kriminalität als Folge von Enttäuschung, Ausgrenzung und Marginalisierung. „Im Lichte des Gesetzes gibt es keinen Grund sich zu rühmen, denn es ist ja schließlich Schmuggel, doch ist es ein kleiner Schmuggel und ein geringeres Übel im Vergleich zur Gewalt am helllichten Tage“, berichtet ein Lehrer. Eine weitere wesentliche Konsequenz des Kleinhandels an der Grenze wird von Kommunalpolitikern aus grenznahen Städten angesprochen: die niedrigeren Sozialausgaben durch eine geringere Zahl potenzieller Sozialhilfekunden (Kurczewska/Bojar 2002).

Ein Vorteil des ökonomischen Kapitals, selbst wenn es in der Schattenwirtschaft oder illegal angehäuft wurde, liegt ferner darin, dass die Mittel schließlich in den legalen Wirtschaftskreislauf einfließen. Auf der einen Seite werden die gesammelten finanziellen Ressourcen für die Befriedigung eigener Konsumbedürfnisse bereitgestellt, wodurch sich die legal tätigen Handels-, Dienstleistungs- und produzierenden Unternehmen weiter entwickeln können und auf der anderen Seite in eigene, legale Betriebe investieren. „Fleißige Menschen reisten an die Grenze, verdienten Geld, und wenn sie mehr verdienten, gaben sie auch mehr aus, wodurch sich mehr Geschäfte *halten konnten*“, erzählt ein Unternehmer aus der Tourismusbranche.

„Einige von ihnen wechselten auf den legalen Markt, gründeten irgendeine Firma oder ein Gewerbe. Denn für die Gründung haben sie genug verdient“, berichtet ein Grenzpolizist. Daneben gibt es auch ‚weiche' sozioökonomische Vorteile, denn der so erwirtschaftete Gewinn und die entwickelten ökonomischen Strategien schufen die Grundlagen für legale Aktivitäten in der Marktwirtschaft. Wirtschaftsforscher weisen darauf hin, dass sich familiäre Bindungen und das innerhalb der Familien kumulierte soziale Kapital positiv auf unternehmerische und wirtschaftliche Aktivitäten auswirken können. Unternehmerfamilien schaffen Arbeitsplätze auf dem lokalen Arbeitsmarkt und stellen in der lokalen Gesellschaft ein Vorbild für unternehmerisches Handeln dar.

Aus Aussagen der befragten Einwohner von Gołdap geht hervor, dass die Verdienstmöglichkeiten an der Grenze auch das Verhältnis zwischen Arbeitgebern und Arbeitnehmern verändert haben. Die alternativen Erwerbsmöglichkeiten im informellen Sektor haben die Position der Arbeitnehmer gestärkt. Die frühere Ausbeutung der Arbeitnehmer, die gezwungen waren, ohne Arbeitsvertrag und Urlaub zu arbeiten und schlechte Arbeitsbedingungen zu akzeptieren, ist uneffektiv geworden.

Jedoch darf man über die negativen Folgen der Schattenwirtschaft nicht hinwegsehen. Das ökonomische Kapital, das in der Schattenwirtschaft erwirtschaftet wird, verzerrt den lokalen Arbeitsmarkt. Die Möglichkeit, dieselben oder sogar höhere Gewinne in viel kürzerer Zeit durch Handel erzielen zu können, wirkt sich negativ auf die Motivation zur Fortbildung und auf die Bereitschaft aus, eine Stelle auf dem legalen Arbeitsmarkt zu suchen. Wegen niedriger Qualifikationen und überzogener finanzieller Forderungen gibt es auf dem lokalen Arbeitsmarkt Probleme mit der Gewinnung von neuen Arbeitskräften. Darüber hinaus melden sich die in der Schattenwirtschaft aktiven Menschen häufig arbeitslos und kommen dadurch in den Genuss der Krankenversicherung. Das ist nicht nur unethisch, sondern auch schädlich für die Wirtschaft, denn diese Menschen nehmen die Leistungen des Gesundheitssystems in Anspruch, ohne sich an seinen Kosten zu beteiligen. Eine weitere negative Folge der Grenzübergangsökonomie ist die potenzielle Akzeptanz einer Kultur der Steuerhinterziehung und des Missbrauchs der sozialen Versicherungssysteme.

Diese Haltung negiert die Mitverantwortung für das ‚Gemeinwohl' und wird im Rahmen der Sozialisation an jüngere Familienmitglieder weitergegeben und reduziert deren Chancen, zu mündigen Bürgern heranzureifen. Darüber hinaus verzerrt die Schattenwirtschaft den Wettbewerb und gefährdet so die Existenz von legal tätigen Firmen. Sie verleitet die Menschen dazu, für kurzfristige Vorteile die Entwicklung persönlicher Perspektiven zu vernachlässigen. Wirtschaftliche Aktivitäten dieser Art streben nach raschen Gewinnen und einer sichtbaren Verbesserung des Lebensstandards. Viele Familien unterlassen die Absicherung ihrer Zukunft und bedenken nicht, dass ihre Einnahmequellen an der Grenze, z. B. durch die Änderung der Rechtslage, versickern können. Die potenziellen Konsequenzen dieser Haltung gefährden nicht nur die betroffenen Familien, sondern die gesamte lokale Gesellschaft. Ein Verwaltungsangestellter fasst seine Sicht wie folgt zusammen:

> „Sollte die Grenze irgendwann dicht gemacht werden (…). Dann werden all die Kleinhändler fliegen. Sie werden auf den Arbeitsmarkt nicht mehr zurückkommen können. Sie kommen nicht mehr zurecht. Und wenn sie nicht mehr zurechtkommen, dann geht es erst mal richtig los. Diebstahl, Saufen, Schlägereien. Menschen, die in all den Jahren etwas für ihre Rente auf die hohe Kante zurücklegen hätten können, taten es meistens nicht und werden so ohne Auskommen bleiben. Also Schlangenstehen vor dem Sozialamt, Bettelei. (…) Viele Menschen denken nicht daran, was in der Zukunft passiert. Sie leben von der Hand in den Mund."

Die wirtschaftlichen Aktivitäten um die Grenze herum wirken sich demoralisierend auf die Jugendlichen aus und verstärken soziale Missstände durch erhöhten Konsum von billigen alkoholhaltigen Getränken. Vor allem reduzieren sie jedoch die Ansprüche an die eigene Ausbildung, wie eine Lehrerin bemerkt:

> „Bei den Schülern finde ich entsetzlich, dass sie gesehen haben, wie ihre Eltern über die Grenze gefahren sind, dadurch keine Motivation mehr zum Lernen haben und nur sagen: Wenn ich das Gymnasium absolviert habe, dann steige ich aufs Fahrrad und fahre zu den Russen."

Zunehmend besteht die Gefahr, dass Verhaltensmuster, die eigentlich als rechtswidrig und amoralisch anzusehen sind, durch Verschiebung der Toleranzgrenze gefestigt werden. Dieser ethische Aspekt der Schattenwirtschaft ist bereits in früheren Untersuchungen des Grenzlandes beschrieben worden (Kurzępa 1998).

1.2 Emigration aus Gołdap

Nun sollen kurz die Konsequenzen der zweiten weit verbreiteten Vorgehensweise dargestellt werden. Es handelt sich dabei um Bildungs- oder Arbeitsmigrationen in polnische Großstädte bzw. ins Ausland. Eine negative Konsequenz dieser Bewegungen bildet vor allem die Alterung der lokalen Gesellschaft, weil Jugendliche, die ihre Ausbildung beenden bzw. fortsetzen wollen, ihre Heimat verlassen müssen. In den meisten Fällen geschieht das mit Zustimmung ihrer Eltern. Dieser Prozess beeinflusst die Qualität des sozialen Kapitals dieser lokalen Gesellschaft. Vor Ort bleiben dann weniger aktive und ehrgeizige Jugendliche zurück oder diejenigen, die zwar begabt sind, jedoch über keine Mittel für ihre weitere Ausbildung verfügen.

An dieser Stelle sollten wir auf Untersuchungen des sozialen Kapitals eingehen, die von Geografen unternommen wurden, die das soziale Kapital nicht als Eigenschaft von Individuen, sondern von konkreten territorialen Gesellschaften auffassen und die räumliche Differenzierung des sozialen Kapitals und die diese

Differenzierung bestimmenden Faktoren untersuchen. Sie weisen darauf hin, dass es nicht nur um die Dichte sozialer Beziehungen, sondern auch um die Größe und Qualität der Ressourcen geht, die durch dieses Netzwerk erschlossen werden können. Als wichtiger Faktor, der über das niedrige Niveau des sozialen Kapitals der jeweiligen lokalen Gesellschaft entscheidet, gilt auch der Mangel an gut ausgebildeten Menschen, selbst dann, wenn gleichzeitig dichte soziale Beziehungen vorhanden sind (Działek 2008). „Wir werden immer weniger Menschen zum Arbeiten haben. Kluge und richtig vernünftige Menschen mit Studienabschluss, die hier bleiben und etwas unternehmen könnten, die gehen leider weg. (…) Menschen, die wissen, was sie wollen, bleiben nicht in Gołdap“, kommentiert eine Betriebswirtin.

Arbeitsmigrationen von Erwachsenen mit Familien, besonders dann, wenn sie noch kleine bzw. heranwachsende Kinder haben, ziehen ebenfalls negative soziale Folgen nach sich. Die wichtigsten davon sind zerrüttete Ehen und existenzielle sowie erzieherische Probleme, die der zurückgebliebene Elternteil bzw. die Betreuer mit den Kindern vor Ort haben. Diese negativen Folgen beschränken sich nicht nur auf den privaten Raum, sondern werden zu Problemen, mit denen das gesamte Bildungssystem, die Sozialhilfeeinrichtungen und andere lokale Institutionen konfrontiert werden.

Daneben haben Auslandmigrationen auch positive Folgen für die lokale Gesellschaft. Auf den polnischen, meist lokalen, Markt werden zusätzliche Gelder transferiert und die sozialen Absicherungssysteme durch die Unterstützung aus dem Ausland entlastet.[2] Die Migration eröffnet auch Zukunftsperspektiven für junge Menschen, die bei ihrer Rückkehr neue Berufserfahrungen aus den höher entwickelten Marktwirtschaften mitbringen. „Trotz allem lernen hier Menschen unternehmerisches Handeln. (…) Sie kommen schlichtweg besser zurecht, selbst wenn sie aus dieser Stadt auswandern – was ja an sich schon eine Leistung ist, denn alles hinter sich zu lassen ist gar nicht so einfach“, so ein Mitarbeiter aus dem Bereich Kultur.

2 Sozialkapital – Beispiele für Interaktionen und ihre Folgen für die lokale Gesellschaft

Eine wichtige Methode zur Kapitalisierung in Familien bildet der Aufbau von Sozialkapital auf der Grundlage von Kontaktnetzwerken. Mit Bourdieu (2001) definiere ich das Sozialkapital als Summe von aktuellen und potenziellen Res-

2 Die Ergebnisse von Euro-Tax zeigen, dass Polen nach Indien und Mexiko an dritter Stelle im Hinblick auf die Höhe der von Emigranten in die Heimat überwiesenen Gelder liegt (Rzeczpospolita 06.11.09: Ekonomia i Rynek).

sourcen, über die ein Individuum bzw. eine Gruppe wegen eines festen, mehr oder weniger institutionalisierten Netzwerks von Bekanntschaften und gegenseitiger Anerkennung verfügt, die durch ein solches Netzwerk mobilisiert werden können.

Um zu verstehen, welche Eigenschaften in den sozialen Beziehungen im lokalen Raum von Gołdap dominieren, muss man sich auf die Vergangenheit dieser lokalen Gesellschaft beziehen. Ich weise hier lediglich auf die wichtigsten Elemente hin: den Migrationshintergrund der Bevölkerung und das damit verbundene Gefühl der Vorläufigkeit sowie die soziale und kulturelle Vielfalt.[3] Diese Gesellschaft zeichnet sich durch ihren Postmigrationscharakter aus, denn alle Bewohner und ihre Angehörigen stammen ursprünglich aus anderen Gebieten Nachkriegspolens sowie aus den heute zu Litauen und Belarus gehörenden ehemaligen polnischen Ostgebieten. „Wir sind alle, absolut alle, nach dem Krieg gekommen. (…) Wir sind hierher gekommen, ohne diese Gebiete zu kennen. Überhaupt nichts. Nicht die Geschichte, nicht die Traditionen", erzählt ein älteres Ehepaar.

Die fehlende Verwurzelung und die Vielfalt von nationalen, religiösen und regionalen Traditionen einzelner Gruppen behinderte in den ersten Jahren nach dem Krieg die soziale Integration. Das Gefühl der Entfremdung und Entwurzelung wurde noch durch die Verunsicherung hinsichtlich der politischen Zukunft dieser Gebiete verstärkt, wie dem Bericht eines älteren Ehepaars zu entnehmen ist:

> „Nach einer gewissen Zeit ließen die Behörden hier bei uns den ersten Wohnblock bauen. Und dann ist es den Menschen klar geworden, wenn sich die Behörden engagieren und investieren, dann heißt das, … das war wie ein Signal …, dass dieses Land doch uns gehören wird. Dass wir hier für immer und dauerhaft bleiben."

Mit der Zeit und in den nachkommenden Generationen ist das Gefühl der Verbundenheit mit dem neuen Wohnort gewachsen, und die kulturellen Unterschiede spielten in den zwischenmenschlichen Beziehungen eine geringere Rolle. Allerdings ist die Erinnerung an den Migrationshintergrund bis heute stark vorhanden. Dieser besondere Charakter der Region steht hinter der Entstehung von spezifischen Beziehungen und Verbindungen innerhalb der lokalen Gesellschaft, in der die Struktur familiärer Bindungen das Grundmuster darstellt.

3 Mehr zu der Charakteristik der lokalen Gesellschaften in den nördlichen Regionen Polens sowie ihrer sozialen und historischen Prägung bei Sakson 2001 und Bartkowski 2005.

2.1 Die Familienmatrix sozialer Beziehungen

Nun wollen wir den Versuch unternehmen, die für die Kohäsion einer lokalen Gesellschaft negativen Folgen einer solchen Familienmatrix sozialer Beziehungen zu beleuchten. In Gołdap haben zwischenmenschliche Beziehungen nicht nur innerhalb der Familie den Charakter von starken Bindungen (Granovetter 1974), sondern auch im Rahmen von institutionellen Relationen.

In aktuellen Lebensstrategien von Familien, die auf soziale Beziehungen abzielen, können wir mehrere charakteristische Vorgehensweisen identifizieren. Grundlegende soziale Kontakte bilden das Familienleben und ein enger Bekanntenkreis sowie gegenseitige Verbindungen, die vor allem auf der Grundlage von informellen Netzwerken entstehen. Erst in zweiter Linie bestehen Beziehungen im Rahmen von institutionellen Strukturen in Vereinsgruppen mit Exklusivcharakter. Diesen exklusiven Charakter – wie aus Berichten der Einwohner hervorgeht – besitzen sowohl Berufsgruppen wie Berufssoldaten oder Ärzte, als auch das Milieu der im Grenzhandel aktiven „Ameisen". Innerhalb dieser Gruppen bestehen soziale Kontakte dann nicht nur zwischen einzelnen Personen, sondern auch ganzen Familien.

Ein Großteil der Nichtregierungsorganisationen entsteht auf der Grundlage von vorhandenen sozialen und kulturellen Differenzen. Im Endeffekt entwickeln sich starke Bindungen innerhalb verschiedener Gesellschaften, die Minderheits- und Exklusivcharakter besitzen und deren Angehörige einander Hilfe leisten, bei einem gleichzeitig eher schwach ausgebildeten Netzwerk von Beziehungen zwischen einzelnen Organisationen.[4] In Gołdap kann man deutlich die Tätigkeit von Selbsthilfegruppen innerhalb einzelner Minderheiten mit Gesellschaftscharakter beobachten. So gibt es z. B. einzelne Glaubensgesellschaften, die gleichzeitig als Selbsthilfegruppen für ihre Mitglieder funktionieren.

> „Ich kenne viele Mitglieder dieser religiösen Gruppen. Häufig handelt es sich dabei um Menschen, die gestrandet sind, Alkoholiker, Drogenabhängige, Obdachlose. (...) Ich glaube, dass das eher therapeutische als religiöse Gruppen sind. (...) Diese Religionsgruppen sind klein und bei ihren Treffen, bei diesen Messen oder wie man es nennen sollte, unterstützen sie tatsächlich einander und können auf die anderen setzen. Sie beschäftigen einander, stellen einander ein, leihen Geld." (Mitarbeiter im Bereich Kultur)

4 Es sei darauf hingewiesen, dass die kulturelle Vielfalt auch ihre positiven Seiten hat, denn die deutlich sichtbaren religiösen bzw. kulturellen Unterschiede verbinden sich mit einem hohen Maß an Akzeptanz, besonders innerhalb der jungen Generation.

Bei der Unterscheidung zwischen einzelnen Typen des Sozialkapitals nach Umfang und Inhalt der Bindungen kann man vom Vorrang des „Bindungskapitals" („bonding social capital") vor dem „Brückenkapital" („bridging social capital") sprechen (Putnam 2000). Das Bindungskapital, das typisch für Familien und homogene Gruppen ist, schafft starke Bindungen und hat die Tendenz zur Ausgrenzung jener, die nicht zu dieser Gruppe gehören. Ganz anders verhält es sich dagegen mit dem Brückenkapital, das auf der Grundlage von Bindungen in heterogenen und institutionalisierten sozialen Strukturen entsteht (Schuller et al. 2000). Auf diese Weise gefährdet die Familiarität die Integration einer lokalen Gesellschaft, sie fördert u. a. negatives Sozialkapital, indem z. B. separate Gruppen geschlossene Räume schaffen.

Eine starke Familiarität des sozialen Raumes, in dem die Familie zur wichtigsten Quelle von sozialer Unterstützung und Vertrauen wird, stellt kein Problem dar, solange es in der lokalen Gesellschaft noch andere Netzwerke gibt. Doch leider weisen Forschungsergebnisse darauf hin, dass sich Gołdap durch eine Schwäche des Brückenkapitals auszeichnet.

2.2 *Informelle Einflussnetze*

Eine weitere negative Folge der Dominanz von starken Bindungen im sozialen Raum ist die Schaffung von informellen Einflussnetzen, die häufig auf familiären Strukturen bzw. engen Bekanntschaften basieren (Lewenstein 2006). Wie aus früheren Untersuchungen hervorgeht, bilden auch in Gołdap starke familiäre und gruppeninterne Bindungen die Basis für die Positionierung von einzelnen Personen im öffentlichen Raum, für die Besetzung von Posten und den Zugang zu knapp vorhandenen Gütern. „Die Beschäftigung in öffentlichen Ämtern wird doch weitervererbt. (…) Die Mutter scheidet aus, dann bekommt die Tochter ihre Stelle. Wenn man es überprüfen wollte, dann arbeiten auf den Ämtern ganze Familien", beklagt die Mutter einer kinderreichen Familie. Das führt ferner dazu, dass die dritte aus der Fachliteratur bekannte Form des Sozialkapitals, das „linking social capital", mit dessen Hilfe Posten und Rollen in hierarchischen Strukturen durch Auswahlverfahren besetzt werden, auf dem Fundament von informellen Beziehungen entsteht. So konstatiert eine Schülerin: „Beruflichen Erfolg garantieren vor allem Bekanntschaften. Machen wir uns nichts vor. Derjenige, der jemanden kennt, der bekommt eine bessere Arbeit, Punkt."

Die Forschung zum Sozialkapital stützt diese Einschätzung:

> „[Denn sie hat] viele Hinweise darauf gefunden, dass die Dominanz des gebundenen Kapitals und eines dichten gesellschaftlichen Vertrauens – also starker Bindungen mit primärem Charakter – ohne den ausgleichenden Einfluss des Staates zu negativen Konsequenzen in Form von wachsender Korruption und Nepotismus führen kann. (…) In Zeiten des kommunistischen Regimes dienten das dichte Vertrauen und die primäre Gruppe als Grundform der Vergesellschaftung, als Schutz vor einem negativen Zugriff des Staates. (…) Die Fortsetzung dieser Vergesellschaftung heute (mit dem Vorrang primärer Bindungen) erweist sich als disfunktional." (Trutkowski/Mandes 2005: 228)

Die Vergesellschaftung fördert in vielen Fällen Misstrauen, soziale Spaltungen und Distanz, wie ein Unternehmer berichtet:

> „Hier regieren Seilschaften. Ein junger Mensch ohne Bekanntschaften kann sich hier einfach nicht durchsetzen. (…) Hier wird alles auf dem Fundament von Seilschaften, von Kontakten geregelt … eine Art gegenseitiger Hilfe. Eine Hand wäscht die andere. Ohne Schmiergelder … aber unter Kollegen. Das gefällt mir nicht."

Allzu starke familiäre Bindungen können soziales Misstrauen schüren. Ein amoralischer Familismus, verstanden als Optimierung von kurzfristigen Gewinnen innerhalb einer Familie auf Kosten aller, die sich außerhalb ihres Kreises befinden, verhindert den Aufbau breiter sozialer Verbindungen und stärkt den Klientelismus (Banfeld 1995, Putnam 1995). Es kommt zu Vertrauens- und Normenschwund, also zur Destruktion des Normativen (Kojder 1999). In konkreten sozialen Interaktionen werden Normen durch Partikularismus sowie Zufallshandlungen ersetzt.

2.3 Eine ‚starke' Familie als Grundlage für ziviles Engagement

Die Dominanz einer Familienmatrix führt zu den oben dargelegten negativen Konsequenzen bei der Gestaltung von sozialen Bindungen und Beziehungen innerhalb einer kleinen lokalen Gesellschaft. Eine ‚starke' Familie kann den lokalen Raum jedoch auch als Vorbild für soziales Handeln positiv prägen. Zu den positiven Auswirkungen der Familie gehört ihre identitätsstiftende Rolle innerhalb der lokalen Gesellschaft. Die Untersuchungen von lokalen Gesellschaften haben ergeben, dass dieses Engagement durch die seit mehreren Generationen währende Verwurzelung der Familie in der lokalen Gesellschaft gefördert wird (Bojar 2003).

Im Zusammenhang mit diesen Erkenntnissen stellt sich die Frage, ob und wie diese Verwurzelung in Gołdap zum Tragen kommt – in einer lokalen Gesellschaft mit Migrationshintergrund und einer relativ ,flachen' Erinnerung? Die Auskünfte der Einwohner ergaben, dass selbst in Gesellschaften mit einer kurzen Tradition das Bedürfnis nach Verwurzelung eine ähnlich wichtige Rolle spielt wie dies in traditionellen und lang ansässigen Gesellschaften zu beobachten ist. Dies lässt sich auch in den Aussagen eines älteren Ehepaars ablesen:

> „Für mich gehörte dieses Land – und gehört nach wie vor – von Anfang an nicht irgendjemandem, nicht den Deutschen, nicht den Preußen! Das war mein Land. (...) Bestätigt und in diesem Bewusstsein bekräftigt wurde ich durch das, was ich in der Geschichte gefunden habe. Meine Vorfahren sind z. B. im 17. Jh. von Großlitauen in das Land um Suwałki zugewandert. Sie waren es, die als erste Siedler dieses Land bevölkert haben. Hier strömte eben diese Bevölkerung ein, wie die litauische, so auch die polnische. Und hier entstand diese unsere Gesellschaft."

Als verbindendes Element innerhalb einer lokalen Gesellschaft funktioniert heute hauptsächlich der Wohnort, der zunehmend als ,eigene Heimat' empfunden wird. Selbst Einwohner, die sich öffentlich nicht für Gołdap engagieren, sind stolz auf die positiven Veränderungen im Erscheinungsbild der Stadt und verfolgen die Entwicklung mit Aufmerksamkeit.

Eine wesentliche Rolle beim Aufbau von sozialen Bindungen kann auch eine ehrenamtliche Tradition der jeweiligen Familie spielen, durch die sich die nachfolgenden Generationen verpflichtet fühlen, das ,vererbte' Sendungsbewusstsein oder die Berufstradition fortzusetzen. Dieses soziokulturelle Kapital der Familie wird in zahlreichen Fällen zur Grundlage für politisches Engagement sowie für den Aufbau und die Erneuerung von politischen Eliten in einer lokalen Gesellschaft (Pańków 2006):

> „Ich war schon immer eine Art Sprachrohr für politische Überzeugungen. (...) Ich habe mit Sicherheit etwas erkämpft, jemandem die Wahrheit gesagt, etwas Feindschaft geerntet –, denn das war hier schon immer so. In einer ähnlichen Situation ist heute meine Tochter, die auch zum Ratsmitglied wurde, sie hat auch meinen Charakter, sie kämpft auch ..." (älteres Ehepaar)

Öffentliches Engagement kann auch aus familiären Problemen und der Suche nach Lösungen hervorgehen, die in eine Tätigkeit in diversen Vereinen münden. Das passiert häufig in Familien mit behinderten Kindern oder bei Frauen aus zerrütteten Ehen. Die eigene Erfahrung wird dann zur Antriebskraft für ehrenamtliches Engagement. Ziviles Engagement und Ehrenamt müssen jedoch nicht zwangsläufig auf familiäre Verwurzelung in der lokalen Gesellschaft zurückgehen, sondern können auch aus völlig neuen sozialen Prozessen und Phänomenen hervorgehen und einen dynamischen Charakter besitzen. Dies ist z. B. der Fall bei Emigranten, die mit abgeschlossenen Ausbildungen und neuen sozialen, kulturellen und zivilen Kompetenzen in die lokale Gesellschaft zurückkehren. Die Migrantenforschung bestätigt einen positiven Einfluss, den der ‚Blick von außen' und neue Muster für öffentliches Handeln haben können.

3 Kulturkapital – generationenübergreifende Wertevermittlung

Bei der Analyse der Rolle, die das Kulturkapital einer Familie spielt, will ich nun auf eine seiner wichtigsten Dimension eingehen, d. h. auf die Familienwerte.[5] Auch wenn in Gołdap Familienwerte nicht als getrenntes Forschungsfeld betrachtet wurden, lässt eine Analyse von spontan gemachten Angaben über die Handhabung der Werte innerhalb der Familie einige Schlüsse zu, die sich auf diesen Bereich und die sozialen Konsequenzen für die zu untersuchende lokale Gesellschaft beziehen.

Im Mittelpunkt der Familienwerte steht oft die Absicherung einer finanziell, beruflich, sozial und familiär erfolgreichen Zukunft der Kinder. Die Eltern scheinen voll und ganz den Standpunkt der Kinder zu akzeptieren, deren erklärtes Ziel ein höherer Lebensstandard als der ihrer Eltern ist. Ein Student erklärt:

> „So [wie die Eltern] möchte ich nicht leben. (…) Wir konnten uns z. B. ein neues Auto oder neue Möbel für die ganze Wohnung nicht leisten. (…) Ich möchte mir das aber leisten können. Denn, es ist schon besser, wenn du besser leben kannst."

Eine Analyse des empirischen Materials deutet darauf hin, dass die Eltern bei der Umsetzung dieses Ziels vor allem auf zwei Strategien setzen. Die hier hervorgehobenen Strategien haben analytischen Charakter, in der Wirklichkeit kommen sie dann als Mischformen vor, in denen eine der beiden Strategien dominiert.

3.1 Die Strategie des Kapitalaufbaus

Die erste Strategie des Kapitalaufbaus beinhaltet Investitionen in die Entwicklung der eigenen Kinder. Dabei dienen die Eltern als Vorbilder, deren Verhalten von den Kindern in einem mehr oder weniger bewussten Nachahmungsprozess übernommen wird. Nach Auffassung der Gołdaper sind dafür Familien mit ei-

5 Systematisch werden innerfamiliäre Werte in einer anderen Arbeit von mir beschrieben: Bojar 2005.

nem landwirtschaftlichen Betrieb repräsentativ. Diese Erfahrung hat zumindest eine Lehrerin gemacht:

> „Das sieht man sofort, welche Kinder aus Familien der früheren Mitarbeiter der staatlichen Güter kommen (...) und welche aus einem richtigen Dorf stammen, wo die Eltern einen Bauernhof haben. Diese sind diszipliniert, ordentlich, fleißig (...) und lernen gut. Sie sind verantwortungsbewusst (...). Er [der Bauernhofjunge] musste von Kind an alles lernen. Von klein an musste er Verantwortung übernehmen, denn das ist sein Eigentum: Wenn er etwas versäumt, dann macht er Verluste."

Eine andere Form von Investitionen in die Entwicklung der eigenen Kinder sind außerschulische Aktivitäten, Privatstunden oder Sport, die den Kindern verschiedene Kompetenzen vermitteln sollen (Musik, Sport, Sprachen). Natürlich hängt die Teilnahme daran von der finanziellen Lage der Familie ab, doch – nach Auffassung einer Einwohnerin von Gołdap – lassen sich die Eltern dabei von Werten und bestimmten Zukunftsvisionen und nicht vom Wohlstand leiten.

Die Teilnahme an diversen Aktivitäten greift ein paar für diese Strategie wichtige Werte auf. Die Kinder werden hier mit einem aktiven Lebenswandel und einer ständigen Entfaltung eigener Interessen vertraut gemacht, wodurch ihnen vielfältige Kompetenzen, psychische Fähigkeiten und eine offene Lebenshaltung gegenüber neuen Herausforderungen und einer selbstständigen Zukunftsplanung vermittelt werden, auf deren Grundlage sie ihre weiteren Lebensentwürfe und Beziehungen im sozialen Raum aufbauen können:

> „Ich glaube, am Anfang waren es die Eltern. Sie haben mir etwas vermittelt, das ich als Sinn für Ehrgeiz bezeichnen würde. Ich erinnere mich daran, dass mich jemand als fürchterlich ehrgeizig bezeichnete. Und dann habe ich gar nicht realisiert, wie das alles zum natürlichen Element meiner Persönlichkeit geworden ist." (Student)

Eine aktive Haltung in verschiedenen Lebensbereichen ist bezeichnend für junge lokale Unternehmer, die nicht nur im beruflichen Leben sehr aktiv sind, sondern sich auch durch verantwortliches Handeln und Disziplin auszeichnen. Andere Werte, die Eltern mit dieser Strategie zu vermitteln versuchen, sind Verantwortung für das eigene Handeln und Selbstständigkeit, die sie für die wichtigsten Faktoren für ein erfolgreiches Leben ihrer Kinder halten:

> „Ich glaube, dass man vieles in der Familie mitbekommt. Wenn diese Kinder (...) auf das Leben vorbereitet wurden, wenn gewisse Impulse aus dem Zuhause stammen, wenn die Eltern ihre Kinder auf das Leben vorbereiten, es irgendwie in die Bahnen lenken und vielleicht auch ein wenig unterstützen, dann kommen diese Kinder im Leben zurecht, (...)." (Unternehmer aus der Tourismusbranche)

Einen wichtigen Bestandteil der hier geschilderten Strategie stellt das Streben nach einem Hochschulabschluss dar, der als Grundvoraussetzung für ein erfolgreiches Leben gilt. Die Ausbildung ist ein hohes Gut für Familien mit einem hohen Kulturkapital, wo ein Hochschulabschluss zur Familientradition gehört:

> „Mein Papa hat vier Brüder, jeder hat ein Studium absolviert. Jeder. Seit meinem Urgroßvater oder [meiner] Urgroßmutter. (...) Sie waren schon immer Autoritäten für mich, denn jeder von ihnen absolvierte ein Studium. (...) Einer der Brüder meines Vaters hat acht Kinder. Und jedes hat ein Studium beendet." (Studentin)

Die Ausbildung gilt auch als sehr wichtig in Familien ohne diese Traditionen, wobei mit dem Abschluss der soziale Status verändert werden soll. Allerdings wird in beiden Fällen die Ausbildung tendenziell eher in funktionalen Kategorien und nicht als autotelischer Wert betrachtet, denn der Abschluss gilt als absolut notwendige Voraussetzung für beruflichen und demzufolge auch finanziellen Erfolg. Einen Kontrast zu der Bedeutung, die einem guten Abschluss beigemessen wird, stellen die eher dürftigen Ausbildungsmöglichkeiten in der Region dar. Junge Menschen gehen zum Studium in die Großstädte bzw. ins Ausland und genießen dabei eine tatkräftige Unterstützung ihrer Eltern.

Einen wichtigen und separaten Wertekomplex, den die Eltern gerne an ihre Kinder weitergeben würden, bilden positive soziale Kompetenzen wie Hochachtung vor den Anderen, Aufgeschlossenheit, Offenheit und Kommunikationsfähigkeit:

> „Ich kann nicht sagen, was aus meinem Kind wird, ich tue alles, damit sie ein guter Mensch wird, aufgeschlossen gegenüber anderen, dass sie keine Angst vor Kontakten mit anderen Menschen hat, dass sie zuhören kann." (ehrenamtlich aktive Frau)

Der hohe Stellenwert, der sozialen Beziehungen beigemessen wird, deutet eventuell nicht nur auf deren Bedeutung in der Familie hin, sondern auch auf einen Mangel im öffentlichen lokalen Raum.

3.2 Kapitalkonsum als Strategie

Eine weitere wichtige Strategie, die den Kindern den Weg zu einem finanziell, beruflich, sozial und familiär erfolgreichen Leben ebnen soll, bildet der Rückgriff auf das ökonomische Kapital der Familie. Der Unterschied zu der oben dargelegten Strategie zum Kapitalaufbau beruht jedoch darauf, dass sie entweder als Ergänzung oder als die einzige Strategie gelten kann, die von den Eltern für ihre Kinder praktiziert wird. Hier könnte man dann von der Strategie des Kapitalkonsums sprechen. Diese Strategie ist vermehrt unter Familien zu beobachten, die einen Grundstock an ökonomischem Kapital besitzen. Es wurde weder vererbt, noch im Familienunternehmen erwirtschaftet, sondern in kurzer Zeit an der Grenze, durch das Ausnutzen von Gesetzeslücken oder durch Schmuggel angehäuft. Einige Bewohner vertreten die Auffassung, dass junge Menschen auf diese Weise unterfordert und in ihrem Anspruchsdenken gegenüber ihrem Umfeld nur bestätigt würden:

> „Wir sehen viele junge Männer, etwa Fünfundzwanzigjährige, die in der Zeit, in der man bei der Arbeit sein sollte, über diesen Platz schlendern, auf Bänken herumhocken. Das heißt, dass sie keiner Beschäftigung nachgehen. (…) Sie sind gut gekleidet. Sie fahren gute Autos, und damit erschöpft sich wahrscheinlich die Unterstützung durch die Eltern.“ (Lehrerin)

Diese ‚Umsorgungsstrategie' äußert sich manchmal auch darin, dass die Eltern ihre Kinder vor anderen Gruppen, die sie fordern oder an die Regeln des gesellschaftlichen Miteinanders erinnern wollen, in ‚Schutz' nehmen:

> „Vor 15, 20 Jahren gab es pro Klasse vielleicht einen unartigen Schüler. Heute ist es umgekehrt, die meisten Schüler in der Klasse sind sozial unangepasst oder gar schlecht erzogen, denn auch die Eltern haben sich stark verändert. (…) Sie kommen und streiten sogar mit den Lehrern, behaupten, ihr Kind sei ordentlich, dass der Lehrer an ihm immer etwas auszusetzen und überzogene Erwartungen habe.“ (Lehrerin)

Wegen der Schwäche bzw. des Mangels am Kulturkapital gibt es nach Auffassung der Einwohner von Gołdap keine Vorbilder für aktives Handeln, keine Ansprüche an die eigene Ausbildung und keinen Ansporn zur Verbesserung der eigenen Lage. In der erforschten lokalen Gesellschaft betrifft das vor allem die früheren Mitarbeiter der staatlichen landwirtschaftlichen Güter sowie zerrüttete Familien, wo ein gelungener Start in das erwachsene Leben durch die in der Familie vermittelten Vorbilder erschwert wird.

> „Ich denke, dass der Fehler bei den Eltern liegt, denn sie brauchten ja keine Ausbildung als sie in den staatlichen Gütern gearbeitet haben. (…) Ob sie schufteten oder auf der faulen Haut lagen, haben sie ihr Geld immer bekommen und brauchten dazu keine Ausbildung, man hat ihnen nicht beigebracht, wie man arbeitet, man hat ihnen nicht beigebracht, initiativ zu werden, denn alles wurde ihnen in den Hals geschoben.“ (Lehrerin)

Der Vergleich dieser Ergebnisse mit anderen Untersuchungen, die 1996–1998 durchgeführt wurden und nach den Werten im Familienkreis fragten (Bojar 2005), ergab einen Wandel in der Wahrnehmung von Werten, die mit dem Arbeitsethos zusammenhängen. Im Kontext der Arbeit wurden dort Achtung vor der Arbeit, Sparsamkeit, Pflichtbewusstsein und Gewissenhaftigkeit am stärksten betont, also Werte, die sich nur im geringen Maße auf die Erfordernisse des zeitgenössischen Arbeitsmarktes beziehen. Die Erfahrungen der Eltern, die aus einem anderen System abgeleitet wurden, lieferten den Kindern jedoch nicht die richtigen Hinweise auf das Verhalten angesichts eines Wettbewerbs, der sich heute nicht nur auf die Arbeitswelt beschränkt, sondern auch immer häufiger den Bereich der Bildung tangiert. In Gołdap bleiben einige von diesen Werten nach wie vor aktuell: Fleiß, Pflichtbewusstsein, Ordnung und Gewissenhaftigkeit.

Darüber hinaus haben die Eltern heute sehr wohl verstanden, dass neben einer Ausbildung, Eigenschaften wie ein breiter Interessenhorizont, Aufgeschlossenheit gegenüber neuen Erfahrungen, Mut zu Herausforderungen, ein hohes Selbstwertgefühl, eine aktive Haltung und ein Bemühen um Innovationen für die Zukunft der Kinder von Bedeutung sind. Das ist ein grundlegender Unterschied gegenüber den Ergebnissen aus den Jahren 1996–1998, der den Wandel der Einstellungen belegt. Womöglich ist dieser Wertewandel nicht nur durch den Zeitfaktor bedingt, sondern auch durch die Grenzlage dieser lokalen Gesellschaft:

> „Ich glaube, dass wir in Gołdap, weil wir in einer Kleinstadt leben und geringe Möglichkeiten haben, erfahren möchten, wie die andere Seite des Lebens aussieht. Vielleicht eben aus diesem Grund wandern so viele Menschen ins Ausland aus. Es ist (...) so, wenn dir etwas fehlt, dann verlangst du erst recht danach." (Studentin)

4 Junge Menschen aus Gołdap und neue Muster von lokalen sozialen Bindungen

Versucht man ein Resümee über die positiven und negativen Folgen der oben genannten Verhaltensmuster und der vorherrschenden Familienwerte in Gołdap zu ziehen, sollte man in erster Linie darauf hinweisen, dass die hier beschriebene Kapitalentwicklungsstrategie, die Ausbildung und beruflichen Erfolg in den Vordergrund rückt, für die lokale Gesellschaft eher negative Folgen bringt, weil junge, aktive und ausgebildete Menschen auf der Suche nach besseren Chancen ihre Heimat verlassen.

Wenn wir dagegen dieses Phänomen aus einer breiteren Perspektive betrachten, erkennen wir Signale dafür, dass die auf den ersten Blick negativen Prozesse in Zukunft doch konkrete und positive Ergebnisse für die lokale Gesellschaft bringen können. Denn die starken Beziehungen zu Gołdap, der Lokalpatriotismus und das Interesse an den Belangen der Stadt, die von jungen und gut ausgebildeten Auswanderern immer wieder betont werden könnten bei veränderter Wirtschaftslage, zu ihrem Kapital werden.

Aus Aussagen junger Auswanderer geht hervor, dass sie bei ihrer Entscheidung, die Stadt auf der Suche nach besseren Chancen und Perspektiven zu verlassen, eine rationale Entscheidung getroffen haben. Doch sind sie mit der Stadt stark emotional verbunden und empfinden eine Art Stolz und Lokalpatriotismus. Die eigenen Interessen und Kenntnisse, die sie als Kinder mit Hilfe ihrer Eltern entfaltet haben, werden nun in ehrenamtliches Wirken zugunsten der eigenen Stadt und ihrer Einwohner umgewandelt:

> „Ich organisiere Veranstaltungen über Gołdap. Dadurch versuche ich den Bekanntheitsgrad von Gołdap zu beeinflussen (...), ihn schlichtweg auf ganz Polen auszudehnen, damit die Menschen von dieser Stadt erfahren. (...) Viele Menschen wissen zunächst gar nicht, dass es diese Stadt überhaupt gibt. Aber wenn sie dann schließlich hierher kommen, dann fühlen sie sich hier wohl. Sie sehen, dass die Stadt wunderschön ist. Sie loben Gołdap." (Student)

Bei der Analyse ihrer Haltung kann man sich des Eindrucks nicht erwehren, dass sie mit den gewonnenen Kompetenzen, Erfahrungen und zahlreichen Kontakten das Etikett eines Kleinstädters, eines Menschen aus der Provinz, endlich ablegen können. Dank ihrer Aufgeschlossenheit bekennen sie sich ohne Minderwertigkeitskomplexe zu ihrer Heimatstadt und stehen zu ihrer Herkunft, besuchen sie im Sommer und oder machen die Förderung ihrer Stadt zu ihrem erklärten Ziel. Im Zeitalter des ‚virtuellen Kommunikationsraumes' (Internet) erfordert dieses Engagement nicht einmal die ständige Präsenz direkt vor Ort.

Mit den Erfahrungen und Vorbildern, die junge Migranten in die Stadt einbringen, beeinflussen diese auch die Bereitschaft ihrer Eltern, sich gegenüber neuen Möglichkeiten und einem neuen Lebenswandel zu öffnen. Das geschieht bei ihnen viel stärker als bei den Eltern, deren Kinder keine Migrationserfahrungen gesammelt haben. Mit der klassischen Typologie von Margaret Mead (2000) könnte man behaupten, dass in diesen Familien die Idee einer für moderne Gesellschaften typischen postfigurativen Kultur in viel stärkerem Maße realisiert wird. Die dargelegten positiven und negativen Konsequenzen von Anpassungsstrategien, die von Familien im ökonomischen, sozialen und kulturellen Raum umgesetzt werden und die im starken Maße aus unterschiedlichen Ressourcen herrühren, weisen auf eine Verknüpfung zwischen der Verfassung der Familie und der Verfassung der lokalen Gesellschaft hin. Diese Erkenntnis fördert das Verständnis für die im lokalen Raum notwendigen Maßnahmen, mit welchen die positiven Elemente einzelner Familienstrategien aufgegriffen und die negativen ausgeschaltet werden könnten.

2 Schmuggel als Überlebensstrategie in den Transformationsgesellschaften

„Schwere Arbeit, unsicheres Brot" – Schmuggel an der polnisch-russischen Grenze als prekäre Erwerbsform

Bettina Bruns

Dieser Artikel geht vor dem Hintergrund sowohl der Effekte der polnischen Systemtransformation als auch der damit zusammenhängenden Flexibilisierungstendenzen auf dem polnischen Arbeitsmarkt der Frage nach, wie Individuen mit den sich daraus ergebenden erwerbsbiografischen Unsicherheiten umgehen. Dabei zeigt sich am Beispiel der informellen Schmuggeltätigkeit über die polnisch-russische Grenze, dass diese prekäre Einkommensquelle äußerst heterogene Bedeutungen sowohl für die ökonomische Situation der Schmuggler als auch für ihre alltägliche Lebensführung besitzt, je nach Stärke der finanziellen Abhängigkeit von der informellen Tätigkeit.

1 Hintergrund[1]

In Polen hat sich Erwerbsarbeit seit Einsetzen der politischen Transformation nach 1989 grundsätzlich gewandelt. Während zu sozialistischen Zeiten zumindest offiziell Vollbeschäftigung herrschte und unbefristete Vollzeitstellen die vorwiegende Beschäftigungsform darstellten, hat sich die Lage auf dem Arbeitsmarkt in den vergangenen Jahren differenziert. Zum einen haben Flexibilisierungstendenzen auch auf dem polnischen Arbeitsmarkt für eine Zunahme atypischer und unsicherer Beschäftigungsverhältnisse wie z. B. Teilzeitarbeit und befristete Beschäftigung gesorgt (vgl. Szylko-Skoczny 2009: 294). Zum zweiten ist strukturelle Arbeitslosigkeit zu einem drängenden makrostrukturellen Problem geworden. Aber nicht nur für die nationale wirtschaftliche Entwicklung, sondern auch für die individuell davon Betroffenen gestaltet sich der Umgang mit fehlender bzw. unsicherer Beschäftigung schwierig:

1 Dieser Artikel basiert auf der Dissertation „Grenze als Ressource – die soziale Organisation von Schmuggel am Rande der Europäischen Union" (Bruns 2010) und besteht zum Teil aus gekürzten Abschnitten der Arbeit. Der Erstellung des Buches ging ein einjähriger Feldforschungsaufenthalt in der grenznahen polnischen Stadt Bartoszyce mit ca. 25.000 Einwohnern von Juni 2005 bis Mai 2006 voraus.

> „Die Flexibilisierung der Beschäftigung bringt jedoch deutliche Nachteile für die Beschäftigten mit sich, etwa die fehlende Arbeitsplatz- und Einkommenssicherheit, Lohnsenkungen, Einschränkungen bei der Sozialversicherung und die steigende individuelle Verantwortung für die Folgen sozialer Risiken; die soziale Sicherheit der Arbeitnehmer sinkt, es kommt zum Phänomen der Armut trotz Erwerbstätigkeit." (Szylko-Skoczny 2009: 300ff.)

Dies gilt umso mehr, als dass im sozialistischen Polen ein Anspruch auf Arbeit garantiert war und somit sowohl der berufliche Werdegang als auch der private Lebensverlauf antizipier- und planbar waren. Mit der Systemtransformation sind diese ehemals selbstverständlichen biografischen Sicherheiten für viele Polen entfallen. Der bis zum politischen Umbruch kontinuierliche Erwerbsverlauf gleicht seither bei vielen Personen einem Patchworkmuster: Viele Menschen sind in ihrem beruflichen Werdegang mit Erfahrungen von Arbeitslosigkeit, befristeten Verträgen, unzureichend entlohnter Arbeit sowie Erwerbsmigration und informellen Tätigkeiten konfrontiert, was bedeutet, dass vormals stabile Kontinuitäten weggebrochen sind und sich „diskontinuierliche Erwerbsverläufe"[2] (Mutz et al. 1995) etabliert haben.

Diese Flexibilisierung des Arbeitsmarktes hat besonders spürbare Folgen für Einwohner strukturschwacher Gebiete, da diese gleichzeitig außerordentlich von den negativen Effekten der wirtschaftlichen und politischen Transformation betroffen sind. Ein gutes Beispiel stellt die im Nordosten des Landes an der Grenze zur russischen Exklave Kaliningrad gelegene und ländlich und kleinstädtisch geprägte Wojewodschaft Ermland-Masuren dar. Dort haben Effekte wie Erwerbsmigration weiter Teile der Bevölkerung, Massenarbeitslosigkeit und ein geringes regionales Lohnniveau zu schwierigen sozioökonomischen Entwicklungen in der Region geführt. Die offizielle Arbeitslosenquote liegt in einigen grenznahen Kreisen bei über 40 Prozent (GUS 2007) (vgl. Abb. 1). Weniger als 20 Prozent aller Arbeitslosen sind berechtigt, staatliche Sozialleistungen in Anspruch zu nehmen (GUS: Bank danych regionalnych). In vielen privatwirtschaftlichen Betrieben wird nicht mehr als der staatliche monatliche Mindestlohn von umgerechnet knapp 240 EUR gezahlt, der kaum zur Existenzsicherung ausreicht. Für die Einwohner dieser Region ist die politische und wirtschaftliche Transformation Polens also vor allem mit der Auflösung von Stabilität und der Zunahme existenzieller Unsicherheiten verbunden.

2 Ein diskontinuierlicher Erwerbsverlauf liegt vor, wenn prekäre Beschäftigung eine Episode innerhalb eines von Brüchen gekennzeichneten Erwerbsverlaufes ist (vgl. Hardering 2009: 141).

Abbildung 1: Arbeitslosenquote in der Wojewodschaft Ermland-Masuren

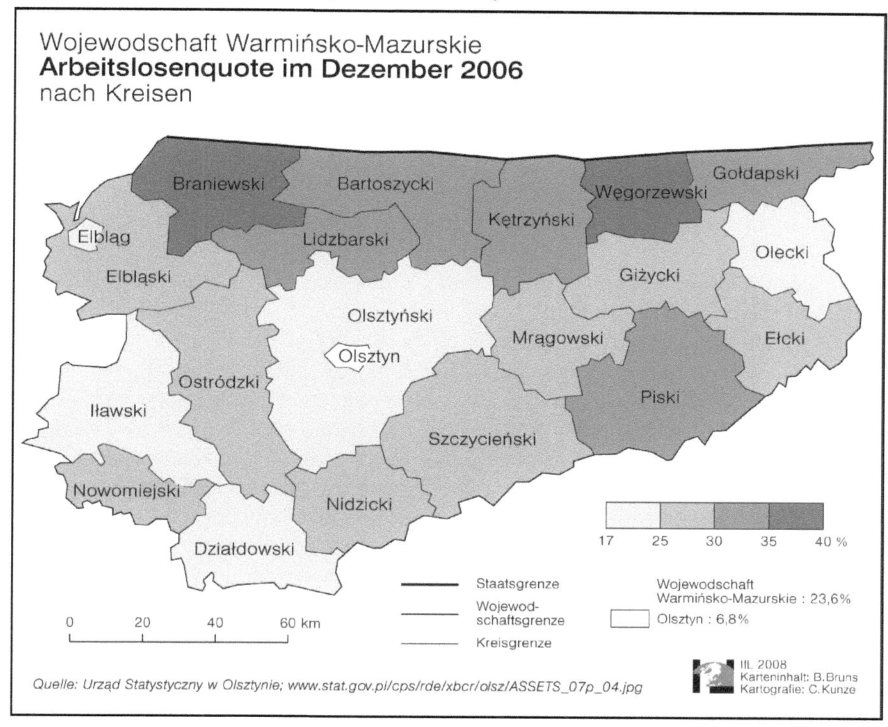

Jedoch birgt die strukturschwache Grenzlage, die zunächst die hohe Arbeitslosigkeit bedingte, auch gleichzeitig neue Einkommensmöglichkeiten in Form von Kleinhandel und Schmuggel von Zigaretten und Alkohol von Russland nach Polen. Die vorgestellten, vor allem finanziellen, Instabilitäten, von denen die Einwohner der Region betroffen sind, werden durch die Nähe zur Grenze teilweise wieder ausgeglichen. Aufgrund dreier transformationsbedingter Faktoren, namentlich die plötzliche Durchlässigkeit der Grenze, die hohe Arbeitslosigkeit in den Grenzregionen und der Wohlstands- und Preisunterschied zwischen Polen und Russland, stellt die zu sozialistischen Zeiten hermetisch abgeriegelte Grenze seit ihrer Öffnung Anfang der 1990er-Jahre vor allem eine ökonomische Ressource in Form von Schmuggel für breite Teile der ansässigen Bevölkerung dar.[3]

3 Nach Angaben des polnischen Zollamtes überqueren mindestens 85 % aller Reisenden die Grenze mit der Motivation zu schmuggeln (Urząd Celny 2006). Allerdings gelten diese Zahlen für das Jahr

2 Schmuggel als prekäre Einkommensquelle

Spricht man von Schmuggel, so wird in der Wissenschaft die Unterscheidung zwischen „commercial smuggling“ und „petty smuggling“ getroffen (Wiegand 1993): „Commercial smuggling involves the transportation of large quantities to be sold for profit abroad. Petty smuggling applies to individual people crossing a border to purchase goods at a cheaper price” (Deflem/Henry-Turner 2001: 473). Hier geht es um letzteren Begriff, um „petty smuggling“ oder auch „small-scale smuggling“ (vgl. Egbert 2006), was wörtlich übersetzt soviel heißt wie „kleiner Schmuggel“.

Beim Schmuggel handelt es sich im Unterschied zum Kleinhandel um eine illegale Tätigkeit: „Traditionally ‚trade‘ is the legal and ‚smuggling‘ is the illegal means of moving items from one side of the border to the other“ (Thuen 1999: 741). Was legal und was illegal ist, ist keine natürliche Eigenschaft einer Sache oder Person, sondern das Ergebnis eines externen Zuschreibungsprozesses (vgl. Singelnstein/Stolle 2008: 122). Schmuggel als illegale Handlung ist demnach ein Effekt staatlicher Regulierungen (vgl. Paul et al. 2002: 117). Konkret regelt die Verordnung (EWG) Nr. 918/83 vom 28.03.1983 die juristische Einordnung dieser ökonomischen Aktivität. Sie besagt, dass ein Liter hochprozentiger Alkohol, bzw. zwei Liter Getränke mit einem Alkoholgehalt von weniger als 22 Prozent, eine Stange Zigaretten (200 Stück) und ein voller Benzintank plus zehn Liter im Kanister von Russland nach Polen zollfrei eingeführt werden dürfen. Die Einfuhr bzw. der Versuch der Einfuhr größerer Mengen als der erlaubten ist illegal und zieht Sanktionen nach sich. Je nach Menge der geschmuggelten Ware stellt Schmuggel entweder eine Ordnungswidrigkeit oder eine Straftat dar. Nach der Verordnung des Ministerrates Nr. 197 poz. 1469 aus dem Jahr 2005 gilt ein Warentransport bis 444 Päckchen mit jeweils 20 Zigaretten als Ordnungswidrigkeit, das Schmuggeln darüber hinausgehender Mengen als Straftat. Handelt es sich um eine Ordnungswidrigkeit, so wird ein Strafmandat vom Zoll ausgestellt und das gefundene Schmuggelgut einbehalten. Im Fall einer Straftat wird der Vorfall an ein Gericht übergeben (vgl. Bruns 2010: 84).

Auf einem Kontinuum, das den Grad der Erwerbssicherheit unterschiedlicher Einkommensquellen ausdrückt, läge Schmuggel als ein Paradebeispiel einer prekären Einkommensquelle dem Normalarbeitsverhältnis diametral gegenüber. Letzteres stattet den Erwerbstätigen mit „‚sozialem Eigentum‘ [aus] – einem Eigentum zur Existenz- und Statussicherung, das sich u. a. in garantierten Rentenansprüchen, Kündigungs- und Arbeitsschutz, Mitbestimmungsrechten sowie

2006. Es ist davon auszugehen, dass seit der Übernahme des Schengener Abkommens durch Polen am 21.12.2007 und der damit zusammenhängenden kostenintensiven Schengen-Visumpflicht die Schmuggeltätigkeit an Lukrativität verloren hat.

verbindlichen tariflichen Normen manifestierte“ (Dörre 2007: 5f.). Schmuggel hingegen ist genau wie die oben benannten atypischen Beschäftigungsformen eine äußerst unsichere Einkommensart: „Diese [atypischen] Beschäftigungsformen werden in Abgrenzung zum Normalarbeitsverhältnis als *prekär* bezeichnet, um damit die Unterschreitung materieller, rechtlicher und sozialer Standards zu markieren (Hardering 2009: 133, Hervorhebung im Original). Aber lässt sich Schmuggel überhaupt als eine Form von Erwerbsarbeit bezeichnen? Definiert man Arbeit im Sinne der Lebensführungsforschung als eine Tätigkeit, die Merkmale wie Anstrengung, Zielgerichtetheit, Ergebnisorientierung und Planung aufweist (vgl. Jurzyk/Rerrich 1993: 32f.), dann kann Schmuggel ohne Weiteres als eine Form von Arbeit aufgefasst werden. Auch der einkommensgenerierende Charakter der Schmuggeltätigkeit spricht dafür, sie als eine informelle Erwerbstätigkeit anzusehen.

Beim Schmuggel handelt es sich also um eine illegale und informelle ökonomische Praktik außerhalb des Arbeitsmarktes. Die Ausübung der Schmuggeltätigkeit findet außerhalb staatlicher Sicherungssysteme statt, ist somit ungeschützt und von einer Vielzahl sich ändernder Bedingungen abhängig. Jenseits staatlicher Kontrollmechanismen sind die Schmuggler in ihren ökonomischen Praktiken einem höheren Risiko ausgesetzt als es legal agierende Händler sind, die ihr Recht notfalls einklagen können. Aber nicht nur die Schmuggeltätigkeit an sich ist prekär. Der hohe Risikograd dieser Einnahmequelle schlägt sich auch in der weiteren Lebensführung der Schmuggler und ihrer Haushaltsmitglieder nieder, in der sie aufgrund der Unsicherheit ihrer einkommensgenerierenden Tätigkeit mit existenziellen Unwägbarkeiten konfrontiert werden. Prekarität bezeichnet ein Gefüge aus erwerbsbiografischen Diskontinuitäten, einem problematischen Haushaltskontext und der Ferne zu staatlichen Institutionen (vgl. Hardering 2009: 134f.), alles Eigenschaften, die auf die Schmuggeltätigkeit und ihre Ausführenden zutreffen.

3 Fragestellung

An diesem Punkt setzen die Fragestellungen dieses Artikels an. Welche Rolle spielt Schmuggel im Umgang mit erwerbsbiografischen Unsicherheiten? Was bedeutet die Ausübung dieser informellen Tätigkeit für das Haushaltseinkommen des Einzelnen, und wie wird sie in den Alltag der Schmuggler integriert? Wo verortet sich Schmuggel im „Diskontinuitätsmanagement“ (Mutz 1995: 309) des Einzelnen und seines Haushalts?

Es wird dabei die These aufgestellt, dass Schmuggler keine homogene Gruppe bilden, sondern die Schmuggeltätigkeit auf vielfältige Art und Weise im

Rahmen ihrer ökonomischen Haushaltsstrategie und ihrer allgemeinen Lebensführung nutzen, was auch eine Verbindung von offizieller Berufstätigkeit mit der illegalen Handelstätigkeit umfassen kann. Es soll der Frage nachgegangen werden, auf welche Art und Weise Schmuggel als Tätigkeit im informellen Sektor mit anderen Einkommensquellen wie formaler Erwerbstätigkeit, Subsistenzwirtschaft und staatlichen Zuwendungen im Rahmen von ökonomischen Haushaltsstrategien kombiniert wird. Die ökonomische Bedeutung von Schmuggel wird mit der Theorie der alltäglichen Lebensführung (z. B. Jurczyk/Rerrich 1993: 21f.) in den Gesamtzusammenhang aller Lebensbereiche des Einzelnen eingebettet. Im Mittelpunkt steht dabei die Frage, wie eine Person Tätigkeiten in ihren unterschiedlichen sozialen Lebensbereichen miteinander kombiniert. Je unsicherer und instabiler persönliche Lebensumstände sind, desto unverzichtbarer ist ein stabiles Lebensführungskonzept für den Einzelnen. Da die hier im Fokus stehenden schmuggelnden Akteure größtenteils durch den Transformationsprozess mit unvorhersehbaren biografischen Umbrüchen konfrontiert sind, bietet sich die Benutzung dieser Theorie in besonderer Weise an.

Der Artikel gliedert sich folgendermaßen: Nach einer Einführung zum Forschungsort und ein paar Worten zur methodischen Vorgehensweise folgt anhand empirischer Beispiele eine Typisierung möglicher Schmuggelformen, die die Heterogenität des Schmuggels an der polnisch-russischen Grenze verdeutlichen und seine Bedeutungsspannbreite sowohl für die ihn Ausführenden als auch für die regionale Wirtschaftsentwicklung aufzeigen soll.

4 Forschen in der Grenzstadt Bartoszyce

„Was möchten Sie? Zigaretten, Wodka?“, raunt es den Besuchern des Marktes in Bartoszyce entgegen. Händler stehen nebeneinander in einer langen Reihe im Zentrum des Grenzstädtchens. Ausgerüstet mit Plastiktüten zwischen den Beinen, aus denen Hälse von Wodkaflaschen und bunte Zigarettenpäckchen hervorlugen, warten sie stundenlang auf Kunden. Sie stehen nicht etwa versteckt am hinteren Ende des Marktgeländes, sondern bilden den sichtbarsten Teil des gesamten Verkaufsfeldes. Hinter ihnen breiten sich die Marktstände mit ihren bunt gestreiften Plastikdächern aus. Schuhe, Kleidung für die ganze Familie, Werkzeuge, technische Geräte, Angelzubehör, Obst und Gemüse – alles wird tagtäglich auf dem unbefestigten Gelände angeboten. Unter dem Ladentisch warten auch gefälschte Kassetten und CDs auf Käufer. Die fliegenden Händler mit Schmuggelware bilden die Vorhut des Marktes. Kommt eine gelegentliche Polizeikontrolle, löst sich die Reihe wie von selbst auf, und die Händler stieben mit ihren Tüten in alle Richtungen. Manche fliehen in das benachbarte größte Kaufhaus der Stadt und warten am Fenster das Ende der Kontrolle ab.

Ein paar hundert Meter weiter, auf dem Parkplatz vor der Gemeindeverwaltung: Alle Parkplätze sind von Wagen mit russischen und polnischen Kennzeichen belegt. Mit Hilfe von farbigen Plastiktrichtern füllen Männer Benzin aus Kanistern in die Tanks der wartenden Autos. Einfüllen, zahlen, fahren: Schnell und unauffällig werden hier Geschäfte gemacht. Die Schmuggler hätten hier eine Tankstelle eingerichtet, so sehen es die unmittelbar nebenan sitzenden Mitarbeiter der Gemeindeverwaltung. Zuerst hätte sie den ganzen Tag Kopfschmerzen von dem Benzingeruch gehabt, jetzt hätte sie sich daran gewöhnt, so eine Mitarbeiterin (vgl. Wojciechowska 2004: 10).

Der Linienbus mit der Aufschrift „Bartoszyce – Bagrationowsk" hält, aus Russland kommend, am Busbahnhof. Eine Gruppe von Frauen steigt aus und verteilt sich rasch auf wartende Kleinwagen und Taxis. Alle sind sie, trotz hochsommerlicher Temperaturen, dick angezogen und tragen voluminöse schwarze Plastiktüten mit sich (Bruns 2010: 93f.).

Diese drei kleinen Szenen aus dem Alltagsleben in Bartoszyce sind Mosaiksteine, die etwas über die Rolle und den Ablauf des Schmuggels in der Stadt aussagen. Der Schmuggel prägt nicht das Stadtbild, aber er ist präsent. Was steckt dahinter?

Um solche Phänomene verstehen zu können und damit in ein wenig bearbeitetes Forschungsgebiet vorzudringen, bietet sich eine explorative Vorgehensweise an. Da es sich beim Schmuggel um ein „sensitive topic" (Lee 1993) handelt, musste viel Zeit für die Datenerhebung eingeplant werden, da diese nur auf Grundlage von Vertrauensverhältnissen zwischen Forscherin und Beforschten möglich war. Aus diesen Gründen wurde ein qualitativer Zugang in Form einer ethnografischen Feldforschung gewählt. Diese bestand im Wesentlichen aus vier Hauptbereichen: die Auswahl des Forschungsortes und die Gestaltung des Feldzugangs, die Koordination der unterschiedlichen Forschungsaktivitäten, die Darstellung und Wahrnehmung der Forscherrolle und die Verwendung der ausgewählten Methoden. Es wurden teilnehmende Beobachtung, Experten- und problemzentrierte Interviews sowie Dokumentenanalysen verwendet.

Während eines einjährigen Forschungsaufenthaltes in Bartoszyce versuchte ich mich während einer ersten explorativen Phase in mein Untersuchungsgebiet zu integrieren. Während der ersten Monate wurden Experteninterviews z. B. mit Vertretern der lokalen Verwaltung und Institutionen der sozialen Sicherungssysteme geführt und relevantes Material wie Statistiken, lokale Medien und Strategiepapiere der Stadt recherchiert. In der zweiten Hälfte der Anwesenheit im Feld begann ich mit offener teilnehmender Beobachtung während Schmuggelfahrten nach Russland. Nach und nach entfalteten sich Vertrauensverhältnisse zwischen den Schmugglern und mir, durch die es möglich wurde, während der letzten Phase des Aufenthaltes problemzentrierte Interviews mit ihnen zu führen. Gespräche mit den Grenzautoritäten am Ende des Forschungsaufenthaltes vervollständigen die Datenerhebung.

5 Die Informalisierung des Arbeitsmarktes in Bartoszyce

Während der ersten Phase der Feldforschung wurde deutlich, dass Schmuggel im polnischen Grenzgebiet zu Russland vor dem Hintergrund der allgemeinen Ausbreitung informeller Erwerbstätigkeiten stattfindet. Die Stadt Bartoszyce ist ein Transformationsverlierer: Mit dem Systemumbruch wurden die großen staatlichen Betriebe entweder geschlossen oder privatisiert, was mit einer starken Personaleinsparung einherging. So arbeiten heute nur noch einige hundert Angestellte in der Textilfabrik „Morena", dem größten Unternehmen im Ort, in dem bis Anfang der 1990er-Jahre über 1300 Personen beschäftigt waren. Diese Umstrukturierung führte zu mehreren Konsequenzen: Erstens zum Einsetzen einer strukturellen Massenarbeitslosigkeit zu Beginn der 1990er-Jahre, zweitens zu einem sehr niedrigen Lohnniveau in der Region, drittens zu einer starken Abwanderung der Bevölkerung und viertens zu der Ausbreitung des informellen Sektors in der Stadt und Umgebung, welcher eng mit dem geringen Lohnniveau verbunden ist, wie folgende Zitate aus meinen Fieldnotes während der Feldforschung zeigen. Die beiden Auszüge dokumentieren den gleichen Sachverhalt: Den beiderseitigen finanziellen Nutzen für Arbeitgeber und Arbeitnehmer, der sich aus einem informellen Arbeitsverhältnis ergibt.

Janek, 20 Jahre alt, hat erstmals für drei Monate eine Arbeit bei einem kleinen Unternehmen als Schleifer gefunden. Vollzeit, sechs Tage die Woche acht Stunden für 622 PLN im Monat. Im ersten Monat hat er 200 PLN zusätzlich bekommen, „weil der Chef mit seiner Arbeit zufrieden war", wie seine Mutter berichtet. Er bekommt das Geld bar auf die Hand, die Firma zahlt so weniger Abgaben (Fieldnotes, 14.11.2005).

Wera ist 58, Frührentnerin und arbeitet Vollzeit in zwei Schichten in einem kleinen Lebensmittelgeschäft. An Rente bekommt sie 600 PLN und verdient in dem kleinen Laden 580 PLN, bar auf die Hand. „Mein Chef hat mich eingestellt, weil ich Rente beziehe und er für mich keine Abgaben zahlen muss", sagt sie (Fieldnotes, 22.02.2006).

In beiden Fällen sind die Arbeitnehmer weder offiziell angestellt, noch führt der Arbeitgeber Sozialabgaben ab. Im ersten Auszug versucht der Arbeitgeber die Motivation seiner Angestellten zu erhöhen, indem er das durch die Schwarzarbeit eingesparte Geld dem Arbeitnehmer zukommen lässt, statt es an den Staat abzuführen. Im zweiten Beispiel spart der Arbeitgeber bei den Lohnnebenkosten, weil er für Rentner keinen Versicherungsbeitrag zahlen muss. „Die Arbeitgeber suchen nach einem Hintertürchen, um funktionieren zu können“, meint eine Angestellte des Arbeitsamtes dazu. Die hohen Sozialabgaben[4] führen vor dem Hintergrund des niedrigen Lohnniveaus dazu, dass eine offizielle Beschäftigung sowohl für Arbeitgeber als auch für Arbeitnehmer unattraktiv erscheint – für die einen wegen der hohen Kosten, die die Stelle verursacht, für die anderen aufgrund des niedrigen Einkommens. Dieser Umstand führt zu dem Paradoxon, dass es sich trotz hoher Arbeitslosenquote für Arbeitgeber schwierig gestalten kann, qualifizierte Fachkräfte zu finden:

> „Oft ist es so, dass Arbeitslose nicht zur Arbeit gehen wollen. Wenn es z. B. um Facharbeiter wie Maurer geht, sie haben oft so private Hintertürchen, so ein Bauarbeiter, wenn er privat arbeitet und irgendwem die Wohnung macht, verdient er dreimal so viel wie bei einem Arbeitgeber, bei dem er die gleiche Arbeit verrichten würde.“ (Mitarbeiterin des Arbeitsamtes)

Ein Mangel an motivierten qualifizierten Arbeitskräften wiederum zieht keine potenziellen neuen Investoren an und führt somit auch nicht zur Schaffung zusätzlicher regulärer Arbeitsplätze. Die beschriebene Situation lässt auch die hohe Arbeitslosenquote in einem anderen Licht erscheinen, denn vieles spricht dafür, dass arbeitslos gemeldete Personen zwar offiziell keine Einkünfte beziehen, aber oftmals dennoch durch informelle Erwerbstätigkeit zu ihrem Lebensunterhalt beitragen, jenseits staatlicher Bestimmungen.

Es lässt sich festhalten, dass die Mechanismen des offiziellen Arbeitsmarktes in Bartoszyce mit denen des informellen Sektors konkurrieren. Dessen Ausweitung wird durch Faktoren wie niedrige Einkommen, hohe Lohnnebenkosten und hohe Arbeitslosigkeit begünstigt.

Auf der einen Seite führt diese Entwicklung zu einer massenhaften Prekarisierung der Lebens- und Arbeitsbedingungen der Einwohner von Bartoszyce:

> „Die Leute leben einfach im Hier und Jetzt, sie hören auf, sich um morgen Gedanken zu machen. (…) Die Veränderungen, die irgendwann Anfang der 1990er-Jahre passiert sind, haben sich sehr in dem moralischen Skelett unserer Gesellschaft widergespiegelt.“ (Mitarbeiterin des Arbeitsamtes)

4 Ein Beispiel: Zahlt der Arbeitgeber 2006 den staatlich festgelegten Mindestlohn von 899,10 PLN, so kommen auf ihn allein für die Sozialversicherungen Abgaben in Höhe von zusätzlichen knapp 250 PLN zu (vgl. ZUS 2006). Die hohen Lohnnebenkosten in Polen führen zu dem hohen Schwarzarbeitsektor im Land, in dem über 1,3 Mio. Menschen beschäftigt sind (vgl. Wóycicka 2007: 2).

Schwarz arbeitende Angestellte werden zwar für ihre geleistete Tätigkeit entlohnt, sorgen aber derweil nicht für ihre Rente vor. Die Stabilität von Wohnort und Einkommen wird immer geringer, es findet eine kleinteilige soziale Differenzierung statt. Auf der anderen Seite bedeutet eine Tätigkeit im informellen Sektor angesichts der dargelegten schwierigen strukturellen Lage für viele Menschen gleichzeitig die Rettung vor der Armutsfalle. Vor diesem Hintergrund kann Schmuggel als eine Kompensation der durch die Transformation einsetzenden finanziellen und biografischen Unsicherheiten betrachtet werden und erscheint als logische Konsequenz des individuell vorteilhaften Umgangs mit äußeren Bedingungen.

6 Herleitung der empirischen Ergebnisse

Die Auswertung der 22 geführten Interviews mit Schmugglern basiert auf der Technik der qualitativen Inhaltsanalyse. Dazu wurde ein gleichermaßen theoriegeleitetes und am Material entwickeltes Kategoriensystem ausgearbeitet. Im Einzelnen wurden folgende Kategorien mit jeweils unterschiedlichen Ausprägungen verwendet:

1. Persönliche Gründe und Motivationen für die Schmuggeltätigkeit
2. Soziale Netzwerke als wichtige Haushaltsressource
3. Organisation des Schmuggels
4. Schmuggel in Kombination von Einkommensquellen
5. Verwendung der Schmuggeleinnahmen für die Haushaltsökonomie
6. Verlaufsmuster der Schmuggeltätigkeit

Die Bildung des Kategoriensystems ist der erste Schritt des angewendeten Typenbildungsverfahrens, das die beiden Sozialwissenschaftler Udo Kelle und Susanne Kluge entwickelt haben (Kelle/Kluge 1999). Im zweiten Schritt wird jeder Fall einer spezifischen kategorialen Ausprägung zugeordnet, wodurch ein Merkmalsraum und eine vorläufige Gruppierung der Fälle entstehen. Die Analyse der inhaltlichen Sinnzusammenhänge zwischen den Ausprägungen führt zur Ausbildung verdichteter Typen. Im dritten Schritt schließlich, der hier dargestellt werden soll, werden die Typen durch empirische Beispiele charakterisiert und überindividuelle Muster jedes Typs herausgearbeitet. Aus den Merkmalskombinationen der vorgestellten Kategorien gehen folgende fünf Typen von Schmugglern hervor, die im Folgenden durch empirische Beispiele charakterisiert werden.

7 Charakteristika des Typus „professioneller Unternehmer“

Der Typus des „professionellen Unternehmers“ zeichnet sich durch eine sehr hohe ökonomische Abhängigkeit vom Schmuggel aus, die für ihn höher als für Vertreter aller anderen Typen ist. Dies ist der Tatsache geschuldet, dass er keiner alternativen einkommensgenerierenden Beschäftigung nachgeht und deshalb all seine Energie, Zeit und finanziellen Ressourcen in die Schmuggeltätigkeit steckt. Diese stellt die einzige ökonomische Basis für seinen Haushalt dar. Die hohe ökonomische Abhängigkeit vom Schmuggel heißt, dass die Organisation der Schmuggeltätigkeit absolute Priorität in der alltäglichen Lebensführung besitzt. Fahrten nach Russland kann der „professionelle Unternehmer“ je nach Erfolgswahrscheinlichkeit planen, welche von den diensthabenden Zöllnern auf polnischer Seite abhängig ist. Der Unternehmer überquert die Grenze sehr häufig und hat deshalb enge Kontakte zu den Grenzautoritäten aufgebaut. Durch informelle Absprachen mit einzelnen polnischen Zöllnern hält er das Verlustrisiko während der Zollkontrollen gering, wie folgendes Zitat zeigt:

> „Ungefähr weiß ich, wer an der Grenze zu welcher Schicht gehört. Ich weiß das. Es gibt eine Schicht, zu der kann man nicht fahren, es gibt so eine, zu der man fahren kann. (…) Hier hinten habe ich einen Nachbarn, der auch dort [an der Grenze] arbeitet. Sie haben dort nur eine Schicht, zu der man ohne Mandat fahren kann. Ich habe kein Mandat, nicht ein einziges Mal ist mir das bei der Schicht passiert.“

Der Unternehmer kann von engen Kontakten sowohl zu den Grenzautoritäten als auch zu seiner Familie, seinem Bekanntenkreis vor Ort und weiteren Schmugglern profitieren. Seine Eingebundenheit in extensive soziale Netzwerke ist Voraussetzung für sein erfolgreiches Unternehmertum, da diese gleichzeitig risikominimierend und gewinnmaximierend wirken und so den Schmuggel unterstützen. Alle weiteren Alltagsverpflichtungen werden den Erfordernissen der Schmuggeltätigkeit untergeordnet. Den durch Schmuggel erwirtschafteten Gewinn investiert der Unternehmer sowohl in die Professionalisierung und Verfeinerung seiner informellen Tätigkeit als auch in die Absicherung seiner Familie. Aufgrund der höheren möglichen Gewinnspanne zieht er Schmuggel einer regulären Erwerbsarbeit vor.

> „Na ja, wenn es hier Arbeit gäbe, dann würde man zur Arbeit gehen, man würde eine Arbeit aufnehmen und arbeiten. Aber wenn ich hier zu einem Betrieb gehen würde, das sind kleine Einkommen. Sie zahlen 700, 800 Złoty. Was soll ich damit?“

Zudem gewährt ihm der Schmuggel Handlungsfreiheit und Autonomie, über die er als abhängig Beschäftigter nicht verfügen könnte. Er beschäftigt sich durchgehend mit der Schmuggeltätigkeit und sieht sie nicht als Intermezzo, sondern als eine stabile, langfristig ausgeübte einkommensgenerierende Arbeit im Sinne der obigen Definition an. Seine Einnahmen aus ihr sind beachtlich und ermöglichen eine kontinuierliche Verbesserung des Lebensstandards in seinem Haushalt. Seine hauptsächliche Schmuggelbedeutung besteht in der flexibel handhabbaren Quelle von Sicherheit und Vermögensvermehrung.

8 Charakteristika des Typus „starker Existenzsicherer"

Der Typus des „starken Existenzsicherers" wird ausschließlich von Frauen präsentiert. Seine Vertreterinnen sehen sich dem Konflikt zwischen gleichzeitiger erwerbs- und familienbezogener Lebensführung ausgesetzt. Für diesen Typus ist der Schmuggel ebenso wie für den „professionellen Unternehmer" ein existenziell wichtiges Element der ökonomischen Haushaltsstrategie. Seine daraus erzielten Einnahmen kann er nicht zum Sparen verwenden, da er mit ihnen die laufenden Ausgaben bestreiten muss, zu denen auch Unterstützungsleistungen des Sozialamtes beitragen. Das Wohl seiner Familie steht für ihn im Mittelpunkt. Obgleich der Schmuggel finanziell oberste Priorität für Repräsentanten dieses Typus hat, übt der „starke Existenzsicherer" ihn aufgrund seiner Doppelverpflichtung zurückhaltender aus. Er wägt ständig die Bedürfnisse seiner Familie bzw. Kinder mit dem Zwang zur Erwerbstätigkeit in Form von Schmuggel ab.

> „Und jetzt, wenn ich niemanden habe, bei dem ich sie lassen kann, weil sie lernen, man muss ihnen bei den Aufgaben helfen, man muss schreiben und lesen lernen und so weiter, so leider, man muss das [den Schmuggel] aufgeben, um den Kindern zu helfen. Auswählen zwischen Kindern und Geld."

Um beides miteinander vereinbaren zu können, ist er auf enge soziale Netzwerke angewiesen. Er übernimmt die Hauptverantwortung für das ökonomische Überleben der Familie. Zum Zoll pflegt er keine engen Beziehungen. Das Risiko des Warenverlusts ist deshalb höher als beim Typus des „professionellen Unternehmers", da der „starke Existenzsicherer" die Planung seiner Schmuggelfahrten eher von der Betreuungsorganisation seiner Kinder als von der diensthabenden Schicht abhängig macht. Der Schmuggel stellt eine seit mehreren Jahren kontinuierlich ausgeübte einkommensgenerierende Beschäftigung für den Typus des „starken Existenzsicherers" dar. Für ihn handelt es sich bei dieser Art von Einkommensgenerierung in erster Linie um eine psychische wie physische Belastung, die er sehr gerne zugunsten einer regulären Erwerbstätigkeit aufgeben würde: „Ich habe schon genug von Russland. Nur wenn ich keinen anderen Ausweg habe, werde ich weiterfahren."

9 Charakteristika des Typus „prekärer Multiverdiener"

Repräsentanten dieses Typus gehen einer formellen Erwerbstätigkeit nach, von deren alleinigem Verdienst sie aber nicht ihren Lebensunterhalt bestreiten können. Der „prekäre Multiverdiener" ist deshalb auf zusätzliche Einnahmen angewiesen, die er durch Schmuggel generiert.

> „Aber zwischendurch, immer an den Wochenenden, fuhr man nach Russland, um etwas dazuzuverdienen. Bis jetzt fahre ich, ich fahre bis zu diesem Zeitpunkt, mit meinem Mann, um immer ein paar Złoty zu haben, für die Schule, um zu zahlen, oder irgendwelche eigenen Bedürfnisse, irgendwelche Kosmetika, weil das der Mann nicht mehr gibt. Na, und mein Mann fährt zu den Russen, verdient dort, weil es bis zur Lohnauszahlung fehlt. Es gibt zu viele Kosten. Wir haben zwei Löhne, aber wir sind gezwungen, nach Russland zu fahren."

Angehörige dieses Typus sind gleichzeitig Vertreter der „working poor", deren reguläre Erwerbsarbeit aufgrund des geringen Lohnes zu „nichtexistenzsichernden Beschäftigungsformen" (Hardering 2009: 132) zählt. Schmuggel besitzt für diesen Typus mittlere Priorität, da er nicht ausschließlich finanziell auf ihn angewiesen ist. Alltagsstrukturierendes Element ist demnach nicht der Schmuggel, sondern die formelle Erwerbstätigkeit. Daraus folgt, dass die Schmuggelorganisation sich nach den Erfordernissen der formellen Erwerbstätigkeit richten muss. Nicht die diensthabende Schicht, sondern die eigenen Arbeitszeiten bestimmen die Zeitpunkte der Schmuggelfahrten. Dementsprechend profitiert der „prekäre Multiverdiener" nicht von engen Netzwerken zu den Grenzautoritäten, da er bei jeder Fahrt auf andere Zöllner bei der Kontrolle trifft. Diese Situation hat zur Konsequenz, dass er das Risiko beim Schmuggel nur bedingt einschränken kann, und der Schmuggel möglicherweise an Effektivität und Gewinn verliert.

> „Nein, wir ausgerechnet achten nicht auf das [die Schicht]. Weil wir am Wochenende fahren wollen, wissen wir nicht, wer genau am Wochenende da sein wird. Und sogar wenn wir manchmal hören, dass manchmal irgendwer Schreckliches kontrolliert, so einer, wie sie sagen, der schlägt zu, oh, bei dem bringst du nichts durch, nein. Wir gucken nicht darauf. Wir riskieren das, mit Rücksicht darauf, dass wir uns nur am Wochenende erlauben können zu fahren."

Auch die nur sporadische Aufnahme von Schmuggelfahrten ist der Unterordnung dieser Aktivität unter die Erfordernisse der formellen Erwerbstätigkeit geschuldet. Um die Wahrscheinlichkeit eines Gewinns zu erhöhen, nimmt der „prekäre Multiverdiener" bei seinen vergleichsweise wenigen Fahrten eine große Warenmenge mit. Angehörige dieses Typus haben aufgrund der ambivalenten Bewertung von Schmuggel noch weitere Probleme, formelle Erwerbstätigkeit mit dem illegalen Kleinhandel zu vereinbaren: Sie fürchten um ihren guten Ruf und um ihren Arbeitsplatz, sollte ihre Schmuggeltätigkeit publik werden: „Wenn sie mich kriegen würden, hätte ich wer weiß wie verschissen. Hier arbeite ich angeblich, und dort beschäftige ich mich mit so was."

Deshalb ist der „prekäre Multiverdiener" um Diskretion bemüht, was unter anderem Auswirkungen auf seine Verkaufsstrategien hat. Er verkauft die Waren an einen festen Großhändler, der sie zeitnah nach der Rückkehr aus Russland abholt, damit ihre riskante Lagerung zu Hause vermieden wird.

Informelle und formelle Tätigkeiten lassen sich in der alltäglichen Lebensführung des „prekären Multiverdieners" relativ problemlos vereinbaren, da sich sein Einkommen auf zwei Quellen verteilt, und nicht, wie beim „starken Existenzsicherer", die Schwierigkeiten der Vereinbarung von Schmuggel und weiteren Aktivitäten zu existenziellen Notlagen führt. Für diesen Typus bedeutet seine Schmuggeltätigkeit in erster Linie eine untergeordnete Ergänzung seines Einkommens aus formaler Erwerbsarbeit.

10 Charakteristika des Typus „pragmatischer Kompensierer"

Vertreter des Typus „pragmatischen Kompensierer" eint, dass sie lange Jahre zu sozialistischen Zeiten und teilweise darüber hinaus berufstätig waren. Im Zuge des Systemwechsels gehören sie wie die Vertreter des „professionellen Unternehmers" und des „starken Existenzsicherers" zu denjenigen, die ihre Arbeitsplätze verloren haben und dadurch plötzlich mit langfristiger Arbeitslosigkeit konfrontiert wurden.

Es sind in erster Linie ökonomische Notwendigkeiten, aufgrund derer die Vertreter des oben genannten Typus den Verlust ihrer formalen Erwerbsarbeit durch Schmuggel auffangen. Diesen kombinieren sie in ihrem Haushalt mit anderen Einnahmequellen wie Rente oder Frührente, die den Vertretern dieses Typus aufgrund ihrer langen Erwerbszeiten und ihres mittleren bis fortgeschrittenen Alters zustehen. Schmuggel stellt für sie also meist eine Einnahmequelle unter weiteren, dabei aber auch den einzigen aktiven Verdienst dar. Daraus folgt, dass Schmuggel das alltagsstrukturierende Element für Vertreter dieses Typus ist. Die Schmuggeltätigkeit übernimmt auf mehreren Ebenen die Funktion der früher ausgeübten Erwerbstätigkeit, weswegen sich die Schmuggel beinhaltende alltägliche Lebensführung stark an die zeitliche Struktur eines Erwerbstätigenalltags anlehnt. Es findet ein „Rekurs auf die Normalarbeit als Sicherheitsfiktion" (Hardering 2009: 144) statt.

> „Jetzt gibt es keine Arbeit. Russland ist geblieben. (...) Außer zur Fürsorge und bitten, dass sie mir etwas geben. (...) Dort muss man auch den ganzen Tag stehen, um etwas zu bekommen, ich weiß nicht, wie viel sie geben, 20 oder 30 Złoty. Aber dort muss man hin, dort kannst du hingehen. Etwas ausfüllen. Aber geh da mal hin und bitte um etwas! Da ziehe ich Russland vor. Weißt du, nicht legal verdienen, aber verdienen. Ich klaue das nicht. Ich muss nur, man muss betrügen, leider, das ist wahr. Aber mir scheint es, als ob auf dieser Welt schon alle unehrlich auftreten [lacht]. Na, und ich lebe auch nicht ..., aber ich klaue das nicht. Weil ich die Waren einkaufen muss. Dort muss ich Waren kaufen, weil sie sie mir umsonst nicht geben. Ich muss sie noch rüberbringen und verkaufen. Das heißt, das ist eine Arbeit, eine illegale. Das ist illegale Arbeit. Aber das ist verdientes Geld dank meiner Arbeit. Weil es nicht so war, dass ich irgendwo hingegangen bin, dass ich etwas genommen habe oder so. Nur, dass ich die Regeln breche.”

Die Vertreter des „pragmatischen Kompensierers“ brechen häufig zu Schmuggelfahrten auf, oftmals an fünf Tagen in der Woche. Da sie bei jeder Fahrt zur Risikovermeidung nur geringe Warenmengen mitnehmen, ist ihr häufiges Fahren zum einen der Sicherstellung genügend hoher Einnahmen geschuldet. Zum anderen können die vielfachen, fast täglichen Fahrten als Wiederaneignung einer Struktur gesehen werden, die der eines klassischen Erwerbsalltags sehr ähnelt. Schmuggel dient als kontinuitätsstiftender Ersatz von formaler Erwerbsarbeit. Repräsentanten des „pragmatischen Kompensierers“ gehen der Schmuggelaktivität dauerhaft nach. Die Herstellung größtmöglicher Kontinuität trotz biografischer Brüche mit Hilfe des Schmuggels kann gleichermaßen als eine Kompensation des durch die plötzliche Arbeitslosigkeit erlebten Verlustes ökonomischer und lebensplanerischer Stabilität dienen.

11 Charakteristika des Typus „abenteuerlustiger Nebenverdiener“

Repräsentanten dieses Typus sind weniger als die Vertreter aller anderen Typen von den Schmuggeleinnahmen abhängig. Da sie ihren Lebensunterhalt durch andere stabile Einkommensquellen sichern können, hat der Schmuggel für sie nur eine niedrige ökonomische Priorität. Dennoch setzen sie einen persönlichen finanziellen Nutzen ihrer Schmuggelaktivität voraus und würden ohne Gewinnaussichten nicht fahren. Dementsprechend verwenden sie die Schmuggeleinnahmen auch nicht für existenzsichernde ständige Ausgaben wie Miete oder Lebensmittel, sondern benutzen den informellen Zusatzverdienst für die Erfüllung persönlicher Konsumwünsche, für ihre Freizeitgestaltung und als Sparmöglichkeit.

> **I:** „Und was haben sie mit dem Geld [von den Schmuggeleinnahmen] gemacht?"
> **H:** „Ach, welches Geld, das waren 100 Złoty bei einer Fahrt."
> **I:** „Und was haben Sie damit gemacht?"
> **H:** „Also gespart habe ich nichts. Dem Enkel habe ich was gegeben, ich kaufte immer etwas Besseres, irgendwelche Geburtstagsgeschenke. Und mir selbst kaufte ich eine Waschmaschine, ich legte es zu dem anderen dazu, das war nicht so während dieser acht Monate, das war einfach ein wenig Geld, sodass ich nicht meine Rente nehmen musste, weil die ist auf dem Konto. Sie zahlen mir 1200 Złoty auf das Konto, das musste ich nicht nehmen. Weil ich zweimal pro Woche fuhr, da war es jedes Mal so. Zuerst musste man Geld dazulegen, weil man die Waren brauchte, um später zu verdienen. Und später war es schon zum Leben, und damit die Rente nicht angetastet werden musste. Die nahm ich für die ständigen Ausgaben."

Wegen der geringen finanziellen Bedeutung der Schmuggeleinnahmen für den Haushalt brechen „abenteuerlustige Nebenverdiener" unregelmäßig und sporadisch zu Fahrten über die Grenze auf. Demnach stellt Schmuggel nicht das strukturierende Element ihrer alltäglichen Lebensführung dar. Die Entscheidung für oder gegen eine Schmuggelfahrt machen Vertreter dieses Typus weniger von der Situation am Grenzübergang abhängig als vielmehr von ihrem jeweiligen persönlichen Befinden: Die Fahrten sollen in erster Linie Spaß machen, Langeweile vertreiben und den eintönigen Alltag auflockern. Da für die Vertreter des „abenteuerlustigen Nebenverdieners" die Qualität einer Schmuggelfahrt stark von ihrem Geselligkeitsfaktor abhängt, ist für sie eine Überquerung der Grenze im Pkw nicht attraktiv: Ein beengter Personenwagen eignet sich nicht gut zum Feiern, und darüber hinaus schrecken die möglichen langen Wartezeiten im Wagen den „abenteuerlustigen Nebenverdiener" ab. Daher präferiert er den Bus. Vorhandene soziale Netzwerke nutzen Vertreter dieses Typus nicht etwa zur Gewinnmaximierung, sondern für die Schaffung einer angenehmen Atmosphäre während der Schmuggelfahrten. Die von „abenteuerlustigen Nebenverdienern" aus dem Schmuggel erzielten Einnahmen sind nicht hoch. Als feste Größe können sie schlecht im Haushaltsbudget verplant werden, da ihre genaue Höhe schwer vorauszusehen ist. Das hängt zum einen mit der Unregelmäßigkeit der Fahrten zusammen, zum anderen spielt aber auch das nur geringe Wissen über die Kontrollgewohnheiten einzelner Zöllner dabei eine Rolle, das aufgrund der seltenen Fahrten nicht akkumuliert werden kann. „Abenteuerlustige Nebenverdiener" betreiben den Schmuggel nicht dauerhaft, sondern er stellt lediglich eine Episode in ihrem Lebenslauf dar. Für sie bedeutet Schmuggel ein Kommunikation und Abwechslung im Alltag bietendes spannendes Erlebnis.

12 Fazit

Die Analyse der Schmuggelbedeutungen verdeutlicht, dass Schmuggel dort zum Teil der Flexibilisierung des polnischen Arbeitsmarktes wird, wo er für die ihn Ausführenden eine Einkommensquelle darstellt – in den grenznahen Regionen des Landes. Dort zeigen seine Einbettung in den Alltag der Schmuggler symptomatisch die stattfindende Entgrenzung und das Aufweichen stabiler Normalarbeitsverhältnisse hin zu einer Vielfalt an Erwerbskombinationen. Darin liegt auch das gemeinsame Merkmal aller Schmugglertypen: Sie leben alle von einer Kombination unterschiedlicher mehr oder weniger unsicherer monetärer Einkommensquellen. Damit untermauern sie die These, dass die Ausbreitung von kleinunternehmerischen Aktivitäten einen zunehmenden Teil der Existenzsicherung im Rahmen von Income Mixes übernehmen (vgl. Vobruba 2000: 127). Aus dieser Perspektive repräsentieren alle Schmugglertypen die auch in Polen aktuell zu beobachtende und lange vorausgesagte Flexibilisierung von Erwerbsarbeit:

> „Das, was bislang gegenüber gestellt wurde – formelle und informelle Arbeit, Beschäftigung und Arbeitslosigkeit –, wird in Zukunft zu einem neuartigen System flexibler, pluraler, risikovoller Formen von Unterbeschäftigung *verschmolzen.*“ (Beck 1986: 228, Hervorhebung im Original)

Hervorzuheben ist in dem Zusammenhang die Tatsache, dass die Beschäftigung in der Schattenwirtschaft auch bei gegebener Integration in den ersten Arbeitsmarkt ausgeübt wird. Schmuggler sind also nicht nur „arbeitende Arbeitslose“ (Dörre 2007: 13), sondern Schmuggel wird auch von auf dem Arbeitsmarkt auf den ersten Blick bestens integrierten Menschen mit einem gesicherten Normalarbeitsverhältnis betrieben. Diese Einsicht lässt an der populären wertenden Unterteilung zwischen einer ‚guten' unbefristeten Vollzeitanstellung und anderen ‚prekären' Beschäftigungsformen zweifeln.

Unabhängig von der oben erwähnten Gemeinsamkeit erfüllt die Schmuggeltätigkeit für die Lebensführung der Repräsentanten jedes Typus jedoch unterschiedliche Funktionen (siehe Tab. 1). Dies deutet auf die Heterogenität der Schmuggler hin und darauf, dass sie kein geschlossenes Milieu bilden, was auch zu einer fehlenden Solidarisierung untereinander führt. Vielmehr sind die so vielfältig ausgeübten Schmuggeltätigkeiten ein Zeichen der zunehmenden Ausdifferenzierung von Arbeits- und Lebensbedingungen an der polnisch-russischen Grenze, die auf zwei Ebenen eine prekarisierende Wirkung für Schmuggler hat. Zum Ersten gehen sie einer ungeschützten risikoreichen Tätigkeit jenseits staatlicher Regulierungen und ohne jegliche Rechtsansprüche nach, deren Ausübung von sich ständig ändernden äußeren Bedingungen abhängt.

Tabelle 1: Typenbezogene Schmuggelbedeutungen

Typus	**Schmuggelbedeutung**	**Ökonomische Abhängigkeit vom Schmuggel**
Professioneller Unternehmer	Quelle von Sicherheit und Vermögensvermehrung	hoch
Starker Existenzsicherer	Ökonomische Notwendigkeit	hoch
Prekärer Multiverdiener	Ergänzung des Erwerbseinkommens	mittel
Pragmatischer Kompensierer	Kontinuitätsstiftender Ersatz von Erwerbsarbeit	mittel
Abenteuerlustiger Nebenverdiener	Den Alltag auflockerndes Erlebnis	niedrig

Zum Zweiten führt die riskante Erwerbsquelle zu existenziellen Unsicherheiten und wenig Planbarkeit in der Lebensführung der Schmuggler. Der Grad der Prekarität richtet sich nach dem Grad der finanziellen Abhängigkeit vom Schmuggel, der wiederum von den jeweils vorhandenen weiteren Einkommensquellen in der ökonomischen Haushaltsstrategie abhängt, wie Tabelle 1 zeigt.

Schmuggel kann dennoch zu einer mehr oder weniger nachhaltigen Abschwächung erwerbsbiografischer Unsicherheiten beitragen, wie die Analyse des empirischen Materials gezeigt hat. Die erläuterte Prekarität der Schmuggeltätigkeit lässt sich in einer anderen Lesart auch als Ausdruck von Flexibilität, Kreativität und Mobilität bezeichnen; allesamt Eigenschaften, die auf dem flexibilisierten Arbeitsmarkt in Polen gefordert werden. Schmuggel bedeutet aus dieser Perspektive einen aktiven Umgang mit der eigenen Armut. Nach dieser Lesart stellen Schmuggler eine wertvolle Ressource an Arbeitskräften dar, die attraktiv für potenzielle Investoren sein könnte, welche die regionale Entwicklung durch Schaffung neuer Arbeitsplätze unterstützen würden. Letztere, eine wettbewerbsfähige Vergütung vorausgesetzt, werden gebraucht, um die sozioökonomische Stadtentwicklung Bartoszyces vom jeweiligen Grenzregime unabhängig zu machen. Durch die massive Schmuggeltätigkeit vieler Bewohner ist die wirtschaftliche Situation der Stadt sehr eng an die Nutzung der Grenze gekoppelt. Durch einen Infrastrukturausbau im Verkehrs-, Industrie- und Tourismusbereich, der Senkung der Lohnnebenkosten und der Förderung von Arbeitnehmern im Weiterbildungsbereich könnte die Region an Attraktivität für Investoren gewinnen und die Schmuggeltätigkeit an Bedeutung verlieren. Denn auf lange Sicht bringt das Engagement in der prekären Erwerbsform des Schmuggels weder der Region noch den Schmugglern nachhaltige Vorteile.

Die moralische Ökonomie des Schmuggels

Mathias Wagner

> „Der Mann ist ein Spritschmuggler, nicht wahr?"
> „Was glauben Sie denn?"
> „Wahrscheinlich steht eine Belohnung auf seinen Kopf."
> „Das bezweifele ich."
> „Er ist ein Übertreter des Gesetzes."
> „Er hat eine Familie, und er muss essen und sie ernähren. Wer zum Teufel ernährt *Sie* denn, wenn nicht die Leute, die hier in Key West für sechs und einen halben Dollar die Woche für die Regierung arbeiten?"
> (Hemingway o. J.: 72)

Schmuggel[1] ist illegal, wird von staatlichen Behörden verfolgt und mit Strafen geahndet. Die Feststellung erscheint banal, denn wäre er legal, so würde man von Handel sprechen. Dem Begriff ist der Bruch staatlicher Normen immanent. Daher scheint Schmuggel eher ein Thema für kriminalistische Untersuchungen als für soziologische Forschungen zu sein. Letztere sind jedoch gefordert, wenn der Bruch staatlicher Normen toleriert wird, und somit auf der lokalen Ebene die Durchsetzung des staatlichen Herrschaftsanspruches unterlaufen wird. Die Untersuchung konzentriert sich zwar auf eine lokale Gesellschaft, jedoch stehen die Ereignisse auch in einer Beziehung zur regionalen und gesamtstaatlichen Ebene und werden zudem von den überstaatlichen Entscheidungen der Europäischen Union beeinflusst. Der Artikel und die ihm zugrunde liegende ethnografische Forschung nimmt die Handlungsebene der Akteure zum Ausgangspunkt.

Entscheidend für die vorliegende Interpretation ist es, dass es hier um Akteure geht, deren illegales Handeln toleriert wird. Dabei sind deren Handlungen nicht frei von Widersprüchen. Widerspruchsfrei erscheint der Schmuggel, wenn er in romantisierender Form als Rebellion gegen die soziale Ordnung dargestellt wird (vgl. Girtler 1995: 164ff., ders. 1992: 193, 240). Mittlerweile zeigt sich jedoch, dass der Schmuggel zu einem „Massenphänomen" (Haller 2000) geworden

---

1 Der Artikel basiert auf Forschungen, die von 2005 bis 2008 im Rahmen des von der Volkswagen-Stiftung finanzierten Projektes „Grenze als Ressource. Kleinhandel in der Armutsökonomie an der neuen EU-Außengrenze zwischen Nordostpolen und dem Bezirk Kaliningrad" unter der Leitung der Universität Bielefeld (Fakultät für Soziologie) in Kooperation mit der Warschauer Hochschule für Sozialpsychologie (Fakultät für Soziologie) und der Kaliningrader Immanuel-Kant-Universität (Fakultät für Wirtschaftsgeografie) durchgeführt wurden.

ist, und zwar in jenen ehemaligen Warschauer-Pakt-Staaten, deren Grenzen seit 2004 zu den Ostgrenzen der Europäischen Union geworden sind. Damit erhält das Phänomen des Schmuggels eine spezifische Qualität, dessen herausragendes Merkmal seine ‚Öffentlichkeit' ist, die jedoch von den Akteuren natürlich nicht explizit angestrebt wird. Der Schmuggel wird nicht mehr im Verborgenen von einzelnen Individuen durchgeführt, sondern alle direkt und indirekt in der Region betroffenen Personen sind darüber informiert, d. h. die Tatsache des Schmuggels ist zu einem „offenen Geheimnis" (Haller 2000) geworden. In dieser Form kann der Schmuggel aber nur bestehen, wenn er gesellschaftlich toleriert wird, was selbstverständlich Fragen nach seinen illegalen und legalen Anteilen aufwirft. Von besonderem Interesse ist hierbei, *wie* der Schmuggel gesellschaftlich legalisiert wird. Dieser Frage wird in dieser Untersuchung auf zwei Ebenen nachgegangen: Auf der individuellen Ebene wird zunächst am Beispiel eines Akteurs dessen Umgang mit dem Schmuggel dargestellt. Anschließend wird auf der Ebene der lokalen Gesellschaft nach den sozialen Strategien gefragt, die einen toleranten Umgang mit dem Normenbruch ermöglichen.

1 Eine Erzählung von Bienen und Schmugglern

Marian Wojakowski[2] ist Anfang 50 und stammt aus einer grenznahen Kleinstadt, in der er bis heute mit seiner Familie lebt. Marian hat in seiner beruflichen Laufbahn schon verschiedene Tätigkeiten ausgeübt, in denen er, seinen Erzählungen nach, recht erfolgreich war. Anfang der 1990er-Jahre wurde er arbeitslos und begann, nach Öffnung der Grenzen zur russischen Exklave Kaliningrad, als einer der ersten seines Heimatortes mit dem regelmäßigen Schmuggel. Mittlerweile gilt Marian als ein erfahrener Schmuggler und der Gewinn aus seiner Tätigkeit stellt den größten Anteil am Haushaltseinkommen dar. Doch Marian ist nicht nur Schmuggler, denn im Nebenerwerb betreibt er noch eine kleine Imkerei und in einem der Interviews, die wir führen, erläutert er seinen Umgang mit den Bienen. Auf den ersten Blick erzählt er in dieser Sequenz nur etwas über die Imkerei, doch in einer weitergehenden hermeneutischen Analyse zeigt sich, dass in der Schilderung ein Subtext vermittelt wird. In diesem Subtext werden zentrale Aspekte deutlich, die für ihn handlungsleitend sind und seine Einstellung zum Schmuggel verdeutlichen. Die Sequenz lässt sich in fünf kurze Abschnitte einteilen, denen hier jeweils eine zentrale Aussage vorangestellt wird.

2 Alle Eigennamen sind anonymisiert.

1.1 Manche Arbeiten erfordern Courage

> „Weißt du, nicht jeder würde hier mit den Bienen arbeiten. So wie derjenige, der meine Wohnung renoviert, auf keinen Fall würde er zu den Bienenstöcken gehen. Er schaut nur aus der Ferne und verdreht den Kopf."[3]

Das Wirtschaftsgefälle zwischen Russland und Polen weckt das Interesse vieler Einwohner. Doch sind die Zeiten, in denen man einfach nach Kaliningrad fuhr, einkaufte und schnell wieder zurückkam, schon lange vorbei.[4] In Vorbereitung des polnischen Beitritts zur EU wurden die Kontrollen umfangreicher und die Einfuhrbestimmungen restriktiver. Als Folge wurden an der Grenze Wartezeiten zwischen 12 und 48 Stunden die Regel. Wetterbedingungen und undurchsichtige Forderungen vom russischen Grenzpersonal verunsichern nun die Händler. Hat man mit seinem Schmuggelgut die Grenze passiert, so muss man weitere Polizeikontrollen auf polnischen Straßen und im Wohnort befürchten. Mit einem Wort: Der Grenzhandel bedeutet Stress. Oder es ist wie mit dem Honig, den man gerne genießt, jedoch nicht jeder traut sich an den Bienenstock.

1.2 Wer fähig zur Kommunikation ist, der lernt aus dem Leben

> „Seit 30 Jahren habe ich Bienen. Die Arbeit mit den Bienen habe ich von Kollegen gelernt, weil sie immer jemanden suchten, der ihnen bei der Arbeit hilft. So habe ich mir das abgeschaut und gelernt, wie und bei wem man damit Geld verdienen kann."

Um in der informellen Ökonomie des Kleinhandels bestehen zu können, sind kommunikative Fähigkeiten erforderlich. Dabei geht es weniger um die Fähigkeit, sich in der jeweils anderen Sprache – also als Pole auf Russisch und umgekehrt –verständigen zu können. Wichtiger ist, viele Leute zu kennen, Informationen über die Dienst habenden Grenzangestellten zu erhalten und zu erfahren, auf welchen Wegen sich Wartezeiten verkürzen lassen. Auch Bestechung erfordert Kommunikation: Wen muss ich bestechen und welche Summen sind notwendig? Und nicht zuletzt hilft es, wenn man die Angestellten von Zoll und Polizei während der Kontrolle in ein belangloses Gespräch verwickeln kann.

---

3 Alle Interviewzitate wurden zwischen 2005 und 2008 im Rahmen des Forschungsprojektes „Grenze als Ressource. Kleinhandel in der Armutsökonomie an der neuen EU-Außengrenze zwischen Nordostpolen und dem Bezirk Kaliningrad" vom Autor geführt und übersetzt.

4 Zu Beginn der 1990er-Jahre wurde bei der Einreise nach Polen nur oberflächlich kontrolliert.

1.3 *Wer sich regt, dem geht es gut*

> „Wenn du etwas machst, dann macht sich alles bezahlt. Alle sagen, Bienen lohnen sich nicht. Für mich lohnen sich Bienen. Wenn ich viel Arbeit mit den Bienen habe, oder wenn ich meine Wohnung renoviere, dann stelle ich von Zeit zu Zeit zwei Leute an. Ich als Arbeitsloser beschäftige noch zwei Leute! 4 Złoty (1 EUR) zahle ich in der Stunde, und dann gibt es noch Würstchen, wir grillen, eine leichte Arbeit ist das.
>
> Ja, mir geht es nicht schlecht. Ich habe eine Imkerei. Ich fahre nach Russland. Mir gehören zwei Autos, eines für die Arbeit und eines für die Fahrt zur Kirche. Darin sitze ich dann mit sauberen Sachen, habe ein paar Groschen in der Tasche und schon lebe ich wie ein richtiger Europäer (…) von Zeit zu Zeit."

Marian ist erfolgreich, und wer erfolgreich ist, verdankt den Erfolg seiner Tüchtigkeit. Die Kombination verschiedener Tätigkeiten ermöglicht ihm, zugleich Arbeitsloser, Angestellter und Arbeitgeber zu sein.[5] Indirekt erzählt er damit auch etwas über die anderen Leute in seiner näheren Umgebung, über Arbeitslose und Gelegenheitsarbeiter. Sie sind die Verlierer und ihnen fehlen demnach Initiative und Weitsicht die Chancen zu nutzen, die sich ihnen bieten. Ob sich die Imkerei tatsächlich immer lohnt, also lohnt im wirtschaftlichen Sinn, kann hier nicht wirklich beantwortet werden. Sicher ist nur, dass die Imkerei sehr stark von äußeren Einflüssen wie der Witterung abhängig ist. Jedoch reduziert sich der Lohn der Imkerei nicht auf die rein monetären Aspekte, denn die Bienen vermitteln auch eine symbolische Ebene sozialer Unterschiede. In gewisser Weise könnte man sagen, der Umgang mit Bienen adelt den Imker. Er ist einer unter wenigen, die keine Angst vor den Bienen haben und hat dadurch das Privileg, Honig erster Güte zu erhalten. Honig ist in einer verarmten Gesellschaft, in der ein großer Teil des Kalorienbedarfs mit Zucker gedeckt wird, ein Instrument der Distinktion. Zucker und zuckerhaltige Produkte sind sättigende Nahrungsmittel auf einem vergleichsweise niedrigen Preisniveau, die in ärmeren Familien eine wichtige Stelle in der Ernährung haben.[6]

1.4 *Lieber ein kleiner Handel als schneller Reichtum*

> „Vor einigen Jahren wurde hier eine neue Bienenart aus Nepal angepriesen. Ich habe auch so eine große, gelbe Königin genommen, die war dreimal so groß wie unsere

5 Marian ist formal arbeitslos ohne Bezüge, arbeitet gelegentlich legal als Aushilfe, hat aus der Imkerei und dem Schmuggel ein regelmäßiges Einkommen und stellt informell Arbeiter für spezielle Aufgaben an.

6 Eine Familie mit acht Personen (im Alter von 2,5 bis 45 Jahren) verbrauchte beispielsweise ungefähr 1,8 Kilogramm reinen Zucker pro Kopf im Monat (eigene Beobachtung).

normalen Bienen. Sie kamen aus Nepal. Meine Kollegen sagten noch, sieh mal, wie schön die sind, so groß und sie gehen wie Hornissen. Aber dann – nichts! Sie hatten keinen Honig. Und später starben sie irgendwie, etwas hatte ihnen nicht gepasst. Alle Bienen überlebten, nur die Nepalesen nicht."

Die Bienen erzählen uns etwas vom Leben des erfolgreichen Schmugglers. In der polnischen Presse werden die Schmuggler als „Ameisen" (poln. „mrówki") bezeichnet, da sie mit kleinen Warenmengen häufig über die Grenze wechseln. Die echten Ameisen treten nicht nur in Massen auf, sie sind auch unscheinbar und können doch als Volk ungeheure Arbeitsmengen bewältigen. So auch der Schmuggler, der als Kleinhändler in Erscheinung tritt. Doch es gibt auch andere Schmuggler, die mit großen Warenmengen an der Grenze erscheinen und ‚alles auf eine Karte setzen'. Der Gewinn aus einer Schmuggelfahrt liegt bei ihnen um ein Vielfaches höher als bei Marian. Während der schnelle Reichtum lockt, droht doch zugleich der umfassende Verlust von Vermögen und letztlich auch Freiheit, wenn sie verurteilt werden. Langfristig überleben allerdings die „Ameisen", die kleinen, unscheinbaren Schmuggler, die, wie Marian, ihren Lebensstandard auf einem durchschnittlichen Niveau halten.

1.5 Man muss nicht alle Tricks anwenden, aber man muss sie kennen

„Die Bienen sammeln den Honig ja eigentlich als Wintervorrat. Da der Imker ihnen den Honig genommen hat, erhalten sie als Ersatz Zucker, sodass sie überwintern können. Nun kann man anstatt Zucker auch Sirup geben, und damit hat es Folgendes auf sich. Erst wenn im Herbst kein Honig mehr da ist, dann gibst du Sirup. Die Bienen nehmen den Sirup und verarbeiten ihn, und dann kann man das später im Labor nicht mehr feststellen, dass es nachgemachter Honig ist. Aber beim Zucker kann man das im Labor nachweisen."

Marian kennt die Tricks, mit denen Imker ihre Kunden betrügen, doch sagt er von sich, dass er sie nicht anwendet. Er hat das nicht nötig. Wichtig ist für den Kleinhändler und Schmuggler Bescheid zu wissen. Zu wissen mit welchen Kniffen und Betrügereien es einem gelingt, einen Gewinn zu machen. Ob man die Tricks dann anwendet, ist eine andere Frage und abhängig von den konkreten Umständen. Notwendig ist aber die Kenntnis, denn sie ermöglicht es Probleme zu lösen und schützt davor, selber betrogen zu werden.

Selbstverständlich handelt es sich hier um eine subjektive Interpretation, wenn ich in der Beschreibung von Marians Tätigkeit als Imker zugleich eine Darstellung seines Umgangs mit dem Schmuggel zu erkennen glaube. Lassen wir uns aber auf diese Interpretation ein, so ergeben sich durchaus Aussagen, die über den konkreten Inhalt hinausweisen. Welche sind das? Wer schmuggelt, hat die Courage eine physisch und psychisch belastende Tätigkeit auszuüben. Er ergibt sich nicht einer schwierigen wirtschaftlichen Situation, sondern entwickelt eine Strategie zur Lösung seiner Probleme. Kurz gesagt, anstatt passiv zu verharren, wendet er sich aktiv den objektiven Gegebenheiten zu und bemüht sich um eine Verbesserung seiner Lebensperspektive. Diese aktive Haltung wird gesellschaftlich so positiv bewertet, dass der illegale Aspekt der Tätigkeit relativiert wird. Eng verbunden mit der aktiven Einstellung ist die Fähigkeit zur Kommunikation. Die Kommunikationsfähigkeit bildet zunächst die Basis, auf der man erfährt, wie der Schmuggel abläuft und welche Techniken man anwenden kann. Hat man sich erst einmal als Schmuggler etabliert, so sichert die Kommunikation mit anderen Schmugglern und Zöllnern den Erfolg. Jedoch begegnet die lokale Gesellschaft nicht jedem Schmuggel mit Toleranz, denn man sollte nicht vergessen, dass es sich letztlich um eine strafbare Form der Steuerhinterziehung handelt. Die Gesellschaft toleriert den Schmuggel nur, wenn er als Kleinhandel betrieben wird. Es ist also die Menge an Schmuggelgut, die zur Differenzierung zwischen tolerierter Überlebenstechnik und kriminalisiertem Gewinnstreben führt.[7] Als ein Ergebnis bleibt festzuhalten, dass sich der Schmuggel immer an der Grenze zur Kriminalität bewegt, selbst wenn der Einzelfall nicht kriminalisiert wird. Marian kennt diese Grenze und im Zweifelsfall auch die Methoden und Techniken, die es ihm ermöglichten, sich auf dem Feld des Schmuggels zu bewegen. Allein das Wissen gibt ihm die Stärke, seine Strategien im ‚Graubereich' der gesellschaftlich tolerierten Handlungen zu verorten.

In dieser Interpretation lassen sich einige Aspekte herauskristallisieren, die für die tolerante Haltung gegenüber dem Schmuggel als Massenphänomen relevant sind. Für die Bewertung des Schmuggels sind dabei zwei Faktoren entscheidend. Zum einen wird er positiv als aktive, selbstständige Handlung zur Bewältigung einer wirtschaftlichen Krisensituation gesehen. Dieses Urteil gilt, solange der Gewinn aus dem Schmuggel nicht größer als ein durchschnittliches legales Einkommen zu sein scheint. Eine vergleichbare positive Bewertung des Schmuggels finden wir auch bei den Vertretern der regionalen Gemeinde- und Kreisverwaltungen.[8] Auf die Frage nach dem Einfluss des Schmuggels auf die lokale Gesellschaft antwortet der Vertreter einer grenznahen Gemeinde folgendermaßen:

---

7 Selbstverständlich handelt es sich dabei nicht um ein objektives Kriterium. Entscheidend ist nicht die tatsächlich illegal importierte Warenmenge, sondern die bei einer Kontrolle gefundene Menge. Dabei kann die Kontrolle bei der Einreise erfolgen oder im ungünstigen Fall auch im Depot eines Schmugglers, bei dem sich über einen längeren Zeitraum Waren in größerem Umfang angesammelt haben, ohne dass die einzelnen Schmuggelfahrten zu einer Kriminalisierung geführt hätten.

8 Indirekt profitieren auch viele Einwohner vom Schmuggel: als Käufer von billigem Kraftstoff, preiswertem Wodka und günstigen Zigaretten.

> „Hat er. Wenn man darüber tiefer nachdenkt, dann muss man sagen: Hat er, weil einige Leute sehr aktiv geworden sind, also sie wissen sich in ihrem Leben zu helfen, nicht wahr. Weil, wenn man sich traut, Zigaretten oder sonst etwas anderes zu befördern (...). Schließlich wurde früher Fleisch transportiert, leckere Wurst, soweit ich weiß. Russisches Halwa ist sehr lecker und wurde auch transportiert, oder Schokoladenbonbons. Nun, alles Mögliche wurde transportiert, die Person lernt ihr Leben zu organisieren, zu funktionieren in – sozusagen – bürgerlicher Gesellschaft. Er ist über die Grenze gefahren, und das setzt voraus, die Sprache zu lernen, sagen wir, ‚Wie viel kostet es?' [im Original russisch]. Das ist ein Austausch (...), weil nicht nur unsere Landsleute, sondern auch die Russen von dort drüben ebenfalls nach Polen kommen."

Der Schmuggel von Zigaretten, Kraftstoff und Alkohol wird mit dem Handel von Lebensmitteln verglichen. In dieser Relation scheint der Schmuggel sich kaum vom legalen Handel zu unterscheiden. Überhaupt wird die tolerante Einstellung gegenüber dem Schmuggel mit unterschiedlichen Vergleichen begründet. So sind es eben nicht nur Polen, sondern auch Russen, die dem Schmuggel nachgehen, und an anderer Stelle wird nicht der unverzollte Transport von Waren beanstandet, sondern die damit verbundene Aktivität lobend betont. In dieser Perspektive erscheinen die Schmuggler nicht nur als handelnde Akteure, denen es gelingt in einer schwierigen wirtschaftlichen Situation ihren Lebensunterhalt selbstständig zu organisieren, sondern darüber hinaus wird ihre Tätigkeit als eine ‚Schule für staatsbürgerliches Verhalten' dargestellt. Selbstverständlich wird damit nicht das Erlernen von massenhaftem Steuerbetrug propagiert. Indem die Handlungen der Akteure in den Mittelpunkt der Argumentation rücken, wird es aber möglich, dem Schmuggel positive Auswirkungen zuzuschreiben. Unter dieser Perspektive erscheint der Schmuggler als aktiver Bürger, der seine staatsbürgerliche Verantwortung zeigt, indem er nach Wegen sucht, wirtschaftliche Notlagen zu überwinden. Damit wird eine Strategie geschaffen, die es ermöglicht, dem Schmuggel gegenüber Toleranz zu zeigen ohne zugleich die Verletzung von Gesetzen zu akzeptieren. Letzteres wird relativiert, indem das Schmuggeln als ‚moderne Eigenschaft' wahrgenommen wird, nämlich als individuelle Anpassung an vorgeblich notwendigen ökonomischen Vorgaben.

Jedoch ist diese positive Bewertung nur möglich, indem der einzelne Schmuggler seine Geschäfte innerhalb eines relativ unbestimmten Rahmens durchführt, dessen Grenze sich am subjektiv vermittelten Eindruck über den Umfang seines Handels orientiert. Diese Grenze wird so lange nicht überschritten, wie der Schmuggel nicht zu einer sichtbaren Bereicherung einzelner Individuen führt, deren Wohlstand sich von dem ihrer Nachbarn deutlich absetzt.[9] Zugleich

9 Entscheidend für die Beurteilung ist der subjektive Eindruck, während die objektive Differenzierung des Schmuggels zwischen Ordnungswidrigkeit und strafbarer Handlung mit gerichtlicher Ver-

eröffnet die soziale Strategie zur Tolerierung des Schmuggels den Individuen auch einen Weg, die illegale Tätigkeit in ihr Selbstbild zu integrieren, denn schließlich begehen auch die Käufer von unverzollter Ware Steuerbetrug. So wird der Schmuggel von den Akteuren auch in den Kategorien einer legalen Arbeit beschrieben. Untereinander spricht man nicht von „Schmuggel", sondern umschreibt ihn mit Formulierungen wie „man fährt zur Arbeit" oder „man fährt nach Russland, zu den Russen".[10] Auf der Basis der bisherigen Argumentation wird im folgenden Abschnitt auf die Rechtfertigungsstrategien der lokalen Gesellschaft gegenüber dem Schmuggel eingegangen.

2 Die moralische Ökonomie der postsozialistischen Gesellschaft

Die Frage der Legalität bzw. Illegalität des Kleinhandels wird von einem Gemeindevertreter folgendermaßen beurteilt:

> „Nein, also ich, ich persönlich sehe das folgendermaßen. Wenn die Bedingungen im Staat normal wären, in dem Sinn, dass jeder Mensch Arbeit hätte, also vielleicht nicht jeder, wäre es nie dazu gekommen, dass es diesen Handel geben würde und, und solche Dinge, dass ich als ‚Tourist'[11] fahre und so weiter. Selbstverständlich entwickelte sich hier der Schmuggel, man kann das in den Zeitungen lesen, dass sie so und so viel beschlagnahmt haben, so und so viele Zigaretten. Und diese Schmuggelwaren gehen von hier bis zu euch, nach Westeuropa. Nach England, nach ganz Europa. Weil die Zigaretten, soweit ich weiß, in Deutschland zum Beispiel fünf Euro [kosten] und hier (…) und darum der Schm(…), es ist also eine einfache Sache. Entweder man gleicht die Preise an, entweder in die eine oder andere Richtung, und schon gibt es keinen Schmuggel mehr, so ist das [lacht]."

In dieser Sequenz werden zwei Argumentationsstränge deutlich. Zum einen bildet die hohe Preisdifferenz für Waren, die sich leicht transportieren lassen und die gut verkäuflich sind, eine Grundlage des Schmuggels. Hierbei handelt es sich um einen zentralen Ausgangspunkt für den Schmuggel, der sich sowohl in historischen Formen als auch in der Gegenwart wiederfindet. Der zweite Argumentationsstrang zielt auf historisch vergleichbare Situationen, in denen der Schmug-

---

folgung hierbei keinen Einfluss hat. Auch die Beschlagnahme umfangreicher Warenmengen durch die Zollbehörden mit nachfolgender Gerichtsverhandlung führt ebenso wenig wie die Durchsuchung von Privatwohnungen der Schmuggler zu ihrer Kriminalisierung in der lokalen Gesellschaft.

10 Die Doppeldeutigkeit der Formulierungen führt auch zwischen den Einwohnern zu Irritationen, wenn auf die Bemerkung „ich fahre zur Arbeit", die erstaunte Gegenfrage folgt: „Wo arbeitest du denn?" Die Antwort lautet dann: „Nun, nach Russland fahre ich."

11 Gemeint sind die als touristische Ausflüge getarnten Schmuggelfahrten.

gel zu einem Massenphänomen wurde.[12] Diese Form des illegalen Kleinhandels ist immer mit der Verarmung einer breiten Bevölkerungsschicht verbunden. Dieser Aspekt beschreibt jedoch das spezifische Moment des Schmuggels in dem historisch konkreten Fall an der EU-Ostgrenze noch nicht ausreichend. Und damit kommen wir zu der eigentlich interessanten Wendung in der Sequenz, wo der Staat als eigentlicher Verursacher für das Phänomen ausgemacht wird.

Die entscheidende Aussage liegt im zweiten Satz der Sequenz, in der die gesellschaftlichen Gründe für den Schmuggel angesprochen werden. Zum einen handele es sich um eine Ausnahmesituation, in der „die Bedingungen nicht normal sind". Unter außergewöhnlichen Umständen, also in einer Art von Notsituation, ist das allgemeingültige Muster der Normen und Werte und darauf beruhender Aktionen und Reaktionen innerhalb bestimmter Grenzen außer Kraft gesetzt, ohne damit grundsätzlich deren Allgemeingültigkeit infrage zu stellen. Im Gegenteil erfordert die außergewöhnliche Situation besondere Maßnahmen, um die Normalität wieder herzustellen. Zur Illustration mag man sich die Ausrufung des Notstandes im Fall einer Naturkatastrophe vorstellen. Ein entscheidender Aspekt dabei ist, dass die allgemeingültigen Regeln nur so lange ruhen, bis der Normalzustand wieder hergestellt ist. Die Normen und Werte bzw. gesellschaftlichen Regeln sind also nur zeitlich und räumlich befristet unwirksam. Wenn wir diese Interpretation auf die gesellschaftlichen Machtverhältnisse übertragen, so bestätigt die Ausnahmeregelung zugleich die Allgemeingültigkeit der gesellschaftlichen Hierarchie. Das heißt, die etablierte Macht wird in ihrem Herrschaftsanspruch eben nicht herausgefordert. Vielmehr liegt die Herausforderung auf einer anderen Ebene. Der Staat wird mit dem Vorwurf konfrontiert, seine gesellschaftliche Verantwortung zu vernachlässigen. Indem dieses Versäumnis nicht zum Ausgangspunkt einer Machtfrage um die Vorherrschaft in der Gesellschaft genommen wird, verbleibt die Argumentation auf einer moralischen Ebene. Ein moralisches Versäumnis des Staates ruft eine Notsituation hervor und zwingt damit seine Bürger dazu – räumlich und zeitlich begrenzt – eine Tätigkeit aufzunehmen, die unter anderen Rahmenbedingungen illegal wäre.

Moralische Forderungen entsprechen den Interessen ihrer jeweiligen Träger und können damit vor allem ein Herrschaftsverhältnis ausdrücken (Bourdieu 1982: 554). Das Besondere des hier geschilderten Falles ist jedoch, dass die moralische Forderung im lokalen Kontext von unterschiedlichen sozialen Gruppen akzeptiert wird. Vergleichbare Strukturen finden sich auch in historischen Bei-

12 Eine dieser historischen Ausnahmesituationen betrifft beispielsweise Deutschland nach dem Ende des Zweiten Weltkrieges. Der Schmuggel war damals an der holländisch-deutschen Grenze zu einer weit verbreiteten Überlebenstechnik geworden. In diesem Kontext ist auch die Absolution zu verstehen, die der Kölner Kardinal Frings in einer Predigt dem „Hamstern", also der illegalen Beschaffung von Waren mit dem Ziel der Lebenssicherung, erteilte (Trees 2002: 73).

spielen eines Ausgleichs ökonomischer Differenzierungen, wie sie für die Bettlerkultur des 18. und 19. Jahrhunderts beschrieben wurde:

> „Die Bettelkultur beruhte auf einer ‚moral economy' ähnlichen Beziehungen einer beidseitigen Akzeptanz der gebenden und nehmenden Seite und einer gleichzeitigen Bestätigung der jeweiligen Position. Diese ‚Politik auf der Straße' muss im Kontext einer generellen außerinstitutionellen Konfliktregelungspraxis gesehen werden." (Hüchtker 1999: 66)

Damit wird die moralische Forderung (auch) zum Ausdruck einer Interessenübereinstimmung unterschiedlicher gesellschaftlicher Gruppen.

Thompson entwickelt den Begriff der „moral economy" vor dem Hintergrund einer etwas anders gelagerten sozialen Situation am Beispiel von Unruhen im England des 18. Jahrhunderts, die nach Preissteigerungen ausbrachen. Eine Grundlage der Proteste war eine im Volk bestehende übereinstimmende Meinung zur Legitimität von Preisen:

> „Dieser Konsens wiederum beruhte auf einer in sich geschlossenen, traditionsbestimmten Auffassung von sozialen Normen und Verpflichtungen und von der angemessenen wirtschaftlichen Funktion mehrerer Glieder innerhalb des Gemeinwesens. Zusammengenommen bildeten sie das, was man die ‚moralische Ökonomie' der Armen, die ‚moral economy of the poor', nennen könnte." (Thompson 1980a: 69f.)

Das moralische Element der Ökonomie beruhte darauf, dass überlieferte Formen und Maßstäbe weiterhin Bestand haben sollten, während die gesellschaftlich-ökonomische Entwicklung sich von diesen Traditionen löste und einen durch den Markt festgelegten Preis zu etablieren suchte (Thompson 1980a: 76, 118). Während sich im 18. Jahrhundert die Unterschichten gegen die Auflösung eines paternalistischen Systems der Fürsorge wandten, das in seinen Grundelementen aus mittelalterlichen Herrschaftsverhältnissen des „ganzen Hauses"[13] entstammte, greift das aktuelle polnische Beispiel auf Überlegungen zum sozialen Ausgleich zurück, die seit dem ausgehenden 19. Jahrhundert entwickelt wurden und ein tragendes Element der polnischen Gesellschaft bis 1990 waren. Vergleichbar mit dem paternalistischen Modell, wie es Thompson beschreibt, orientiert sich auch die Tolerierung des Schmuggels an einer gegenseitigen Verpflichtung, die aber v. a. den Staat als abstrakten Akteur in die Verantwortung nimmt. In diesem Sinn handelt es sich am Beginn des 21. Jahrhunderts nicht um paternalistische Forderungen einer überkommenen Gesellschaftsordnung, sondern um sozialstaatliche Prinzipien.

13 Der Begriff des „ganzen Hauses" bezeichnet die Wirtschaftsgemeinschaft patriarchalischer Lebensverhältnisse und umfasst die herrschaftliche Familie mit ihren Bediensteten.

In der historischen Perspektive können wir selbstverständlich die Erfahrungen der Individuen in der Zeit der ‚Volksrepublik'[14] nicht vernachlässigen. Ein zentraler Aspekt war dabei die Dominanz sozialer Werte gegenüber wirtschaftlichen Interessen und der intendierte ökonomische Ausgleich zwischen gesellschaftlichen Gruppen, oder – anders ausgedrückt – der hohe Stellenwert sozialstaatlicher Maßnahmen. Die damit verbundenen Prinzipien waren in der Politik handlungsleitend und bildeten die Basis des gesellschaftlichen Konsens.[15] Vor diesem Hintergrund erfolgte 1989 die Transformation des politischen und wirtschaftlichen Systems in eine marktdominierte Herrschaftsform:

> „Praktisch sollte das neue Modell so funktionieren: Das natürliche Spiel von Angebot und Nachfrage auf dem freien Markt würde bei allen Parteien maximale Zufriedenheit erzeugen und das Gemeinwohl gewährleisten. Der Markt, so nahm man weiter an, war dann am besten reguliert, wenn er sich selbst überlassen blieb." (Thompson 1980a: 80)

Während Thompson hier den Wandel im 18. und 19. Jahrhundert im Blick hat, lässt sich diese Beschreibung ohne Abstriche auf die Transformation der polnischen Gesellschaft am Ende des 20. Jahrhunderts übertragen.[16] Im Unterschied zum von Thompson beschriebenen Paradigmenwechsel handelt es sich bei der polnischen Transformation jedoch um die Etablierung eines neuen Herrschaftssystems, das aus einer Volksbewegung gegen die überkommene Regierungs- und Wirtschaftsform entstand. Deren Vorläufer war in den 1980er-Jahren die Bewegung „Solidarność", bei der es sich weniger um eine Gewerkschaftsbewegung, denn um eine Volksbewegung handelte. Die Solidarność zielte zunächst nicht auf eine Umwandlung des als ‚sozialistisch' bezeichneten Systems, sondern wollte die Arbeiterselbstverwaltung als Teil einer umfassenden gesellschaftlichen Demokratisierung durchsetzen wie auch eine Verbesserung der wirtschaftlichen Situation der Bevölkerung (Ascherson 1987: XII, Ellis 2005: 15, Klein 2007: 242). Am Ende des Transformationsprozesses sah sich dann gerade die Generation der aktiven Solidarność-Mitglieder um ihre Zukunftshoffnungen geprellt.[17] Lebendig geblieben ist aber ein aus der Solidarność-Bewegung stam-

---

14 Ich benutze hier den Begriff, da es sich um die Selbstbeschreibung der Herrschaftsform bis 1989 handelt, ohne damit eine Wertung zu verbinden. Die Qualität des Begriffes liegt darin, dass es sich um die – im ethnografischen Sprachgebrauch – emische Beschreibung handelt.

15 In welchem Umfang es sich dabei um Ideologie handelte und welche Brüche bei der Realisierung dieser Forderungen bestanden, ist nicht Thema dieses Beitrags und kann hier unbeachtet bleiben.

16 Zum weiteren Hintergrund vgl. beispielsweise Klein 2007: 240ff.

17 Die Solidarność-Bewegung wollte an die Stelle der staatlich kontrollierten Produktionsmittel die Arbeiterselbstverwaltung setzen (Tischner 1982: 73ff., Ellis 2005: 15). Die schwierige Versorgungslage mit Konsumgütern in Polen waren ein entscheidender Grund für die Massenbasis der Solidarność Anfang der 1980er-Jahre: „Im Jahr 1986 reichten 53 Prozent der Renten und Pensionen nicht

mende – wenngleich häufig verschwommen unkonkrete – gesellschaftliche Vorstellung nach wirtschaftlichem Ausgleich und sozialer Egalität.

Versucht man die Vermittlung dieser Erfahrungen auf einer theoretischen Ebene zu fassen, so erscheint es sinnvoll, sie sowohl als Leistung des sozialen wie auch eines kommunikativen Gedächtnisses zu beschreiben (Welzer 2001: 12ff., 15ff.). Unterscheiden lassen sich beide Formen nur auf der analytischen Ebene, während sie in der Alltagspraxis miteinander verwoben sind. Dabei bezieht sich das soziale Gedächtnis auf die Gesamtheit der sozialen Erfahrungen einschließlich der medialen Vermittlung und kann sich daher von der kommunikativen Alltagssituation lösen. Dagegen ist das kommunikative Gedächtnis auf die Interaktion der Individuen angewiesen. Eine dritte Form der Tradierung von Erfahrungen wird als kulturelles Gedächtnis beschrieben. Mit dem kulturellen Gedächtnis werden Informationen zwischen den Generationen weitergegeben, ohne dass eine Interaktion zwischen den Individuen notwendig wäre (Welzer 2001: 12f.). Im kulturellen Gedächtnis wird ein nicht hinterfragtes Wissen in der Form von Verhaltensweisen, Objekten u. A. weitergegeben. Die Kommunikation findet mehr über Medien und Dokumente als in persönlichen Gesprächen statt. Daher transportiert das kulturelle Gedächtnis historische Aspekte über lange Zeiträume hinweg und konstruiert damit ein gesellschaftliches Grundwissen, das in der Alltagssituation von den Individuen weder benennbar noch hinterfragbar ist.[18]

In der polnischen Geschichte, die ja in Europa ihre Spezifika aufweist, gibt es den Aspekt, bei einem Versagen des Staates dem einzelnen Bürger das Recht auf Widerstand zuzusprechen. Der Staat verwirkt seine Autorität in dem Moment, in dem er seiner Fürsorgepflicht nicht nachkommt. Die Grundzüge dieser Einstellung lassen sich bis zu den polnischen Teilungen am Ende des 18. Jahrhunderts zurückverfolgen. Sie bilden den Nährboden für eine sich im 19. Jahrhundert entwickelnde soziale Erfahrung, die darin besteht, dass die Bürger in bestimmten Situationen den Respekt gegenüber der Obrigkeit verlieren und sich ihr Recht selber verschaffen. „Für die Polen galten Verhaltensweisen, die offiziell subversiv waren, wie Streiks oder unehrliche Praktiken wie Diebstahl am Arbeitsplatz, als moralisch legitim“, wird als kennzeichnende Basishaltung für die Zeit der ‚Volksrepublik’ bemerkt (Pine 2002: 166). Denn Streikbewegungen gab

über 12.000 Złoty hinaus, was etwa dem Anderthalbfachen des Schwarzmarktpreises für ein Kilo Kaffee entsprach“ (Trutkowski 2007: 24). Neben der Forderung nach einer Verbesserung der Versorgungslage sorgte die als Ungerechtigkeit wahrgenommene Zunahme der sozialen Differenzierung, die sich vor allem in der besseren Konsumgüterversorgung von parteinahen Personen äußerte, für Unzufriedenheit in der Bevölkerung.

18 Es handelt sich dabei um das historisch Unbewusste, das als bewusste Konstruktionsleistung entsteht (Bourdieu 2004: 167). Erinnerung ist auch abhängig von gesellschaftlichen Diskursen, deren Akzeptanz strukturiert den Inhalt von Erinnerung (Welzer 2007: 13).

es seit den 1950er-Jahren, deren Forderungen zwischen ökonomischen Verbesserungen und Infragestellung politischer Autorität changierten. Nicht zuletzt gehört zu dieser Widerstandskultur der polnische Untergrundstaat während des Zweiten Weltkrieges.

Die hier entwickelten sozialen und historischen Aspekte, so die Argumentation dieses Artikels, bilden die Basis, auf der die tolerante Haltung der Gesellschaft gegenüber dem Bruch von Normen und Werten durch den Schmuggel zu interpretieren ist. In der Toleranz mit der die polnische Gesellschaft dem Schmuggel begegnet, besteht ein entscheidender Unterschied zu der von Thompson beschriebenen Forderung englischer Unterschichten im 18. Jahrhundert nach einer „moral economy". Während diese versuchten ihre Forderungen mit gewalttätigen Aktionen durchzusetzen, können die polnischen Schmuggler am Beginn des 21. Jahrhunderts ihren Tätigkeiten mit stillschweigender Billigung der Bevölkerung sowie der herrschenden Schichten nachgehen. Es besteht also ein Konsens zwischen verschiedenen sozialen Gruppen, der auf historischem und sozialem Wissen beruht, die Forderung nach moralischen Prinzipien als gerechtfertigt anzusehen. Der Schmuggel kann so als ‚offenes Geheimnis' behandelt werden, d. h. das Wissen um den Schmuggel wird gleichsam zur privaten Angelegenheit erklärt, gleichwohl alle Einwohner davon Kenntnis haben:

> „Der Doppelcharakter des offenen Geheimnisses ermöglicht es aber, soziale Normen gleichzeitig zu unterlaufen als auch aufrechtzuerhalten, da die Normverletzung nicht öffentlich ausgesprochen wird und keine sozialen Konsequenzen nach sich zieht." (Haller 2000: 145)

Sicherlich erfährt diese Interpretation Einschränkungen, denn auch in der polnischen Gesellschaft gibt es Kritik an der Ausbreitung einer informellen Ökonomie und speziell am Schmuggel. Auf diesen Widerspruch wird weiter unten noch einzugehen sein. Festgehalten werden muss jedoch, dass diese Kritik die Praxis des Schmuggels nicht einschränkt.

3 Schmuggel zwischen „moral economy" und „Sozialbanditentum"

In der Analyse sind wir hier an einem Punkt angekommen, an dem wir erkennen können, dass der Schmuggel in eine moralische Ökonomie eingebettet ist, die von den Unterschichten gefordert und von der Gesellschaft toleriert wird. An dieser Stelle soll die Frage dahingehend erweitert werden, ob im Schmuggel auch eine politische Intention ausgedrückt wird.

Die Parallele zu Thompsons Begriff der „moral economy" besteht darin, dass die Schmuggler für sich ein moralisches Recht auf Teilhabe am Wohlstand reklamieren. Dieses moralische Recht wird in der aktuellen Situation massenhafter Arbeitslosigkeit eingefordert, die ursächlich mit der Systemtransformation in Verbindung steht. Die „moral economy“ ist eine Ökonomie von Angehörigen der Unterschicht und kann als Strategie verstanden werden, mit der ökonomische Forderungen durchgesetzt werden sollen. In dieser Perspektive öffnet sich der Blick auf den politischen Gehalt einer „moral economy“:

> „Zwar lässt sich diese ‚moralische Ökonomie' nicht in einem höheren Sinne als ‚politisch' bezeichnen, man darf sie aber ebenso wenig als ‚unpolitisch' verstehen, da sie von fest umrissenen und leidenschaftlich vertretenen Vorstellungen vom Gemeinwohl ausging (…).“ (Thompson 1980a: 70)

An anderer Stelle ergänzt Thompson das Problem des politischen Gehalts der „moral economy“, indem er auf die historische Erfahrung verweist, die diesen Forderungen zugrunde liegt:

> „Damit will ich gerade *nicht* behaupten, ‚Moral' sei eine ‚autonome Region' menschlicher Willensentscheidung, die unabhängig vom historischen Prozess entsteht. Ein solches Verständnis von Moral ist niemals materialistisch genug gewesen und hat deshalb oft jene schreckliche Apathie – und manchmal schreckliche revolutionäre Kraft – auf Fiktionen idealistischen Wunschdenkens reduziert. Ganz im Gegenteil, gemeint ist, dass jeder Widerspruch ein Wertekonflikt ebenso wie ein Interessenkonflikt ist; dass jedes ‚Bedürfnis' einen Affekt oder ein ‚Wollen' enthält, das im Begriff ist, zu einem ‚Sollen' zu werden; (und umgekehrt) dass jeder Klassenkampf zugleich auch ein Kampf um Werte ist (…).“ (Thompson 1980b: 233)

Thompson sieht also durchaus einen politischen Aspekt in den moralisch begründeten Forderungen nach Teilhabe am gesellschaftlichen Lebensstandard. Jedoch handelt es sich demnach um einen latenten politischen Inhalt, der unausgesprochen bleibt, da die Forderungen moralisch begründet werden.

Eine andere Perspektive eröffnet die Analyse des „Sozialbanditentums“, wie sie von Hobsbawn durchgeführt wurde. Obgleich es sich in dem Beispiel des polnisch-russischen Schmuggels weniger um organisierte Gruppen als um vereinzelte Individuen handelt, erscheint es sinnvoll, Parallelen zu ziehen.

> „Das Sozialbanditentum, ein allgemeines und eigentlich gleich bleibendes Phänomen, ist wenig mehr als ein lokaler und endemischer Protest der Bauern gegen Unterdrückung und Armut: ein Racheschrei gegen die Reichen und die Unterdrücker, ein vager Traum, ihnen Schranken zu setzen, eine Wiedergutmachung persönlichen Unrechts. Seine Ziele sind bescheiden: die Bewahrung einer traditionellen Welt, in der die Menschen gerecht behandelt werden, nicht etwa eine neue und vollkommenere.“ (Hobsbawn 1979: 18)

Damit, so schreibt Hobsbawn weiter, fordert der Sozialrebell einen Anteil am Wohlstand, ohne die Struktur der Gesellschaft infrage zu stellen, während sein Protest auf einer moralischen Ebene bleibt, ohne politische Form anzunehmen.

Vergleicht man die Analyse von Thompson zur „moral economy" mit der Interpretation des Sozialbanditentums bei Hobsbawn, so werden Parallelen und Differenzen deutlich. Die Forderung einer moralischen Ökonomie wird von der Mehrheit der Unterschicht erhoben, die Sozialbanditen hingegen bilden lediglich eine kleine Gruppe innerhalb einer unterprivilegierten Schicht. Beide Gruppen fordern jedoch einen als gerecht definierten Anteil am gesellschaftlichen Wohlstand. Gleichzeitig orientieren sich die Sozialbanditen stärker am persönlich erlittenen Unrecht, während die Befürworter einer moralischen Ökonomie vom individuellen Schicksal absehen und auf die soziale Schicht zielen. Gemeinsam nehmen sie die wirtschaftliche Notlage als Ausgangspunkt für eine soziale Forderung, ohne die gesellschaftliche Hierarchie infrage zu stellen.

Auch den Schmugglern an der polnisch-russischen Grenze liegt eine politische Formulierung ihrer wirtschaftlichen Notlage fern. Und selbst wenn sie sich zu Protesten organisieren, bleiben ihre Ziele begrenzt auf die Forderung, Bedingungen zu schaffen, die ihnen den Schmuggel ermöglichen. In diesem Zusammenhang sind auch die Demonstrationen von Schmugglern im Frühjahr 2005 zu sehen, bei denen sie als Reaktion auf eine Verschärfung der Visumbestimmungen die Grenzübergänge nach Russland mehrere Tage blockierten.[19]

Man könnte also konstatieren, dass der politische Gehalt ihres Handels darin liegt, den Status quo beizubehalten. Ein Status quo, der die Herrschaftsverhältnisse und deren ökonomische Konsequenzen unberührt lässt, solange ihr illegales Handeln toleriert wird. Gleichzeitig schützt sie das Angebot der Tolerierung davor, aus dem Normensystem der Gesellschaft herauszufallen. Von dieser Regelung profitieren alle: die Schmuggler, die von Verarmung bedrohte Unterschicht, aber auch die ökonomisch etablierten Gesellschaftsschichten. Die Schmuggler haben eine existenzsichernde Einkommensmöglichkeit und die herrschenden Gesellschaftsschichten sind von der Forderung nach Vermögensumverteilung entbunden. Die moralische Forderung nach Teilhabe am Wohlstand wird mit einer toleranten Einstellung gegenüber dem Schmuggel beantwortet. Das Angebot der Gesellschaft besteht aber nur, solange der mit dem Schmuggel ver-

19 Im Frühjahr 2005 kam es an mehreren Tagen zu Protesten der polnischen Schmuggler, die mit ihren Fahrzeugen die Grenzübergänge zur Kaliningrader Oblast blockierten. Auslöser waren Verschärfungen der Grenzkontrollen, die darauf zielten, dass straffällig gewordenen Schmugglern von den polnischen Behörden die russischen Visa annulliert wurden. Die Forderung der Schmuggler bestand in einer Rücknahme dieser Maßnahme. Als die Grenzbehörde die Praxis aussetzte, nahmen die Schmuggler ihre Arbeit wieder auf.

bundene Bruch gesellschaftlicher Normen die Ausnahme ist. Bis zu welchem Punkt die Gesellschaft tolerant reagiert, stellt keine feste Grenzlinie dar, sondern vielmehr handelt es sich um eine Grauzone, in der sich die verschiedenen Interessen begegnen.

Jedoch erscheint die Interpretation zu geradlinig, denn neben der Tolerierung regt sich auch Widerstand gegen die moralische Rechtfertigung des Schmuggels.[20] Es entsteht ein Spannungsfeld zwischen dem moralischen Recht durch Schmuggel zu überleben und der daraus entstehenden Bedrohung, dass abweichendes Verhalten zur Norm wird. So lange die Verurteilung des Schmuggels auch ein Aspekt der öffentlichen Meinung darstellt, bleibt es der Gesellschaft möglich, den Bruch der Normen als begrenzte Ausnahme darzustellen. Außerhalb dieses Ausnahmebereiches bleibt das staatliche Monopol auf Durchsetzung der Normen in Kraft. Da es sich um eine stillschweigende Duldung handelt, behält sich die Gesellschaft auch die Möglichkeit einer härteren Reaktion gegenüber dem Schmuggel vor.

4 Schmuggel als widersprüchliche gesellschaftliche Aktivität

Eine soziologische Analyse, die das Spezifische des Schmuggels an der Ostgrenze der Europäischen Gemeinschaft erfassen will, muss versuchen, die tolerante gesellschaftliche Reaktion auf den Normenbruch zu beschreiben. Betrachten wir den Schmuggel als soziales Ereignis, so sind mindestens vier Gruppen daran beteiligt, die jeweils unterschiedliche gesellschaftlich definierte Aufgaben und Ziele zu erfüllen haben: Schmuggler, Zöllner, Grenzschützer sowie die politischen und administrativen Vertreter der lokalen Verwaltungen und nicht zu vergessen die Kunden der Schmuggler. Deren unterschiedliche Funktionen und Interessen können nur überbrückt werden, wenn zugleich gemeinsame Werte bestehen. Alle Gruppen stimmen darin überein, dass sich aus einer individuell unverschuldeten Notsituation das Recht zur Selbsthilfe ableitet und diese Handlung als eine Ausdrucksform aktiver Lebensgestaltung angesehen wird. Zugleich bestätigen sie die Existenz von Grenzen und die Durchführung von Kontrollen, also die (flexible) Einhaltung staatlicher Normen.

Das politische Ziel von Schmugglern kann nicht die Abschaffung von Grenzen sein, deren Bestand ihren Lebensunterhalt sichert. Ihr Interesse beruht vielmehr auf einer flexiblen Praxis der Grenzkontrollen, mit deren Hilfe der Warenfluss reguliert wird ohne ihn zu unterbinden. Die informelle Ökonomie des

20 Deutlich wird der Widerstand in der Verurteilung der Schmuggler, die angeblich lieber einer bequemen Tätigkeit, die ein großes Einkommen verspricht, nachgehen, als eine legale Arbeit anzunehmen.

Schmuggels kann in wirtschaftlichen Krisensituationen einen Weg darstellen, die Verarmung unterprivilegierter Gesellschaftsschichten zu verhindern bzw. zu dämpfen. Nimmt man diese Perspektive ein, so wird deutlich, dass die Handlungen der Schmuggler insoweit gesellschaftskonform sind, als sie sich aktiv an der Verschleierung von objektiven gesellschaftlichen Missverhältnissen beteiligen. Im Sinne eines an Gramsci angelehnten Begriffs von Hegemonie muss man die Selbstbeschreibung der Schmuggler als aktiv handelnde Individuen auch als Anpassung an herrschende Wirtschaftsideologien verstehen. Hier wird deutlich, dass die tolerante Haltung der Gesellschaft gegenüber dem Normenbruch der Schmuggler nicht selbstlos ist, sondern letztlich dem Interesse an der Aufrechterhaltung sozialer Hierarchien und Machtverhältnisse geschuldet ist.

Obwohl die ökonomische Seite des Schmuggels dessen Basis bildet, wäre es verkürzt, wollte man ihn auf die hohe Arbeitslosigkeit und minimale Sozialunterstützung beschränken. Unter einer Reduzierung auf ökonomische Aspekte leiden Interpretationen, die den Schmuggel durch die Schaffung von Arbeitsplätzen abschaffen wollen, da sie die im Hintergrund wirksamen gesellschaftlichen Kräfte nicht erkennen. Eine Reduzierung auf die ökonomische Seite verkennt den weit darüber hinaus gehenden sozialen Sinn und die gesellschaftlichen Interessen, die den Schmuggel als soziale Praxis lebendig erhalten. Einerseits stellt der Schmuggel einen Weg dar, unterprivilegierte Schichten sozial zu befrieden und die Individuen langfristig auf prekäre Erwerbsformen vorzubereiten. Andererseits ist der Schmuggel zugleich auch eine Form der Rebellion gegen ökonomische Unterdrückung, indem die informelle Tätigkeit es den Individuen ermöglicht auf unterbezahlte Arbeitsplätze zu verzichten. Hier wird die Klage von Unternehmern in der Region verständlich, wenn sie darauf hinweisen, dass sie nicht mit den Einkommensmöglichkeiten, die der Schmuggel bietet, konkurrieren können, gleichwohl das Lohnniveau häufig nicht zur Absicherung familiärer Grundbedürfnisse ausreicht. Der Schmuggel ist also eine widersprüchliche soziale Erscheinung und jede einseitige Interpretation, sei es als Verherrlichung einer Rebellion oder als Verurteilung von Unterdrückung, wird dem gesamten Phänomen nicht gerecht. Vielmehr ist der Schmuggel beides, Rebellion gegen Unterdrückung und Unterordnung unter hegemoniale gesellschaftliche Strukturen.

Erschwerung der Grenzüberschreitung im moldauisch-rumänischen Grenzraum und ihre Folgen für die Grenzraumbevölkerung

Mihaela Narcisa Niemczik-Arambaşa

1 Einführung[1]

Die Republik Moldau[2] ist das ärmste Land Europas und leidet unter einem ungelösten Konflikt im Osten des Landes, in der Region Transnistrien. Die Republik befindet sich in einer schwierigen sozioökonomisch-demografischen Lage (Auswanderung, Braindrain, elternlose Kinder, hohe Scheidungsrate, Prostitution) und könnte ohne die finanziellen Zuflüsse der im Ausland arbeitenden moldauischen Bevölkerung nicht überleben. Nach Angaben einer neuen Studie über den Anteil der Auslandsüberweisungen am Bruttoinlandsprodukt befindet sich die Republik Moldau auf dem zweiten Platz nach Tadschikistan (vgl. Nellen-Stucky Juni 2008). Diese werden auf 27 % (UN 2006) bzw. ca. 35 % des BIP geschätzt (vgl. Heller 2010, Bundesagentur für Außenwirtschaft 2008: 2–3).

Als am 1. Januar 2007 Rumänien der Europäischen Union beitrat, wurde die etwa 4,2 Mio. Einwohner zählende Republik Moldau (einschließlich Transnistrien) einer der neuen Nachbarn der EU. Die Grenze entlang des Flusses Pruth bekommt eine besondere Bedeutung: Sie trennt nunmehr den ‚Westen' (Rumänien) vom ‚Osten' (Republik Moldau) und zudem die rumänische Region Moldau von der Republik Moldau. Damit kommt der Grenze eine wichtige geopoliti-

1 In diesem Artikel werden Teilergebnisse des Forschungsprojekts „Alltag am östlichen Rand der EU: Raumaneignungen der Bevölkerung im Grenzraum Rumänien-Republik Moldau" präsentiert. Dieses Projekt wird von Mihaela Narcisa Arambaşa bearbeitet, von der VolkswagenStiftung gefördert und von Prof. Dr. Dr. h. c. mult. Wilfried Heller geleitet. Dieser Artikel ist schon in einer ähnlichen Variante erschienen: Arambaşa, Mihaela N. (2009): Bedeutung der grenzüberschreitenden Praktiken im moldauisch-rumänischen Grenzraum vor und nach dem EU-Beitritt Rumäniens. In: Heller et al. (Hrsg.) (2009): 137–160.

2 Seit der Unabhängigkeit der Republik Moldau („Republica Moldova" in der Landessprache) 1991 bestehen sowohl in den deutschen Massenmedien als auch in der Literatur nicht weniger als drei Be griffe für ein und dasselbe Land: „Moldawien", „Moldova" und „Moldau". Wir haben uns für die Bezeichnung „Republik Moldau" entschieden, weil der Begriff „Moldawien" in der internationalen Diplomatie unüblich ist. Zudem wird er als eine Eindeutschung des russischen „Moldavija" betrachtet (vgl. Menn 2008, Zeller 2005). „Moldova" hingegen bezieht sich auf die rumänische Bezeichnung (Hausleitner 2004: 25, zit. nach Ihrig 2008: 26).

sche Bedeutung mit hohem Konfliktpotenzial zu, da an ihr unter anderem auch große Wohlstandsunterschiede herrschen.

Einen statistischen Hinweis darauf gibt das Bruttoinlandsprodukt (BIP) pro Einwohner für das Jahr 2006, das in Rumänien 5.647 USD, in der Republik Moldau dagegen nur 876 USD betrug, d. h. nur ein knappes Sechstel des rumänischen Wertes. Laut weiterer Statistiken ist das Gebiet an der Grenze zur Republik Moldau einer der ärmsten rumänischen Landstriche. Ein Vergleich der Situation von 1999 mit derjenigen von 2005 zeigte sogar eine Verschlechterung im Vergleich zur gesamtrumänischen Entwicklung. Trotzdem ist der sozioökonomische Entwicklungsstand in der rumänischen Region Moldau deutlich höher als in der Republik Moldau (Arambaşa/Bruns 2008: 107), wo im Jahre 2008, unseren Ergebnissen zufolge, ein Haushalt (durchschnittlich 3,8 Mitglieder) mit ca. 140 EUR pro Haushalt und Monat auskommen musste (37 € pro Person und Monat). Dadurch sind die Menschen gezwungen, Alternativen für ihr Leben – um es deutlicher zu sagen: ihr Überleben – zu entwerfen. Eine bessere Situation zeigte sich auf der rumänischen Seite des Grenzflusses, wo ein Haushalt (durchschnittlich 3,6 Mitglieder) mit ca. 405 EUR im Monat (113 € pro Person und Monat) auskommen musste.

Für die Grenzbewohner der Republik Moldau bietet die Pendelmigration ins benachbarte Rumänien eine Chance, ihre ökonomische Situation zu verbessern. Dies war infolge der relativ hohen Durchlässigkeit der Grenze von 1991 bis 2001 – mit einigen Einschränkungen bis 2006 – möglich. Seit von rumänischer Seite in Vorbereitung des EU- und Schengen-Beitritts begonnen wurde (2001), den Grenzübertritt zu erschweren, wurden diese Möglichkeiten jedoch begrenzt. Seit dem EU-Beitritt Rumäniens ist der Grenzübertritt nur noch mit großem Aufwand machbar. Die Besonderheit dieses Grenzraums ist, dass auf beiden Seiten der Grenze dieselbe Sprache gesprochen wird und aus Sicht des Panrumänismus dieselbe „Nation“ lebt. Da auch in der Republik Moldau seit den 1990er-Jahren ein moldauisches Nationbuilding betrieben wird, sind auch hier Konflikte angelegt.

Der vorliegende Artikel geht der Frage nach, wie sich die grenzüberschreitenden Aktivitäten der im Grenzraum wohnenden Bevölkerung seit dem Beitritt Rumäniens zur EU am 1. Januar 2007 entwickelt haben, und wie diese Bevölkerung mit der neuen Qualität der Grenze, d. h. mit den neuen Grenzregelungen, umgeht und welche Konsequenzen für ihre Lebensgestaltung sie daraus zieht.

2 Forschungsmethodik

Abbildung 1: Untersuchungsorte 2006, 2008 und 2009

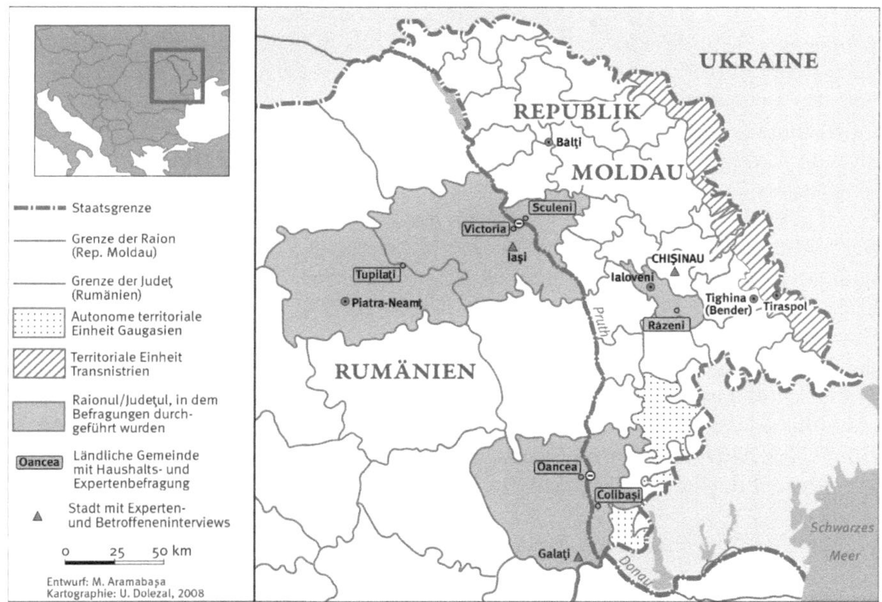

Drei Etappen der empirischen Untersuchung haben im Zeitraum von 2006 bis 2009 stattgefunden. Sie wurden als Trend-Befragung geplant. Die erste Etappe erfolgte im November 2006 in vier ländlichen Gemeinden in der Nähe der Grenzübergänge Victoria-Sculeni und Oancea-Cahul, und zwar in den Orten Victoria und Sculeni sowie in Oancea und Colibaşi. Mit der Unterstützung von moldauischen und rumänischen Studenten wurden 560 standardisierte Fragebogen von Privathaushalten ausgefüllt (Abb. 1).

Die zweite Etappe begann im Mai 2008. Zusätzlich zu den vier im Jahr 2006 untersuchten Ortschaften wurden in noch zwei weiteren Gemeinden Befragungen durchgeführt, und zwar in Răzeni in der Republik Moldau und Tupilaţi in Rumänien. Diese Orte liegen ca. 140 Straßenkilometer von der Grenze entfernt. Damit wurden im Jahr 2008 insgesamt 886 Befragungen absolviert (Tab. 1). Die Einbeziehung der beiden relativ grenzfernen Gemeinden hat eine Kontrollfunktion für die Untersuchungsergebnisse. Es soll geprüft werden, ob die Nähe der Grenze und die häufigen Fahrten in das jeweils andere Land sich tatsächlich in einer spezifischen Weise auf die Einstellungen zur Grenze und zur eigenen ethnischen/nationalen Zugehörigkeit auswirken. Dieses Thema wird aber im vorliegenden Artikel nur am Rande behandelt.

In allen Untersuchungsorten wurden zusätzlich problemzentrierte Leitfadeninterviews mit den so genannten ‚lokalen Eliten' durchgeführt. Dazu zählen Bürgermeister, Schuldirektoren und Pfarrer. Die ‚lokale Elite' besteht aus Personen, die wichtige Positionen im Dorf innehaben und deshalb viel über die Strukturen und das Leben im Dorf wissen und zudem als ‚Meinungsführer' gelten. Diese Leitfadeninterviews wurden in der zweiten und dritten Phase (2009) fortgesetzt und um Befragungen in den Städten Iaşi, Galaţi, Bukarest, Chişinău und Ungheni erweitert. Der Forschungsaufenthalt hat insgesamt neun Monate gedauert.

Da es „eindeutig illegitim [ist], von den Eliten auf die Massen zu extrapolieren" (Hobsbawn 1990: 48), haben wir auch mit den anderen Dorfbewohnern qualitative Interviews durchführt. Es ist anzunehmen, dass sich die so genannte breite Masse der Dorfbevölkerung in den Interviews anders artikuliert als die Dorfelite. Auf der Basis von 1470 Fragebögen (Tab. 1) und 107 Interviews soll der Einfluss der Grenze auf das Alltagsleben der Grenzraumbewohner und auf ihre Einstellungen zur eigenen Identität analysiert werden. Das sollen einige „räumliche, soziale, [ökonomische] und kulturelle Dimensionen dieser kleinen Bühne des Alltags an der moldauischen/rumänischen Grenze konkret andeuten – am Beispiel dörflicher Gesellschaft und Geschichten" (Kaschuba 1985: 85).

Tabelle 1: Quantitative Befragungen 2006 und 2008

Republik Moldau			**Rumänien**			Insgesamt
Ort	2006	2008	Ort	2006	2008	
Sculeni	148	148	Victoria	140	153	
Colibaşi	144	143	Oancea	152	144	
Răzeni	0	148	Tupilaţi	0	150	
Summe der Befragungen	292	439	Summe der Befragungen	292	447	1470

Da im vorliegenden Artikel vor allem die Konsequenzen der neuen Grenzregelungen nach dem EU-Beitritt Rumäniens für den Alltag der moldauischen Grenzbevölkerung behandelt werden, werden hier nur die in den Grenzgemeinden durchgeführten 1172 quantitativen und 95 qualitativen Interviews (einschließlich Experteninterviews in den Landes- und Provinzhauptstädten) analysiert – vor allem mit Schwerpunkt auf dem moldauischen Grenzraum. Das Thema Identität wird nur am Rande behandelt.

3 Grenzen, Grenzräume, Grenzregelungen und Ziele der EU

Während die Bedeutung von Grenzen innerhalb der Europäischen Union systematisch vermindert wird, werden die Außengrenzen der EU verstärkt. Diese Sachverhalte treffen in Europa auf die Grenzräume an der Ostgrenze der NATO und der EU in besonderem Maße zu. Ihre Grenzen sind aber trotzdem durchlässig, sodass sie auch Übergangsräume darstellen. Sie sind also Tore und Barrieren zugleich (vgl. u. a. Anderson/O`Dowd 1999).

Grenzräume sind – wie alle Räume – Produkte sozialer Handlungen, in denen sich die dominanten gesellschaftlichen Verhältnisse widerspiegeln. Grenzräume zählen in der Regel zu den benachteiligten Räumen im binnenstaatlichen Vergleich. Was oft mit „peripheren Räumen" bezeichnet wird, kann durch politische Ereignisse (Integrationsprozesse innerhalb der Europäischen Union, die revolutionären Umbrüche in Mittel- und Osteuropa und die Osterweiterung der Europäischen Union) zu einem Wandel des Status führen. Die Grenzöffnung bzw. Grenzschließung kann eine Änderung von Grenzbedeutungen nach sich ziehen, die auch wirtschaftliche, sozialdemografische und psychologische Konsequenzen hat (vgl. Scherhag 2008). Liegen diese Räume an den Grenzen von Staaten mit höherem ökonomischem und sozialem Entwicklungsstand, und sind diese Grenzen durchlässig, dann werden den dort lebenden Menschen die Wohlstandsunterschiede deutlicher bewusst als in anderen Räumen. Deshalb reagiert die Bevölkerung auf die unterschiedlichen Lebensbedingungen mit besonderen Aktivitäten, unter denen grenzüberschreitende eine wesentliche Rolle spielen.

Im Unterschied zur Zeit der Sowjetunion, in der die Grenze zwischen der Republik Moldau und Rumänien weitgehend geschlossen war, genügte den Staatsbürgerinnen und Staatsbürgern der Republik Moldau und Rumäniens für den Grenzübertritt im Zeitraum von 1991 bis 2001 der Personalausweis. Im Jahr 2001 wurde in Rumänien zur Vorbereitung des EU-Beitritts die Passpflicht für die Besucher aus der Republik Moldau eingeführt. Seit dem 1. Januar 2007 benötigen die Moldauer sogar ein Visum für die Einreise in Rumänien. Rumänische Staatsbürger/-innen konnten hingegen bis April 2009 die alte Regel nutzen und mit dem Pass in die Republik Moldau einreisen. Jüngste Ereignisse bewirkten die mehrfache Änderung der Grenzregelungen. Nach dem Sieg der Kommunistischen Partei der Republik Moldau (PCRM) bei der Parlamentswahl am 5. April 2009 entwickelten sich in Chişinău sehr heftige Gegendemonstrationen. Die PCRM machte dafür die Opposition und den rumänischen Staat verantwortlich. So wurde am 8. April in der Republik Moldau ein neues Gesetz eingeführt, das im Grunde genommen die Vereinbarungen mit der EU verletzte, da rumänische Staatsbürger von April bis September 2009 nun auch ein Visum benötigten, um in die Republik Moldau einreisen zu können. Die Beziehungen, die zwischen

Chişinău und Bukarest nach 1991 nie sehr gut waren, hatten in diesem Zeitraum einen neuen kritischen Tiefpunkt erreicht. In den Neuwahlen vom Juli 2009 verlor die Kommunistische Partei ihre Mehrheit. Prowestliche Parteien (PLDM, PL, PDM und AMN) bilden seitdem die Koalitionsregierung („Allianz für eine europäische Integration“), was auch eine entspannende Wirkung auf die Beziehungen zu Rumänien zu haben scheint.

Die erste Einführung der Visumpflicht für die Moldauer im Jahr 2007 sollte nach dem EU-Beitritt Rumäniens Sicherheit und Stabilität an den neuen Außengrenzen der EU schaffen, aber auch „neue Trennlinien an der Grenze der erweiterten Union vermeiden“ (Kommission der Europäischen Gemeinschaft 2004: 17). Theoretisch wurden auch Maßnahmen anvisiert, die diesen Anspruch umsetzbar machen sollten. So wurde eine Verordnung über den kleinen Grenzverkehr an der Außengrenze der EU erlassen, damit Personen, die in einer Reichweite von 50 km jenseits der Grenze wohnen, mit einer vereinfachten Erlaubnis die Grenze überqueren können (vgl. Szymborska 2007). Zusätzlich enthält die ENP[3] Anmerkungen über eine vereinfachte und kostenlose Visumvergabe für die Bürger der Nicht-EU-Mitgliedstaaten. Darüber hinaus gibt es auch Rahmenbedingungen für den Aufbau grenzüberschreitender Kooperationen (vgl. Kempe 2007). Mit dem Regierungswechsel im Juli 2009 wurde das seit zwei Jahren erwartete Abkommen über den kleinen Grenzverkehr am 13. November 2009 unterschrieben. Allerdings sollte das Abkommen erst Anfang 2010 in Kraft treten. Nach diesem Abkommen braucht die Grenzraumbevölkerung beider Seiten, die bis zu 50 km von der Grenze entfernt wohnt, für die Grenzüberschreitung nur einen sog. „Erlaubnisschein“, also keinen Pass und kein Visum. Ob die oben genannten Maßnahmen genügen, um „neue Trennlinien an der Grenze (...) [zu] vermeiden“ (Kommission der Europäischen Gemeinschaft 2004: 17) wird auf den folgenden Seiten zu klären sein.[4]

4 Realität an der EU-Außengrenze

4.1 Grenzüberschreitende Mobilität im moldauisch-rumänischen Grenzraum

Wie sieht konkret die Situation an der rumänisch-moldauischen Grenze aus? Welche Folgen haben der EU-Beitritt Rumäniens und die Umsetzung der neuen Regelungen?

---

3 Europäische Nachbarschaftspolitik.

4 In diesem Artikel wird die Situation an der moldauisch-rumänischen Grenze von November 2006 bis September 2009 erläutert, d. h. in dem Zeitraum, als das Abkommen für den kleinen Grenzverkehr noch nicht in Kraft getreten war.

Anhand der quantitativen und qualitativen Ergebnisse unserer empirischen Untersuchungsphasen (2006 und 2008) werden im Folgenden Auswirkungen der neuen Grenzregelungen auf die Grenzraumbevölkerung dargestellt und thematisiert.

Bei der grenzüberschreitenden Mobilität handelt es sich um ein ‚Einbahnstraßen-Phänomen' von der Republik Moldau nach Rumänien. So ergaben die Auswertungen der Fragebogen insgesamt 4.255 Besuche der befragten 292 Moldauer in Rumänien während des Zeitraums von November 2005 bis November 2006. 58 % der befragten Moldauer (d. h. 169) überquerten im genannten Zeitraum die Grenze. Dagegen fanden im gleichen Zeitraum nur 36 Besuche von 292 befragten Rumänen in der Republik Moldau statt, von denen nur 3 % (9 Personen) die Grenze überschritten.

Abbildung 2: Grenzüberschreitende Mobilität an der rumänisch-moldauischen Grenze von 11/2005–11/ 2006 und von 06/2007–06/2008

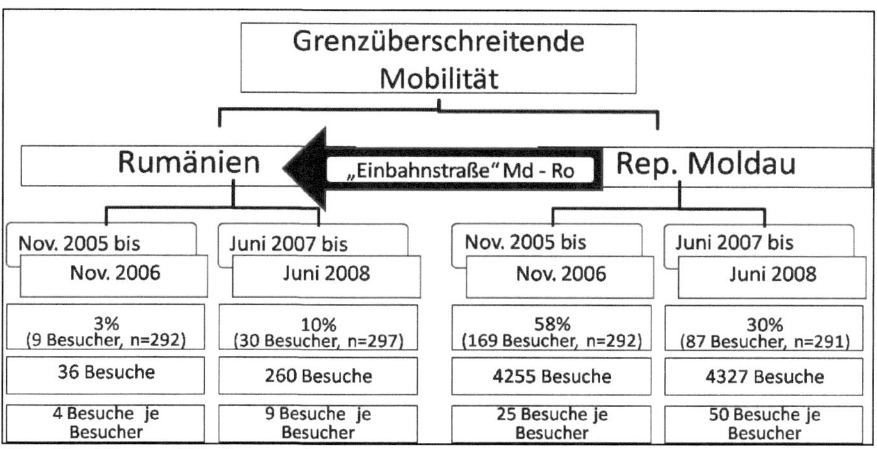

(Quelle: Eigene Erhebungen)

2008 hat sich die Situation verändert: Die Anzahl der befragten Moldauer, die die Grenze zwischen Juni 2007 und Juni 2008 überquerten, ist fast um die Hälfte gesunken (von 58 % auf 30 %),. Hingegen zeigt die Anzahl der Besuche keinen signifikanten Unterschied und ist sogar etwas höher als im Zeitraum 2005/2006 (4.327). Das bedeutet, dass zwar deutlich weniger Moldauer die Grenze in das benachbarte Rumänien überqueren, dafür aber häufiger als im Zeitraum 2005/2006 (ca. 25 Besuche pro Besucher im Zeitraum 2005/2006 und ca. 50 Besuche pro Besucher im Zeitraum 2007/2008). Auf der rumänischen Seite der

Grenze nahm die Anzahl der Besuche auch zu: Im Zeitraum 2007/2008 führten 30 Besucher 260 Besuche durch. Dass für die Moldauer der Grenzraum eine höhere Relevanz hat, bestätigen auch die statistischen Daten der Grenzpolizei. In den Jahren 2001 bis 2007 waren über 80 % der Personen, die die Grenze in beiden Richtungen überquerten, Moldauer. Wie schon vermutet, ist wegen der neuen Grenzregelungen nach dem EU-Beitritt Rumäniens am 1. Januar 2007 die Anzahl der Grenzüberquerungen von Moldauern gesunken, und zwar um 20 % (Abb. 3).

Abbildung 3: Grenzüberquerungen von 2001 bis 2007

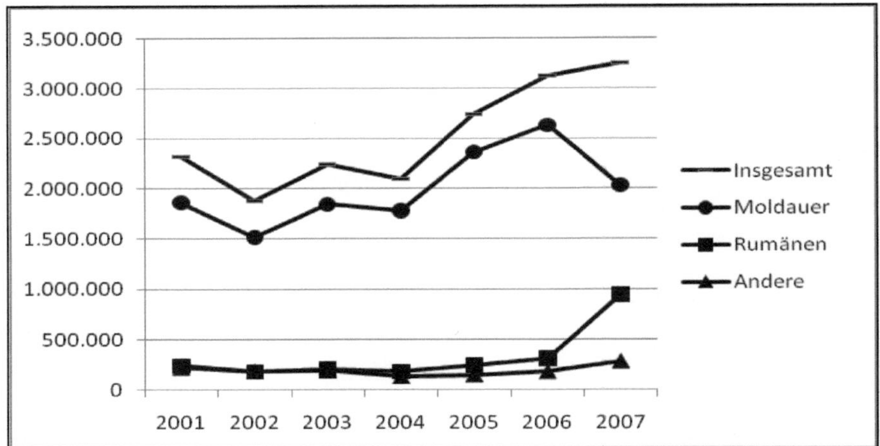

(Quelle: Statistische Daten der Grenzpolizei Iaşi)

In dem Zeitraum ist die Anzahl der Grenzüberschreitungen von Rumänen genau um denselben Prozentsatz gestiegen (von 10 % auf 30 %). Man kann vermuten, dass die in der Republik Moldau niedrigeren Preise für Treibstoff, Zigaretten, Lebensmittel und Agrarprodukte der Grund dafür sind. Eine andere Erklärung wäre, dass die Anzahl der Grenzübertritte der 200.000 Moldauer, welche eine rumänische Staatsbürgerschaft besitzen sollen, nach dem EU-Beitritt Rumäniens gestiegen ist. Da die Statistiken lediglich die Pässe der Grenzgänger und nicht deren Wohnort registrieren, lässt sich diese Vermutung leider nicht bestätigen.

Was veranlasst nun die befragten Moldauer nach Rumänien zu fahren? 2006 waren die Hauptgründe für die Grenzüberschreitungen Einkaufen (41 %), Kleinhandel (31 %) und Besuch von Verwandten (21 %). Nach den vermuteten Motiven der Grenzüberschreitung ihrer Mitbürger befragt, gaben 83 % den Kleinhandel als Hauptaktivität an, gefolgt von Einkaufen, Arbeit und Studium (Abb. 4).

Da der Kleinhandel als eine semilegale und informelle Aktivität betrieben wird, lässt sich so der große Unterschied zwischen den Angaben über die eigenen Gründe und den Vermutungen über die Reisezwecke der anderen erklären.

Abbildung 4: Hauptgründe für die Moldauer nach Rumänien zu fahren

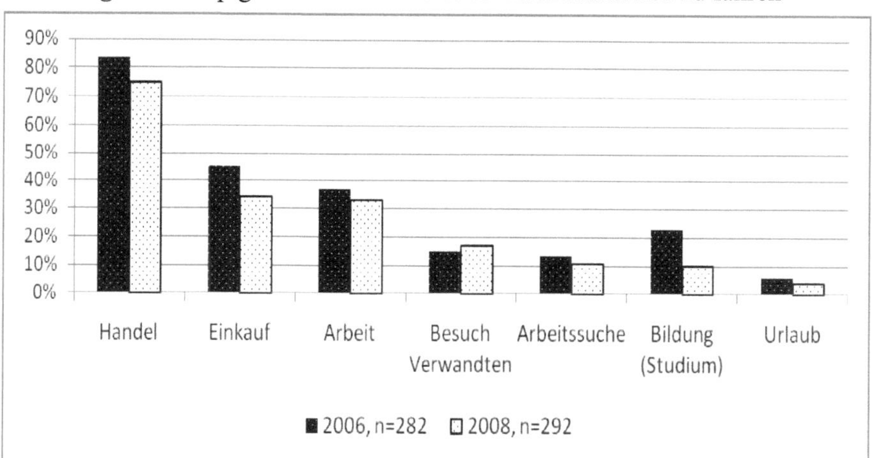

(Colibaşi und Sculeni, eigene Erhebungen 2006 und 2008)

Obwohl für die anderen der Kleinhandel auch 2008 als Hauptmotivation für die Reise nach Rumänien vermutet wurde, nannten die Moldauer für sich selbst als Hauptgrund am meisten „den Besuch von Verwandten und Bekannten" (42 %). Dieser Unterschied erklärt sich dadurch, dass die Moldauer seit 2007 nur mit einem Visum über die Grenze fahren können, das sie meistens durch eine Einladung von Verwandten und Bekannten bekommen.

Für den Alltag der moldauischen Grenzbevölkerung ist die Nähe der Grenze sehr wichtig. So gaben in der Republik Moldau ca. 75 % der Befragten an, dass der nahe gelegene Grenzraum ihnen im Jahr 2006 und auch schon in den 1990er-Jahren Vorteile gebracht habe. Auf der moldauischen Seite wird die Grenze als ‚Tür' gesehen, die einen Zugang zu Vielfalt, Perspektiven für die Lebensgestaltung sowie zu Verwandten ermöglicht, in einigen Fällen ist sie sogar eine Überlebens- oder Finanzierungsmöglichkeit für diejenigen, die Kleinhandel treiben. Wie lebensnotwendig der Kleinhandel tatsächlich für die Menschen vor Ort ist, fassen zwei Interviewte wie folgt zusammen:

„Die Not (…) in den Jahren ′95, ′96, ′97 war schlimmer als jetzt, eine bejammernswerte Situation. Damals haben wir unsere Löhne fast ein ganzes Jahr nicht bekommen (…) und dann habe ich mir die Frage gestellt ‚Gott, was soll ich machen? Soll ich arm werden und mit ausgestreckter Hand zum Betteln laufen? Besser sterbe ich!‘ (…) So habe ich mich entschieden, Ferkel in Rumänien zu verkaufen. (…) Stellen Sie sich das mal vor, ich als Direktor eines Gymnasiums, was für eine erniedrigende Situation war das damals für mich.“ (Ion, Colibaşi 2008)[5]

„Ich habe als Köchin im Kindergarten gearbeitet, der geschlossen wurde, so hatte ich keine Arbeit mehr. Seit damals komme ich hierher [nach Rumänien], um Geld zu verdienen. Ich habe eine Tochter, die zur Universität geht … Mit dem Handel habe ich meine ganze Familie versorgt, mein ganzes Haus … von hier. (…) Es ist nicht legal, was ich mache, ich habe keine Papiere. Bis zum EU-Beitritt war es ein bisschen lockerer, aber jetzt nach der Union ist es schwieriger geworden.“ (Romica, Kleinhändlerin aus der Republik Moldau auf dem Markt Piaţa CUG, Iaşi 2008)

Dagegen wurde die Zeit vor 1990 eher als bedeutungslos (35 %) oder als Nachteil (40 %) betrachtet. Die Relevanz der nahe gelegenen Grenze ist auf der rumänischen Seite sowohl im Jahr 2006 (vorteilhaft für nur 25 %) als auch in den 1990er-Jahren (vorteilhaft für 42 %) viel kleiner. Diese Angaben zeigen, dass die Grenze von den Moldauern als Ressource betrachtet wird.

4.2 Bedeutung/Einfluss/Wahrnehmung des EU-Beitritts Rumäniens

Auf der rumänischen Seite der Grenze rechneten im Jahr 2006 61 % der Befragten damit, dass der EU-Beitritt positive Wirkungen auf ihr Alltagsleben haben werde (n[6] = 292). 32 % von ihnen erwarten negative Folgen. Eineinhalb Jahre nach dem EU-Beitritt Rumäniens wurden die Optimisten anscheinend nicht enttäuscht, auch wenn nicht alle Erwartungen erfüllt wurden: Nur 6 % der im Jahr 2008 befragten Dorfbewohner bewerteten die Auswirkungen des EU-Beitritts als negativ, dagegen 34 % als positiv. Jedoch verspürten 60 % keinen Einfluss auf ihr Leben (Abb. 5).

5 Die Namen und die Tätigkeiten der Interviewten wurden anonymisiert.
6 n = Stichprobe

Abbildung 5: Einfluss des EU-Beitritts Rumäniens auf die persönlichen Lebensumstände gemäß den Angaben der Grenzraumbewohner Rumäniens und der Republik Moldau im Jahr 2008

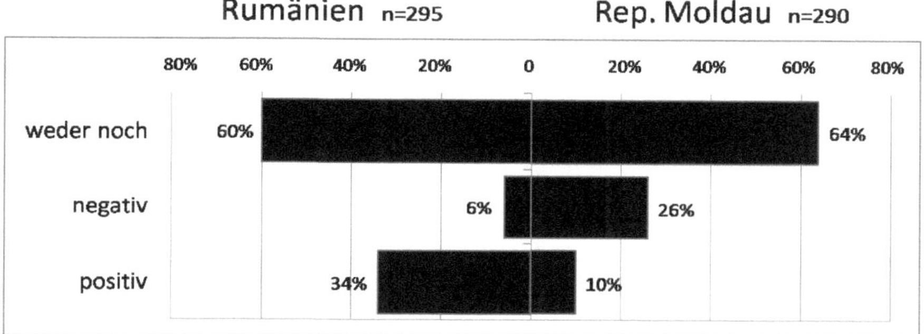

(Quelle: Eigene Erhebungen)

Die Rumänen sahen die positiven Auswirkungen des Beitritts im Fördergeld der EU für die Verbesserung der dörflichen Infrastruktur, in der Erhöhung der Renten und der Löhne und vor allem darin, in die EU-Mitgliedstaaten frei reisen zu können. Außerdem hofften sie auf bedeutende ausländische Investitionen in die rumänische Landwirtschaft. Andererseits wurde es sehr bedauert, dass wegen der nun geltenden EU-Regelungen der Tierhandel auf den Märkten verboten wurde und die Preise gestiegen waren. Hinzu kamen Zweifel, ob die versprochenen Fördergelder für die Landwirtschaft ausreichen und zeitnah ausgezahlt würden. Auch die freie Reise in die EU wird nicht von allen positiv bewertet, da die Dörfer wegen der steigenden Zahl an Arbeitsmigranten schrumpfen könnten.

Dagegen wurde der EU-Beitritt Rumäniens von der moldauischen Bevölkerung besonders wegen der neuen Grenzregelungen und der Visumpflicht-Einführung eher als negativ empfunden (26 %). Trotzdem gab es auch Stimmen (10 %), die der EU-Osterweiterung positive Seiten abgewinnen können. So gaben diese Befragten an, dass sich ihr Land dadurch direkt an der ,Tür' zur EU befindet, wodurch ihre Hoffnung genährt wird, dass die Republik Moldau in absehbarer Zeit der EU beitreten werde. Eine kurzfristige Verbesserung erhofften sie sich durch die Erhöhung der Preise ihrer Verkaufswaren in Rumänien. Denn dies werde ihrer Meinung nach zur verstärkten Nachfrage moldauischer Produkte durch Einkaufsbesuche von Rumänen führen.

Die oben erwähnte Halbierung der Anzahl der moldauischen Grenzgänger steht eindeutig mit dem EU-Beitritt Rumäniens in Zusammenhang. Schon 2006 verursachte bereits die Vorahnung von bürokratischen Hürden zur Erlangung des

Visums Unsicherheit und Gefühle von Freiheitsmangel sowie Isolierung: „Wir werden einfach eine bewohnte Insel sein“ (Maria, Colibaşi 2006).

80 % der in den Grenzgemeinden befragten Moldauer (n = 291) betrachteten die Einführung der Visumpflicht als ein Hemmnis für ihre Mobilität und damit als Barriere. Die befragten Experten auf der moldauischen Seite sahen darin sogar „einen Verlust des Vertrauens in den nächsten Tag“ (Maria, Colibaşi 2006) und „einen modernen ‚Eisernen Vorhang‘“ (Alexandru, Sculeni 2008). Obwohl das Rumänien-Visum für die Moldauer kostenlos ist, ist der Aufwand zur Erlangung teuer und wird zudem als demütigend empfunden. Fast 55 % der in den beiden Grenzgemeinden Befragten äußerten sich unzufrieden mit dem Visumsystem, wobei 30 % nicht genau wussten, wie das Prozedere vonstatten geht. Die meisten beklagten die Behandlung im rumänischen Konsulat in Chişinău bei der Antragsstellung, die umständliche Vorgehensweise (70 %), die lange Wartezeit (61 %) und die erheblichen Kosten, die durch die Fahrt nach Chişinău sowie die Verpflegungs- und Übernachtungskosten vor Ort entstünden.

Da die Moldauer eine Einladung von einem rumänischen Staatsbürger erhalten müssen, wird die Erlangung des Visums zusätzlich erschwert. Da gemäß unseren Ergebnissen 66 % (n = 291) der befragten Moldauer Verwandte oder Bekannte in Rumänien haben, haben viele um eine Einladung gebeten. Die Kosten, die den einladenden Rumänen durch die amtliche Beglaubigung der Einladung entstehen, nämlich etwa 10 EUR im Jahr 2008, werden meistens von den eingeladenen Moldauern ersetzt. In Rumänien sind informelle Unternehmen entstanden, die Einladungen an diejenigen Moldauer verkaufen, die keine Bekannten oder Verwandten in Rumänien haben. Ein Interviewter aus Sculeni fasst für sich zusammen:

> „Das Visum ist ein Hindernis für uns. Nicht jeder kann es sich leisten, nach Chişinău zu fahren, um da ein Visum zu beantragen (...). Man braucht mindestens eine [beim Notar] beglaubigte Einladung aus Rumänien und noch andere Dokumente, die man bei der rumänischen Botschaft einreichen muss. Das dauert ein paar Tage und dann muss man wieder nach Chişinău (...).“ (Cătălin, Sculeni 2008)

Die zu erwartenden Auswirkungen der Einführung der Visumpflicht nach dem EU-Beitritt Rumäniens für die moldauisch-rumänischen Beziehungen wurden von den rumänischen Befragten im Jahr 2006 unterschiedlich eingeschätzt. Ein Teil der Interviewten war überzeugt, dass die Einführung des Visums zu einem „Bruch des Kontaktes“ führen wird. Dazu befürchteten sie ein Abrücken der Republik Moldau von Rumänien und eine Annäherung an den russischen Raum, von dem die Republik Moldau auch ökonomisch abhängig ist. Andere glaubten, dass zwar die Vorgehensweise für die Grenzüberquerung komplizierter würde, jedoch seien viele Moldauer darauf vorbereitet, da diese inzwischen die rumänische Staatsbürgerschaft hätten. Es wurde aber auch die idealistische Vorstellung geäußert, dass trotz allem aufgrund der vielen Gemeinsamkeiten zwischen beiden Völkern – Geschichte, Sprache und Kultur – die Beziehungen eng bleiben würden. Eine kleine Minderheit war allerdings der Meinung, dass weder wirtschaftliche noch ‚seelische Verbindungen' zwischen Rumänen und Moldauern existierten.

Was konkret die An- bzw. Abwesenheit der Moldauer auf den rumänischen Märkten für den Alltag der Rumänen bedeutet, haben zwei Interviewte aus unterschiedlichen Perspektiven zusammengefasst. Die häufigen Fahrten der Moldauer zu den rumänischen Märkten in Galaţi und Iaşi wird von den rumänischen Interviewten ambivalent gesehen, wobei die rumänischen Kunden den Handel mit den Moldauern positiv darstellen:

> „Es besteht eine gute Beziehung [zu den Moldauern]. In welchem Sinn? Weil wir uns gegenseitig aus der Armut retten. Sie [die Moldauer] kommen hierher, um irgendetwas zu verkaufen, um ein bisschen Geld zu machen. Einige sind mehr betroffen und kommen auch mit Obst. Lehrer, Ärzte, Zahnärzte: Sie quälen sich, sie sind sehr arm dran (...). Wir empfangen sie gut, nur die [Markt-]Polizei läuft ihnen hinterher. Sie kommen auch mit Produkten, die sie nicht anbieten dürfen. (…) Und dann die vom Verbraucherschutz (...). Sie [die Moldauer] kommen mit etwas Käse, geräuchertem Fisch und was sie alles haben (…) und wenn sie erwischt werden, dann können sie auch eine Strafe bekommen." (Tanţa, Rumänin auf dem Markt Calea Basarabiei, Galaţi 2008)

Im Gegensatz zu den rumänischen Verbrauchern sehen die rumänischen Händler und Bauern die moldauische Konkurrenz kritisch und befürworten deshalb die Einführung der Visumpflicht:

> „Und manchmal waren sie [die Moldauer] auch böse. Sie haben so etwas öfter gemacht (…). Sie postierten sich vor uns [vor der Marktbude], setzten sich dort hin, sind nicht weggegangen, weil sie ihre Waren verkaufen mussten (…) und manchmal haben sie unsere Geschäfte kaputt gemacht, indem sie billiger als wir verkauften. Sie zahlten praktisch nichts, sie zahlten nur den Zoll und die Gebühren hier für den Markt (…), aber sie zahlten keine Gebühren an den Staat (…). Das haben sie manchmal gemacht (…); also es ist besser, dass das Visum eingeführt wurde. (…) Und schau mal, jetzt sind die Moldauer verschwunden und die Einfuhrgüter von den Türken, Ungarn sind erschienen (…). Sie haben sehr niedrige Preise im Vergleich zu uns (…). Wir müssen uns an deren Preise anpassen oder sogar noch weiter runtergehen." (Lipov, rumänischer Händler, Markt CUG, Iaşi 2008)

4.3 Strategien zur Armutsbekämpfung in der Republik Moldau

4.3.1 Weniger Grenz-Kleinhandel führt zu mehr Arbeitsmigration

Mit einem Einkommen von 140 EUR pro Haushalt und Monat sind die Moldauer von Armut und Elend bedroht[7] und gezwungen, Alternativen für das Überleben zu entwickeln. Einkommen durch Kleinhandel zu erzeugen war eine Strategie, um der Armut zu entgehen. Durch die neuen Grenzregelungen und die verschärften Kontrollen an der EU-Außengrenze müssen sich viele Moldauer nun neu orientieren. Wegen der prekären ökonomischen Lage der Republik Moldau, die einen Mangel an Arbeitsplätzen und niedrige Löhne zur Folge hat, ist oft die Arbeit im Ausland die einzige Option für die moldauische Grenzbevölkerung. Diese Tendenz wurde schon 2006 von Befragten befürchtet:

> „Falls ab 2007 das Visumsystem mit Rumänien eingeführt wird, wird sich unser Dorf schwer entwickeln (...). Viele Leute werden die Republik Moldau verlassen (...). Sie werden gehen, viele werden gehen, wenn sie Arbeit in Moskau oder in der Ukraine finden werden. In der Republik Moldau findet man nichts zu arbeiten, [und wenn] dann sind die Löhne sehr klein (...). Nur der kann leben, der etwas handelt oder eine Firma hat.“ (Victor, Sculeni 2006)

Im Jahr 2006 gaben 37 % (n = 292) der Befragten aus der Republik Moldau (Sculeni und Colibaşi) an, jemand aus der Familie arbeite im Ausland, und zwar meistens in Russland (36 %) und in Italien (30 %). Auf der rumänischen Seite sah die Situation nicht viel anders aus. Bei 26 % der Befragten arbeitete ein Familienmitglied im Ausland, wobei Italien (63 %) und Spanien (16 %) die beiden am häufigsten genannten Ziele waren.

7 Aus den Zahlen des Statistikamts der Republik Moldau für das Jahr 2008 ergibt sich für die Moldauer eine relative Armutsgrenze von ca. 70 EUR pro Monat/Person. Das heißt, dass die ländliche Bevölkerung unterhalb der Armutsgrenze lebt.

Abbildung 6: Konsequenzen der neuen Grenzregelungen im moldauischen Grenzraum: Zunehmende Arbeitsmigration ersetzt abnehmenden Kleinhandel

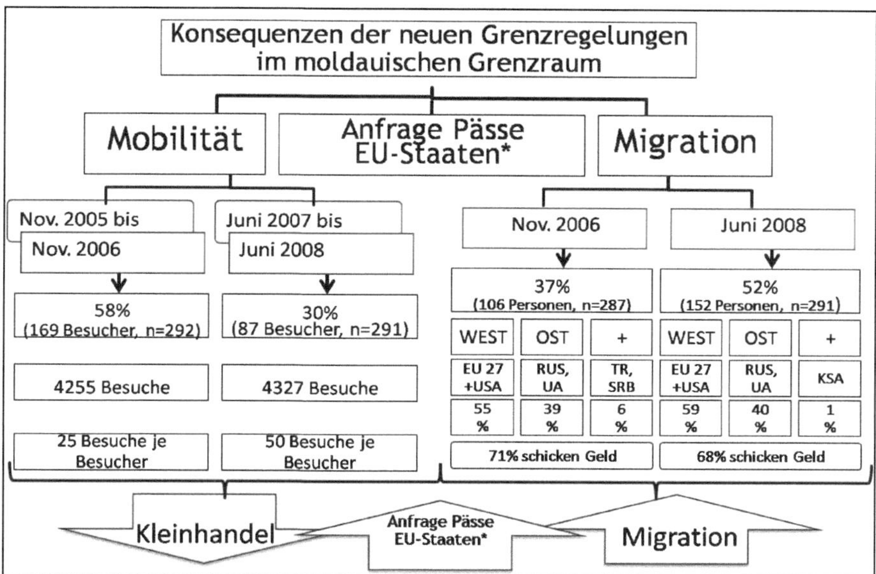

(Quelle: Eigene Erhebungen im moldauischen Grenzraum 2006 und 2008)
*Mit „Anfrage Pässe EU-Staaten" sind die Anträge auf rumänische und bulgarische Staatsbürgerschaften gemeint.

Die Anzahl der Befragten, bei denen ein Familienmitglied im Ausland arbeitet, ist im Jahr 2008 in der Republik Moldau um 15 % und in Rumänien um 20 % gestiegen, sodass von 52 % der moldauischen Familien und 46 % der rumänischen wenigstens ein Mitglied im Ausland arbeitete (Abb. 6).

Die Befragungsergebnisse bestätigen den Zusammenhang zwischen der Reduktion der Mobilität über die Grenze, was zu weniger Kleinhandel führt, und der Zunahme der Arbeitsmigration ins Ausland. Die Anzahl der Kleinhändler ist von 2006 bis 2008 fast um die Hälfte gesunken (von 169 im Jahr 2006 auf 87 im Jahr 2008). Gleichzeitig erhöhte sich signifikant der Anteil derjenigen, von denen ein Familienmitglied im Ausland arbeitete (von 37 % im Jahr 2006 auf 52 % im Jahr 2008). Dass diese zwei Veränderungen zusammenhängen, bestätigen die Interviewten von 2008:

> „Ja, ja, ja, es sind eindeutig viel weniger [Dorfbewohner], die die Grenze überqueren. Kann man gar nicht vergleichen [mit der Zeit vor 2007]. Selbst bei uns in Sculeni haben sich viele neu orientiert, einige gehen nach Moskau, einige nach St. Petersburg, um für ihre Existenz zu verdienen. (...) Das Visum ist für uns eine Benachteiligung, dieses Visum erniedrigt uns und ist demütigend (...). Ich sage Ihnen, nur deswegen haben wir überlebt, weil die Grenzen offen waren und weil die Leute nach Italien gegangen sind (...). Ansonsten weiß ich nicht, wie wir überleben würden." (Valerica, Sculeni 2008)

4.3.2 Ziele und Folgen der Arbeitsmigration

Wegen des hohen Risikos, bei der illegalen Arbeit in Westeuropa entdeckt zu werden und den dadurch entstehenden Kosten, entscheiden sich viele Moldauer trotz der niedrigen Löhne für eine Arbeit in Russland. Die zu überwindenden Hindernisse um dorthin zu gelangen, sind vergleichsweise niedrig und die Kosten geringer. Für einen dreimonatigen Aufenthalt genügt der moldauische Pass. Zudem sprechen 70 % der Befragten Russisch (n = 291), was die Migrationsentscheidung erleichtert. Die offiziellen Statistiken über die Arbeitsmigranten schwanken erheblich. Schätzungsweise sind zwischen 350.000 bis 1 Mio. Moldauer im Ausland. Laut Angaben des Statistikamts arbeiten 61 % der Migranten in Russland, 29 % in der EU (davon 18 % in Italien). Die durchschnittlichen Kosten für die Reise nach Russland liegen bei ca. 140 USD. Die Reise in die EU ist mit 2.800 USD 18-mal teurer (vgl. Biroul Naţional de Statistică 2008).

Presseangaben zeigen auch, dass besonders ländliche Regionen der Republik Moldau für die Menschen wenig attraktiv sind. Demnach kommen zwei von drei im Ausland arbeitenden Personen aus dem ländlichen Raum (Timpul 2006). Über 50 % der im Ausland arbeitenden Familienmitglieder schicken ihr verdientes Geld nach Hause (vgl. Biroul Naţional de Statistică 2008). Diese Migration generiert einerseits umfangreiche Geldüberweisungen, die ca. 35 % des BIP umfassen und die Republik Moldau ‚am Leben halten'. Neben den ökonomisch positiven Wirkungen der Geldüberweisungen auf das Alltagsleben der Menschen und der damit verbundenen künstlichen Stabilisierung der moldauischen Wirtschaft gibt es aber auch negative soziale Konsequenzen. So wird die Republik Moldau mit den typischen soziodemografischen Problemen der Migration konfrontiert, die sich negativ auf die zukünftige Entwicklung auswirken: Braindrain, elternlose Kinder, hohe Scheidungsraten (7. Position weltweit in den Scheidungsstatistiken) und Prostitution. Umso bedauerlicher ist es, dass sich der Trend zur Arbeitsmigration fortsetzt, was ein deutliches Zeichen für die wirtschaftliche Notlage der Familien ist.

4.3.3 Die Bedeutung von EU-Pässen

Der Erwerb der rumänischen oder bulgarischen Staatsbürgerschaft ist insbesondere für jüngere Moldauer eine Alternative, um die neuen Grenzregelungen zu umgehen. Die Auswertung der moldauischen Haushaltsbefragungen ergibt, dass sowohl 2006 als auch 2008 nur drei Befragte einen rumänischen Pass besaßen, aber 42 % ihn beantragt hatten. Insgesamt 72 % (n = 292) äußerten den Wunsch, einen rumänischen Pass zu besitzen. Von denjenigen, die einen rumänischen Pass besitzen wollen (d. h. 72 % von 290 Befragten), nannten 60 % als Grund die Einreise in die EU und 42 % die Einreise nach Rumänien (Mehrfachnennungen waren möglich). Nur 15 % wünschten einen rumänischen Pass, weil sie sich als Rumänen fühlen (Abb. 7).

Abbildung 7: Gründe für den Wunsch nach einem rumänischen Pass

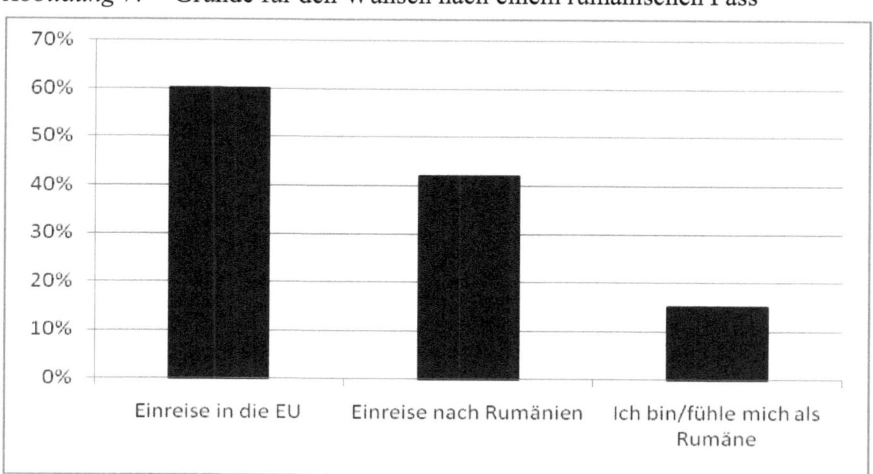

(Colibaşi und Sculeni, eigene Erhebung 2006, n = 292)

In der Republik Moldau ist der rumänische Pass und dessen Konsequenzen ein Thema, das kontrovers diskutiert wird. Interviewte aus Colibaşi, Sculeni und Chişinău äußern sich häufig unzufrieden über diejenigen Mitbürger, die kein Rumänisch beherrschen (vor allem Russen, Ukrainer und Gagausen), aber trotzdem die rumänische Staatsbürgerschaft bekommen hätten. Deutlich formuliert eine Interviewte aus Sculeni dieses Phänomen:

> „Im Süden der Republik Moldau haben sich die Gagausen türkische und bulgarische Pässe erstellt, verstehst du? Und unsere [Moldauer] haben sich gegen Entgelt die bulgarische Staatsbürgerschaft beschaffen lassen, damit sie auch ökonomische Vorteile nutzen können, auch (...) weil die rumänische schwieriger zu bekommen ist. Sie sind Bulgaren über Nacht geworden, nur damit sie im Okzident arbeiten können.“ (Geanina, Sculeni 2008)

Nach Schätzungen beantragten von den rund 3,7 Mio. Einwohnern der Republik Moldau (ohne Transnistrien) über 800.000 die rumänische Staatsbürgerschaft (The Economist Intelligence Unit 2007). Laut Tomescu-Hatto (2007: 266), die sich auf Daten des rumänischen Justizministeriums von 2005 bezieht, hätten zwischen 1991 und 2005 knapp 100.000 Moldauer/-innen die rumänische als zweite Staatsbürgerschaft erhalten. Nach Presseberichten besitzen fast 150.000 Moldauer die bulgarische Staatsbürgerschaft (Isac 2007). Laut anderen Presseangaben (Cotidianul 2007) und Erfahrungen von moldauischen Befragten in der Zeit unmittelbar vor und nach dem EU-Beitritt Rumäniens und Bulgariens würden aber nur noch sehr wenige rumänische oder bulgarische Staatsbürgerschaften verliehen.

Im April 2009 hat der rumänische Präsident Traian Basescu nach der heftigen Demonstration gegen die wiedergewählte kommunistische Regierung der Republik Moldau in einer Rede die Unterstützung Rumäniens für jene Bürger der Republik Moldau zugesichert, „die sich als Rumänen betrachten und rumänisch fühlen“ (vgl. Revista 22, 2009). Als Konsequenz wurde im Parlament eine Gesetzesänderung eingereicht, um Moldauern schneller den Zugang zur rumänischen Staatsbürgerschaft zu ermöglichen (vgl. Revista 22, 2009). Das Europäische Parlament lehnte aber seinen Vorschlag ab. Elmar Brok, Außenpolitikexperte der Unionsfraktion im Europäischen Parlament, betonte, dass es „nicht möglich“ ist, „eine Million Moldawier mit rumänischen Pässen auszustatten und so automatisch zu Bürgern der Europäischen Union zu machen“ (vgl. Brill/Gammelin 2009).

Die Europäische Union hat im Laufe der Zeit ähnliche Präzedenzfälle immer wieder erlebt: 2005 hat Spanien den Status von 600.000 Immigranten legalisiert und ihnen eine Arbeits- und Wohnsitzerlaubnis genehmigt. Wegen der Kritik der EU wurde den Immigranten jedoch keine spanische Staatsbürgerschaft verliehen. Auch Polen beabsichtigte, eine Million Staatsbürgerschaften für die ethnischen Polen aus der Ukraine, Belarus, Russland und Kasachstan zu verleihen. Wegen der gleichen Kritik der EU wurde nur eine „polnische Karte“ ausgegeben, die diverse soziale Vergünstigungen ermöglicht (vgl. Blajan 2009). Möglicherweise wird der rumänische Umgang mit der Staatsbürgerschaft für Moldauer auch in diese Richtung gehen.

4.3.4 Grenzüberschreitender Kleinhandel: (un)geschriebene Gesetze seines Funktionierens

Wie schon dargestellt, spielt der Kleinhandel eine sehr wichtige Rolle für die Armutsvermeidung im Grenzraum. Wie funktioniert der Kleinhandel konkret an der Grenze? Laut Gesetz darf jede Person 200 Zigaretten und zwei Liter Alkohol (meistens zwei Flaschen Wodka) mit über die Grenze führen. Zusätzlich können auch andere nicht kommerzielle und übliche landwirtschaftliche Produkte im Wert von 200 EUR mitgeführt werden (vgl. Legislaţia vamală a Republicii Moldova 2002). Diese Waren werden an der Grenze als Eigenbedarf deklariert. So ist leicht zu verstehen, warum die Interviewten nicht öffentlich zugeben, dass sie über die Grenze hinweg Handel betreiben. Nach der Grenzüberquerung fahren die meisten befragten Moldauer (84 %) aus Sculeni und Colibaşi auf die Märkte der zwei größten grenznah gelegenen rumänischen Städte Iaşi und Galaţi, die ca. 25 und 30 km von der Grenze entfernt sind. Dort können sie ihre selbst angebauten oder gekauften landwirtschaftlichen Produkte (84 %) verkaufen. Diese sind zu bestimmten Zeiten in Rumänien teurer als in der Republik Moldau. Hinzu kommt der Verkauf von Zigaretten (38 %), Alkohol (19 %), Lebensmitteln (13 %) und Kraftstoff (11 %). Bevor sie wieder über die Grenze nach Hause fahren, kaufen fast drei Viertel der moldauischen Kleinhändler überwiegend Textilien und diejenigen Lebensmittel in Rumänien, die dort billiger sind. Beispielhaft erklärt eine Interviewte den Handel wie folgt:

> „So funktioniert es das ganze Jahr. Wir wissen, welche Produkte bei uns billiger sind und in welcher Jahreszeit. (...) Zum Beispiel sind jetzt die Tomaten billiger in Rumänien, im nächsten Monat sind sie es bei uns. So verkaufen wir jetzt moldauischen Knoblauch in Rumänien und rumänische Tomaten in der Republik Moldau. (...) Nur das Visum bereitet uns Ärger (...), aber was können wir tun?" (Andrei, moldauischer Händler, Iaşi 2008)

Die typischen Händlerstrategien, um das Gesetz zu umgehen, sind:

- Die Waren von Mittelsmännern über die Grenze bringen lassen.
- „Die gute Schicht" an der Grenze berücksichtigen, d. h. die Grenzüberschreitung erfolgt dann, wenn Grenzpolizisten Dienst haben, die diese Art von Schmuggel akzeptieren.
- „Gute Verbindungen" zur Grenzpolizei herstellen und nutzen. (Protokoll einer Kleinhandelsfahrt, Sculeni 2008).

Dadurch, dass man Produkte im Wert von 200 EUR pro Person mitführen darf, werden so viele Personen wie möglich in einem Auto mitgenommen, um die höchstmögliche Ausfuhrsumme auszuschöpfen. Die Bezeichnung für diese Tätigkeit ist „Waren tragen" („a trece marfa"). Die sog. „Warenträger" deklarieren Waren als Eigenbedarf, übergeben sie aber in Rumänien für den Verkauf an die Kleinhändler. Für diese Tätigkeit bekommen die „Warenträger" zwischen 3 und 5 EUR pro Fahrt. Wenn die Grenzgänger mehr als erlaubt mitnehmen wollen, dann benötigen sie ‚gute Verbindungen' zur Grenzpolizei. Leider war es uns nicht möglich zu erfahren, wie viel ein Grenzbeamter dafür erhält.

Wie oben dargestellt, ist die Wirkung des Kleinhandels ambivalent. Einerseits generiert der Kleinhandel zusätzliche Einkommen, die zur Armuts- und Migrationsvermeidung beitragen. Nicht zuletzt unterstützen die moldauischen Händler auch die Wirtschaft Rumäniens, da sie oft günstige rumänische Produkte kaufen und mit nach Hause nehmen. Und auch die Rumänen kaufen natürlich gerne die billigen Produkte der Moldauer. Andererseits bewirkt der Kleinhandel einen Ausfall an Steuern und die moldauischen Konkurrenten sind den rumänischen Händlern ein Dorn im Auge. Letztendlich können durch die Handelskontakte nicht nur Vorurteile abgebaut werden, sondern ebenso gut negative Stereotypen entstehen (vgl. Haase et al. 2004). Kleinhandel ist in diesem Grenzraum wegen der Einschränkungen für die Grenzüberschreitung ein risikoreiches Geschäft, das seine Akteure in die Illegalität zwingt, wenn es Erträge bringen und damit das Überleben sichern soll.

5 Zusammenfassung und Perspektive

Ein Ziel der EU ist es, die Dichotomie zwischen Mitgliedstaaten der EU und Nicht-Mitgliedern zu entschärfen (vgl. Gloser 2007). Demgegenüber steht der Anspruch an die „Sicherheit und Stabilität der EU-Außengrenze" (Kommission der Europäischen Gemeinschaft 2004: 17). Theoretisch wurden Maßnahmen zur Verhinderung neuer „Trennlinien" (ebenda) erarbeitet, wie z. B. die Verordnung über den kleinen Grenzverkehr an der Außengrenze der EU, die kostenlose Visumvergabe und Rahmenbedingungen für den Aufbau grenzüberschreitender Kooperationen. In der Realität zeigt sich an der rumänisch-moldauischen Grenze jedoch ein anderes Bild.[8] Die Maßnahmen haben nur teilweise oder gar keinen

8 Zum Beispiel erhalten die Moldauer von Rumänien zwar ein kostenfreies Visum, müssen dafür aber den kostenintensiven Weg nach Chişinău antreten, mit tagelangen Wartezeiten rechnen und oft eine schlechte Behandlung im rumänischen Konsulat ertragen.

Erfolg, auch weil auf der politischen Ebene der beiden Länder Unklarheiten bezüglich der Bedingungen des kleinen Grenzverkehrs bestanden.[9]

Es wird deutlich, dass nicht nur die EU für die Trennlinien an der Außengrenze der EU verantwortlich ist, sondern auch die Beziehungen zwischen den Nachbarstaaten. Trotz der erschwerten Regelungen bleibt der Grenz-Kleinhandel neben der Arbeitsmigration fast die einzige Möglichkeit im Kampf gegen die Armut. Da der Kleinhandel weiter erschwert wurde, wird die Auslandsmigration aus der Republik Moldau steigen und dort eine Zunahme der regionalen Disparitäten nach sich ziehen. Um dieses Phänomen zu bekämpfen, ist die Entwicklung einer Strategie auf EU-Ebene und einer bilateralen Strategie zwischen den Nachbarstaaten diesseits und jenseits der EU-Außengrenze notwendig.

9 Das Abkommen wurde erst zwei Jahre nach dem EU-Beitritt Rumäniens unterschrieben und wird voraussichtlich Anfang 2010 in Kraft treten. Die moldauische Regierung machte die Ratifizierung dieses Abkommens von der Ratifizierung des Grenzvertrags („tratatul de frontiera“) abhängig.

Der grenzüberschreitende Handel, eine räumliche Ressource: Das Beispiel des Verkehrs zwischen der Republik Moldau und Rumänien vor der europäischen Erweiterung 2007

Bénédicte Michalon

Erst seit dem Niedergang des Kommunismus ist die Grenze zwischen der Republik Moldau und Rumänien ein Raum für grenzüberschreitenden Handel geworden, denn vorher standen die Militär- und Sicherheitsaufgaben im Vordergrund. Die Grenze zwischen Rumänien und der Moldauischen Sowjetrepublik war geschlossen und wurde streng kontrolliert, sodass der Austausch zwischen den Einwohnern sehr eingeschränkt war. In die Grenzräume hatten nur die dort gemeldeten Bewohner Zugang (Coeuré/Dullin 2007). Das Transportnetz war unterentwickelt und so organisiert, dass es die Beziehungen zwischen den beiden Staaten beschränkte (Popescu 2006). Die Politik führte zu einer räumlichen Marginalisierung mit sozialen und ökonomischen Konsequenzen. Im Gegensatz zu anderen Grenzzonen kommunistischer Länder wurde sie bis Ende der 1980er-Jahre nicht zum Ort kleinhändlerischen Unternehmertums. Zwar kamen bereits vor 1989 einige polnische „Koffertouristen" („suitcase tourists") nach Rumänien und einige rumänische Staatsbürger aus dem Westen des Landes schafften es, nach Jugoslawien oder Ungarn zu fahren, um dort Waren zu erwerben, die sie danach in Rumänien wieder verkauften (Chelcea/Latea 2004, Sandu et al. 2004), aber diese Bewegungen waren begrenzt. Auf der sowjetischen Seite fuhren die Einwohner des Grenzgebietes der SSR Moldau mit den Berufspendlerbussen in die benachbarte Ukrainische SSR, nach Odessa im Süden und Czernowitz im Norden (Hachi 2005).

Die Öffnung der Grenze 1991 hatte eine sofortige Entwicklung des Kleinhandels zwischen beiden Ländern zur Folge. Innerhalb weniger Monate kamen so viele Moldauer nach Rumänien, die damals noch mit einem Personalausweis einreisen durften, um dort Waren zu verkaufen, dass sie heute als die Gründer zahlreicher „open air markets"[1] der grenznahen rumänischen Städte betrachtet

1 Endre Sík und Claire Wallace definieren sie als „sites (or institutions) of exchange, in which the social, cultural, political and economic characteristics of the actors influence the extent and manifestation of the market principle, which is – of necessity – present in all transactions. [...] the non-

werden. Tatsächlich entwickelte sich zu Beginn der 1990er-Jahre in vielen ehemaligen kommunistischen Ländern der so genannte „Handelstourismus" („trade tourism"), für den gilt: „The actors are traders who pass for tourists; their merchandise passes for personal belongings; and in this way they avoid paying the required duty." (Konstantinov 1996: 762)[2]

Das Phänomen des grenzüberschreitenden Kleinhandels ist aufgrund der wirtschaftlichen Schwierigkeiten der Bevölkerung entstanden. Sowohl in der jungen Republik Moldau als auch in Rumänien herrschte damals eine tief greifende Rezession. Der Zusammenbruch der Sowjetunion brachte eine Massenarbeitslosigkeit mit sich, von der namentlich die Beschäftigten der Industrie und des öffentlichen Dienstes betroffen waren. Eine Untersuchung moldauischer Haushalte, die 2002 durchgeführt wurde, zeigte, dass mehr als die Hälfte der Einwohner von weniger als 20 USD pro Monat lebte (I.P.P. Chişinău 2004a). Armut war besonders im ländlichen Raum stark ausgeprägt. In diesem Zusammenhang ist der grenzüberschreitende Handel – neben der Subsistenzlandwirtschaft (Matei 2005) und der Arbeitsmigration – als eine Strategie der Anpassung an eine Ökonomie der Armut entstanden. Einige Betroffenen kombinierten auch alle drei Erwerbsformen. Allerdings sind nicht alle in der Lage, die Grenze zu überschreiten:

> "The border constitutes a dividing line between those who have the resources and the determination to challenge it and 'try their luck', and those who, for various reasons, do not see border-crossing as an opportunity to gain a better living." (Thuen 1999: 739)

Die moldauischen Kleinhändler machten sich die Preisunterschiede zwischen beiden Ländern und den Mangel an Fertigprodukten in Rumänien zunutze. Von Beginn an nutzte der grenzüberschreitende Kleinhandel bestimmte Lücken im staatlichen Kontrollsystem. Er wird von einer gewissen Informalität[3] gekennzeichnet, zum Beispiel vom Schmuggel mit Alltagsgegenständen (Benzin, Ziga-

economic functions of OAMs are based upon the fact that they are a meeting point for large crowds of people belonging to different ethnic groups, who have no other opportunity to come together" (Sík/Wallace 1999: 698).

2 Andere Konzepte: Kleinhandel (petty trade), Pendeln (shuttle trade), Koffertourismus (suitcase tourism).

3 Ich benutze die Begriffe „formell" und „institutionell" gemäß den Definitionen von Sík und Wallace: „Formell" ist, was staatlicher Regulierung unterliegt. Daher müssen die „open air markets" als ein „continuum of informality" betrachtet werden (Sík/Wallace 1999: 707). „Institutionell" ist, was dauerhaft an einem bestimmten Ort erscheint, auch wenn dies illegal ist. Diese Definitionen werden jedoch in einem Kontext, in dem sich Gesetze im Wandel befinden und in welchem Grenzen überschritten werden, problematisch: Was auf der einen Seite der Grenze erlaubt ist, kann auf der anderen illegal sein.

retten, alkoholische Getränke u. Ä.) oder der Überschreitung des erlaubten Transportvolumens. Diese Illegalität steht nicht unbedingt im Gegensatz zu den staatlichen Interessen, da der grenzüberschreitende Kleinhandel von Beginn an „eine politische Funktion der Ressourcenverteilung“ zu erfüllen hatte, und zwar in Staaten, „wo der Staat nicht mehr, oder gar nie diese reproduktive Rolle übernommen hat“ (Péraldi 2002: 27–28). Es handelt sich also um Handlungen, die staatlicherseits eher ergänzt, denn behindert werden.

Seit einigen Jahren wird die Grenze strenger überwacht und der rumänische Handel mit dem Zweck reformiert, ihn zu rationalisieren und besser kontrollieren zu können (Chelcea et al. 2005). Diese Veränderungen haben, wie auch an anderen Grenzen zu beobachten war (Williams/Balasz 2002: 324), den Grenzbeamten mehr Macht verliehen. Die Handelstouristen wurden dadurch gezwungen, ihre Tätigkeiten den neuen politischen und wirtschaftlichen Umständen anzupassen.[4] Seit dem Jahr 2000 hat zum Beispiel der Großhandel stark zugenommen (CRJI 2003). Der folgende Text beschäftigt sich jedoch mit den Kleinhändlern, die bereits 1991 erschienen und die man noch heute auf manchen rumänischen Marktplätzen antrifft.[5]

Marktplätze und Basare sind Knotenpunkte der sozialen Netze, die den grenzüberschreitenden Handel strukturieren. Wir analysieren die räumliche Organisation der moldauischen Händler in zwei Aktionsräumen: erstens am Grenzübergang und zweitens beim Handeln selbst. Dabei wird deutlich, dass der grenzüberschreitende Kleinhandel eine Anpassungsstrategie an die Ökonomie der Armut ist, die in die lokalen und regionalen wirtschaftlichen und politischen Strukturen eingegliedert ist. Dieser Kleinhandel braucht den Grenzraum, um zu funktionieren, und im Gegenzug wird der Grenzraum vom Kleinhandel strukturiert. Der Grenzraum bildet also eine unentbehrliche Ressource für die Aufrechterhaltung des moldauischen Handels in Rumänien.

1 Der Grenzraum: Wie die Grenze überquert wird

Die Grenze zwischen der Republik Moldau und Rumänien war starken politischen und rechtlichen Veränderungen unterworfen. Die verschärften Bedingungen für die Grenzüberquerung von Menschen und Gütern ist vor allem mit dem

4 Zu diesem Transformationsprozess siehe: Michalon 2009.

5 Die Feldforschung fand 2006 in der rumänischen Stadt Iaşi statt. Analysiert wurden Handelspraktiken, die in Iaşi vor dem EU-Beitritt Rumäniens beobachtet wurden. Die Interviews wurden sowohl mit moldauischen Kleinhändlern und Fahrern als auch mit Verwaltern der verschiedenen Märkte durchgeführt.

europäischen Integrationsprozess Rumäniens verbunden und hat Konsequenzen für die Wahl der Fortbewegungsmittel der so genannten „Handelstouristen".

1.1 Zunehmende Kontrollen am Grenzübergang

Wie andere zentral- und osteuropäische Länder auch haben die Republik Moldau und Rumänien 1991 so genannte „vereinfachte Bedingungen" für den Grenzübergang festgelegt. Den Einwohnern des jeweiligen Nachbarlandes war es erlaubt, mit einem Personalausweis einzureisen. Moldauische Staatsbürger nutzten diese Regelung sofort, um in Rumänien Fertigprodukte und Nahrungsmittel zu verkaufen. Als Rumänien jedoch mit der Europäischen Gemeinschaft Verhandlungen aufnahm, empfahl die EU-Kommission im April 1998, diese Vereinbarungen auszusetzen (Moore 2004). Am 1. Januar 2002 wurde die Schengener Visumpflicht für rumänische Staatsbürger abgeschafft. Als Gegenleistung musste die rumänische Regierung ab 2001 von den Moldauern einen Reisepass verlangen, wenn diese in das Land einreisen wollten. Diese Bedingung erschwerte den Moldauern die Einreise erheblich, denn 2002 musste für einen Reisepass fast ein monatlicher Durchschnittslohn aufgebracht werden.[6] Die neue Regelung wurde allerdings nur unvollkommen umgesetzt, weil die rumänischen Zöllner die Vorgabe für ungerecht hielten[7] und den zum Teil persönlich bekannten Moldauern nicht aufzwingen wollten. Somit überschritt ein Teil der Moldauer die Grenze eine Zeit lang weiter ohne Reisepass. Dies nahm Ausmaße an, die die rumänische Regierung 2003 veranlassten, einen Sonderhilfsfonds von einer Million USD zu schaffen, um die moldauischen Staatsbürger beim Passerwerb finanziell zu unterstützen (Lăzăroiu 2003). Diese Sonderhilfe wurde hauptsächlich Einwohnern der Grenzgebiete zuteil. Dennoch hat sich die neue Einreiseregelung schnell als wirksam erwiesen, und der grenzüberschreitende Kleinhandel wandelte sich in bedeutendem Maße zu einem Großhandel (IPP Bukarest, IPP Chişinău 2002).

Bis zum EU-Beitritt Rumäniens haben rumänische Regierende weiterhin versucht, die ehemalige „Politik der Öffnung nach Osten" beizubehalten, um politische, diplomatische und soziale Spannungen wegen der Visumfrage zu verhindern (Dura 2006). In der Tat bemühte man sich, eine vereinfachte Visumregelung für moldauische Staatsbürger zu ermöglichen. Ein Kompromiss sollte den Moldauern ermöglichen, ohne erhebliche Einschränkungen einzureisen, und gleichzeitig den von der EU geforderten Grenzkontrollen und Einreisebedingun-

6 2001 entsprach der Durchschnittslohn in der Republik Moldau zirka 40 EUR, ein Pass kostete ungefähr 32 EUR.

7 Eigene Beobachtung im Sommer 2001.

gen genügen. So müssen seit dem 1. Januar 2007 moldauische Staatsbürger zwar über ein Visum verfügen, um in Rumänien einzureisen[8], das Visum ist jedoch kostenlos und erlaubt es, mehrmals einzureisen. Darüber hinaus wird sein Erhalt in speziellen Fällen, z. B. für Bus- und Lastkraftfahrer, erleichtert. Allerdings hat die Einrichtung dieser Regelung größere Spannungen zwischen den Nachbarländern verursacht (Avram/Müller 2008).

Die neue Regelung hatte kaum eine Verringerung der Grenzübertritte zur Folge. Für den Bezirk Iaşi zeigen die Statistiken der rumänischen Grenzpolizei sogar einen Anstieg des Verkehrs, von ungefähr 230.000 Grenzüberquerungen 2001 auf zirka 325.000 im Jahr 2007 (Arambaşa 2009: 145). In der untersuchten Zeitspanne wurde die Grenze vorwiegend von moldauischen Staatsbürgern überquert (80 % der Grenzüberquerungen). Zwischen 2006 und 2007 wurde jedoch ein Rückgang um 20 % verzeichnet bei gleichzeitiger Zunahme von Grenzübertritten rumänischer Staatsbürger um 20 %. Es handelt sich sehr wahrscheinlich um Moldauer, die die rumänische Staatsbürgerschaft erworben haben und seit 2007 als Rumänen über die Grenze reisen.

1.2 Die Transportwirtschaft, Trägerin und Akteurin des Handelsverkehrs

Obwohl die unterschiedlichen Transportmittel für den grenzüberschreitenden Handel eine große Rolle spielen, konzentrieren sich die Forschungen vor allem auf kollektive Verkehrsmittel, wie Minibusse oder Reisebusse (siehe u. a. Bruns 2009, Thuen 1999, Wagner 2009). Transport und Handel gehen miteinander einher: kein Handel ohne Transport und Transportinfrastruktur, kein regelmäßiger Transport ohne Händler. An der rumänisch-moldauischen Grenze stehen den Kleinhändlern verschiedene Transportmittel zur Auswahl. Das gewählte Transportmittel sagt dabei viel aus über die finanzielle Situation des Händlers, die Rentabilität seiner Aktivitäten und seine Handelstätigkeit. Je individueller die gewählte Transportart, desto unabhängiger ist der Händler.

Die Stadt Iaşi verfügt über einen Eisenbahnknotenpunkt und einen der wenigen Grenzübergänge. Am Güterbahnhof Nicolina – einer der beiden Bahnhöfe der Stadt – ist das Zollamt eingerichtet, und von dort wird der Bahnhof Ungheni-Prut[9] angefahren. Er ist einer der wichtigsten Durchgangsstationen für die moldauischen Kleinhändler, die jeden Tag mit dem Zug in eine der beiden Richtungen fahren, da dieser Bahnhof in der Nähe des städtischen Basars und eines

8 Die Rumänen dürfen ohne Visum in die Republik Moldau einreisen, laut Abkommen zwischen der rumänischen Regierung und der Regierung der Republik Moldau über die Einreise von Personen vom 20. Oktober 2006.

9 Nur Züge fahren durch diesen Grenzpunkt.

wichtigen Nahrungsmittelmarktes liegt. Im Jahre 2006 fuhr ein beträchtlicher Teil der moldauischen Kleinhändler, die auf Nahrungsmittelmärkten handeln, mit dem Zug. Meistens kommen sie in der Nacht von Freitag auf Samstag, um so früh als möglich auf dem Markt zu sein. Der Zug wird vor allem von denjenigen gewählt, die in der Republik Moldau weit entfernt von der Grenze wohnen und für die es keine direkte Verbindung nach Iaşi oder in andere rumänische Orte gibt. Sie fahren zuerst mit dem Bus oder Minibus nach Chişinău und dann mit dem Zug weiter nach Iaşi. Wenn man das Kommen und Gehen am Zollamt im Bahnhof Nicolina beobachtet, erkennt man die beiden Richtungen des Handels: Wenn die Moldauer ihre Waren in Rumänien verkauft haben, beschaffen sie sich dort neue Waren, um diese wiederum in der Republik Moldau zu verkaufen. Es handelt sich meistens um Textilien oder Nahrungsmittel, deren Preise von der einen Seite der Grenze zur anderen je nach Monat stark variieren. Bei Zugankunft verkaufen außerdem einige Moldauer, so genannte „Warenträger", ihre Waren an rumänische Partner, die diese dann selbst absetzen. Die „Warenträger" bekommen ein Entgelt für jede Fahrt (Arambaşa 2009: 156).

Auch die öffentlichen Buslinien werden von den Moldauern genutzt. Eine öffentliche moldauische Gesellschaft organisiert seit Anfang der 1990er-Jahre täglich eine Hin- und Rückfahrt zwischen Chişinău und Iaşi. Zwei Busse befahren die Strecke. Die Busfahrt kostet halb so viel wie die Zugfahrkarte oder die Fahrt mit einer der privaten Minibusgesellschaften, die ebenfalls auf dieser Strecke verkehren. Einem Fahrer der öffentlichen Busgesellschaft zufolge ist der Verkehr seit Anfang 2000 stark zurückgegangen. Die Fahrgäste sind meistens moldauische Studenten, die in Rumänien leben, deren Eltern sowie einige Kleinhändler. Dieses Verkehrsmittel ist bei den Händlern aber unbeliebt, weil sie damit keine sperrigen Waren transportieren können. Im Allgemeinen fahren vor allem Zigarettenschmuggler mit den öffentlichen Bussen. Studenten und die nicht am Handel beteiligten Reisenden helfen den Schmugglern ihre Ware über die Grenze zu schaffen, indem die Schmuggler ihre Zigarettenstangen während des Grenzübertritts an die anderen Fahrgäste ‚verleihen' und die Ware später wieder einsammeln. Allerdings nutzen in der Hochsaison des grenzüberschreitenden Handels, im Spätsommer nach der Erntezeit, die moldauischen Händler verstärkt die öffentliche Buslinie. Die hohe Anzahl der Reisenden und Händler führt zu Auseinandersetzungen mit den Studenten um die begrenzten Sitzplätze.

Die grenzüberschreitenden Händler benutzen am häufigsten die privaten moldauischen Minibusgesellschaften, die in den Ländern der ehemaligen UdSSR „marshrutki" genannt werden. Diese Busunternehmen fahren eine Vielzahl von Städten und Dörfern zwischen Iaşi, dem Grenzgebiet und dem Norden der Republik Moldau an. Die geografisch weitläufige Vernetzung und die relativ kurze Fahrdauer haben allerdings ihren Preis. Immerhin können die Händler hier besser

Tag und Uhrzeit ihres Grenzübertritts bestimmen.[10] Sie können folglich zu einem Zeitpunkt den Grenzübergang anfahren, an dem ein ihnen bekannter Zöllner Dienst hat, der ihnen gegen ein Trinkgeld den Grenzübertritt ermöglicht. Liviu ist seit ungefähr zehn Jahren Busfahrer bei einer Minibusgesellschaft. Täglich fährt er die Strecke Chişinău–Iaşi in beide Richtungen. Er stellt fest, dass die Zahl der Reisenden drastisch gesunken ist, „seit an der Grenze Fragen gestellt werden". Jahrelang hatten die Kleinhändler mit den Zöllnern und Polizisten Absprachen treffen können. Es ist eindeutig, dass die mit den Vorbereitungen zum EU-Beitritt Rumäniens verbundenen Kontrollen einem Teil dieser Absprachen ein Ende gemacht haben, und dass die Händler sich neu organisieren mussten.

Die Transportlösung, die am anpassungsfähigsten aber auch am teuersten ist, besteht darin, die Grenze in einem informellen Taxi zu überqueren. Eine Fahrt kostet mindestens das Doppelte des Fahrscheins für einen Minibus. Als Taxifahrer arbeiten sowohl Moldauer als auch Rumänen mit einem eigenen Pkw. Dabei handelt es sich vorwiegend um eine zusätzliche Einnahmequelle neben einem Hauptberuf. Der Markt für diese informellen Taxis besteht seit Anfang der 1990er-Jahre, begünstigt durch das schwache öffentliche Verkehrsnetz.

Adrian war früher in der Republik Moldau Ingenieur, bis er 1998 beschloss, seinen Beruf aufzugeben, um ein nicht registrierter Taxifahrer („taximetrist") zu werden. Er wohnt in Sculeni an der Grenze und transportiert die zahlreichen moldauischen Händler über die Grenze. Quasi täglich kommt er nach Iaşi und wartet dort am ehemaligen Busbahnhof auf Kunden, die er bis zum Grenzübergang, nach Chişinău oder bis nach Bălţi im Norden des Landes bringt. Mehrere Jahre lang verdiente er bis zu 400 EUR pro Monat, sodass er davon seinen Lebensunterhalt, die Fahrtkosten und das Trinkgeld für die Zöllner und Grenzpolizisten bezahlen konnte. Am Grenzübergang hatte er keine Probleme, da er seit 2000 die rumänische Staatsbürgerschaft besitzt. Die Verstärkung der Kontrollen an und vor der Grenze hat den Verkehr zwischen den beiden Ländern jedoch beeinflusst. Im Jahr 2006 bestand Adrians Kundschaft vorwiegend aus Moldauern, die sich in Rumänien niedergelassen und dort ein Unternehmen gegründet hatten oder als Ärzte arbeiteten.[11] Die Erhöhung der an der Grenze zu entrichtenden Steuern, sowie die Preissteigerungen für Benzin und Autoversicherung verstärken seine Schwierigkeiten derart, dass Adrian überlegt, ebenso wie viele seiner Kollegen mit der Tätigkeit aufzuhören.

10 Für Kraftfahrzeuge und Fußgänger liegt der Grenzposten in Sculeni nördlich der Bahnlinie von Ungheni.

11 Rumänien vergibt jedes Jahr einige Studienplätze und Stipendien an moldauische Studenten, die meist an der Universität Iaşi eingeschrieben sind. Nach ihrer Auswanderung lassen sich viele moldauische Ärzte und Zahnärzte im Osten Rumäniens nieder.

Eine Fahrt mit dem informellen Taxi unterscheidet sich von einer Fahrt per Anhalter („cu ocazie"). Die Taxis nehmen ihre Kunden an regulären Haltestellen auf, die sich meistens in der Nähe von Bus- und Minibushaltestellen befinden. Die Fahrt per Anhalter dagegen wird je nach den Anforderungen der Kunden und ohne festgelegte Strecke durchgeführt, und die mitgenommene Person muss sich an den Fahrtkosten beteiligen. Auf diese Art und Weise bewegt sich eine Gruppe von drei moldauischen Frauen fort, die sich auf dem Nahrungsmittelmarkt der Stadt getroffen haben. Sie kommen aus Glodeni, einer kleinen Stadt im Norden der Republik Moldau, die sich zwar in Grenznähe befindet, aber schlecht an die öffentlichen Verkehrsmittel angebunden ist. Sie kommen an Werktagen ein- bis zweimal pro Woche nach Rumänien, um saisonale Produkte zu verkaufen, und teilen die Waren gleichmäßig unter sich auf. Sie bleiben in Iaşi bis sie alle Waren verkauft haben und kehren dann zurück, um nach einigen Tagen die Reise erneut zu machen. Den Zeitpunkt ihrer Grenzüberfahrten wählen sie in Abhängigkeit von den Dienst habenden Zöllnern. Wie alle Moldauer beschweren sie sich über die Schwierigkeiten am Grenzübergang. Seit 1992 betreiben sie grenzüberschreitenden Handel, und trotz aller Schwierigkeiten streben sie keinen Wechsel ihrer Tätigkeit an: „Jedem seinen Handelszweig" lautet ihre Devise und sie betrachten den grenzüberschreitenden Handel als ihre Arbeit. Diese kollektive Organisation der Fortbewegung zeigt die Bedeutung der „weak ties" unter den Händlern und Fahrern (Wallace et al. 1999: 765).

Schließlich sind nur wenige moldauische Händler so gut bemittelt, dass sie über eigene Fahrzeuge verfügen. An einem Marktsamstag, an dem 60 bis 70 moldauische Händler anwesend sind, zähle ich auf dem Parkplatz nur sechs oder sieben in der Republik Moldau zugelassene Fahrzeuge. Der Zusammenhang zwischen dem Besitz eines Wagens und dem Handel ist wechselseitig, denn ein Auto zu besitzen, kann ein Erfolg versprechendes Argument sein, mit dem Handel zu beginnen. Aber der Erfolg einiger Händler erlaubte es diesen ebenso, ein Fahrzeug zu erwerben und ihre Geschäfte zu intensivieren (siehe auch Williams/Baláž 2002: 332).

In den Jahren nach 2000 entstand also eine Vielfalt an Transportmöglichkeiten für die grenzüberschreitenden Kleinhändler. Auch diejenigen, die in die Republik Moldau fahren möchten, finden sich im ehemaligen Busbahnhof von Iaşi ein. Der Busbahnhof wurde in einen Supermarkt und einen dazugehörigen Parkplatz umgewandelt, aber dieser Ort ist der Abfahrtspunkt für alle informellen Transportarten in Richtung Grenze geblieben. Es handelt sich um einen informellen Verkehrsknotenpunkt, an dem sich die mit dem Grenzverkehr verbundenen Tätigkeiten konzentrieren. So ist der Busbahnhof der bevorzugte Ort der Benzinschmuggler. Diese halten neben den Taxis, Minibussen und anderen potenziellen Kunden an, die darauf warten, hier ihren Bedarf decken zu können. In der Stadt existieren aber auch andere Treffpunkte für informelle Taxis, zum Beispiel der Bahnhof Nicolina. Man kann sagen, dass jeder Ort, an dem sich die moldauischen Händler treffen, gleichzeitig ein Treffpunkt für die inoffizielle Transportwirtschaft der Taxis und Anhalter ist. Somit lässt sich eine Stadtgeografie um diese Transportknotenpunkte beschreiben. Sie zeigt eine Transportwirtschaft, die sich ebenso in die Ökonomie der Armut eingeschrieben hat wie der grenzüberschreitende Handel.

2 Der Raum des Handels: Wie gehandelt wird

Der Grenzverkehr zwischen der Republik Moldau und Rumänien lebt vom Handel, der wiederum in der postkommunistischen Zeit tief greifende Veränderungen erfahren hat. In den 1990er-Jahren herrschten Improvisation und informeller Handel vor. Die Jahrhundertwende markiert dagegen den Beginn einer Zeit der Verstärkung staatlicher Kontrollen auf den Märkten und Basaren durch eine stärkere Einbindung der lokalen Behörden in die Verwaltung dieser Räume (Chelcea et al. 2005). Die rumänische Regierung hat folglich einen Erneuerungsprozess des Handels eingeleitet, der die Organisation des Kleinhandels beeinflusst. Dies kann insbesondere an der räumlichen Organisation des Kleinhandels abgelesen werden. Wie in allen postkommunistischen Ländern, in denen sich eine Ökonomie der Armut entwickelt hat, sind die grenznahen städtischen Märkte die bevorzugten Orte (Sík 1999, Sword 1999). Der Kleinhandelsverkehr der moldauischen Staatsbürger findet an allen Übergängen entlang der Grenze von Suceava im Norden bis nach Tulcea im Süden statt. Jedoch werden drei Raumtypen in der Stadt Iaşi privilegiert: der Basar, die Nahrungsmittelmärkte und einzelne Marginalräume.

2.1 Die Marktplätze: Strategische Kreuzungen im städtischen Raum

Die räumliche Anordnung auf den „open air markets“ erfolgt nach nationalen – die Moldauer sind beispielsweise auf einem Teil des Nicolina-Marktes von Iaşi gruppiert – und hierarchischen Kriterien. Um die Rolle der grenzüberschreitenden Händler auf den Marktplätzen zu untersuchen, haben einige Autoren die räumliche Organisation dieser Märkte erforscht: die Verteilung der Händler und/oder Kunden im Raum je nach Ethnie oder Staatszugehörigkeit und die Aufteilung nach angebotenen Waren (Kleidung, Schuhe, Nahrungsmittel) (siehe u. a. Bodnar 1998).

2.1.1 Der Basar in Iaşi, bevorzugter Handelsplatz der Moldauer

Der Basar Nicolina in der Stadt Iaşi ist im Jahre 1991 entstanden, direkt nach dem Zusammenbruch des sowjetischen Regimes und der Öffnung der Grenze. Er hatte zunächst die Form eines spontanen innerstädtischen Treffpunktes von moldauischen ‚Touristen'. Diese ‚Touristen' kamen, um dort verschiedene Sachen wie Fellmützen, Schuhe, Kleidung, elektronische Geräte, Wodka usw. zu verkaufen, die in Rumänien schwierig oder nicht zu finden waren. Dieser Treffpunkt der moldauischen ‚Handelstouristen' zog viele Leute an, sodass immer mehr Händler aus der Republik Moldau hinzuzukamen. Auch Rumänen begannen dort mit dem Kleinhandel; ihre Waren besorgten sie in der Türkei (Pérouse 2002) und Jugoslawien. Die Basare waren von Anfang an zum Treffpunkt von Menschen geworden, die ihr Leben auf den Kleinhandel und das internationale Pendeln eingerichtet hatten.

Ab 1992 nahm der Basar in Iaşi formellere Züge an, als die Stadtverwaltung dem Basar ein eigenes Areal zugewiesen hatte, ein Arbeiterviertel im südlichen Teil der Stadt. Der internationale Bahnhof, an dem die Güterzüge aus der Republik Moldau ankommen, liegt in der Nähe. Mittlerweile wird der Handel gesetzlich strenger geregelt, da auf dem Basar nur noch Fertigprodukte verkauft werden dürfen. Obwohl dort offiziell keine Lebensmittel verkauft werden dürfen, erhält man sie ‚unter dem Ladentisch'. Der Handelsplatz ist nun bei der lokalen Handelskammer als einziger Basar der Stadt anerkannt und registriert. Diese offizielle Registrierung zwingt die Verkäufer, die Erlaubnis der lokalen Handelskammer einzuholen, um dort Handel treiben zu können. Da nur Unternehmen, jedoch keine Privatpersonen eine Erlaubnis erhalten, besteht hier im Vergleich zu den verschiedenen anderen Märkten eine wesentliche Beeinträchtigung für die Moldauer. Diese Bedingung hindert die moldauischen Staatsbürger am Handel, denn um eine Handelserlaubnis für den Basar zu bekommen, müssen sie einen Wohnsitz in Rumänien vorweisen; wenn das nicht der Fall ist, schließt sich ein Teil von ihnen mit Rumänen zusammen. Als Reaktion haben die Kleinhändler die Organisation ihrer Einkaufsreisen fortentwickelt und kaufen jetzt ihre Waren auf dem Großhandelsmarkt „Europa", der nördlich von Bukarest liegt. Diejenigen, die ins Ausland – meistens in die Türkei – fahren, haben ihren Handel ebenfalls professionalisiert. In Istanbul stellt man „die Umwandlung des Pendlerhandels in einen ‚professionalisierten' Bestell- und Lieferungshandel [fest], der die Reise des Käufers oder seine physische Anwesenheit bei dem Austausch nicht mehr verlangt" (Pérouse 2002: 325). Dieser Wandel basiert auf den Beziehungen, die im Laufe der Jahre des Pendelns geknüpft wurden.

Dies zeigt, wie die Formalisierung des Basars und die strengere politische und amtliche Kontrolle den Handel der moldauischen ‚Touristen' innerhalb kurzer Zeit eingeschränkt haben. Sie waren die Gründer des Basars und stellten bis Ende der 1990er-Jahre die Mehrheit der Verkäufer. 2006 kamen von den ungefähr 560 regulären Verkäufern auf dem Nicolina-Basar nur noch 10 bis 15 aus der Republik Moldau.

2.1.2 Die Lebensmittelmärkte

Die moldauischen ‚Handelstouristen' sind auch auf rumänischen Nahrungsmittelmärkten anwesend, die schon vor 1990 existierten. Als die Grenzen geöffnet wurden, entwickelte sich der Handel mit Nahrungsmitteln und landwirtschaftlichen Produkten. Die Moldauer fanden schnell ihren Platz auf den wichtigsten Märkten der Stadt Iaşi: Nicolina, Alexandru cel Bun und Piaţa Cugului. Laut der Verwaltung des Marktes Nicolina stellten sie 2006 zirka ein Drittel der 200 regelmäßigen Händler. Sie verkauften dort Obst, Gemüse und Milchprodukte um ein Drittel billiger als die Rumänen und konnten sich dadurch auf dem Markt etablieren. Der Handel von landwirtschaftlichen Produkten wurde durch die 1994 begonnene moldauische Agrarreform begünstigt. Sie bewirkte eine Zerstückelung des Bodens in einzelne Parzellen mit durchschnittlich 1,9 Hektar Anbaufläche (Hachi 2005). Die Agrarwirtschaft wird von Familien in Subsistenzwirtschaft mit einem geringen Marktanteil betrieben (Matei 2005). Zu Beginn des 21. Jahrhunderts hat der Grenzverkehr eine derart wichtige Stellung eingenommen, dass sich die Produktion im ländlichen Raum in Grenznähe an den Bedürfnissen der Märkte der Nachbarländer Rumänien und Ukraine orientiert. Man geht davon aus, dass 10 bis 30 % der Bevölkerung des grenznahen Raumes vom Handel mit Agrargütern lebt (Hachi 2005).

Um auf den Märkten verkaufen zu dürfen, muss man aber von der lokalen Verwaltung als Produzent anerkannt werden. Es ist im Prinzip verboten, Waren zu verkaufen, die man vorher auf einem Großmarkt eingekauft hat. Dies ist die einzige Bedingung, die die Moldauer erfüllen müssen, um auf den rumänischen Nahrungsmittelmärkten verkaufen zu dürfen. Auf dem Markt merkt man schnell, dass nicht nur landwirtschaftliche Produkte verkauft werden, sondern auch Fleisch und Fisch, verarbeitete Nahrungsmittel (Schokolade, Konserven) und andere Fertigwaren. Obwohl diese Produkte offiziell nicht auf den Märkten verkauft werden dürfen und Fleisch und Fisch in Kühlräumen gelagert werden müssten, weiß jeder, wo man sich diese Waren besorgen kann. Doch die Marktverwalter lassen die moldauischen Händler – ihrer Armut wegen – gewähren. Je strenger die Regeln und Gesetze und je besser diese kontrolliert werden, desto weniger Raum bleibt für den so genannten ‚Touristenhandel'.

2.1.3 Der Schmuggel in den Marginalräumen der Stadt

Die Ränder der Märkte sind die dritte räumliche Kategorie, in der man Pendler aus der Republik Moldau antrifft. Diese Ränder sind die wahren informellen Räume des Kleinhandels. Am Eingang eines Marktes trifft man auf einige Leute, die auf und ab gehen und Zigaretten verkaufen, eine der Hauptaktivitäten an diesen Orten. Zwar werden die Zigaretten aus der Republik Moldau geschmuggelt, aber die Zwischenhändler sind manchmal Rumänen. Der Zigarettenschmuggel wird durch eine binationale Organisation ermöglicht. Die Moldauer bringen die Zigaretten über die Grenze. Dort treffen sie ihre rumänischen Partner, die dann die Zigaretten weiterverkaufen. Der Schmuggel am Rande des Marktes erfolgt in kleinen Warenmengen. Die Verkäufer tragen einige Zigarettenpackungen in einer Tüte und werden regelmäßig von anderen Zwischenhändlern beliefert. Wenngleich der Handel mit Zigaretten illegal ist, kennen ihn sowohl die Käufer als auch die lokalen Behörden, die ihn tolerieren.

Der Benzinschmuggel, von so genannten „benzinisti“ betrieben, findet an wechselnden Orten statt. Zum Teil an den Verkehrsknotenpunkten, an denen Fahrgäste warten, oder unmittelbar an den Lieferorten. Er funktioniert meistens dank ‚Stammbeziehungen'. Cristian leitet einen kleinen Betrieb in Iaşi und bestellt regelmäßig Benzin bei einer moldauischen Schmugglerin. Sie bringt ihm ein- bis zweimal die Woche Benzin direkt zum Sitz seines Betriebes. Der Preisunterschied ist so groß, dass er selten zur Tankstelle fährt, und die Vertrauensbeziehung ist tief genug, sodass er auf keine anderen Schmuggler angewiesen ist. Diese Tatsache bestätigt Sík: „This form of informal trade is seeking those places where products can be sold, and not necessarily on the informal markets but in streets, at workplaces, etc." (Sík 1999: 289).

2.2 Der Verkäufer: sein Körper und seine Auslage

Kleinhandel drückt sich durch die spezifische Stelle der Verkäufer auf Handelsplätzen aus und anhand ihrer Körperhaltungen kann man auch die soziale Rolle und Position der moldauischen Kleinhändler analysieren. Es wurden verschiedene Haltungen ausgemacht, die zeigen, dass die Orte des grenzüberschreitenden Handels gleichsam Orte der Darstellung und der sozialen Arrangements unter den Beteiligten sind.

2.2.1 Die körperliche Mobilität des Schmugglers

Am Samstagmorgen kann man auf einem Nahrungsmittelmarkt der Stadt Iaşi eine typische Szene beobachten: Am Haupteingang gehen Frauen und Männer aller Altersstufen hin und her und tragen in der Hand Plastiktüten. Jede Person geht alleine und sucht ihre eigenen Kunden, einige Personen tragen größere Taschen und beliefern ab und zu Kollegen. Der Tütenträger spricht entweder einen Passanten an, oder er wird angesprochen. Das schnell gebildete Paar entfernt sich ein wenig, Zigarettenpackungen und Geld wechseln den Besitzer, und das Paar trennt sich. Der Tütenträger geht erneut hin und her.

Es ist Hauptmarktzeit. Viele moldauische Händler sind für das Wochenende mit dem Zug aus Ungheni gekommen. Die Kunden drängen sich zwischen Obst- und Gemüseregalen und Milchprodukten. Am Ende einer Straße, in der Nähe des Ausgangs, warten etwa zehn Personen. Es sind Frauen und Männer im Alter von 40 bis 50 Jahren. In ihrer Nähe sieht man keine Regale und sie tragen auch keine Plastiktüten bei sich. Sie haben die Hände in den Hosentaschen. Kommt man nahe genug heran, so bieten sie flüsternd Fisch, Geflügel und Fleisch an, das eigentlich in Kühlräumen gelagert werden müsste. Der Passant verlangsamt zwar seinen Schritt, hält aber nicht an. Die Hände werden aus den Taschen gezogen und die Päckchen wechseln möglichst schnell von der Manteltasche in die Tüte des Kunden.

In einer anderen Nebenstraße warten kleine Gruppen von vier bis fünf moldauischen Frauen mittleren Alters zwischen den Gebäuden. Sie tragen eine Plastiktüte bei sich und gehen immer auf dem gleichen Teil des Gehwegs vor und zurück, ohne sich jedoch voneinander zu trennen. Die Kunden halten gerade lange genug an, damit kleine Flaschen Wodka und Zigarettenschachteln verstohlen den Besitzer wechseln können. Von Zeit zu Zeit kommt ein Wagen vorbei und die Frauen unterhalten sich kurz mit dem Fahrer, der ihnen einige neue Flaschen zusteckt. Sobald die Polizei ihre Runde dreht, löst sich die kleine Gruppe auf und verschwindet in den Hauseingängen der Nachbarhäuser, um kurze Zeit später wieder zu erscheinen.

Schmuggel drückt sich in spezifischen Körperlichkeiten von Händlern und Käufern aus. Der Verkäufer erscheint nicht als Händler, sondern er versucht sich den Anschein eines normalen Marktbesuchers zu geben, indem er keinen Stand hat und möglichst wenige Taschen mit sich führt. Von außen darf nichts darauf hindeuten, dass er etwas zu verkaufen hat, außer seine Position im Raum. Er ist häufig in Bewegung, als ob ihn Stillstand verraten könnte. Außerdem stellt er sich an den Rand des Marktes, an den Ein- und Ausgängen oder in deren Nähe, um so schnell den Polizisten und dem Wachpersonal entgehen zu können.

2.2.2 Die Unbeständigkeit des Flohmarkthändlers

Auf dem Basar derselben Stadt, einige Stunden später, bietet sich folgende Szene: Außerhalb eines von einem Dach geschützten zentralen Areals und der geteerten Straßen ist die gestampfte Erde von kleinen, auf Plastikfolien oder Matten präsentierten Auslagen bedeckt. Es handelt sich bei diesen Händlern hauptsächlich um ältere Personen, die häufig außer einem Schemel keine Ausrüstung dabeihaben. Sík nennt sie die „impoverished quasi-traders" (Sík 1999: 288). Sie verkaufen zu sehr niedrigen Preisen ein kleines Sortiment an persönlichen Gegenständen wie einzelne Geschirrteile, Bilderrahmen, alte Bücher etc. Ihre bescheidene Auslage breiten sie auf der Erde aus, sodass sie jederzeit zügig eingepackt werden kann. Die Anwesenheit dieser Flohmarkthändler beruht auf der Toleranz der Marktverwaltung. Die Händler haben keine Zulassung, mieten keinen Stand und entrichten nicht die anfallenden Steuern. Der Verwalter des Marktes erlaubt ihre Anwesenheit auf dem Basar ausschließlich an Sonntagen, wenn der Markt sehr gut besucht ist.

Daneben gibt es noch eine weitere Form informeller Händler, die von ihren registrierten Kollegen eine informelle Genehmigung erhalten. Sie breiten ihre Auslagen außerhalb der tolerierten Zone direkt auf dem Boden zwischen den Ständen und Boxen aus. So macht es auch Olga, eine ältere Moldauerin, die gelegentlich sonntags auf den Markt von Iaşi kommt. Sie bekommt ihren Platz von einem anderen moldauischen Ehepaar, für das sie als Gegenleistung einige ihrer Waren anbietet. Die Toleranz rührt von der Kenntnis um die tiefe Armut der moldauischen und rumänischen Rentner her. Ein Marktverwalter erklärt: „Ich kann das Gesetz nicht so anwenden, wie es geschrieben steht, da sie sonst vor Hunger sterben würden." Daher lässt er rumänische und moldauische Händler ihren fliegenden Handel mit Blumen und Häkelarbeiten treiben, obwohl diese Form des Straßenhandels hier verboten ist und die anderen fliegenden Händler vertrieben werden. Je nach Ware stellen sie entweder ihr Angebot auf dem Boden aus oder gehen von Händler zu Händler und von Kunde zu Kunde. Die Unsicherheit ihrer unternehmerischen Tätigkeit drückt sich also durch eine große Abhängigkeit von der Verwaltung und den zugelassenen Händlern aus.

2.2.3 Der verdeckte Kleinhandel

Die Abhängigkeit von der Verwaltung und den zugelassenen Händlern kennzeichnet eine dritte Kategorie der moldauischen grenzüberschreitenden Kleinhändler. Damit sind Händler gemeint, die ihren Standplatz nicht bei der Marktverwaltung, sondern bei einem anderen moldauischen zugelassenen Händler mieten. Dies ist eine weitere Form der so genannten „weak ties", die den grenzüberschreitenden Handel strukturieren.

Ein Beispiel ist die dreißigjährige Händlerin Ana, die drei bis vier Tage pro Woche auf dem Lebensmittelmarkt von Nicolina arbeitet. Auf dem Markt verkauft sie mit einer Freundin Saatgut und Mehl. Die zwei Frauen haben sich zwischen zwei Ständen auf Hockern niedergelassen und stellen ihre Mehlsäcke direkt auf den nackten Boden. Die beiden konnten mit Moldauern aushandeln, die einen genehmigten Stand haben, dass sie diesen Platz nutzen dürfen. Sie gehören somit zu den Händlern, die die Vorschrift umgehen, nach welcher nur Hersteller mit eigenen Waren Handel treiben dürfen. Ihr einfacher ‚Stand' ist leicht und kann beim Herannahen einer Kontrolle schnell abgebaut werden.

In einer vergleichbaren Situation befinden sich Natalia und Larissa. Sie kommen jedes Wochenende aus der Republik Moldau nach Iaşi, um Kleinwaren wie Plastiktüten, Geschirr etc. zu verkaufen. Sie mieten ihren gut gelegenen Platz von einem Moldauer. Sie haben keine direkte Verbindung zur Marktverwaltung und verfügen dennoch über eine formgerechte Auslage sowie eine Box mit Stauraum. Vor einer Kontrolle müssen sie sich nicht verstecken.

2.2.4 Der zugelassene Verkäufer

Sowohl auf dem Basar als auch auf dem Lebensmittelmarkt ist die Mehrheit der Moldauer bei der Verwaltung angemeldet und mietet offiziell einen Standplatz. Ein moldauisches Paar, das ich kennen gelernt habe, kommt täglich auf den Basar. Sie bieten ein bunt zusammengewürfeltes Sortiment von Produkten aus der Republik Moldau, der Ukraine, Belarus, Russland, der Türkei und aus Rumänien an. Sie kommen aus der Region Bălţi, sind ungefähr 50 Jahre alt und haben früher im öffentlichen Dienst als Lehrer gearbeitet. Sie sprechen Rumänisch und haben mit dem grenzüberschreitenden Handel bereits 1991 begonnen, da sie mit ihren Gehältern unzufrieden waren. Sie begannen mit dem Verkauf von handgefertigten Fellmützen, als sich der Basar informell im Zentrum Iaşis befand. Allmählich vergrößerten sie ihr Angebot und konzentrierten sich nur noch auf den Kleinhandel. Auf dem Basar haben sie zirka zehn Stände gemietet, von denen sie einen Teil an andere Moldauer weitervermieten. Sie haben auf dem Markt eine Vorrangstellung erreicht und stehen mit an der Spitze der moldauischen Händlerhierarchie. Nur weil die Tätigkeiten am hellen Tag und ohne verdächtiges Auf- und Abschlendern vonstatten gehen, sind nicht alle moldauischen Händler automatisch formell und legal. So mietet eine Frau aus Moldau einen Stand auf dem Lebensmittelmarkt, wo sie eigentlich Nahrungsmittel verkaufen sollte. Aber wie viele andere Moldauer auch handelt sie ebenfalls mit kleinen Fertigwaren wie Streichhölzern, Saatgut, Schwämmen und Putzmitteln.

Der Kleinhandel zwischen der Republik Moldau und Rumänien drückt sich also in verschiedenen Formen aus, sowohl versteckt als auch legal. Man kann von einem räumlichen, verbindenden „Kontinuum" sprechen (Sik/Wallace 1999: 698). Dieses Kontinuum verbindet die am schlechtesten versorgten Handelsräume mit den gut versorgten und formell legitimen Räumen. Der grenzüberschreitende Raum des Handels ist also vielförmig. Außerdem sind die Handelsorte mit anderen Handelsorten in Form eines Netzwerkes organisiert. Sei es in der Republik Moldau, wo die ‚Handelstouristen' Waren verkaufen können, die sie aus Rumänien mitgebracht haben, oder aber in anderen Regionen Rumäniens, die weiter von der Grenze entfernt sind.

3 Schlussbemerkungen

Was sagt die räumliche Organisation des grenzüberschreitenden Kleinhandels zwischen der Republik Moldau und Rumänien über seine Rolle in der politischen und wirtschaftlichen Neugestaltung der Region aus? Die offene Grenze stellt eine Ressource dar, die den Handelstouristen ermöglicht, sich die ökonomischen und kommerziellen Unterschiede dies- und jenseits der Grenze zunutze zu machen. Zugleich wurde der EU-Beitritt Rumäniens 2007 von einer Verstärkung der Grenzkontrollen und der Kontrollen der Einreisebestimmungen für moldauische Staatsangehörige begleitet. Als Reaktion darauf, mussten die moldauischen Händler ihre Mobilitäts- und Handelspraxis anpassen. Dies lässt sich an ihrer Wahl der Transportmittel ablesen, aber auch an den Handelsräumen, die sie besuchen, und schließlich auch an den Körpern der Verkäufer, die mehr oder weniger selbstbewusst, ausdauernd und sichtbar an den Handelsplätzen zu sehen sind.

Die wirtschaftliche, politische und soziale Bedeutung der grenzüberschreitenden Handelsdynamik ist derart herausragend, dass sich beide Staaten angestrengt haben, mit den EU-Institutionen eine Vereinbarung über den grenzüberschreitenden Kleinhandel zu treffen. 2009 wurde eine Vereinbarung unterschrieben, die 2010 in Kraft treten soll. Die Einwohner von rund 600 moldauischen grenznahen Kommunen – es handelt sich um zirka eine Million Personen – können dann eine für ein Jahr gültige Genehmigung erhalten, die sie von der Visumpflicht für Rumänien befreit und ihnen ermöglichen wird, sich bis zu 50 km nach Rumänien hineinzubewegen. Die Praxis der Kleinhändler hatte also einen Einfluss auf die Einführung gesetzlicher Normen an der Ostgrenze der EU.

Grenzüberschreitende ökonomische Praktiken an den östlichen EU-Außengrenzen – Der Umgang von Kleinhändlern und Kleinhändlerinnen sowie Unternehmern und Unternehmerinnen mit Grenzregimen

Bettina Bruns, Kristine Müller, Andreas Wust, Helga Zichner

In unserem Projekt[1] beschäftigen wir uns mit einer vergleichenden Analyse wirtschaftlicher Praktiken von Kleinhändler/-innen und Unternehmer/-innen an verschiedenen Abschnitten der Außengrenze der Europäischen Union (EU).[2] Als wir im Frühjahr 2008 mit der empirischen Forschung in Polen und Belarus beginnen, sind die Gespräche vor Ort geprägt von einer der jüngsten und einschneidendsten Veränderungen an dieser Grenze: Seit dem 21.12.2007 gehört Polen zum Schengen-Raum. Mit der schrittweisen Erweiterung des Schengen-Raums treibt die EU die Homogenisierung ihrer Außengrenzen voran, an denen ein einheitliches Regime der Kontrolle und Überwachung nach außen verwirklicht werden soll, während nach innen ein hohes Maß an Integration ermöglicht wird.

Wir gehen davon aus, dass praktisch und situativ aus den verschiedenen Anforderungen und Interessen an dieser Grenze weniger Ordnung und Eindeutigkeit entstehen – theoretisch die Funktionen von sozialen Grenzziehungen schlechthin – als vielmehr komplexe und ggf. auch widersprüchliche Bedingungen des Handelns. Um diese Frage zu untersuchen, stehen ökonomische Akteure im Mittelpunkt unserer Untersuchung, die auf häufige Grenzüberschreitungen angewiesen sind. Über die Analyse ihrer grenzüberschreitenden Alltagspraxis wollen wir etwas über die Effekte der Außengrenze der EU erfahren. Die konkrete(n) Bedeutung(en), die die Grenze in Bezug auf verschiedene Formen der Praxis hat, er-

1 Der Beitrag basiert auf empirischen Fallstudien, die wir im Rahmen des Projekts „Geographie(n) an den Rändern des europäischen Projektes. Räumliche Orientierung und Peripherisierung an der Außengrenze der erweiterten Europäischen Union“ durchgeführt haben. In diesem Projekt, das vom Bund (BMVBS) und dem Freistaat Sachsen (SMWK) im Rahmen des Pakts für Forschung und Innovation gefördert wurde, kooperierten das Leibniz-Institut für Länderkunde (Leipzig) sowie das Leibniz-Institut für Regionalentwicklung und Strukturplanung (Erkner). Es lief von Januar 2007 bis Dezember 2009.

2 Wir betrachten einzelne Grenzübergänge an folgenden Grenzrelationen: Finnland-Russland, Polen-Belarus, Polen-Ukraine, Rumänien-Ukraine.

weisen sich jedoch erst in ihrem Gebrauch, in der konkreten Aushandlung. Wir wollen unseren Blick daher auf die ‚legalen' und ‚illegalen', die ‚erwünschten' und ‚unerwünschten' Praktiken der Grenzüberschreitung richten, in denen sich die von uns betrachteten Akteure mit dem sozial produzierten Raum der Grenze auseinandersetzen und ihn dabei gelegentlich „umfrisieren" (De Certeau 1988: 15).

Nach einem knappen Überblick über die für uns relevanten jüngeren Veränderungen des Regimes der EU-Außengrenze und der Darlegung unseres theoretisch-begrifflichen Instrumentariums werden Beispiele der von uns beobachteten Praktiken von grenzüberschreitenden ökonomischen Akteuren näher analysiert. Dabei wenden wir uns insbesondere zwei Aspekten des Grenzregimes zu: dem Anspruch der Homogenität und seiner exkludierenden Wirkung.

1 Die Ränder des europäischen Projekts

Die Europäische Union steht bereits seit Längerem vor der Herausforderung, zum einen die Integration der Mitgliedsländer nach innen zu festigen und zum anderen die Erweiterung um neue Staaten erfolgreich umzusetzen. Die zunehmende Binnenintegration geht einher mit der Errichtung einer gemeinsamen Außengrenze, die mit dem Schengener Regierungsübereinkommen von 1985 geschaffen und seitdem weiter ausgestaltet wurde (Europäische Gemeinschaften 2000).

Dieses zunächst zwischenstaatlich, zunehmend aber gemeinschaftlich vorangetriebene Projekt ermöglicht allen Staatsangehörigen der Mitgliedsstaaten des Schengen-Raumes das freie Überschreiten der gemeinsamen Grenzen sowie einen freien Waren- und Dienstleistungsverkehr. Gleichzeitig sollen jedoch unerwünschte und unkontrollierte Grenzüberschreitungen, insbesondere Zuwanderungen, verhindert werden (Busch 2002). Die ständige Verlagerung der EU-Außengrenze (z. B. durch die EU-Beitritte Rumäniens und Bulgariens) und die Ausweitung des Schengen-Raumes, u. a. auf das Territorium Polens, implizierte zudem einen steten Wandel der Funktion und Qualität der davon betroffenen Grenzen sowie eine Änderung des Grenzregimes mit teilweise erheblichen wirtschaftlichen und sozialen Effekten für die jeweiligen Grenzregionen. Hinzu kommt, dass die Gebiete östlich der EU-Außengrenze bis 1991 zur Sowjetunion gehörten und seitdem bereits mehrfach mit einem Wandel der Funktionsweise der Grenzregimes konfrontiert wurden. Waren die Grenzen nach dem Zusammenbruch der UdSSR zunehmend durchlässiger geworden, so bedeutet der Schengen-Acquis an den Rändern der EU wiederum eine Einschränkung der Grenzdurchlässigkeit. Ein „einheitliches Niveau der Personenkontrolle und der

Überwachung“ (Jahn 2006: 210) wird angestrebt und somit eine „security border“ (Laitinen 2003) etabliert. Darüber hinaus kommt es zu einer Ausweitung der Pass- und Aufenthaltskontrollen im Innern des Schengen-Raums.

Die Etablierung der Außengrenze der EU als politisches Projekt ist dabei keineswegs ein linearer und kohärenter Prozess. Vielmehr sind an ihm unterschiedliche Apparate beteiligt, weshalb ‚die' Grenze Gegenstand höchst unterschiedlicher praktischer Zusammenhänge ist. Sicherheits-, Identitäts- und Prosperitätsinteressen resultieren nicht nur in je eigenen symbolischen Aufladungen der Grenze(n), sie begründen auch je eigene Anforderungen an die Grenzregulierung. Im Rahmen ökonomischer Interessen stehen diese teils für Protektionismus und Schließung, teils für Freihandel und Öffnung. Im Hinblick auf Migrationen sowie den Personenverkehr filtern sie mittels vielfältiger Übertritts- und Kontrollmechanismen unerwünschte und erwünschte Grenzüberquerungen. Dazu gehört eine restriktive Visumpolitik (hohe Visumgebühren, begrenzte Personenzahl mit Multivisa). Dies führt zur Exklusion unerwünschter Personen und kann entlang der Außengrenze (erwünschte) Interaktionen erschweren.

Während einerseits die Schutz- und Sicherheitsfunktion der Grenze verstärkt werden soll, gilt es andererseits, die liberale Funktion einer effizienten Wirtschaftsbrücke aufrechtzuerhalten – Kennzeichen einer „smart border“ (Andreas 2003): „Create borders that perform as better security barriers and as efficient economic bridges at the same time“ (Andreas 2003: 96). Somit finden an der EU-Außengrenze gleichzeitig Prozesse der Inklusion sowie der Exklusion statt.

De facto entfaltet die Außengrenze der EU in einzelnen gesellschaftlichen Teilbereichen höchst unterschiedliche Wirkungen. Widersprüche sind aber nicht nur ein Ergebnis des Umgangs verschiedener Akteure oder Akteursgruppierungen mit der Grenze, sondern sind schon in der politisch-administrativen Gestaltung des Grenzregimes selbst angelegt. Sie materialisieren sich an der Außengrenze notwendigerweise in allen grenzbezogenen Praktiken. Dabei sind Grenzübertritte die ‚Orte', an denen die Aushandlung von Staat/Staatlichkeit und Grenze manifest wird. Welche Effekte die Außengrenze der Europäischen Union in der und für die Alltagspraxis entfaltet und wie sie als räumlich formierte „soziologische Tatsache“ (Simmel 1908/2006: 23) wirksam wird, erschließt sich daher nicht aus der bloßen Analyse ‚geopolitischer' Repräsentationen, Konstruktionen und Symbolisierungen, auch wenn diese wesentlich zur Formierung und Legitimation des Grenzregimes beitragen (Reuber/Wolkersdorfer 2005: 261). Vielmehr erscheint es notwendig, sich der Grenze auch als sozial produziertem Raum zu nähern, der durch konkrete Aushandlungsprozesse konstruiert wird.

2 Handeln(de) an der Grenze – eine theoretische Einbettung

2.1 Grenze als Institution

Um dieser sozialen Produktion der Grenze auf den Grund zu gehen, schließen wir uns aus theoretischer Sicht solchen Konzepten an, die Grenze als eine Institution auffassen (vgl. Eigmüller 2006b). Allgemeine Merkmale von Institutionen bestehen darin, dass sie die Beliebigkeit und Willkür des sozialen Handelns beschränken und dadurch normative Wirkung ausüben und Pflichten definieren (vgl. Lipp 1998: 148f.). Dies trifft auch auf die Funktionsweise von EU-Außengrenzen zu. Die Umsetzung von verbindlich geltenden Regeln und Gesetzen des jeweiligen Grenzregimes definiert die jeweilige Durchlässigkeit einer Grenze und konfrontiert die sie überquerenden Personen mit spezifischen Anforderungen und Beschränkungen ihres Handelns. So ist der Grenzübertritt nur demjenigen gestattet, der einen gültigen Pass und ggf. ein Visum vorzuweisen hat; kein Übertritt der Außengrenze ist beliebig. Die Institution der Grenze schafft also Regulierungsbemühungen, strukturiert damit das Handeln der Grenzüberschreiter vor und hat Implikationen für den Raumbezug der handelnden Akteure.

Allerdings erfolgt dabei keine vollständige Determinierung des Handelns. Institutionen (eventuell mit Ausnahme der „totalen Institution“ im Sinne Goffmans) stellen zwar eine allgemeine „Steuerungsinstanz des Handelns“ (Lipp 1998: 14) dar, das impliziert aber, dass im Umgang von Akteuren mit einer Institution durchaus Momente der Unsicherheit und Unbestimmtheit entstehen. Diese Handlungsspielräume ermöglichen eine gewisse Offenheit und Veränderbarkeit der Institution eben durch das auf sie bezogene Handeln von einzelnen Akteuren. Auf die Grenze angewandt bedeutet dies Folgendes:

> „Soziale Prozesse, die mit Grenzen zu tun haben, ergeben sich vielmehr aus dem Spannungsverhältnis zwischen Grenze als Institution und grenzbezogenem Handeln. Grenzen als Institutionen definieren Handlungschancen und -restriktionen; auf die Grenze bezogenes Handeln wiederum wirkt auf die institutionelle Gestaltung von Grenzen zurück.“ (Eigmüller/Vobruba 2006a: 9f.)

Eine Auffassung von Grenze als Institution impliziert also zweierlei: Erstens die Einsicht, dass es trotz handlungsleitender Funktion der Grenzinstitution zu Handlungsspielräumen im Umgang der Handelnden mit dem Grenzregime kommen muss. Zweitens lässt sich daraus die Möglichkeit sozialen Wandels ableiten, dem institutioneller Wandel inhärent ist, sodass sich die Institution der Grenze selbst durch ihre Konfrontation mit handelnden Individuen ändern kann.

Einer derart dynamischen Auffassung von Grenze als Institution zufolge gilt: Grenze ist Produkt und Produzent sozialer Ordnung (vgl. Eigmüller 2006b: 59).

Es ist zu beachten, dass letztlich auch die Institution der Grenze in Form eines spezifischen Grenzregimes durch handelnde Akteure tagtäglich realisiert wird. Repräsentanten der Grenzautoritäten wie Grenzschutz und Zoll treffen sowohl als Vertreter ihrer Organisationen in individuellen Interaktionen als auch als individuelle Akteure auf die die Grenze überschreitenden Reisenden.

2.2 Akteure

Die zunehmende Undurchlässigkeit der EU-Außengrenze, wie sie eingangs beschrieben wurde, trifft vor allem solche Akteure wie Unternehmer/-innen und Kleinhändler/-innen, die auf den Grenzübertritt nicht nur für die Sicherung ihrer ökonomischen Aktivitäten, sondern auch für die Sicherung ihres Lebensunterhaltes angewiesen sind. Mit Akteuren meinen wir hier grundsätzlich sozial Handelnde. Unter sozialem Handeln verstehen wir mit Weber ein Handeln, das vom Handelnden mit einem subjektiven Sinn verbunden wird, der auf das Verhalten anderer bezogen ist (vgl. Weber 1956: 1). Wir haben es bei den im Fokus des Projekts stehenden Kleinhändler/-innen und Unternehmer/-innen ausschließlich mit zweckrational handelnden Akteuren zu tun, die mit ihrem Handeln ein bestimmtes Ziel erreichen möchten.[3] Die Kategorien, denen man die Händler zuordnet, werden auf der einen Seite durch die Institution erst geschaffen: Die Institution der Grenze legt beispielsweise fest, wer die Grenze überqueren darf und wer nicht. Auf der anderen Seite kann ein Akteur aber gleichzeitig mehrere Rollen innehaben, die nur teilweise von Institutionen definiert werden. So kann er neben der durch das Gesetz konstruierten Person, der das Recht auf Grenzüberschreitung gewährt oder verwehrt werden kann, zugleich z. B. ein Abenteurer, ein Unternehmer, ein Weltreisender oder auch ein Mensch in einer prekären wirtschaftlichen Lage sein. Folglich erweist sich die Bedeutung der Grenze für die Handlungen der Akteure, für ihre Praktiken, erst in ihrem konkreten Gebrauch. Diese Aushandlung kann sowohl in der konkreten individuellen Interaktion zwischen einem Vertreter des Grenzregimes und einem Reisenden als auch in Praktiken des Sicharrangierens mit äußeren Gegebenheiten erfolgen.

Uns geht es, wie eingangs festgestellt, um ökonomische grenzüberschreitende Praktiken, die von den jeweiligen Akteuren zweckrational ausgeführt werden. Deshalb konzentrieren wir uns allgemein auf die grenzüberschreitend tätigen Kleinhändler/-innen und Unternehmer/-innen als handelnde Akteure und be-

3 Neben zweckrationalem Handeln unterscheidet Weber wertrationales, traditionales und affektuelles Handeln.

rücksichtigen die Vertreter der Grenzautoritäten nur in dem Maße, wie sie für die Analyse der beschriebenen ökonomischen Praktiken von Bedeutung sind. Inwieweit wird die Institution Grenze nun durch den konkreten Gebrauch in ökonomischen Praktiken durch die Akteure gestaltet, die sie überqueren wollen?

2.3 Strategien und Taktiken

Ökonomische Praktiken fassen wir im Sinne De Certeaus als von Akteuren ausgeführte Alltagspraktiken auf:

> „Alltagspraktiken bilden einen riesigen Komplex, der schwer einzugrenzen ist und den man provisorisch als einen Komplex von Handlungsweisen, Prozeduren bezeichnen könnte. Dabei handelt es sich um Handlungsmodelle und technische Manipulationen, Umgangsweisen." (De Certeau 1988: 101)

Um die Analyse dieser heterogenen Formen sozialen Handelns zu systematisieren, bedienen wir uns ebenfalls eines Konzeptes von De Certeau: der Unterscheidung zwischen taktischem und strategischem Handeln. Dieses ist hilfreich, um Handlungen zu Mustern zusammenzufassen, weil die Unterscheidung zwischen strategischem und taktischem Handeln den jeweiligen Grad der Abhängigkeit individueller Handlungen von äußeren Bedingungen systematisiert. Diese ist jedoch in keinem Falle gänzlich determinierend, sondern lässt sowohl bei taktischem als auch strategischem Handeln Freiräume. Wir benutzen diese Unterscheidung als ein Kontinuum von möglichen Ausprägungen zweckrationalen Handelns, das für uns einen Interpretationsrahmen für die später folgenden empirischen Beispiele grenzüberschreitender ökonomischer Praktiken darstellt. De Certeau definiert eine Taktik folgendermaßen:

> „Als ‚Taktik' bezeichne ich (...) ein Kalkül, das nicht mit etwas Eigenem rechnen kann und somit auch nicht mit einer Grenze, die das Andere als eine sichtbare Totalität abtrennt. (...) Sie muss andauernd mit den Ereignissen spielen, um ‚günstige Gelegenheiten' daraus zu machen. Der Schwache muss unaufhörlich aus den Kräften Nutzen ziehen, die ihm fremd sind." (De Certeau 1988: 24)

Taktisches Handeln ist demnach durch das Fehlen von Macht bestimmt. Der taktisch Handelnde ist gezwungen, sich mit den äußeren Umständen zu arrangieren, ohne auf sie Einfluss nehmen zu können. In Bezug auf Akteure an der EU-Außengrenze wird taktisches Handeln besonders deutlich in Situationen, die den grenzüberschreitenden Unternehmer/-innen und Kleinhändler/-innen als sich ständig ändernde willkürliche Bedingungen erscheinen, wie es z. B. lokal- und personenspezifische Umsetzungsformen von Gesetzen, aber auch plötzlich neu geltende Regulierungen sein können, die mit der Ausweitung des Schengen-Raums in Kraft getreten sind.

Strategisches Handeln hingegen setzt mehr voraus, nämlich einen ‚eigenen Ort' als Basis für die Organisation von Beziehungen zur Außenwelt: „Als Strategie bezeichne ich eine Berechnung von Kräfteverhältnissen, die in dem Augenblick möglich wird, wo ein mit Macht und Willenskraft ausgestattetes Subjekt (…) von einer ‚Umgebung' abgelöst werden kann" (De Certeau 1988: 23). Eine Strategie setzt notwendigerweise einen eigenen Ort voraus, der als Basis für die Organisation von externen Beziehungen dient. Akteure, die strategisch handeln, sind mit Macht ausgestattet. Sie sind deshalb in der Lage, sich von den äußeren Umständen abzugrenzen und darüber eine Unabhängigkeit gegenüber wechselnden Umständen zu erlangen.

3 Vom taktischen und strategischen Gebrauch der Grenze – empirische Beispiele

In unseren Feldforschungen an vier Grenzabschnitten haben wir verschiedene grenzüberschreitende Praktiken von Kleinhändler/-innen und Kleinunternehmer/-innen näher untersucht. Inwieweit dabei strategisches Handeln möglich ist, oder ob die Akteure lediglich taktisch auf unsichere Bedingungen reagieren können, wollen wir in den folgenden Beispielen diskutieren. Die beobachteten Praktiken stellen wir jeweils anhand eines Grenzabschnitts der EU-Außengrenze dar. Obwohl wir zwar den lokalen Kontextbedingungen eine entscheidende Bedeutung bei der tatsächlichen Ausgestaltung grenzüberschreitender Praktiken beimessen, soll die hier getroffene Auswahl nicht als bewusste Typisierung verstanden werden. Die dargestellten Praktiken ließen sich in einigen Fällen auch an anderen Abschnitten der EU-Außengrenze in ähnlicher Weise beobachten.

3.1 Visumvergabe im Abseits? Lokale Unwägbarkeiten der Grenzüberschreitung

Ein entscheidender Bestandteil des Grenzregimes an der von uns untersuchten Außengrenze ist die Visumpflicht für Bewohner von Drittstaaten bei der Einreise in die Mitgliedsländer des Schengener Abkommens. Zunächst unter die allgemeinen Regulierungen für die Vergabe von Schengen-Visa fallend, und somit auf homogenen Regeln basierend, machen sich an den Orten der Visumbearbeitung beim genaueren Hinsehen einige lokale Eigenheiten bemerkbar.

So ist das finnische Generalkonsulat in St. Petersburg zuständig für die russische Grenzregion, und für unser Untersuchungsgebiet Karelien speziell das Büro des Konsulates in Petrosawodsk. In einer Gruppendiskussion mit russischen Kleinhändler/-innen im Mai 2008 werden Beschwerden über Intransparenz und Verzögerungen bei den Prozessen der Visumbeschaffung laut, genannt wird in diesem Zusammenhang die Visumstelle für Karelien in Petrosawodsk:

> Alëša: „Für den einen gibt man es so und für den anderen – anders, das ist in Ordnung. Warum braucht man jetzt praktisch zwei Monate, um Visa auszustellen, ist das normal? Natürlich nicht, bei mir beispielsweise (...) Monate schon und wissen nicht, wann es fertig sein wird."
> Boris: „Aber man fragt sich auch, warum (...) zehn Tage."
> Alëša: „Früher machte man das innerhalb von einer Woche, das war doch normal, aber etwas (...)."
> Boris: „Ich glaube, dass in St. Petersburg das Konsulat, im Prinzip, (...) dort machen viel mehr Menschen Visa als in Karelien. Warum arbeitet man im Konsulat in Karelien (...) nicht wie beispielsweise in St. Petersburg, obwohl es der gleiche Staat ist, die gleichen staatlichen Strukturen, nicht wahr?"
> (Quelle: Gruppendiskussion mit Kleinhändlern in Sortavala, RU, 20.05.2008)

Durch Pressemeldungen im Internet wurde bekannt gegeben, dass wegen Überlastung der Visumabteilung im Konsulat in Petrosawodsk im Juni 2008 eine zusätzliche temporäre Visumbearbeitungsstelle in Onttola bei Joensuu, also auf der finnischen Seite der Grenze, eingerichtet wurde. Schon aus rechtlicher Sicht eine Ausnahmesituation[4] bedeutet diese Einrichtung auch logistisch eine große Herausforderung, da Visumanträge und Pässe per Kurierdienst etwa 400 km durch den karelischen Wald und über die Grenze hin und her transportiert werden müssen. Die Angestellten in Onttola übernehmen unter Aufsicht von Kollegen aus Petrosawodsk einen Teil der Arbeit für die Visumvergabe. Von der Leiterin dieser Visumstelle in Onttola erfuhren wir in einem Interview, dass sich das Gebäude der Konsularabteilung in Petrosawodsk in einem sehr schlechten Zustand befände und man unter den dortigen Bedingungen dem stetig wachsenden Strom an Bewerbungen im Frühjahr 2008 nicht mehr gewachsen war. Große Mengen an Anträgen hatten sich angesammelt und konnten für lange Zeit einfach nicht bearbeitet werden.[5] Welche Möglichkeiten hatten die Akteure in diesen Monaten,

4 Für konsularische Tätigkeiten wie die Visumvergabe sind die Auslandsvertretungen im Staat der Antragstellung zuständig. Für eine derartige Vergrößerung der Visumbearbeitungsstelle mit Rückgriff auf Einrichtungen auf finnischem Boden konnte laut Auskunft der Stellenleiterin nur wegen mangelnder Ausweichmöglichkeiten auf russischer Seite eine Sondergenehmigung eingeholt werden.
5 Quelle: Interview Visumstelle in Onttola, FI, 05.11.08.

wenn sie unter solch ungünstigen Umständen ihren grenzüberschreitenden Tätigkeiten weiterhin nachgehen wollten?

> I: „And how would you describe was the visa issuing situation then, in May, for people, maybe, applying for visas in May, or just before?"
> Pirjo N.: „Well, then they had to wait a couple of months."
> I: „A couple of months?"
> Pirjo N.: „Yes."
> I: „So if they wanted to travel to Finland in the summertime ..."
> Pirjo N.: „Yes, but they had to change the plans ..."
> (Quelle: Interview in der Visumstelle in Onttola, FI, 05.11.08)

Dieses Beispiel zeigt sehr deutlich, wie nicht nur das homogen entworfene Grenzregime an sich, sondern auch und vor allem die lokale Umsetzung zu beachten ist, wenn man sich den Auswirkungen des Grenzregimes auf die Tätigkeiten der lokal ansässigen Bevölkerung analytisch annähern möchte. Während man zwar offiziell ein Schengen-Visum beantragen kann, verhindern die lokalen Umstände eine Einreisemöglichkeit für mehrere Monate. In solch einer Situation ist der Kleinhändler oder die Unternehmerin auf der russischen Seite der Grenze völlig machtlos und muss sich zur Absicherung der Existenz umorientieren.

Zusätzlich zu diesen Schwierigkeiten ist uns an der finnisch-russischen Grenze eine Eigenart in fast allen Gesprächen zugetragen worden: die Willkürlichkeit der Umsetzung von Regeln des Grenzregimes auf der russischen Seite des Grenzüberganges. Dieses Problem beschreibt ein Mitarbeiter der regionalen Verwaltung des finnischen Nordkareliens, welcher Unternehmer/-innen in der grenzüberschreitenden Zusammenarbeit mit Russland berät, mit den einfachen Worten: „Nobody don't know". Auf der finnischen Seite sei es fast unmöglich, Informationen über Veränderungen in Russland, beim russischen Zoll usw. zu bekommen. Das sei das größte Problem, wenn man Geschäfte mit Russen machen will: der Zoll.

Die Unternehmer/-innen, welche über einen gewissen Spielraum bei der Organisation ihrer grenzüberschreitenden Tätigkeiten verfügen, können zum Teil strategisch auf diese Schwierigkeiten reagieren und z. B. Ausgabeposten ihres Unternehmens senken. Deshalb übernimmt ein Unternehmer auch gern mal selbst den Fahrdienst und die damit verbundenen langen Wartezeiten am Grenzübergang, um eventuelle zusätzliche Lohnkosten für einen Fahrer zu sparen.

Andere Akteure auf der finnischen wie auf der russischen Seite reagieren auf die Unsicherheiten eher taktisch, mit kleineren Anpassungsversuchen. Das heißt, man weiß z. B., welche Schichten man lieber meiden sollte und kann die Fahrtzeiten entsprechend verändern, oder man zieht einen anderen Grenzübergang vor, an welchem man bisher bessere Erfahrungen gemacht hat. Allerdings hat man am Ende wenig Einfluss darauf, ob nun wirklich der ‚angenehmere' Zöllner Schicht hat oder ein anderes Team, welches sich möglicherweise sehr willkürlich verhält oder für lange Schlangen sorgt. Auf diese Weise wird das Risiko nur etwas minimiert, letztendlich ist man immer noch der Unbestimmtheit ausgeliefert.

3.2 Eine Regel, verschiedene Arrangements

Mit dem folgenden Beispiel nähern wir uns der Geltung einheitlicher Regeln von der anderen Seite. Diesmal geht es nicht um den Personen-, sondern den Warenverkehr und im Mittelpunkt steht die Frage, wie sich ökonomische Akteure darauf verstehen, sich mit einer neuen Regel zu arrangieren. Es geht also mit den Worten De Certeaus um die „Kunst des Ausnützens" (De Certeau 1988:17).

Seit dem 1. Dezember 2008 gilt auch in Rumänien die Verordnung der Europäischen Gemeinschaft Nr. 274/2008[6]. Mit einer Verordnung des rumänischen Wirtschafts- und Finanzministeriums (OMEF 3424/2008), die das Gemeinschaftsrecht in nationales Recht umsetzt, wird die Menge der zollfrei einführbaren Zigaretten von 200 auf 40 Stück, d. h. zwei Päckchen, gekürzt. Diese neue Regelung betrifft die von uns untersuchten Kleinhändler/-innen unmittelbar. Wie reagieren sie also darauf?

Mit dem folgenden Beispiel sollen Aushandlungsprozesse zwischen den Ausführenden der Grenzkontrollen und den ökonomischen Akteuren untersucht werden, bei denen unterschiedliche Arrangements festzustellen sind. Kleinhandel an dem von uns untersuchten Grenzübergang zwischen Sighet (Rumänien) und Solotvino (Ukraine) bedeutet vor allem Handel mit Zigaretten aus der Ukraine durch rumänische Händler. Der Handel mit Lebensmitteln oder anderen Produkten spielt nur eine marginale Rolle, da die Preisdifferenzen immer geringer werden. Für Ukrainer lohnt es sich kaum, Waren in Rumänien anzubieten, da sie dafür einerseits ein kostenpflichtiges Visum benötigen und außerdem für Lebensmittel strenge Einfuhrbestimmungen in die Ukraine gelten.[7] Alle Reisenden, die von den Grenzautoritäten immer auch als potenzielle Zigarettenhändler gesehen werden, werden bei ihrer Ausreise seit dem Abend des 30.11.2008 über die neue Regelung informiert.[8]

6 http://eur-lex.europa.eu/LexUriServ/LexUriServ.do?uri=OJ:L:2008:085:0001:0002:DE:PDF [Abruf am 25.02.2009]

7 http://www.customs.gov.ua/dmsu/control/en/publish/article?art_id=1093966&cat_id=1093808. Laut den dort aufgeführten Bestimmungen dürfen Lebensmittel höchstens bis zu einem Wert von 50 EUR, jedoch nicht mehr als 2 kg und auch nicht mehr als zwei Päckchen desselben Produkts eingeführt werden.

8 Gespräch mit dem derzeitigen Chef der Grenzpolizei, Sighet, RO, am 03.12.08.

Die Verkäuferinnen in den grenznahen ukrainischen Lebensmittelgeschäften berichten, dass viele Kunden nun tatsächlich nur noch zwei Päckchen kaufen und ihr Umsatz von einem Tag auf den anderen stark zurückgegangen sei.[9] Dies hat etwas damit zu tun, dass die neue Obergrenze von zwei Päckchen mehrere Käufergruppen betrifft: So stellt sie einen Einschnitt für diejenigen Kunden dar, die zuvor lediglich Zigaretten für den Eigenbedarf gekauft haben, die also auch vorher keine großen Mengen gekauft bzw. gehandelt haben. Sie betrifft aber ebenso die Händler. Viele der Kleinhändler/-innen, die bislang mehrmals täglich die legale Menge von einer Stange transportiert haben, stellen ihre Tätigkeit ein, da sich der Aufwand für zwei Päckchen kaum noch lohnt, weil – wie vorher auch – die Schmiergelder für die ukrainischen Grenzposten eingerechnet werden müssen, allerdings für eine nun viel geringere Warenmenge und somit für geringeren Profit. Die Veränderungen seit Einführung der neuen Regel auf den Grenzverkehr beschreibt der derzeitige Chef der Grenzpolizei folgendermaßen:

> „(...) der Verkehr sei seit vorgestern enorm gesunken, von einem Tag zum anderen. Er habe persönlich Verständnis dafür gehabt, dass viele Menschen ihr Einkommen, insbesondere ihre Rente, mithilfe der Zigaretten aufgebessert haben, aber so sei es einfach zuviel gewesen. Er ist sehr froh darüber, dass sich der Verkehr nun allmählich normalisiere und sie normal arbeiten können, die Wartezeit sei enorm zurückgegangen, sie betrage nun bloß noch zwei Minuten, eine Autokontrolle bei der Einreise 5–7 Minuten, vorher musste man sehr oft 2 Stunden warten. Auch die Sammelpunkte für die Zigaretten seien verschwunden: In der Tat war gestern und heute der kleine Kiosk, vor dem beim letzten Mal die ‚Sammler' standen, geschlossen und niemand zu sehen. Auch an der Grenze war fast niemand, der ein- oder ausreisen wollte. All dies verdanke man der Verordnung des Finanzministeriums Nr. 3424 vom 20.11.2008, mit der EU-Recht umgesetzt werde.
>
> Ein Grund für das abrupte Einstellen des Zigarettenhandels sei auch darin zu sehen, dass dieser sich aufgrund der ‚Tradition' nicht mehr lohne. Das sei allerdings nur unter uns gesagt: Die Ukrainer nehmen von jedem Reisenden 1 Leu, dieser Aufwand lohnt sich natürlich bei zwei Päckchen Zigaretten nicht mehr. So gehe also die Kriminalität zurück und die ‚oameni rau formaţi', also die, die schlechte Absichten hegten, seien verschwunden."
>
> (Quelle: Gedächtnisprotokoll, Gespräch mit der Grenzpolizei in Sighet, RO, 03.12.2008)

Nach Auskunft des Grenzschutzes ging die Zahl der Reisenden und auch die Zahl der konfiszierten Zigaretten schlagartig zurück. Das heißt, dass die Strategie der Absicherung der Grenze, bei der es im vorliegenden Beispiel um den Schutz des europäischen Binnenmarktes vor Zigaretten aus Drittstaaten geht, durch die

9 Gespräch mit den Ladenbesitzern in Solotvino, UA, am 01.12.2008.

Einführung strengerer Vorschriften, deren Einhaltung in diesem Fall in der Verantwortung des rumänischen Zolls liegt, auf den ersten Blick aufzugehen scheint.

Allerdings lässt sich gleichzeitig beobachten, dass andere Zigarettenhändler auf die Einführung der verschärften Regel schnell reagiert haben. Dabei lassen sich zwei Arten des Vorgehens unterscheiden. So gehen einige der Händler eher taktisch vor, indem sie weiterhin mehrere Stangen Zigaretten einkaufen und diese noch auf ukrainischer Seite an gerade Eingereiste weiterverkaufen, bevor diese die grenznahen Geschäfte erreichen. Überzählige, nicht verkaufte Zigaretten müssen auf diese Weise weiterhin risikoreich durch die rumänische Zollkontrolle gebracht werden.

Das Vorgehen einer anderen Gruppe von Zigarettenhändlern konnten wir später beobachten. Die Händler sammelten sich am Brückenkopf auf ukrainischer Seite, nachdem sie die ukrainische Pass- und Zollkontrollen passiert hatten. Die Mitglieder dieser Gruppe sind nicht auf der Suche nach zufälliger Kundschaft, sondern sie warteten zwischen den Kontrollpunkten auf ihre Kollegen aus Rumänien, um die Ware untereinander in legale Portionen aufzuteilen und nach Rumänien einzuführen. Dieses Vorgehen trägt strategische Züge: Zum einen setzt es Netzwerke voraus, in denen arbeitsteilig vorgegangen wird. Dadurch, dass nur ein Teil der Gruppe die vollständige Ein- und Ausreise in die Ukraine unternimmt und bezahlt, wird der Aufwand für die Schmiergelder möglichst gering gehalten. Zum anderen wird ein (physischer) Ort genutzt, nämlich der Platz in der Nähe des Brückenkopfes, auf den die rumänischen Zollkontrollen nicht zugreifen. Dieses Vorgehen konnten wir nur am späten Abend beobachten, als es bereits dunkel war, was sich als weiterer Teil der Strategie deuten lässt. Möglicherweise ist es nur zu dieser Tageszeit möglich, den benötigten Raum auch unbehelligt von den ukrainischen Grenzautoritäten zu nutzen.

Während sich die bislang beschriebenen Zigarettenkunden bzw. -händler letztlich alle an die neue Regel halten, sei es, indem sie von vornherein nur noch die zulässige Menge erwerben oder indem sie die erworbene Menge durch Weiterverkauf möglichst reduzieren, gibt es eine andere Gruppe, die so weitermacht wie bisher. Völlig unbeeindruckt von der neuen Regelung versucht eine Zigarettenhändlerin in unserem Beisein, möglichst viel Ware am Körper zu verstecken. Zusätzlich versucht sie bei der Grenzübertretung bestimmte streng kontrollierende Schichten des rumänischen Zolls zu meiden und auf diese Weise bestimmte Situationen auszunutzen. Dass sie diese Taktik weiterhin verfolgt, deutet darauf hin, dass ähnlich wie im Fall der Visumerteilung auch die Regeln der Zollkontrollen von den einzelnen Zöllnern unterschiedlich gehandhabt werden. Gleichzeitig konnte am Beispiel dieser Regelung gezeigt werden, dass eindeutige und strenge Regeln nur bedingt die intendierten Folgen haben.

3.3 *Die Grenzüberschreitung anderen überlassen – die Rolle von Netzwerken und Logistikunternehmen*

In den Gruppendiskussionen zu den grenzüberschreitenden ökonomischen Praktiken an den Grenzrelationen wurde von den Teilnehmern als ein Hauptpunkt die lange Wartezeit an der Grenze thematisiert. An der polnisch-ukrainischen Grenze haben sich besonders nach dem Beitritt Polens zum Schengen-Raum und der Einführung der Visumpflicht für Ukrainer die Kontrollen vor allem auf polnischer Seite stark verlangsamt. Dies sei nicht in erster Linie eine Frage unzureichender Infrastruktur, sondern ein Resultat der ineffizienten Nutzung der bestehenden Grenzanlagen. Daher sei ein Ausbau der Zahl von Grenzübergängen nach Ansicht mehrerer Diskussionsteilnehmer nicht unbedingt erforderlich. Außerdem sei auf polnischer Seite zu wenig Personal bei Zoll und Grenzwache beschäftigt. Häufig komme es vor, dass z. B. bei der Einreise nach Polen von mehreren PKW-Spuren nur eine oder zwei besetzt seien. Die Abfertigung gerate dadurch ins Stocken und es bilde sich ein Rückstau, sodass auch die ukrainischen Zöllner und Grenzsoldaten die Abfertigung unterbrechen müssten. Zwar gebe es eine ‚Grüne Spur' für Personen, die nichts zu verzollen hätten, doch faktisch gebe es keinen Unterschied zu einer ‚normalen' Spur. Beklagt wurde auch, dass scheinbar die Abfertigung auf polnischer Seite absichtlich verlangsamt und es zumindest bei der Dauer einer PKW-Kontrolle willkürlich zugehen würde:

> Tomasz: „Das größte Problem aber ist die Abfertigung auf der polnischen Seite, besonders Medyka (…). Angenommen, ich fahre durch die polnische Schranke. (...) 200 Meter? (...) Für dieses Stückchen braucht man drei bis vier Stunden, dass man ankommt und die Polen einen einfach durchlassen, auf die polnische Seite. [Ich fahre] auf den so genannten Grünen Streifen. Ich unterstreiche das Wort ‚so genannt', (...), weil es keinerlei Regeln gibt, die besagen, warum man da fahren darf. Niemand [hat] etwas zu verzollen, von denen, die da in den normalen Schlangen stehen. (...) Die Zollabfertigung von vier Autos dagegen kann sogar eine Stunde dauern. Mindestens, (…). Die Prozedur ist kompliziert, und in letzter Zeit hat sie sich noch weiter verkompliziert. (…) Ich sage ja, dass niemand verlangt, dass diese Autos nicht kontrolliert werden, aber wenn sie sie so genau kontrollieren wollen, dann sollen sie mehr Leute zur Verfügung stellen, (…). Sollen sie mehr Spuren machen. Meiner Meinung nach sollte die Arbeit der Zöllner danach bewertet werden, wie lange man an der Grenze stehen muss, und nicht danach, wer wie viel Wodka gefunden hat. Obwohl, vielleicht auch danach, aber wenn man gute zehn Stunden an der Grenze steht, manche stehen sogar 24 Stunden, wenn der Andrang gerade groß ist. Das ist nicht normal."
> (Quelle: Gruppendiskussion mit Unternehmern in Przemyśl, PL, 04.06.2008)

Aufgrund dieser willkürlichen Begleitumstände bei der Umsetzung des Grenzregimes haben sich ukrainische Unternehmer strategische und taktische Alternativen überlegt, um dennoch ihren grenzüberschreitenden Geschäften nachgehen zu können. Strategisch handeln sie, indem sie sich bereits im Voraus über bestehende informelle Netzwerkbeziehungen entsprechende Dokumente ausstellen lassen, die ihnen helfen, die Grenze schneller als gewohnt zu überqueren. Dabei werden unter anderem auch Kontakte zu Zoll und Grenzschutz genutzt:

> Mykola: „Im Prinzip sind unsere Partner polnische Bürger. Für die Zollkontrolle haben sie (...) Briefe sowohl vom polnischen Konsulat als auch von unserer Regierung, dass sie angesehene Geschäftsleute sind und ihnen eine besondere Unterstützung gewährt werden soll. Also, um es kurz zu sagen, (...) sie haben das Handschuhfach halb voll mit Briefen und ..."
> Vasyl: „Toll ist es nicht, eigentlich."
> Mikola: „Nein, toll ist es nicht, verstehen Sie. Da ist das Kfz-Kennzeichen vermerkt. (…) Also, wenn ein Geschäftsmann sein Geschäft auf der einen Seite hat und wohnt auf der anderen (...). Dank bestimmter Kontakte, ein Geschäftsmann hat beispielsweise Kontakte mit Regierungsvertretern, kann er sich einen Brief erstellen lassen, dass aufgrund des geschäftlichen Bedarfs gebeten wird, ihn schnell abzufertigen, in Sonderfällen. Dieser Brief kann sogar von zwei Personen unterschrieben werden. Einer vom (...) Westukrainischen Zoll, von unserem Zoll und einer vom polnischen Zoll."
> (Quelle: Gruppendiskussion mit Unternehmern in Schowkwa, UA, 22.07.2008)

Da jede konkrete Grenzüberquerung unterschiedlich verlaufen kann, führen sie verschiedene ‚Briefe' mit sich, die sie je nach Situation nutzen können. Bei diesem taktischen Vorgehen bleibt ein Restrisiko für die Unternehmer bestehen, da sich nicht alle Situationen vorherbestimmen lassen. Dies ist ein wesentlicher Grund, warum sich viele Unternehmer/-innen diese nerven- und zeitraubenden Prozeduren ersparen wollen. Eine andere, eher strategische Reaktion auf die bisweilen (scheinbar) willkürliche Umsetzung des Grenzregimes ist daher die Kooperation mit Logistikunternehmen:

> Vasyl: „Wir beschäftigen sehr gute Logistikunternehmen und dementsprechend haben wir keine Probleme."
> Moderator: „Also, sie stehen an der Grenze, nicht? Oder … ?"
> Vasyl: „Es kann sein, dass sie stehen. Ich habe aber kein Problem damit. Ich bestelle. Ich weiß, wie lange die Zollabfertigung, wenn es keine Streiks gibt, ungefähr dauert. Sie fahren aus dem Lager in Frankfurt oder aus einem anderen großen Ort. (…). Wir wissen es und bestellen den LKW zu dem Zeitpunkt, wann wir ihn brauchen. Also gibt es keine Probleme." (Quelle: Gruppendiskussion mit Unternehmern in Schowkwa, UA, 22.07.2008)

Somit kann ein Unternehmer zumindest die durch die Grenzabfertigung entstehenden Kosten (Wartezeit) für sich pauschal einkalkulieren, die unmittelbare Grenzpassierung obliegt dem Logistikunternehmen. Sollte sich die Wartezeit jedoch aus unterschiedlichen Gründen bedeutend ändern, könnten dennoch Mehrkosten für den Unternehmer entstehen, die er nicht eingeplant hat. Taktisches Eingreifen wäre hier wieder erforderlich. Letztlich bleibt er den Unwägbarkeiten bei der Grenzüberquerung ausgeliefert.

3.4 Der EU den Rücken zukehren – räumliche Umorientierung als ‚Lösung'?

In unserem letzten Beispiel wenden wir uns der polnisch-belarussischen Grenze zu. Hier haben sowohl supranationale Regelungen von Seiten der EU als auch nationalstaatliche Erlasse der belarussischen Regierung zu finanziellen und zeitlichen Mehrbelastungen geführt und die Bedingungen für Kleinhändler/-innen besonders stark erschwert.

Eine deutliche Änderung der für Kleinhändler/-innen relevanten Rahmenbedingungen trat am 21.12.2007 in Kraft, denn seitdem wendet Polen das Schengener Abkommen in vollem Umfang an. Nun kostet ein Jahresvisum für die Einreise nach Polen für belarussische Bürger nicht mehr ungefähr 10 EUR, sondern es müssen 60 EUR für das benötigte Schengen-Visum für einen einmaligen Grenzübertritt aufgewendet werden. Das ist eine extrem hohe finanzielle Mehrbelastung, die das Gros der Händler nicht aufbringen kann. Daneben wurde zeitgleich eine neue Bestimmung des belarussischen Staates gültig, welche die Warenmenge, die zollfrei ins Land eingeführt werden darf, von ehemals 50 kg auf 35 kg reduzierte. Für Lebensmittel gelten fünf Kilogramm. Außerdem dürfen von jedem Kleidungsstück nur zwei identische Exemplare eingeführt werden (vgl. Präsidialerlass Nr. 503). Dazu kommt eine ständige Unsicherheit, wie das Grenzregime diese Vorschriften umsetzt. So macht das Auswärtige Amt der Bundesrepublik im Rahmen seiner Reisehinweise für Belarus darauf aufmerksam, dass „diese Vorschriften je nach Gutdünken des diensthabenden Zollbeamten strikt oder großzügig gehandhabt werden" (Auswärtiges Amt, 19.02.2009).

Der Grenzübertritt wurde also sowohl für Waren als auch Personen durch supranationale als auch nationale Bestimmungen stark eingeschränkt und wird durch willkürliche Regelumsetzungen des Grenzregimes – vor allem auf belarussischer Seite – unvorhersehbar. Wie gehen die Betroffenen damit um, welche Handlungsweisen wenden grenzüberschreitend ökonomisch Tätige an, um trotz neuer Bestimmungen ihre Erwerbsquelle in Form von grenzüberschreitendem Kleinhandel aufrecht zu erhalten?

Ein anschauliches Beispiel für eine taktische Reaktion auf diese Einschränkungen gibt die in Brest lebende belarussische Kleinhändlerin Antonina. Sie ist ca. 50 Jahre alt und arbeitete bis zur politischen Wende Ende der 1980er-Jahre als Ingenieurin im Straßenbau. Sie verlor ihren Arbeitsplatz und begann daraufhin mit dem Verkauf von Damenbekleidung auf dem Brester Markt, die sie aus Polen importierte. „Meine Kunden schätzten die Qualität polnischer Waren sehr. Produkte aus Polen konnte ich immer sehr leicht verkaufen", berichtet sie. Seitdem die Visumgebühr so drastisch erhöht wurde und für Antonina die Grenze nach Polen dadurch undurchlässiger geworden ist, hat sie sich räumlich umorientiert: Statt in Polen tätigt sie ihre Wareneinkäufe nun in der Ukraine und in Moskau. Dadurch hat sie allerdings keine Handlungssicherheit gewonnen, die Rahmenbedingungen bleiben unsicher:

> „Ja, ich arbeite auf dem Markt. Kalt, traurig. Aber was soll man machen? Vom neuen Jahr an drohen sie uns damit, unsere Arbeit zu verbieten. Was ich dann machen soll, weiß ich nicht. (...) Man will ein Maximum an schönen Momenten haben. Und das nicht, weil ich faul bin und nicht arbeiten möchte, sondern deshalb, weil unsere Perspektiven so schlecht sind, dass ich nicht weiß, wie es weitergehen soll. Es ist sehr traurig."
> (Quelle: E-Mails einer Kleinhändlerin aus Brest, BY, vom 19.08. und 17.12.2008)

Fahrten nach Moskau haben für Antonina den Vorteil, dass sie dank der Zollunion zwischen Russland und Belarus keine Zoll- und Visumgebühren zahlen muss, und dass keinerlei Warenbeschränkungen gelten. Nachteilig ist allerdings der hohe Zeitaufwand, den eine solche Reise mit sich bringt: Antonina nimmt frühmorgens den Linienbus, der spät abends in Moskau eintrifft. Die Passagiere übernachten im Bus und kaufen am nächsten Tag auf dem Markt ein. Nach dem Einkauf, am Nachmittag, beginnt die Rückreise nach Brest, die am folgenden Tag endet. Ein weiterer Nachteil der Reise besteht in der Unsicherheit während der Reise, der Angst vor Diebstahl und willkürlichen Kontrollen durch die Transportpolizei.

Fahrten in die Ukraine erfordern einen geringeren Zeitaufwand. Jedoch lohnen sie sich für Antonina nicht so sehr, weil für die Einfuhr nach Belarus Mengenbeschränkungen zu beachten sind. Diese kann man nur umgehen, wenn man eine große Anzahl von Menschen mobilisieren kann, die jeweils die erlaubte Höchstgrenze an Waren über die Grenze transportieren und diese danach dem Käufer wieder zurückgeben. Da Antonina keine große Familie hat und nicht viele vertrauenswürdige Personen kennt, bleibt ihr nur der Weg über Moskau, um Kleinhandel zu betreiben.[10]

---

10 Interview mit Antonina in Brest, BY, am 30.01.2009.

Die räumliche Umorientierung nach Russland und in die Ukraine bedeutet für Antonina die völlige Aufgabe ihrer grenzüberschreitenden wirtschaftlichen Tätigkeit an der polnisch-belarussischen Grenze und ist somit ein Zeichen ihrer Machtlosigkeit gegenüber den Veränderungen des Grenzregimes. Ihr bleibt somit nur eine taktische Reaktion auf sich ändernde äußere Bedingungen, gegenüber denen sie sich keine Unabhängigkeit bewahren kann. Sie zieht damit aus den Kräften Nutzen, die ihr fremd sind (vgl. De Certeau 1988: 24), namentlich aus den günstigeren Bedingungen, die mit einer räumlichen Umorientierung nach Moskau und in die Ukraine gegeben sind.

4 Schlussfolgerungen oder: Die EU-Außengrenze – ein Chamäleon?

Angesichts der verschiedenen Praktiken im eigentlichen Gebrauch der Grenze wird die homogene Ordnungsmacht der Grenzregimes an der EU-Außengrenze infrage gestellt. In Abhängigkeit von den lokal unterschiedlichen und teils widersprüchlichen Bedingungen sowie den Spielräumen, welche den Akteuren aufgrund ihrer eigenen Machtposition zur Verfügung stehen, kommt es in der Praxis zu verschiedenen Formen der Umsetzung der Grenzregulierungen.

Einige der Akteure können aufgrund ihrer Machtposition, z. B. als Besitzer/-innen von Unternehmen oder Mitglieder eines gut funktionierenden Netzwerkes, größere Spielräume nutzen und ihre grenzüberschreitenden Praktiken gewissermaßen unabhängig von äußeren Umständen organisieren. Somit können die Effekte von Unsicherheiten beim Grenzübertritt von vornherein minimiert werden. Andere Akteure müssen sich jedoch in ihren existenzsichernden Aktivitäten auf die ihnen vorgegebenen Strukturen und Bedingungen einstellen. Ihnen bleibt lediglich, die Eigenheiten sowie Unwägbarkeiten des Grenzregimes taktisch auszunutzen, indem sie zum Beispiel einen anderen Grenzübergang wählen oder bestimmte Schichten des Zolls zu meiden versuchen. Auf solche Weise können aus günstigen Situationen Vorteile für das grenzüberschreitende Handeln gezogen werden. Allerdings müssen viele Akteure dabei stets mit Unbestimmtheiten rechnen und können auf die äußeren Umstände kaum Einfluss nehmen.

In einigen Fällen allerdings stehen die von uns betrachteten Akteure den Bedingungen des Grenzregimes so machtlos gegenüber, dass sie gezwungen sind, sich von der jeweiligen Grenze völlig abzuwenden. Sie entscheiden sich, ihre Tätigkeiten aufzugeben oder orientieren sich räumlich um und nehmen nun viel weitere Wege auf sich, um ihre Existenz zu sichern.

Die in diesen Beispielen beobachteten Menschen stehen eigentlich nicht im Mittelpunkt der Diskussionen und Entscheidungen auf politischer Ebene zur Formierung einer einheitlichen EU-Außengrenze. Jedoch sind es genau diese

Personen, die in ihrem Alltag mit der Grenze und ihren Auswirkungen umgehen und ihre Handlungen danach ausrichten müssen. In ihrer Auseinandersetzung mit den Regulierungen des Grenzeregimes haben diese Akteure Anteil daran, dass die Wirklichkeit der EU-Außengrenze täglich neu definiert wird. Deshalb ist gerade die Analyse der Praktiken auf dieser Mikroebene nötig, um zu verstehen, wie heterogen sich das Verhältnis zwischen der politisch gewollten (territorial basierten) Homogenisierung und den tatsächlichen lokalen Handlungsorientierungen gestalten kann.

Standortfaktor und Ressource – Die Bedeutung der polnisch-ukrainischen Grenze für Przemyśl

Martin Barthel

Prolog: Eine neue Berliner Mauer

Im Januar 2008 war es soweit, das Maß war voll – in Lviv entlud sich der Ärger der Grenzhändler. Zu lange hatten die bis dato ergebnislosen Verhandlungen über die Einführung des kleinen Grenzverkehrs zwischen Polen und der Ukraine gedauert, zu lange waren die Schlangen vor dem polnischen Generalkonsulat geworden. Seit Polen 2007 dem Schengen-Raum beigetreten war und für die Ukrainer ein kostenpflichtiges Visum eingeführt wurde, ging die Zahl der Grenzübertritte in Medyka, einem der wichtigsten Grenzübergänge an der EU-Außengrenze, drastisch zurück. Der Grenzhandel durch den täglichen Strom der „mrówki", der so genannten „Ameisen", kam endgültig zum Erliegen, als im gleichen Jahr die Zollvorschriften verschärft wurden und täglich nur noch zwei Packungen Zigaretten und ein Liter hochprozentiger Alkohol mitgeführt werden durften. Die Demonstrierenden errichteten eine symbolische „Berliner Mauer" vor dem Konsulat, um gegen die EU-Politik zu demonstrieren. Gleichzeitig wurde auf polnischer und ukrainischer Seite die Grenze durch Autofahrer blockiert (Süddeutsche Zeitung, 17.01.2008).

Diese Aktionen zeigen eindrucksvoll, welche Rolle die Grenze als Ressource für die gesamte Region hat. Man befürchtet einen Ausbau der EU-Außengrenze als Bollwerk, eine Angst, die in der Region seit der Aufnahme von Beitrittsverhandlungen Polens mit der EU vorhanden ist. Gleichzeitig zeigt der symbolische Mauerbau von Lviv, wie wichtig eine durchlässige Grenze für die Bewohner der Grenzregion ist, und welche Rolle das Grenzregime für ihr alltägliches Leben spielt.

1 Die Ursachen – Die ewige Grenzregion und das Gefühl der „otherness“ und der „separateness“

Lviv und die kleine Zwillingsstadt Przemyśl waren lange Zeit zwei wichtige Binnenstädte im polnischen Königreich und behielten diese Rolle auch nach den polnischen Teilungen, als beide zum habsburgischen Königreich Galizien gehörten. Galizien war trotz der Binnenlage immer schon weniger eine physische als eine geistige Grenzregion. In Galizien verlief die Grenze des christlichen Schismas. Ukrainer und Polen siedelten hier seit Jahrhunderten miteinander. Während die Ukrainer die Dörfer dominierten, waren die Städte durch die polnische Elite geprägt. Dies änderte sich auch während der habsburgischen Herrschaft nicht. Galizien war somit religiös und ethnisch-sozial gespalten, wodurch es immer wieder zu Konflikten zwischen den gesellschaftlich dominierenden Polen und den ukrainischen Bauern kam.

Nach dem Ersten Weltkrieges, als 1919 in Lviv die westukrainische Volksrepublik ausgerufen wurde und es ernsthafte Bestrebungen für einen eigenen ukrainischen Staat unter Einschluss Ostgaliziens gab, setzte Marschall Piłsudski die polnische Armee in Marsch, um sowohl Przemyśl als auch Lviv für die neu gegründete polnische Republik zu sichern. Die Intervention bildete den Auftakt für einen bis in die 1950er-Jahre fortdauernden bürgerkriegsähnlichen Kampf zwischen beiden Seiten.

Auf der ukrainischen Seite begann die nationalistische Bewegung OUN[1] für einen eigenständigen ukrainischen Staat zu kämpfen, was von polnischer Seite mit starken Repressionen gegen die Ukrainer beantwortet wurde. Sie erhielten keinen wirklichen Minderheitenschutz, und die ukrainische Sprache verschwand aus dem öffentlichen Leben Ostgaliziens. Przemyśl wurde zu diesem Zeitpunkt der Mittelpunkt des ukrainischen Lebens. Es war Sitz des griechisch-katholischen Bischofs, und es bildete sich eine wichtige städtische ukrainische Elite.

Mit dem Ribbentrop-Molotov-Pakt 1939 und dem deutschen Überfall auf Polen wurde die Region endgültig zerschnitten. Der Fluss San teilte Przemyśl zwischen der Sowjetunion und dem Generalgouvernement. Die gesamte Region wurde zu einem umkämpften Gebiet, in dem ab 1941 nicht nur die Wehrmacht und die Rote Armee um die Vorherrschaft kämpften, sondern auch linke und rechte polnische und ukrainische Partisanenorganisationen, die häufig mehr gegeneinander als gegen die jeweiligen Besatzer kämpften. Als der Zweite Weltkrieg zu Ende ging, wurde die Region erneut geteilt. Die Grenze verlief nun etwa zehn Kilometer östlich von Przemyśl. Aufgrund der andauernden Partisanen-

1 Polnisch: Organizacja Ukraińskich Nacjonalistów, ukrainisch: Організація Українських Націоналістів (Organisation ukrainischer Nationalisten).

kämpfe und der sowjetischen Besitzansprüche auf Ostgalizien kam es zur Aus- und Umsiedlung von großen Teilen der Bevölkerung. Przemyśl wurde durch die Grenze nicht nur von Lviv und seinem Hinterland abgeschnitten, sondern verlor auch einen großen Teil der alteingesessenen Gesellschaft. In der Region erstarben auch freundschaftliche und wirtschaftliche Beziehungen und damit ein wichtiger Teil der regionalen Identität. Przemyśl wurde von einer Stadt im Zentrum eines Staates zu einem peripheren Ort an einer geschlossenen Grenze, die für viele Jahre nahezu unüberwindlich wurde und sich als wichtigste Blockade für die wirtschaftliche und soziale Entwicklung darstellen sollte. Der nächste Schlag gegen die Identität der Stadt und der gesamten Region erfolgte 1947, als die polnischen Regierung mit der „Akcja Wisła" einen großen Teil der verbliebenen Ukrainer aus der Region aussiedelte und überall im Land verteilte, um so den Assimilierungsdruck zu erhöhen. Przemyśl blieb als Ort ohne Identität und kulturelles Erbe, zerschunden und entfremdet von seiner Geschichte im Schatten des undurchdringlichen Grenzbefestigungssystems der Sowjetunion (vgl. Rogowska/Stępień 1997: 26).

Nach Martinez existierte nun eine „alied border region", die er als Ausgangspunkt zur Entwicklung einer regionalen Identität sieht. Es stehen sich zwei Staaten gegenüber, die keinen Kontakt über die Grenze zulassen. Das bedeutet für die Bewohner, dass sie nicht nur isoliert von ihrem auf der anderen Seite liegenden Nachbarland sind, sondern dass die Grenze für sie eine unmittelbare Alltagsmacht hat. Die Grenze hat aufgrund ihrer isolatorischen Wirkung einen direkten Einfluss auf die Bewohner. Besonders an neuen Grenzen erleben selbst nationalistisch orientierte Bewohner das Gefühl des Abgetrenntseins von der Entwicklung im Rest des Landes. Martinez beschreibt dies als Gefühl der „seperateness". Gleichzeitig bildet sich das Bewusstsein der Andersartigkeit des Lebens in der Grenzregion heraus, was Martinez als „otherness" beschreibt. Dieses Bewusstsein kann zu neuen Identifikationsmustern führen, die schlussendlich zu einer Identität als Grenzländer führen können, besonders wenn alte Identitäten auseinanderbrechen (Martinez 1994: 1–5).

Die Zeit der Entfremdung und Isolation dauerte für die Region um Przemyśl bis 1987 an. Noch heute leidet die Region unter der Geschichte. Im sozialistischen Polen wurde hier sehr wenig investiert, größere Betriebe fehlen in Przemyśl, und so ist es nicht verwunderlich, dass bis heute der öffentliche Sektor mit der Stadt- und Kreisverwaltung und dem Grenzschutz der größte Arbeitgeber in der Region ist. Im Vergleich zu anderen Regionen in Ostpolen liegt die Arbeitslosenrate höher und die Investitionsquote niedriger. Kaluski fasst dies folgendermaßen zusammen:

> „The new eastern border created a spatial barrier which became one of many reasons for the economic depression of the borderland. Another reason was the creation of the so called 'border zones' in order to guard the border, which took the areas of two to six kilometres between the border line and the 'border belt', being about thirty kilometres wide. Any industrial activity, tourist base or farm settlement was impossible there. Younger people were the first to emigrate from the country." (Kaluski 2004: 112f.)

Doch das Jahr 1987 brachte mit Glasnost' und Perestrojka nicht nur eine langsame Aufweichung der Grenze, sondern ermöglichte es, sie als Ressource zu nutzen.

2 Die Achtziger – Die Grenze als Ressource – Wie eine Region anfing zu handeln

Mit der Umgestaltung der Sowjetunion öffneten sich auch ihre Grenzen. Auf ersten so genannten „Freundschaftsfahrten" konnten Polen in die damalige Sowjetunion fahren. Bepackt mit Koffern tauschten sie auf den Märkten in Lviv und Kiew Waren ein, die es in Polen kaum oder gar nicht gab. Mit der Zeit entwickelten sich ein reger Kofferhandel und ein starker individueller Handelstourismus, der im ‚grauen' Bereich verlief. Mit der weiteren Öffnung der Grenze und der Abschaffung der Visumpflicht für Ukrainer 1991 ergaben sich für immer breitere Bevölkerungsschichten Möglichkeiten, durch Grenzhandel und Schmuggel ihren Lebensunterhalt zu verbessern und die langsam auftretenden Transformationshärten abzufedern. Das große Forum für den Handel bildeten schnell die großen Basare in Przemyśl und Medyka, auf denen sich der Handel zwischen der Ukraine und Polen konzentrierte. Przemyśl besaß mit Medyka einen der größten Grenzübergänge zum östlichen Nachbarn und den einzigen, der für Fußgänger permanent zu überqueren ist. Die Stadt entwickelte sich aufgrund der hohen Im- und Exportleistung zu einem wichtigen „overland port" Polens, wie es Voznyak beschreibt (Voznyak 2000: 4).

Die Grenze bildete von nun an eine wichtige Wirtschaftsbasis für die Stadt. Die Region profitierte nicht nur durch die Arbeitsplätze beim Grenzschutz und Zoll, sondern mehr und mehr durch die grauen oder illegalen Aktivitäten in Verbindung mit der Grenze. Nach Schätzungen von 2004 fand ca. ein Drittel der Bevölkerung sein Auskommen und eine Aufbesserung des Lebensunterhalts in den Aktivitäten in Verbindung mit der Grenze (Scott/Matzeit 2006: 63f.). Im offiziellen Wirtschaftssektor profitiert insbesondere der Handel von der Nähe zur Grenze. Es haben sich in Przemyśl mehrere Firmen im Bereich Großhandel angesiedelt, die auf Produkte für die Basare spezialisiert sind. Die Bedeutung des

Basarhandels für die Stadt lässt sich bis heute erkennen. Von 34.427 qm Verkaufsfläche in Przemyśl waren 2006 11.278 qm – also ca. ein Drittel – Verkaufsstände, die meist auf den Basaren aufgestellt waren (UStat Rzeszów 2006).

Die Basare bildeten nicht nur einen Umschlagplatz für Waren, sondern entwickelten sich zu Kontaktforen, auf denen Polen und Ukrainer in Dialog treten konnten. In einer Reihe von Interviews, die ich 2005 mit verschiedenen Akteuren in Przemyśl geführt habe, wurde immer wieder darauf hingewiesen, dass viele der grenzüberschreitenden Projekte in der Region ihren Anfang auf den Basaren genommen hatten. Gleichzeitig bildeten die Basare, laut der Industrie- und Handelskammer in Przemyśl, die Keimzelle für kleinere und mittlere Unternehmen, die heute legal Handel mit der Ukraine treiben und Arbeitsplätze im offiziellen Arbeitsmarkt geschaffen haben. In Verbindung mit dem Basarhandel entwickelte sich auch der so genannte „Ameisenhandel“, der oft mit Kleinschmuggel verbunden wird. Die „Ameisen“ (poln. „mrówki“) kauften auf der ukrainischen Seite Zigaretten, Alkohol und Benzin, die in zollfreien Mengen auf die polnische Seite gebracht wurden. In Medyka wurden diese Waren entweder direkt an Endabnehmer verkauft oder an Zwischenhändler weitergegeben. Der Profit für die Grenzgänger war abhängig von der Anzahl an ‚Runden’, die sie am Tag schafften.

Welche Rolle diese Aktivitäten in Wirklichkeit für die Region spielten, kann nur geschätzt werden. Lang zitiert dazu eine Studie des Instituts für Marktwirtschaftsforschung in Gdańsk:

> „Der durch den Basarhandel erzielte Exporterlös polnischerseits Mitte der Neunziger Jahre (belief) sich auf weit über eine Milliarde USD, womit er ganz beachtlich zur Milderung des Handelsbilanzdefizits beitrug (…). Ungeachtet dessen ist der grenznahe bzw. grenzüberschreitende Kleinhandel wirtschaftlich und sozial für die Region beiderseits der polnisch-ukrainischen Grenze von großer Bedeutung.“ (Lang 2004: 33)

3 Die Bedeutung der Basare für die Region

Die Basare haben, wie bereits beschrieben, eine große wirtschaftliche Bedeutung für die Stadt. Nach Schätzungen von 2006 war ca. ein Drittel der Bevölkerung im Basarhandel direkt oder indirekt involviert. In einer Meinungsumfrage gaben sogar um die 80 % der Einwohner Przemyśls an, dass die Basare eine wichtige Bedeutung für Ihren Lebensunterhalt haben (Scott/Matzeit 2006: 67). Die Rolle der Basare geht aber noch weit hierüber hinaus. Getragen vom „Ameisenhandel“ und Schmuggel entwickelten sich die Basare zu einem wichtigen Standortfaktor Przemyśls. Angesprochen wurden bereits die Abfederung von Transformationshärten und die durch den Grenzhandel entstandenen Arbeitsplätze in der offiziellen Wirtschaft. Die Nachfrage in den Basaren sorgte zusätzlich dafür, dass sich auch andere Handelsunternehmen in der Nähe der Basare niederließen. In Medyka steht gleich hinter der Grenzabfertigung ein großer Biedronka-Supermarkt, und auch auf dem Basar in Przemyśl haben sich größere internationale Supermarktketten niedergelassen.

Nicht nur für die wirtschaftliche Entwicklung geben die Basare Impulse, sondern auch für den gesellschaftlichen Bereich. Stanisław Stępien, der Direktor des South-East-Institute in Przemyśl, hob im Interview die Rolle der Basare für die Entwicklung des regionalen Sozialkapitals hervor. Das größte Verdienst, so führte er aus, ist, dass die Basare die Leute aktiviert haben, selbst ihr Schicksal in die Hand zu nehmen. Dadurch sind nicht nur wirtschaftliche Unternehmungen entstanden, sondern es entwickelten sich auch in anderen Bereichen lokale Netzwerke, aus denen grenzübergreifende Initiativen und Projekte hervorgingen. Als wichtigstes Beispiel führte er vor allem das „Festiwal Galicja“ an.

Die Grenzregion folgte damit dem nächsten Schritt, den Martinez in seinem Modell der Entwicklung von Grenzregionen beschreibt. Er definiert ein “interdependent borderland” so:

> “A condition for existence is when a border region in one nation is symbolically linked with the border region of an adjoining country. It’s made possible by stable international relations and by the existence of a favourable economic climate, permitting the borderlanders to stimulate growth and development that are tied to foreign capital, markets and labour.” (Martinez 1994:3)

Das Gefühl der „seperateness” und „otherness” im Sinne von Martinez erlaubt es den „borderlanders”, Gesetzesverstöße wie Schmuggel oder ‚grauen’ Handel als gerechtfertigt hinzunehmen. Sie wissen zwar, dass diese Aktivitäten für den Rest des Landes einen ernsthaften Verstoß darstellen, jedoch in der regionalen Alltagswelt nicht nur ein Bagatelldelikt sind, sondern auch Ausdruck einer eigenen Identität (Martinez 1994: 1–5).

4 Professionalisierung und EU-Beitritt

Die frühen Neunziger waren die Zeit der Grenzöffnung und neuer Freiheiten, die für Przemyśl vor allem zwei Folgen hatten. Auf der einen Seite die Hinwendung der Bewohner zur Grenze. Sie wurde zum ersten Mal nicht als Blockade und Hemmschuh für die Entwicklung der Region gesehen, sondern als Chance. Auf der anderen Seite brachen alte Vorurteile auf, und es traten die Narben der Geschichte im Sinne von Hrbek hervor (Hrbek/Hyard 1994: 45f.). Die Basare entwickelten sich zu vitalen Begegnungsforen, jedoch machte sich die kaum bewältigte Vergangenheit der polnisch-ukrainischen Beziehungen in der Region besonders bemerkbar. Paasi schreibt, dass in vielen Grenzregionen die Grenze an sich eine geringere symbolische Bedeutung für die Grenzlandbewohner hat als für die restliche Nation (Paasi 1999). Kempe geht noch weiter:

> „Kooperationshindernisse und Probleme der Nachbarschaftsbeziehung wirken sich in den Grenzregionen unmittelbar aus. Der Großteil der Hindernisse wird nicht von der Grenzregion selbst verursacht, sondern ergibt sich aus nationalen und europäischen Entscheidungen. Die Zusammenarbeit steht im Spannungsfeld aus Kooperationshindernissen und regionalem Problemlösungsdruck. Ist es nicht gelungen historische Feindbilder aufzuarbeiten, geht die Verständigung von wirtschaftlichen und gesellschaftliche Akteuren aus, bei Überwindung dieser tragen die regionalen politischen Akteure zur Zusammenarbeit bei.“ (Kempe 1999: 50)

In Przemyśl stellte sich die Situation Anfang der Neunzigerjahre jedoch genau anders herum dar. Während für Polen und die Ukraine die offene Grenze ein wichtiger Faktor für die wirtschaftliche und politische Annäherung beider Staaten war, brachen in der Region um Przemyśl alte Wunden wieder auf. Es kam zu Auseinandersetzungen von beiden Seiten um symbolische Inhalte, die insbesondere nationalistischen Kreisen dazu dienten, die ‚große' Politik zu stören. Am bekanntesten wurde die Auseinandersetzung um das Gedenken an die Massaker in Wolhynien und um den Friedhof der „Adler von Lviv" sowie die Besetzung der griechisch-katholischen Kathedrale in Przemyśl.

Der Kampf um die Identität der gesamten Region wurde durch den Zweiten Weltkrieg nicht beendet, sondern nur verschoben. Diese regionalen Konflikte, die eigentlich nicht mehr als eine Randnotiz wert wären, schafften es, die Beziehungen beider Staaten zu beeinträchtigen und sogar die Annäherung der Ukraine an die EU zu gefährden. Die Versuche nationalistischer Kreise, die Grenze mit größerer nationaler Symbolik aufzuladen, stehen jedoch im Widerspruch zu den Interessen der meisten Bewohner der Grenzregion. Es zeigt, dass die Grenze nicht nur von den Grenzhändlern als Ressource gesehen wird, sondern auch von politischen Kreisen, die den Symbolcharakter der Grenze als Zeichen der nationalstaatlichen Souveränität für ihre Ziele nutzen wollen.

Bei den Grenzhändlern und den transnational orientierten Kreisen in der Region gingen mit dem sich nähernden EU-Beitritt Polens neue Befürchtungen um – die Angst vor einer neuen ‚Berliner Mauer'. Kerski, Żurawski und Kisielowska-Lipman fassen dies prägnant zusammen:

> „(…) so war es klar, dass die Schließung der Grenze eine soziale Katastrophe in der Westukraine zur Folge gehabt hätte, und dass die Öffnung der Grenze die wirksamste Form der Unterstützung des Nachbarn war.“ (Kerski 2004: 59)
>
> „Jährlich besuchen ca. 3,2 Mio. ukrainische Bürger Polen im Rahmen der ‚Handelstouristik' (1994). Der statistische Tourist gibt in Polen 460 USD pro Tag aus. Der individuelle Handel ist ein bedeutender und vielleicht der dominante Faktor im Handel Polens mit seinen östlichen Nachbarn. Änderungen in der Grenzpolitik haben unmittelbar Einfluss auf den Basarhandel, sodass restriktive Handhabungen unmittelbar Proteste und Ängste vor Arbeitsplatzverlust in der polnischen Bevölkerung hervorrufen.“ (Żurawski 1999: 145ff.)
>
> „It is estimated, that closing the border to this informal trade as a result of Schengen restrictions could lead to a loss of 60 % of jobs in the bordertowns.” (Kisielowska-Lipman 2002: 118)

Die Angst vor den Auswirkungen der Schengen-Acquis stellten sogar die nationalistischen Horrorvisionen einer verschwindenden Grenze in den Schatten. Die polnische Zentralregierung hatte genau diese Befürchtungen erkannt und führte das von der EU geforderte Visumregime 2003 im allerletzten Moment ein. Jedoch stellte auch die liberale und kostenfreie Visumvergabe einen Rückschritt dar, da im gleichen Moment der kleine Grenzverkehr mit seinen kleinen Grenzübergängen, die gerade für die ländliche Bevölkerung interessant waren, zum Erliegen kam (Kempe 2004: 107ff.). Der Grenzhandel blühte jedoch in Medyka weiter. So hatte die Einführung der Visumpflicht 2003 kaum Auswirkungen auf die Zahl der Grenzübertritte. Sie stieg in Medyka von 5,9 Mio. im Jahre 2005 auf 6,6 Mio. im Jahre 2006 an. Das entsprach einer Steigerung von 11,8 %. Medyka blieb damit der Übergang mit den meisten Übertritten an der polnisch-ukrainischen Grenze (Straż 2007).

Das Grenzregime und die Durchlässigkeit der Grenze blieben im Fokus der Befürchtungen vor Ort, als der Beitritt Polens zum Schengen-Raum immer konkreter wurde. Matwiejczik (1999: 136) erwartete durch die Visumeinführung negative Folgen:

- Der grenzüberschreitende Handel wird eingeschränkt. Das betrifft insbesondere den Basar und die Handelstouristik.
- Es kommt zur Beschränkung der Zusammenarbeit, des Jugendaustausches und kultureller Kontakte, die für eine Verständigung von Nöten sind.
- Es kann das Vertrauen der Ukrainer in ihre westlichen Nachbarn verringern. Dadurch könnten negative Stereotypen verstärkt werden, was einer Politik der Annäherung an Russland in die Hände spielt.
- Es kann das Vertrauen in den ukrainischen Staat und seine Strukturen schwächen, was zu einer Destabilisierung der Ukraine führen kann.

Mit der Einführung des Schengen-Visums 2008 wurde es sehr unruhig in der Grenzregion. Bereits im Vorfeld kam es auf beiden Seiten zu Zollverschärfungen, die besonders die „Ameisenhändler" betrafen. Aktuell liegt die Freimenge bei zwei Schachteln Zigaretten und einem Liter Alkohol. Diese Zollverschärfungen, verbunden mit immer aufwändigeren Visumprozeduren, führten zu einem merklichen Rückgang des Grenzhandels gerade von der ukrainischen Seite. Die Verschärfungen beantworteten die Grenzhändler mit Blockaden und Protesten am Übergang in Medyka. Den vorläufigen Todesstoß für den Kleinhandel und den Basartourismus bildete schließlich die Einführung des kostenpflichtigen Schengen-Visums. Hierbei stellte nicht unbedingt der Preis von 35 EUR oder die vorzuzeigenden Eigenmittel von 500 PLN/Tag eine Herausforderung dar, sondern der Aufwand, um das Visum überhaupt zu erhalten. Das einzige Konsulat, das in der Westukraine Visa ausstellt, befindet sich in Lviv. Neben den Fahrt- und Übernachtungskosten müssen die Antragsteller lange Wartezeiten in Kauf nehmen. Gegenüber der Süddeutschen Zeitung sagte ein Mitarbeiter des Konsulats, dass täglich ca. 1000 Visa ausgestellt werden, was aber nur ein kleiner Bruchteil der täglich eingehenden Anträge ist (Süddeutsche Zeitung 17.01.2008).

5 Die Grenze als Ressource und Standortfaktor für eine Region

Die Durchlässigkeit der Grenze und das Grenzregime haben für die Region eine große Bedeutung. Die Grenzhändler sehen die Grenze als wichtige Ressource zur Sicherung und Mehrung ihres Wohlstandes, dies setzt eine möglichst offene Grenze voraus. Gleichzeitig ist die Grenze für nationalistische Kreise ein wichtiges Symbol der nationalstaatlichen Souveränität, das nicht verschwinden darf und für dessen Verbleib sie sich einsetzen. Neben diesen beiden Positionen stehen die restlichen lokalen Akteure aus Lokalpolitik, Wissenschaft und Wirtschaft. Diese drei Gruppen bilden den größten Teil der regionalen Akteure im ‚Kampf der Diskurse' über die Aufgabe der Grenze. Schaut man in die Regional- und Stadtentwicklungsprogramme, sieht man, dass auch in der Regionalentwicklungspolitik die Grenze eine zentrale Rolle spielt. Sowohl in den Entwicklungsprogrammen als auch in den Interviews, die vor Ort geführt wurden, kam eindeutig heraus, dass bereits die Existenz der Grenze als zentral für die künftige Entwicklung der Stadt gesehen wird. Die Grenznähe ist für die lokalen Akteure ein wichtiger Standortfaktor, der Przemyśl bessere Entwicklungschancen bieten kann als anderen Städten in der Region.

Sobala-Gwosdz charakterisiert Przemyśl als polyfunktionale Stadt mit einem hohen Anteil an Beschäftigten im Dienstleistungs- und Handelssektor. Es nimmt bei der Funktionalität in der Wojewodschaft eine Sonderstellung ein. Sobala-Gwosdz sieht sie als „Gate City“, als „Miasta Wrota“. Charakterisiert wird dies durch einen hohen Anteil des Basar- und Großhandels, der der Stadt auch zwischen 1990 und 2002 eine funktionierende Wirtschaft ermöglichte, die auf den grenzüberschreitenden Handel ausgerichtet war (Sobala-Gwosdz 2005: 85). Diese Funktion kann Przemyśl am besten als ‚Tor zur Ukraine' im touristischen Sinne wahrnehmen bzw. als Investitionshafen für Firmen auf dem Sprung in die Ukraine. Durch die Lage in der Grenzregion soll sich Przemyśl als Ort der Begegnung definieren und beruft sich dabei auf sein multikulturelles Erbe und seinen aktuellen Standort an der Grenze zwischen ‚Ost- und Mitteleuropa'. Die Stadt sieht in dem Entwicklungsprogramm „Strategia Sukcesu Przemyśla" die Leitlinien für die Stadtentwicklung bis 2013. Interessant sind insbesondere die Stärken der Stadt, die in dieser Agenda herausgearbeitet wurden:

- Die Grenznähe und die sich daraus ergebenden Entwicklungschancen
- Der Handel mit der Ukraine und das daraus resultierende Know-how
- Die Anbindung an den transeuropäischen Verkehrskorridor
- Die Erfahrung und die historische Multikulturalität der Stadt
- Die Position als zweitwichtigster Standort für höhere Bildung in der Wojewodschaft bei gleichzeitig guter Entwicklung des Hochschulsektors und einer Zunahme der Studenten
- Touristisches Potenzial durch historische Sehenswürdigkeiten und landschaftliche Attraktivität
- Aktive Kleinunternehmer, besonders im Handel
- Sich verstärkende lokale Verbundenheit im Grenzstreifen zwischen Przemyśl und Lviv bzw. Przemyśl und Ushgorod
- Die niedrigen Arbeitskosten
- Die Möglichkeiten, sich an EU-Programmen zu beteiligen

Die Stadtregierung erkennt in ihrer Entwicklungsstrategie die Bedeutung der Grenzlage und der grenzübergreifenden Zusammenarbeit mit der Ukraine an. Insbesondere dem Kleinhandel, der sich hauptsächlich aus dem Basarhandel ergibt, wird eine wichtige Rolle beigemessen. Daneben gelten der Tourismus und die Bildung als wichtige Entwicklungsmotoren. Genau diese beiden Aspekte werden auch in der Entwicklungsstrategie für die Wojewodschaft als Schwerpunkt gesehen. Dementsprechend formuliert die Stadt die Entwicklungsziele (Urząd Miejski 2006):

Ziele	Zielsetzung	Grenzübergreifende Aspekte
1.	Entwicklung der Zivilgesellschaft durch die Verbesserung der Zusammenarbeit von NGOs und Stadtverwaltung	▪ Schulungen zur EU und EU-Fördermitteln
2.	Entwicklung des Tourismus und Pflege der historischen Ressourcen der Stadt	▪ Eröffnung eines ukrainischen Konsulats in Przemyśl bis 2013 ▪ Schaffung eines grenzübergreifenden Radwanderweges ▪ Eröffnung eines Grenzüberganges in Malhowice ▪ Einrichtung von touristischen Bahnverbindungen nach Lviv, Ushgorod und Presov bis Ende 2013
3.	Unterstützung des Bevölkerungswachstums und Aufbau eines funktionierenden Bildungssystems	▪ Versuch der Förderung durch EU-Mittel ▪ Werbung um ausländische Studenten
4.	Unterstützung der Wirtschaftsentwicklung, Aufbau eines guten Geschäftsklimas in der Stadt	▪ Aufbau eines Logistikzentrums bis 2013 ▪ Anbindung der Stadt an die Autobahn ▪ Ausbau des internationalen Bahnhofes in Przemyśl

Aus dem Strategiepapier kann geschlossen werden, dass die Stadtregierung die Bedeutung der Grenze und der grenzübergreifenden Beziehungen für die Stadt verstanden hat. Gleichzeitig erkennt man, dass auch die Stadtverwaltung, ähnlich wie andere lokale Akteure, die Grenze als Ressource sieht, die nur nutzbar ist, wenn sie durchlässig bleibt. Somit haben in der Region die Grenz- und Basarhändler starke Verbündete, die sich für eine noch weiter geöffnete Grenze einsetzen. Gleichzeitig wird hier jedoch auch das grundsätzliche Dilemma deutlich. Gehen viele Grenzforscher, wie zum Beispiel Martinez, von einer „integrated border region" als Ideal und Endziel aus, würde hier das völlige Verschwinden der Grenze einen Verlust des wichtigsten Entwicklungs- und Standortfaktors bedeuten. Przemyśl und die Westukraine leben von der Grenze und brauchen diese auch für ihre Zukunft; sie soll zwar weniger eine Barriere als einen Filter darstellen, letztlich aber bestehen bleiben. Dennoch ist es das Bestreben großer Kreise in der Region, die Grenze weiter zu öffnen und bestehende Hemmnisse zu minimieren.

Abbildung 1: Die Bedeutung der Basare für Przemyśl

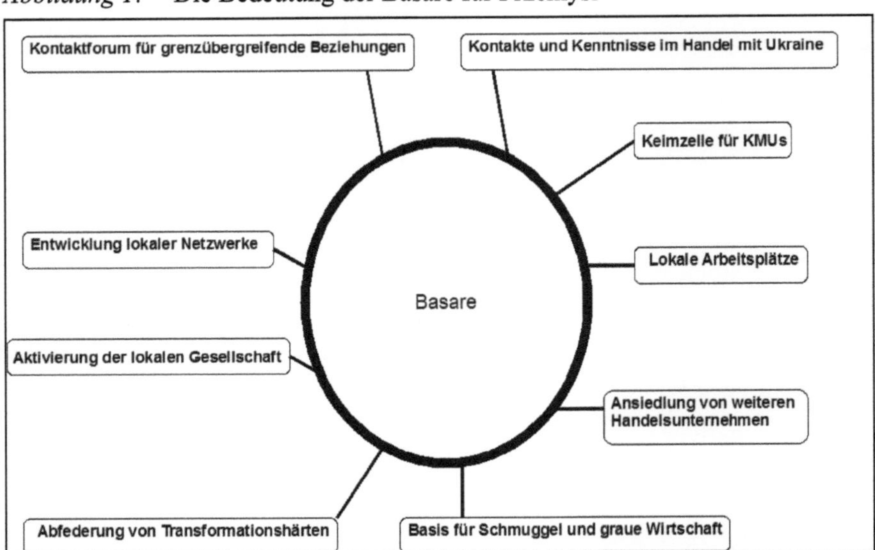

Epilog: Die Rückkehr des „MRG"

Die Proteste, die das Konsulat in Lviv und den Grenzübergang in Medyka wochenlang stillgelegt hatten, zeigten Wirkung. Getragen von lokaler Initiative, begann Polen die Verhandlungen zum „mały ruch graniczny", dem „kleinen Grenzverkehr", wieder aufzunehmen. Die Zahlen waren alarmierend. Laut dem Grenzschutzamt in Przemyśl war die Zahl der Grenzübertritte dramatisch zurückgegangen. Gab es 2007 noch 6,2 Millionen Übertritte in Medyka, waren es 2008 nur noch 5,8 Millionen. Mit über 52 % war der Rückgang im ersten Halbjahr 2009 im Vergleich zum Vorjahreszeitraum noch deutlicher (BIOSG 2009). Dieser Rückgang machte nicht nur der Bevölkerung vor Ort klar, dass die Situation unhaltbar wurde. Die geschlossene Grenze gefährdete nicht nur die Entwicklung in der Grenzregion, sondern auch die Annäherung der Ukraine an die EU, deren größter Anwalt Warschau war. Beide Seiten strebten eine großzügige Regelung mit einem Streifen von 50 Kilometern für den kleinen Grenzverkehr an, der nach einer EU-Intervention auf 30 Kilometer verkleinert wurde. Die Verordnung konnte im Mai 2009 in Kraft treten und bietet nun ca. 800.000 Ukrainern die Möglichkeit, einen Spezialausweis (den so genannten „MRG“) zu erwerben, der es ihnen für 20 EUR zwei Jahre lang erlaubt, die Grenze zu übertreten. Gleichzeitig wurde die Aufstockung des Konsulats in Lviv beschlossen, um eine höhere Zahl von Visa ausstellen zu können. Przemyśl profitiert von der Regelung schon heute: Die Handelskammer bestätigte gegenüber der Gazeta Wyborcza, dass der grenzüberschreitende Handel wieder gut läuft und Polen als Einkaufsziel für die Ukrainer interessanter wird, da hier viele Produkte bis zu 30 % billiger sind als in der Ukraine (Gazeta Wyborcza 19.05.2009).

Aus einer Untersuchung des statistischen Amtes in Rzeszów ging hervor, dass die meisten Grenzgänger sich hauptsächlich in der 30-Kilometer-Zone beiderseits der Grenze bewegen. Die Ukrainer kaufen laut diesen Angaben vo allem hochwertige Produkte wie Baumaterialien (35 %), Fahrzeugteile (15,7 %) und Unterhaltungselektronik (14,7 %), während die Polen in der Ukraine eher die ‚traditionellen' Grenzhandelsprodukte erwerben, v. a. Kraftstoff (52,3 %), aber auch alkoholische Getränke (12,1 %) und Süßwaren (10,2 %) (UStat 2009: 3). Gleichzeitig wird darauf hingewiesen, dass, stimuliert durch Sonderwirtschaftszonen in der Ukraine und durch das vorhandene Know-how im Handel mit der Ukraine, sich in Przemyśl eine Professionalisierung des Grenzhandels ergeben hat. Es werden immer mehr reguläre Firmen gegründet, die die Grenznähe für legalen Handel nutzen.

Die neuesten Zahlen des statistischen Amtes in Rzeszów lassen jedoch erkennen, dass immer noch der kleine Handel vorherrscht. Im 1. Quartal 2009 gaben 89 % der Polen an, dass sie zum Einkaufen die Grenze überqueren, umgekehrt waren es 77,8 %. Gleichzeitig gaben nur 37 % der Polen an, mehrmals wöchentlich auf die andere Seite zu wechseln, während dies 61 % von allen Grenzgängern angaben (UStat 2009: 4–5). Die Zahlen belegen den aktuellen Eindruck. Der Grenzhandel lebt und trägt seinen vitalen Part dazu bei, dass die Region wieder zusammenwächst. Der Handel und in seinem Windschatten der Schmuggel werden auch heute genutzt, um in einer strukturschwachen Region den Lebensunterhalt zu sichern. Die Grenze stellt für die Bewohner die wichtigste Ressource dar. Im Fokus steht vor allem die Durchlässigkeit der Grenze. Selbst in einer Situation wie im Oktober 2009, als die Schweinegrippe sich in der Westukraine ausbreitete, gab es keine einflussreiche Stimme in Polen, die eine Schließung der Grenze verlangte.

Abbildung 2: Die Entwicklung des Grenzhandels und -regimes seit 1986

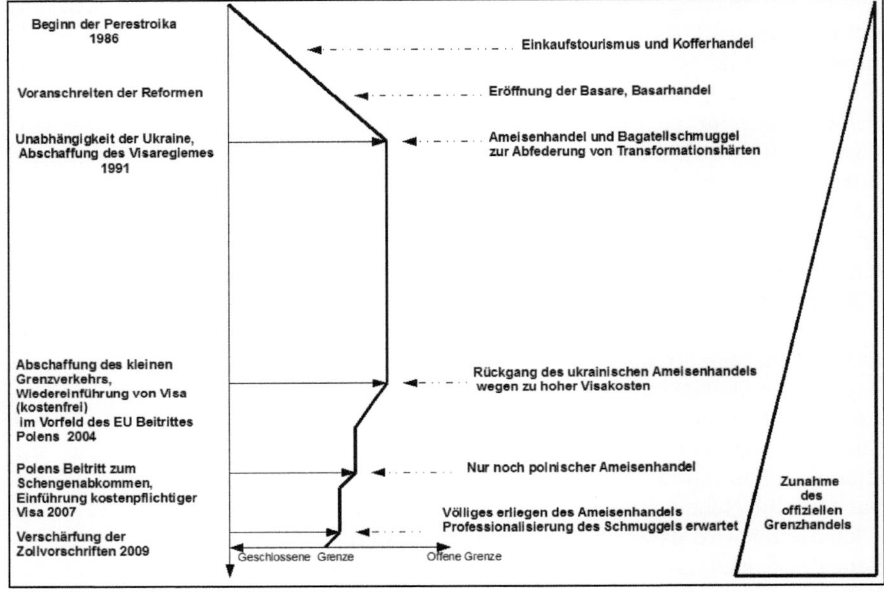

3 Grenzräume in Ostmitteleuropa – Beispiele einer sozioökonomischen Peripherisierung?

Gemeinschaft an der Grenze: Über die Subinstitutionalisierung des lokalen sozialen Raumes

Wojciech Łukowski

1 Gołdap – eine Gemeinschaft an der Grenze

Gołdap ist eine Stadt mit knapp 14.000 Einwohnern. Mit ihrem ländlichen Teil zählt die Gemeinde ca. 20.000 Menschen. Der Landkreis, in dessen Grenzen noch zwei weitere Landgemeinden – Dubieninki (ca. 3.500 Menschen) und Banie Mazurskie (ca. 4.500 Einwohner) liegen, gehört zu den kleinsten in ganz Polen. Auf der kommunalen und „entwicklungspolitischen" Landkarte Polens stellt Gołdap jedoch eine Ausnahme dar, weil es 2006 bei Investitionen pro Kopf unter 235 polnischen Kreisstädten an 19. Stelle lag (Z bliska 2007, Nr. 11–12). Das durchschnittliche Einkommen lag mit 66,7 % unter, die Arbeitslosenrate mit 22 % (Smętowski 2008:87) dagegen nach wie vor deutlich über dem Landesdurchschnitt von 15 %. Allerdings war das Niveau der Arbeitslosigkeit deutlich niedriger als das, was eigentlich seit der politischen Wende ständig zu beobachten war (ca. 40 %). Wegen der Schattenwirtschaft und vor allem wegen des intensiv betriebenen Schmuggels und Handels am Grenzübergang Gołdap-Gusev spiegeln diese Zahlen jedoch keineswegs die tatsächlichen Einnahmen und die faktische Beschäftigung wider.

1.1 Der Grenzübergang als Zentrum des lokalen sozialen Raumes

Die Mikroregion Gołdap ist von den negativen Folgen der Transformation hart getroffen worden. Das neue System wurde ohne Rücksicht auf die sozialen Kosten, die mit dem Wandel einhergingen, umgesetzt, denn man nahm *a priori* an, dass die positiven Folgen die negativen übertreffen würden. Die Reformen, die auf der makrosozialen Ebene entworfen worden waren, hatten jedoch die besondere Lage auf der *mittleren Ebene* nicht aufgegriffen und nicht bedacht, dass die Abwicklung des landwirtschaftlichen Kombinats, das den wichtigsten Arbeitgeber in der gesamten Umgebung darstellte, zu einer tief greifenden Dekomposition der sozialen Struktur führen würde.

Die Schaffung eines der größten polnischen landwirtschaftlichen Kombinate in Gołdap war ein mutiges Experiment und ein Versuch, das Schicksal in der Wirklichkeit des real existierenden Sozialismus herauszufordern. Erinnert sei hier noch daran, dass es bereits früher Experimente in bzw. mit Gołdap gegeben hat. Seine Lage auf der Nachkriegskarte Polens war eine Konsequenz der Auflösung und späteren Aufteilung Ostpreußens zwischen Polen und der Sowjetunion, was beispiellose soziokulturelle Konsequenzen nach sich gezogen hatte. Gołdap, drei km südlich von der polnisch-russischen Grenze gelegen, hätte sich genauso gut auf der russischen Seite der Grenze finden können, wenn wir uns vor Augen führen, wie willkürlich die Entscheidung über die Aufteilung Ostpreußens und die Grenzziehung war.

Über die Anfänge nach dem Krieg wurde in einer Monografie über Gołdap und sein Umland (Kopciał 1995: 112) Folgendes geschrieben:

> „Die Jahre 1945-1946 waren im Landkreis Gołdap eine wahre Pionierzeit mit zahlreichen Schwierigkeiten, Entbehrungen und Gefahren. Besonders die Anfänge erinnerten an die aus anderen Zusammenhängen bekannte Bewirtschaftung von öden, wilden und bedrohlichen Ländern. Plünderer, gierige und unberechenbare Rotarmisten, marodierende deutsche Soldaten, untergetauchte Kriminelle, korrupte Angestellte und Beamte der Miliz und des Sicherheitsdienstes, arme und eingeschüchterte ‚Eingeborene' (Autochthone); eine daniederliegende Stadt, zerstörte Dörfer und Höfe (ohne lebendes Inventar); Mangel an Grundnahrungsmitteln und Trinkwasser (besonders in Gołdap); kein Transport, Verkehr und keine Kommunikation, keine Schulen, kein Heizmaterial usw. Die Lage war sicherlich vergleichbar mit der Situation in vielen anderen Orten in den Wiedergewonnenen Gebieten[1]. Anders war hier dagegen die Grenzlage und die Trennung der in Jahrhunderten gewachsenen räumlichen und infrastrukturellen Bindungen."

Das an der Peripherie gelegene Gołdap ist mit diesem historischen Ballast in die Transformationszeit der 1990er-Jahre geraten. Bis in die 1970er-Jahre gab es kaum erkennbare Anzeichen dafür, dass man sich darüber im Klaren war, was aus dieser Stadt werden sollte. Das änderte sich erst im Jahr 1979, als die bereits bestehenden landwirtschaftlichen Betriebe zum Rominter Landwirtschaftlichen Kombinat (Romincki Kombinat Rolny) vereinigt wurden. Seine Geschichte war relativ kurz, doch hinterließ sie die Illusion, dass ein Leben auf einer ‚utopischen Insel' trotz allem möglich ist, mit einem Arbeitgeber, der zugleich die Rolle eines Ernährers und Beschützers wahrnimmt. Das Kombinat besaß einen besonderen Status. Es entstand nämlich auf der Grundlage eines Vertrages zwischen den

1 Von der kommunistischen Regierung wurden die ehemaligen deutschen Gebiete seit 1945 als „Wiedergewonnene Gebiete" bezeichnet, um damit einen historisch legitimierten Anspruch deutlich zu machen. Im alltäglichen Sprachgebrauch hat sich der Begriff erhalten.

Regierungen Volkspolens und der UdSSR. Es bewirtschaftete mehr als 20.000 ha und beschäftigte ca. 1.500 Menschen. Für den eigenen Bedarf wurden mehr als 100 km Dorfstraßen und mehrere Wohnsiedlungen gebaut: „Diese umfangreichen sozialen Maßnahmen schufen ein riesiges Vermögen (Wohnungen, Schulen, Kindergärten, Arztpraxen, Kultur- und Sporteinrichtungen)" (Kopciał 1995: 139).

Die Transformation der 1990er-Jahre erschien vielen Bewohnern von Gołdap und Umland nicht als Chance, sondern als persönliches Scheitern oder gar als Katastrophe. Entgegen eines weit verbreiteten Mythos, wonach der Wandel über Nacht geschah, wurde er zeitlich gestreckt und durch zahlreiche Maßnahmen in Form von Abfindungen, Beihilfen und Arbeitslosengeld abgefedert. Eine wichtige Rolle spielten die bereits vorher geschaffenen Möglichkeiten zur Selbstversorgung (Schrebergärten, Tierhaltung) und Verbindungen zu Angehörigen in den benachbarten Regionen von Suwałki, Augustów und Białystok, von wo die meisten Bewohner der Mikroregion stammen.

Der relativ ruhige Verlauf der Transformationsprozesse stand in Verbindung mit der mentalen Verfassung der Betroffenen, denn das Leben in der Gemeinschaft der Landarbeiter eines staatlichen landwirtschaftlichen Gutes nahm den Menschen die Fähigkeit zum gemeinsamen Handeln. Die Grenze zwischen dem Gemein- und Privatwohl war verschwunden, der öffentliche Raum und das öffentliche Vermögen wurden nun zu privaten Zwecken eingesetzt. Mit diesen Worten könnte man in etwa, dem ‚wissenschaftlichen Anspruch' genügend, die geläufige Meinung über die PGRs (staatliche landwirtschaftliche Güter) beschreiben, wo der gemeinsame Besitz nicht ganz ernst genommen wurde und es geradezu sprichwörtlich war, mit welcher Leichtigkeit man nach ihm greifen und für eigene Zwecke einsetzen konnte. Viel seltener ist allerdings darauf hingewiesen worden, dass die staatlichen Güter an vielen Standorten relativ gut gewirtschaftet hatten, Gewinne ausschütteten und die in ihnen geltenden Normen wenig mit stereotypen Vorstellungen zu tun hatten. Nichtsdestotrotz sind die Mitarbeiter der PGRs und ihre Angehörigen mit dem Stigma der Minderwertigkeit in die Wendezeit der 1990er-Jahre gegangen. Sie wurden verschmäht und verspottet, obwohl die soziale Welt des Agrarkombinats eine bedeutende, wenn nicht gar die wichtigste ‚Errungenschaft' der Vergangenheit bildete.

In diesem sozial, mental und kulturell schwierigen Umfeld wurde das visionäre Rezept für eine neue Entwicklung vorgelegt. Es handelte sich um die Schaffung eines polnisch-russischen Grenzüberganges, einer Sonderwirtschaftszone, um die Anerkennung als Kurort und den Bau eines Wintersportressorts. Kaum eine andere masurische oder polnische Stadt, hatte ein ähnlich ehrgeiziges Programm vorgelegt. Dabei setzte man nicht so sehr auf den Einsatz von vorhandenen, sondern vielmehr auf die Schaffung von neuen Ressourcen. Den Grenzübergang Gołdap gab es in keiner Studie über die raumpolitische Entwicklung Polens. Seine Umsetzung erforderte einen großen Aufwand, den Rückgriff auf vorhandene und die Schaffung von neuen Netzwerken sowie die Einbindung zahlreicher Verbündeter.

Ist eine Suche nach Gemeinsamkeiten zwischen den ‚Experimenten' aus der Zeit vor 1990 und den Entwicklungsvisionen in Zeiten eines demokratischen Umbaus legitim? Es wäre mit Sicherheit falsch, wollte man hier einen Kausalzusammenhang finden, doch frappierend ist schon eine gewisse Ähnlichkeit bei der Wahrnehmung der sozialen Wirklichkeit und der Möglichkeiten ihrer Gestaltung. Denn so wie das Rominter Landwirtschaftliche Kombinat (zwar auf der Grundlage eines polnisch-sowjetischen Abkommens gegründet, wodurch jedoch noch keine reibungslose Zusammenarbeit mit den Nachbarn aus dem Kaliningrader Gebiet gegeben war), das quasi als Schwungrad die Entwicklung von Gołdap in der harten Wirklichkeit des real existierenden Sozialismus ankurbeln sollte, sollte nun der Grenzübergang in der Peripherie im nun demokratischen Polen funktionieren. An vielen anderen Orten der Welt sind Grenzübergänge Motoren der Entwicklung. Nicht anders sollte es auch in Gołdap werden, zumal es hier um keinen *gewöhnlichen* Übergang ging, sondern um einen, der zwei Zivilisationen verbindet und eine über Jahrzehnte geschlossene Grenze öffnen sollte. Die Idee war zwar lokalen Ursprungs, aber ihre Umsetzung sollte weit reichende internationale Konsequenzen haben und die polnisch-russischen Beziehungen auf allen möglichen Ebenen fördern. Die Entwicklung verlief jedoch anders. Auch nach 13 Jahren ist der Grenzübergang Gołdap-Gusev immer noch nur von lokaler Bedeutung – abgefertigt werden hier nahezu ausschließlich Kleinhändler und Schmuggler.

Der Grenzübergang sollte für Gołdap zur Schlüsselressource werden. Er ist jedoch, als öffentliches Gut, weitestgehend von Schmugglern und Kleinhändlern ‚privatisiert' worden. Sie werden hier von Beamten abgefertigt, streichen Gewinne ein und bringen den Staat um seine Einnahmen, da hauptsächlich verbrauchssteuerpflichtige Waren geschmuggelt werden. Der Grenzübergang ist für die lokale Gemeinschaft von Gołdap eine Ressource, doch nicht im Sinne der ‚Erfinder', die sich um den Übergang herum Hoffnungen auf Gewerbeansiedlungen und einen regen Austausch machten und zwar nicht nur wirtschaftlicher, sondern auch sozialer, kultureller und emotionaler Natur. Er ist jedoch zur Ressource im negativen Sinne geworden. Hier wird nämlich ein öffentliches Gut von einzelnen Akteuren in ihrem eigenen Sinne in Anspruch genommen. Die Menschen haben hier einer Institution einen völlig anderen Sinn verliehen als der, für den sie geschaffen wurde. Nahezu alle Grenzgänger (Kleinhändler, Schmuggler) verletzen das geltende Recht, denn der Sinn des Grenzüberganges liegt nun im Mitführen von Waren, deren Mengen über den zulässigen Normen liegen. Reisen, die anders motiviert wären oder das Mitführen erlaubter Warenmengen würden keine bzw. nur geringe Gewinne ermöglichen.

Zollbeamte und Grenzpolizisten haben die Aufgabe, dieses Treiben nicht in kriminelle Ausmaße ausufern zu lassen. In gewissem Sinne spielen die Kontrollen den Schmugglern sogar in die Hände, denn dadurch müssen sie ihr Risiko kalkulieren. Darüber hinaus werden die Schmuggler durch die strengen Kontrollen gezwungen, mehrmals über die Grenze zu gehen, was den Anschein erweckt, sie würden einer regulären ‚Arbeit' nachgehen. Aus diesem Grunde behaupten sie auch, *ihre Beschäftigung sei wie jede andere, wenn nicht gar schwieriger.* Die Arbeitszeit sei auch nicht geregelt, die Erträge unsicher, die Arbeitsbedingungen hart, insbesondere in den Wintermonaten.

Die beiden Ideengeber, die hinter dem Grenzübergang stehen, Marek Miros, Bürgermeister seit der ersten freien Kommunalwahl und sein langjähriger Stellvertreter Jarosław Słoma, ließen sich in ihrem Handeln vom Wohl der lokalen Gemeinschaft leiten. In einer soziologischen Betrachtung beschränken wir uns jedoch nicht nur auf die Analyse der zu erwartenden, sondern untersuchen auch die nicht geplanten Konsequenzen und versuchen Mechanismen zu beleuchten, die sich hinter ihnen verbergen (Giddens 2003, Babbie 2007, Boudon 2008).

Bildet die Erfahrung von Gołdap eine Ausnahme? Im Grunde schon, denn es gibt wohl keinen zweiten Grenzübergang in Polen, der auf eine lokale Initiative zurückgeht, und bei dem als Kontrahenten die zu Beginn widerwilligen Verantwortlichen in Warschau und Moskau auftraten. Es gibt auch kaum eine zweite Stadt, in der *fast aus dem Nichts,* nämlich aus einer nahezu hoffnungslosen Grenzlage, Ressourcen geschaffen wurden. Auf der anderen Seite sollte man auch der Frage nachgehen, ob sich die Erfahrungen von Gołdap trotz allem in die Institutionalisierung des gesamten polnischen Raumes nach 1990 einbringen, in dem lokale, regionale und auf Gruppen bezogene Regeln so ‚separat' wirken, dass man sich schließlich in relativ getrennten institutionalisierten Subwelten bewegt.

Diese Verschiedenheit folgt aus dem Unterschied zwischen einem formellen institutionellen Status des jeweiligen Raumes und den tatsächlich geltenden Regeln, die dann letztendlich das Leben dieses Raumes bestimmen. Bekanntlich gibt es immer einen Unterschied zwischen der formellen und informellen Struktur oder den formellen und informellen Regeln. Hier beobachten wir jedoch ein nahezu vollständiges Auseinanderdriften dessen, was formell und informell ist. Ein Grenzübergang wird als eine Art Schleuse wahrgenommen und institutionalisiert, die den Menschen- und Warenstrom zwischen zwei (manchmal sehr ähnlichen) Staaten regelt. Dabei möchte ich zwischen zwei Grundfunktionen der Grenze unterscheiden: einer ‚positiven' und einer ‚negativen'. Die erste bedeutet einen freien Personen- und Warenverkehr in geregelten Rahmen. In seiner zweiten Funktion soll ein Grenzübergang die sozialen, wirtschaftlichen, kulturellen oder psychischen Kosten des Personen- und Warenverkehrs eindämmen bzw. gänzlich unterbinden. Durch die ‚positive' Rolle entsteht ein sozialer, mit diversen Verbindungen gefüllter Grenzraum. Darüber hinaus entstehen und wachsen Kontakte mit benachbarten und – beim Transitverkehr – auch weiter entfernten Ländern. Durch die ‚negative' Funktion wird nicht nur das Gebiet des eigenen Landes, sondern indirekt auch das Gebiet des Herkunftslandes geschützt, aus dem unerwünschte Personen oder Güter kommen können. Begrenzt bzw. ganz unterbunden wird nämlich die ‚Nachfrage' nach solchen Personen (ihrem Tun und Benehmen) bzw. der Bedarf an gefährlichen und schädlichen Substanzen und Waren (Drogen, Zigaretten, Alkohol), die darüber hinaus Steuerausfälle verursachen. Geschützt werden somit die wirtschaftlichen Interessen des jeweiligen Landes, denn die auf steuerpflichtige Waren erhobenen Steuern sollten dem Staatshaushalt zugute kommen.

Wie werden diese beiden Funktionen am Grenzübergang Gołdap-Gusev wahrgenommen? Die ‚positive' Funktion wird nur im geringen Maße erfüllt. Grund dafür sind die gravierenden Preisunterschiede zwischen Polen und der Russischen Föderation bei verbrauchssteuerpflichtigen Waren, die als Hauptmotiv hinter dem Grenzverkehr stehen, ferner die niedrige Effizienz der Grenzkontrollen und schließlich die auf der russischen Seite geltenden Regeln, die geradezu zum Schmuggel animieren. Die auf der russischen Seite – im Prinzip offiziell – erhobenen Schmiergelder (informelle Gebühren) haben zur Folge, dass sich das Mitführen von erlaubten Warenmengen nicht rechnet. Die Menschen sehen sich also genötigt, häufiger über die Grenze zu gehen, damit sich diese Beschäftigung überhaupt lohnt. Somit könnte man sagen, dass der Schmuggelmechanismus auf der russischen Seite legitimiert wird. Die polnischen Zollkontrollen finden nur punktuell statt. Andernfalls würde es zur erheblichen Verlängerung der Wartezeiten, Beschlagnahme der überschüssigen Warenmengen und Strafverfahren gegen nahezu alle Grenzgänger kommen. Der Übergang würde damit in der jetzigen Form seinen Sinn verlieren, denn die wirtschaftlich begründeten Motive für die Reise wären nicht mehr da.

Angesichts dieser faktischen Institutionalisierung des Grenzüberganges wäre zu fragen, worin sich seine ‚positiven' und ‚negativen' Funktionen offenbaren. Welche Konsequenzen hat das für die gesamte lokale Gemeinschaft und die im lokalen Raum eingebetteten Akteure? Um darauf antworten zu können, scheint es notwendig, jenen interpretatorischen Rahmen zu verlassen, den man im Falle eines ‚normalen' Grenzüberganges einsetzen würde. Ich möchte vorschlagen, den Grenzübergang als eine staatlich-private Partnerschaft zu betrachten, bei der die Zoll- und Polizeibeamten auf beiden Seiten der Grenze fest beschäftigt werden, und die Mitarbeiter aus „freiberuflichen“ Kleinhändlern und Schmugglern bestehen. Erst ihr Wirken begründet das ganze Unterfangen wirtschaftlich. Der Übergang unterhält nicht nur seine Stammbelegschaft, sondern auch Lieferanten (auf der russischen Seite) und Abnehmer (in Polen). Die Einnahmen ‚der Beschäftigten' stärken die innere Nachfrage auf lokalen Märkten in Polen und Russland und stocken die Kaufkraft der Bevölkerung auf. Gewisse Vorteile erzielen auch lokale Kommunalpolitiker, die bei der Kommunalwahl auf die Unterstützung jener hoffen, deren Dasein vom Handel und Schmuggel abhängig ist.

Das langjährige Funktionieren als informelles Unternehmen, unter dem Vorwand eines ‚normalen' Grenzüberganges, hat zu einer Subinstitutionalisierung des lokalen sozialen Raumes geführt. Unter diesem Begriff verstehe ich ein Phänomen, in dem die Dynamik eines sozialen Raumes, selbst bei Wahrung des Scheins einer formellen Institutionalisierung, die sich maßgeblich in formell-rechtlichen Normen widerspiegelt, von völlig anderen Regeln bestimmt wird. Die Häufung der Verletzungen oder gar die Aufhebung der formell-rechtlichen Rahmen führt zu einer Subinstitutionalisierung, die wie eine Falle funktioniert. Damit wirtschaftliche, soziale, kulturelle und symbolische Erlöse erzielt werden können, muss man sich im Rahmen von gefestigten Regeln einer staatlich-privaten Partnerschaft bewegen. Deutlich wird es am Grenzübergang. Ein Reisender, der allein zu touristischen Zwecken unterwegs ist, wird wie ein Ankömmling aus einer fremden Welt betrachtet, als Störfaktor, der die geltenden Regeln weder kennt noch versteht. Derjenige dagegen, der diese Regeln kennt und befolgt, hat Aussichten auf Erfolg: Durch die Menge an unerlaubten Waren steigt sowohl sein ökonomischer Gewinn als auch sein Prestige.

Die Subinstitutionalisierung besitzt keinen totalen Charakter und kann ohne die formell-rechtlich sanktionierte und dominante Institutionalisierung nicht existieren. Es ist wie mit Subkulturen, die ohne Bezug auf die dominante Kultur keine Daseinsberechtigung hätten. Die Subinstitutionalisierung fördert und festigt einen in Segmente zerfallenden sozialen Raum und einen inklusiven Rückgriff auf vorhandene Ressourcen. Auf diese Weise bilden die an der Grenze beschäftigten Menschen ein getrenntes Segment des sozialen Raumes. Der Rückgriff auf ein bestimmtes Segment setzt die Kenntnis, Akzeptanz und Beherrschung von spezifischen Regeln voraus, die nur hier ihre Gültigkeit besitzen und im Prinzip in anderen Segmenten unbrauchbar sind. So gilt z. B. nur hier ein bestimmtes Schmiergeldsystem, nur hier sollte man stets die Verbindungen zwischen der russischen Miliz und der Mafia bedenken, nur hier muss man wissen, wie Zigaretten unter der Oberbekleidung und an intimen Körperpartien versteckt werden können, wie man mit polnischen Zöllnern umgeht und wie das Risiko zu kalkulieren ist. Das Vorgehen nach diesen Regeln festigt die Einsicht, dass der Erfolg vom Umgehen der offiziell geltenden Vorschriften abhängig ist. Es kann auch der Überzeugung Vorschub leisten, dass eben die an der Grenze herrschenden Regeln die einzig gültigen wären, und dass es sonst keine weiteren gäbe.

Die hier geschilderten Phänomene sollte man vielleicht auf einen der Grundbegriffe der Soziologie übertragen, die „Anomie", die als Verlust der normativen Ordnung einer normativen Sicherheit gegenübergestellt wird (Durkheim 1999, Merton 1982, Szafraniec 2006). Von Szafraniec wird Anomie als Folge endemischer Spannungen zwischen der sozialen Struktur und Kultur beschrieben, als besonderes und gleichzeitig naturgegebenes Ergebnis der gesellschaftlichen Entwicklung, was zu Chaos, Instabilität und Desorganisation führt. Anomie kann durch nahezu jeden gesellschaftlichen Wandel verstärkt werden, der früher festgelegte Definitionen, gefestigte Lebensnormen und Symbole infrage stellt.

In sozialer Dimension führt Anomie, wenn man hinsichtlich geltender Normen und sinnvollen Handelns verunsichert ist, zu Chaos und Entropie. Die Gesellschaft ist keine Gesellschaft *sui generis* mehr, sie wird zum Aggregat von Individuen bzw. kleinen gesellschaftlichen Gruppen, die sich allein um die eigenen Interessen und um das eigene Überleben kümmern. Passivität, Verbitterung, Lethargie, *amoralischer Familismus* bzw. Handeln nach dem Motto *rette sich, wer kann* sind die spektakulärsten Konsequenzen (Szafraniec 2006). Von Anomie betroffene Menschen empfinden kognitives Chaos, Werteverlust, moralische Leere, soziale Isolation und Hilflosigkeit. Aus dieser Perspektive gesehen kann jedoch die im Widerspruch zu formellen Regeln stehende Funktionsweise des Grenzübergangs und das Handeln der dort operierenden Akteure kaum als Ausdruck der Anomie betrachtet werden. Vielmehr müsste man von der Kohärenz und Transparenz der dort geltenden Normen, von klaren Erfolgsrezepten, von Kalkulation und planmäßigem Handeln sprechen.

Aber eben darauf begründet sich auch der soziale Sinn der Subinstitutionalisierung, dass sie zu einem kohärenten, axiologischen Unterbau verhilft. Sie schafft zwar keinen festen Unterbau, häufig einen nur auf Situationen bezogenen, aber immerhin einen Ersatz für ein Leben in einer ‚normalen' Welt. Sie belegt individuelle und kollektive Intelligenz angesichts der Gefährdung existenzieller Grundbedürfnisse. Der soziale Sinn des Lebens im sozialen Raum, der subinstitutionalisiert wurde, beruht darauf, dass wir auf dem einen Pol jene finden, die nach offiziell gültigen Regeln zu handeln versuchen (hier Menschen, die Waren in zulässigen Mengen mitführen), und auf dem anderen diejenigen, die am organisierten Schmuggelunwesen teilnehmen. Die Vergesellschaftung und ‚Aneignung' des Schmuggels erfolgt mit Hilfe der Kleinhändler, der „Ameisen", die mit ihrem Treiben dem Grenzübergang in seiner jetzigen Form Sinn verleihen.

Die Art und Weise, in der der Grenzübergang heute in Anspruch genommen wird, ist zweifelsohne innovativ im Sinne Robert Mertons (1982). Menschen, die in das Geschäft einsteigen, bilden sich ein, dass sie nun unter Missachtung staatlicher Regelungen und im Eiltempo ihre attraktiven Ziele umsetzen können und der Grenzübergang die dazu nötigen Mittel zur Verfügung stellen wird. Es stellt sich jedoch rasch heraus, dass die Arbeit an der Grenze sehr mühsam und zeitaufwändig ist. Man darf behaupten, dass mit der wachsenden Zahl der Beteiligten der innovative Charakter dieser Beschäftigung im Merton`schen Sinne zurückgeht. Hier erfolgt eine Subinstitutionalisierung, die auf der allgemein geteilten Überzeugung beruht, dass konformistisches Handeln dominiert und alle nach allgemein akzeptierten Normen agieren, auch wenn diese zu den formell gültigen im Widerspruch stehen.

Der grenznahe Handel verliert jedoch allmählich an Attraktivität. Hauptgrund dafür sind die EU-Gesetzgebung (vor allem die Aufnahme Polens in den Schengen-Raum), genauere Kontrollen und höhere Visumgebühren. Daneben gibt es auch andere verlockende Verdienstmöglichkeiten (Arbeitsmigrationen, steigende Löhne und Gehälter im formellen Sektor). Es stellt sich aber die Frage, ob sich die Gewohnheiten der Schmuggler und Kleinhändler auf das Leben der lokalen Gemeinschaft wesentlich auswirken können? Werden sie nicht die Neigung stärken, die geltenden Regeln auszuhebeln und den Erfolg auf eigene Faust erzielen zu wollen, den Glauben stärken, dass institutionelle Normen geradezu da sind, gewohnheitsmäßig missachtet zu werden, denn, wenn man schon keinen Erfolg im alltäglichen Leben haben kann, dann zumindest eine begrenzte Genugtuung. Wird man die Begründung für das eigene Handeln nicht in externen Faktoren suchen: im spezifischen Charakter der Region, in ihrer peripheren Lage, im Kampf gegen die Armut, im historischen Ballast? Eine eindeutige Antwort auf diese Fragen fällt schwer, doch sie beschreiben zutreffend die Dilemmata, vor denen die lokale Gemeinschaft von Gołdap steht.

In direkter Nähe zum polnisch-russischen Grenzübergang Gołdap-Gusev liegt die Sonderwirtschaftszone. Angesiedelt haben sich hier fast ausschließlich Firmen, die schon früher in Gołdap und Umgebung aktiv waren. Hauptmotiv für die Ansiedlung in der Sonderwirtschaftszone sind die niedrigeren Betriebskosten. Wir haben es hier mit einer auch in symbolischer Hinsicht überraschenden Situation zu tun, in der neben einem Grenzübergang, der ein bedeutender Arbeitgeber ist, Firmen existieren, die zwar im formellen Sektor, aber nach besonderen Regelungen agieren, Mitarbeiter beschäftigen, Steuern abführen und auf in- und ausländischen Märkten mit anderen Unternehmen konkurrieren. Die ‚Beschäftigung' an der Grenze geht in den letzten Jahren zurück, die Zahl der Arbeitskräfte in der Wirtschaftszone steigt dagegen kontinuierlich. Seit 2005 ist die Zahl der dort geschaffenen Arbeitsplätze um 300 % gestiegen, wobei der größte Anstieg im Jahr 2007 erfolgte. Die Unternehmer beklagten, dass sie nicht expandieren können, weil sie Probleme mit der Gewinnung von Arbeitskräften hätten. Das kann einerseits an einem Standort, der von einer hohen strukturellen Arbeitslosigkeit betroffen ist, verwundern, andererseits lässt sich das auch leicht erklären, wenn man sich das Treiben an der Grenze, die Arbeitsmigrationen und die informelle Beschäftigung, z. B. bei Waldarbeiten, vor Augen führt.

In Gołdap beobachten wir die wichtigste Eigenschaft des gesamten polnischen Reformprozesses. Anna Giza, Mirosława Marody und Andrzej Rychard (2000) haben bereits früher darauf aufmerksam gemacht, als sie vom ‚Spiel mit dem System' sprachen. Sie beobachteten, dass die institutionellen Regeln von Menschen umgewandelt werden, hier und da sogar so weit, dass man darin keinen formellen Inhalt mehr erkennen kann. Es wird manchmal vermutet, dass die Prozesse, die wir hier als Subinstitutionalisierung bezeichnen, eine Sackgasse des Reformprozesses darstellen. Die Situation scheint jedoch gar nicht so eindeutig zu sein. Die beim Handel an der Grenze erwirtschafteten Mittel wurden in vielen Fällen reinvestiert – in formelle gewerbliche Tätigkeit, in die Ausbildung eigener Kinder, Verbesserung des Lebensstandards (Bau von Wohnungen und Häusern, Renovierungen). Zahlreiche Menschen sind jedoch dem Handel an der Grenze völlig verfallen. Sie sind mental und nicht selten auch physiologisch in eine Sackgasse der Abhängigkeit von der Grenze, von Zigaretten oder Alkohol geraten. Wir wissen nicht, ob weniger geraucht oder getrunken würde, wenn die Konsumenten gezwungen wären, Zigaretten und Alkohol zu höheren Preisen im offiziellen Verkehr zu kaufen, sie dafür aber dem Staatshaushalt die Verbrauchssteuer zukommen ließen.

Mit Sicherheit haben viele Menschen in Gołdap die schwierige Zeit der Transformation überstanden, was auch mit Unterstützung ihrer führenden politischen Verantwortlichen geschehen ist. Dürfen wir hier aber tatsächlich nur vom Überstehen von schwierigen Zeiten sprechen? Die Menschen von Gołdap haben angesichts einer schwachen Unterstützung seitens formeller staatlicher Einrichtungen – mag es auch zu hoch gegriffen klingen – ihr Schicksal in die eigenen Hände genommen, Risikobereitschaft und innovatives Handeln gezeigt sowie neue Möglichkeiten erschlossen und wahrgenommen.

2 Die Erfahrungen von Gołdap, oder wie sich eine lokale Gesellschaft symbolisch konstruiert

Bei Überlegungen über lokale Gemeinschaften wird häufig eine externe axiologische Perspektive angenommen, wonach es positive Muster von lokalen Gemeinschaften und Ressourcen gibt, die übernommen werden sollten, wenn sich eine lokale Gemeinschaft positiv entfalten will. Diese Perspektive greift jedoch nur im begrenzten oder gar unzureichenden Maße die Diagnose der jeweiligen Gemeinschaft und die tatsächlich verfügbaren Ressourcen auf. Eine wesentliche

Rolle spielen dabei sowohl Ressourcen, die realisiert und reflektiert, als auch solche, die reflexartig und häufig unbewusst eingesetzt werden. Es kommt auch vor, dass auf der Bewusstseinsebene der Einsatz der jeweiligen Ressource auf eine bestimmte Weise geplant wurde, um dann von lokalen Akteuren auf ihre eigene Weise aufgegriffen oder, was ebenfalls vorkommen kann, gar nicht erst kapitalisiert zu werden. Vertiefte Feldforschungen legen eher diese Perspektive bei Überlegungen über lokale Ressourcen nahe, was nicht heißt, dass externe Beurteilungskriterien bei der Analyse des gemeinschaftsinternen Geschehens gänzlich ausgeschlossen werden sollten. Warum entscheidet dann, quasi als letzte Instanz, der symbolische Status einer Gemeinschaft darüber, ob sie attraktiv oder nicht attraktiv ist? Weil er eine Funktion der ökonomischen (Lebensstandard der Einwohner), gesellschaftlichen (Charakter sozialer Bindungen, Integration) und kulturellen (Ausbildung, Lebensbilder, mentale Eigenschaften) Verfassung ist. In diesem Status können positive bzw. als negativ eingestufte Eigenschaften überwiegen. Wir können auch einem ambivalenten Status begegnen, wo negative Eigenschaften mit den positiven einhergehen. Es kommt auch vor, dass eine bzw. mehrere negative (stigmatisierende) Eigenschaften die positiven überlagern.

Der symbolische Status wird auf zwei verschiedene, einander ergänzende Weisen bestimmt. Einmal wird er durch den Vergleich mit anderen Gemeinschaften, Gruppen, Milieus oder mit dem vergangenen Zustand („früher war alles besser/schlechter") bestimmt. Nach der zweiten Methode wird auf die besonderen und einmaligen Eigenschaften des jeweiligen Ortes verwiesen. Hier wird der Status durch Schaffung und Pflege der symbolischen Eigenart, Andersartigkeit und Anziehungskraft gestaltet. Dieser Status wird intersubjektiv bestimmt. Herangezogen werden objektive Kennzahlen wie durchschnittliches Einkommen, Verkehr, Bildungsangebote, aber auch alltägliche subjektive Vergleiche. Beide Dimensionen beeinflussen einander, verstärken bzw. schwächen ihre Bedeutung.

Die „symbolische Vollendung"[2] einer lokalen Gemeinschaft bildet einen Zustand, in dem sie das Gefühl der Andersartigkeit ausgeprägt, Wissen über sich selbst gesammelt und emotionale Energien auf einem bestimmten Niveau entfaltet hat (Colinns 2005).[3] Es ist somit sowohl ein positiver als auch negativer Zu-

---

2 Gemeint ist ein Prozess der Schließung, der nicht beendet ist und auch nie endet, immer etwas Offenes hat. Man versucht zu schließen, aber der Raum wird nie völlig abgeschlossen. Im polnischen Original „domknięcie".

3 Hier lohnt es sich Randall Colinns (2005: 121) mit seiner sehr inspirierenden Wahrnehmung der emotionalen Energie heranzuziehen. Die lang anhaltende emotionale Energie ist ein Ergebnis von Interaktionen, die auf mehreren Ebenen verlaufen: von der höchsten, auf der Enthusiasmus, Selbstsicherheit, aktives Handeln und Stolz wegen der vorhandenen Macht bzw. Position überwiegen, bis zur niedrigsten mit Depression und Scham. Vertrauen kann man an einem Ende des Kontinuums zuordnen, an dem sich hohe emotionale Energie und Initiativen zur Schaffung von bestimmten sozialen Situationen konzentrieren. Mangel an Vertrauen schließt dagegen das Kontinuum als Angst ab, die in

stand. Der erste Fall spielt sich auf der Attraktivitäts-, der zweite auf der Stigmatisierungsskala, im Gefühl der Ausgrenzung und Marginalisierung, ab. Die Vollendung einer lokalen Gemeinschaft schafft eine symbolische Kohärenz. Die vorgenommenen Vergleiche platzieren die jeweilige Gemeinschaft vor dem Hintergrund eines größeren sozialen Raumes (z. B. einer Region) und/oder beziehen sie auf andere Räume. Diese schließen die jeweilige Gemeinschaft zwar noch nicht ab, bestimmen jedoch, ob man dort besser oder schlechter als woanders leben kann, und wo es vermeintlich bessere oder schlechtere Chancen gibt. Die symbolische Vollendung folgt auf die Ausprägung eines spezifischen Charakters einer Gemeinschaft, auf die Anhäufung von Assoziationen und auf eine bestimmte emotionale Energie. Diese spielt sich auf der Ebene von reflexiven Handlungen ab, teilweise auch als Ergebnis von Marketingmaßnahmen. Allerdings hat ein Großteil dieser Aktivitäten, die sich in der Routine des Alltäglichen offenbaren, Gewohnheitscharakter. Durch die emotionale Energie wird der symbolische Status erreicht, erhalten und verändert. Da es im lokalen sozialen Raum mehrere Akteure gibt, die verschiedene und häufig auch sehr unterschiedliche Gruppen bilden, sollte man der Frage nachgehen, ob sich der kreierte ,offizielle' Status einer lokalen Gemeinschaft mit dem symbolischen Status jener sozialen Gruppen deckt, aus denen sie besteht. Wird der jeweilige Status in den einzelnen Gruppen nach ähnlichen oder verschiedenen Mustern aufgebaut, und welche Muster dominieren?

Den Prozess der symbolischen Vollendung sollte man in einer längeren historischen Perspektive betrachten und den Kontext der Bemühungen um eine symbolische Kohäsion stets vor Augen behalten. Dabei gilt es die Worte von Barbara Lewenstein (2006) zu bedenken, dass man Inhalte, die einen symbolischen Raum ausmachen, nicht ausschließlich einem administrativ begrenzten Territorium zuordnen dürfe oder müsse. Sie können auch aus weit entfernten Quellen stammen. Wichtig sei dagegen, wie und warum sie den Raum der jeweiligen Region ausfüllen. Warum werden sie von lokalen Akteuren als wichtig, ja als unverzichtbar empfunden? Im Folgenden möchte ich schildern, wie die symbolische Geschichte, also die im Bewusstsein der Schlüsselakteure vorhandene, konstruiert wird.

Eine wesentliche – obwohl nicht immer bewusst wahrgenommen – Herausforderung für Menschen in lokalen Gemeinschaften in Masuren (wie auch in den westlichen und nördlichen Gebieten Polens) bilden Versuche, eine historische Kontinuität im eigenen Raum herzustellen. Man könnte dagegenhalten, dass es eine Kontinuität entweder gibt oder nicht gibt, und dass sie nicht ,geschaffen' werden kann. Diese Versuche stehen in Verbindung mit dem psychologisch und

bestimmten Situationen empfunden wird. Mangel an Vertrauen oder Angst werden bestimmten strukturellen Konfigurationen zugeschrieben, in ihrer Folge kommt es zu Abgrenzung.

kulturell begründeten Verlangen nach einer generationsübergreifenden Kontinuität und nach dem eigenen Beitrag im Diskurs, der das Wohnrecht der Menschen am jeweiligen Ort legitimieren soll.

Bis 1989 war es kaum vorstellbar, dass dies anders als im Rahmen eines administrativ-politischen Projektes möglich wäre, das die Integration der nördlichen und westlichen Gebiete mit dem Mutterland zum Ziel hatte. Nach 1989 gab es wiederum keine derartigen Projekte auf nationaler, dafür aber auf regionaler und lokaler Ebene. Das ist nicht nur mit dem Systemwandel und einem anderen öffentlichen Diskurs zu erklären, sondern auch damit, dass es nicht mehr als notwendig angesehen wird (infolge der neuen internationalen Lage und der Normalisierung der Beziehungen zur Bundesrepublik sowie im Zuge der europäischen Integration), die Zugehörigkeit dieser Gebiete zu Polen legitimieren zu müssen. Dadurch entstand jedoch ein Legitimationsvakuum, das nun auf lokaler Ebene ausgefüllt werden sollte.

In Masuren konnte man danach auf lokaler Ebene zahlreiche Maßnahmen beobachten, die im Prinzip auf die Öffnung gegenüber dem kulturellen Erbe abzielten. Durch diese Offenheit auf lokaler Ebene konnte das nationale Element ausgeschaltet bzw. marginalisiert werden, und das Erbe nicht mehr hauptsächlich als Abschnitt der deutsch-polnischen Geschichte, sondern vielmehr als gemeinsames lokales Erbe angesehen werden, das sich einem politischen Diskurs nach dem Muster einer ewigen deutsch-polnischen Fehde entzieht. Im Falle von lokalen Gemeinschaften, die an das Kaliningrader Gebiet grenzen, konnte, wie in Gołdap, auch der russische Kontext aufgenommen werden.

Diese neue Ausrichtung wurde wahrscheinlich auch durch die Selbstverwaltungsreform begünstigt, die zumindest den lokalen Eliten das Gefühl vermittelte, dass sie nun effektiv agieren können und in ihrem Handeln autonom sind. Ein Großteil der Energie, die nach 1990 freigesetzt wurde, ist auch auf die neue Lesart der lokalen Geschichte umgeleitet worden. Darauf beruhte auch – in Masuren – die wiedergewonnene Freiheit. All das wäre nicht möglich ohne Aufnahme von Kontakten mit den früheren Bewohnern, in diesem Falle mit denen von Gołdap. Man knüpfte auch an das frühere Ostpreußen und insbesondere Königsberg an und berücksichtigte die Tatsache, dass Königsberg und ein Großteil Ostpreußens heute zum Kaliningrader Gebiet in der Russischen Föderation gehören und von Bürgern Russlands bewohnt werden. Der Versuch, aus so verschiedenen, zu unterschiedlichen Kulturen und Zusammenhängen gehörenden Elementen ein Ganzes zu machen, konnte nicht ohne Schwierigkeiten verlaufen. Und selbst wenn dieses Ganze bereits vollendet wäre, bliebe noch eine weitere schwierige Aufgabe zu meistern in Form einer gesellschaftlichen Verankerung eines solchen Projekts.

3 Die Marginalisierung von Gołdap nach 1945

Nach dem Zweiten Weltkrieg lag die Stadt in Trümmern. Von allen masurischen Landkreisen hatte der Landkreis Gołdap die größten Verluste zu verkraften. Gołdap war die erste Kreisstadt, die von der Roten Armee erobert wurde. Damit hat sich die Situation aus dem Ersten Weltkrieg wiederholt, als die Stadt ebenfalls stark in Mitleidenschaft gezogen worden war. Die polnisch-russische Grenze, die quer durch den Landkreis gezogen wurde, hat die Entwicklungsperspektiven deutlich eingeschränkt. Die über Jahrhunderte gewachsene Wirtschafts- und Verkehrsstruktur wurde zerstört. Den Niedergang sieht man am deutlichsten am Beispiel der Bahnverbindungen. Bis 1945 kamen in Gołdap fünf Bahnlinien zusammen, während nach dem Krieg nur eine, die nach Olecko, wiederaufgebaut wurde. Ein einst bedeutender Eisenbahnknoten war nun zur Endstation einer Nebenstrecke geworden. Das, was noch übrig geblieben war, wurde durch vorsätzliche sowjetische Raubaktionen demontiert und abtransportiert. Die Plünderungen haben weitere Verluste verursacht.

Bis 1956 gab es praktisch keine Investitionen und selbst in den 1960er-Jahren waren die Kriegstrümmer noch nicht vollständig geräumt. Dafür wurden erhaltende Häuser gezielt abgerissen und die so gewonnenen Ziegel- und Pflastersteine beim Wiederaufbau von Warschau, der Wojewodschaft und der Stadt Białystok wieder verwendet. Im Jahre 1975 wurden im Zuge einer Verwaltungsreform die bisherigen 17 Wojewodschaften aufgelöst, was für Gołdap eine ungünstige Umverteilung von finanziellen Mitteln bedeutete. Diese wurden nämlich zunächst für die Entwicklung von Suwałki, der Hauptstadt einer der neuen 49 Wojewodschaften, bereitgestellt, auf dessen Gebiet Gołdap nun lag.

Marginalisiert wurde übrigens nicht nur Gołdap und sein Umland, sondern das gesamte Gebiet an der Grenze zum Kaliningrader Gebiet. Demzufolge war dann hier in den 1990er-Jahren die Arbeitslosigkeit am höchsten. In den grenznahen Landkreisen lag sie im Jahr 2006 im Durchschnitt bei 39,5 %, in den Landkreisen Gołdap, Węgorzewo und Bartoszyce bei 37,5 % und in Braniewo bei 39,6 %. Probleme, die in der Zeit der Transformation aufgekommen sind, stellten zum Teil eine Konsequenz der Versäumnisse aus der Zeit Volkspolens dar, wobei man auch sagen muss, dass die wirtschaftliche Unterentwicklung dieser Gebiete viel längere historische Wurzeln hat. Heute ist es nicht einfach, den Einfluss der früheren Geschichte richtig einzuschätzen, aber schon vor dem Krieg bildete die schlechte wirtschaftliche Entwicklung ein dauerhaftes und strukturelles Problem in Masuren und in ganz Ostpreußen.

Die Wirtschaftskrise nach 1990 wurde durch den Zerfall der staatlichen landwirtschaftlichen Güter, die das Fundament der Wirtschaft im Grenzstreifen zum Kaliningrader Gebiet bildeten, weiter verstärkt. Das Rominter Agrarkombinat, das in den 1970er- und 1980er-Jahren den Menschen Halt vermittelte und ihre Bedürfnisse befriedigte, wurde abgewickelt. Doch die Verwaltungsreform, mit der in den 1990er-Jahren die territoriale Selbstverwaltung etabliert wurde, hatte Voraussetzungen für die Ausarbeitung von Entwicklungsvisionen auf lokaler Ebene geschaffen. Erst jetzt gab es Möglichkeiten für die Umsetzung von Initiativen, wie z. B. dem Grenzübergang. Grundprämisse der Entwicklung von Gołdap nach 1990 war der Wunsch, sich von anderen Städten abzusetzen und etwas absolut Außergewöhnliches zu schaffen. So sagte der Bürgermeister von Gołdap, Marek Miros, in einem Interview mit der Zeitschrift „Z bliska" (2005):

> „Wären wir auf herkömmliche, konforme Weise vorgegangen, wären wir schlichtweg in der Masse der Städte mit ähnlichen Problemen untergegangen. Hinzu kam noch, dass Gołdap am Rande Polens und an einer dicht abgeriegelten Grenze zur Sowjetunion lag. Dabei war die Zukunft des [sowjetischen] Imperiums ungewiss (…). Wir haben von Anfang an beschlossen, über das Typische hinauszugehen, dass Gołdap originell sein soll, dass wir nicht dieselben Methoden und Ideen kopieren wollen, die Hunderte andere Städte einsetzten.
>
> Um Gołdap zu retten, musste man über das Typische und Einheitliche hinausgehen. So kamen wir auf die Losung ‚Gołdap als Fenster nach Russland'. Infolgedessen entstand dann der Grenzübergang, der den Lebensunterhalt zahlreicher Gołdaper Familien gewährleistete. Deswegen haben wir auch völlig neue Funktionen für Gołdap definiert, wie z. B. die eines anerkannten Kurortes mit einem heute sehr gut laufenden Kurbetrieb. Wir haben auch beschlossen, eine Sonderwirtschaftszone ins Leben zu rufen und setzten auf den Fremdenverkehr (…)."

Der Bürgermeister versteht den Grenzübergang als Arbeitsplatz, auch für Menschen von außerhalb der Gemeinde Gołdap. Aus vorliegenden Zahlen geht hervor, dass die Grenze täglich von ca. 2000 Menschen passiert wird. Die Grenze überqueren täglich 500 Einwohner der Gemeinde, sie kaufen billigere Zigaretten, Treibstoff und andere Produkte. Zahlreiche Bewohner von Gołdap, die nicht pendeln, kaufen verschiedene Artikel (die oben genannten, aber auch andere) billiger ein. Diese 500 Menschen und jene, die bei ihnen kaufen (und wer hat das nicht getan?), haben die Möglichkeit, billiger einzukaufen und das Geld, das ihnen dadurch übrig bleibt, in Gołdaper Geschäften für Waren und Dienstleistungen auszugeben. Der Bürgermeister stellte auch fest, dass sich das Ganze positiv auf die Umsätze im Handel und Gewerbe auswirkt. Neben den Arbeitnehmern, Grenzgängern und ihren Kunden nennt der Bürgermeister auch Kurgäste, Skifahrer, Offiziere und Wehrpflichtige (die einen Teil ihres Solds vor Ort ausgeben). Diese Menschen und die von ihnen getätigten Ausgaben trugen, seiner Meinung nach, zur Entwicklung der Stadt bei. Wichtig war für ihn ferner, dass Investitionen, auch solche mit einem hohen Auftragsvolumen, von Gołdaper Firmen umgesetzt wurden (teilweise als Subunternehmer). Auch das bewertete er als positive indirekte Maßnahmen. Seinen Worten zufolge wäre die Zahl der Arbeitslosen ohne den Grenzhandel noch höher.

Mit ihren Ideen und ihrer Vorgehensweise bringen sich die Kommunalpolitiker in Prozesse ein, die ich als symbolische Vollendung einer lokalen Gemeinschaft bezeichne. Hier handelt es sich hauptsächlich um die wirtschaftliche Dimension, um den Wunsch, mit *besser und zentral gelegenen Standorten* gleichzuziehen, aber auch um das, was einmalig und ohne Beispiel ist. Wie kann man also Arbeiten an einer symbolischen Vollendung von Gołdap in symbolischer Dimension zusammenfassen? Gołdap wollte vor allem das *Tor nach Russland* werden und darauf konzentrierten sich alle Anstrengungen der Verantwortlichen.

Zum *Türöffner nach Russland* wurde Immanuel Kant, der mit der Region verbunden war und in Königsberg lebte und arbeitete. Im Herbst 1996 wurde in Gołdap ein Denkmal enthüllt, das an seinen Aufenthalt im Jahr 1765 erinnern sollte. Am Vortag des polnischen EU-Beitritts schrieb der damalige stellvertretende Bürgermeister Jarosław Słoma über Kant:

> „Es wird allgemein angenommen, dass Immanuel Kant sein ganzes Leben in Königsberg verbracht und die Hauptstadt Preußens nie verlassen habe. Kant wird unzertrennlich mit dieser Stadt in Verbindung gebracht, so wie übrigens auch Königsberg mit Kant. Es zeigte sich jedoch, dass der große Philosoph entgegen anders lautenden Berichten doch Reisen durch das damalige Preußen unternommen hatte, verschiedene Städte besuchte und dass seine längste Reise ihn nach … Gołdap führte. Man darf also behaupten, dass das masurische Gołdap jene Stadt ist, die auf dem Gebiet der erweiterten Europäischen Union die stärksten Verbindungen mit Kant besitzt." (Słoma 2004: 9)

Słoma erwähnte auch die Idee, Kant als Vorreiter des vereinten Europas zum europäischen Philosophenkönig zu machen.

Gołdap liegt an der äußeren Grenze der Europäischen Union. Der Grenzübergang sollte die Stadt zum Fenster nach Russland machen. Der Weg nach Kaliningrad ist von hier kürzer als zu den nächstgelegenen großen polnischen Zentren in Olsztyn und Białystok. Gołdap scheint auch der geeignete Ort zu sein, um die Botschaft zu verkünden, dass die Heimatstadt des ‚Philosophenkönigs' der Europäischen Union, das frühere Königsberg und heutige Kaliningrad, mit der gesamten Oblast auf keinen Fall vom vereinten Europa durch einen ‚Eisernen Vorhang' getrennt oder zum ‚schwarzen Loch' inmitten von EU-Ländern werden darf. Darin kommt Gołdap eine besondere Rolle zu. Es ist in der erweiterten EU der richtige Ort, „um die Erinnerung an den genialen Philosophen zu pflegen und Projekte im Sinne seines Weltbildes umzusetzen, in dem wir Grundlagen für das vereinte Europa finden und das der Normalisierung der Beziehungen zu Russland dienen kann." (Słoma 2004: 27)

Jarosław Słoma versucht Gołdap im lokalen, regionalen, polnisch-russisch-litauischen, europäischen und wahrscheinlich auch im globalen Raum zu verorten. Doch wie verhält es sich mit der sozialen Verankerung dieser Vision, mit ihrem Bezug zur politischen Wirklichkeit und den Chancen, Gołdap auf die Agenda der polnisch-russischen oder gar europäisch-russischen Interessen zu setzen?

Wir sollten auch nach dem tatsächlichen Verlauf der Institutionalisierungsprozesse des lokalen sozialen Raumes sowie nach der Zuordnung von Individuen und Gruppen im sozialen Raum fragen. Sie vollziehen sich formell und mehrdimensional. Gołdap liegt am nordöstlichen Saum des offenen europäischen Raumes, in direkter Nähe zu Russland, was die Aufnahme dieser Nachbarschaft in die Entwicklungskonzepte nicht nur rechtfertigt, sondern gar bedingt. Die von den Verantwortlichen gezeichnete Vision meint die gewünschte Form des masurischen sozialen Raumes und die Rolle, die Gołdap zugedacht ist. In dieser Vision nimmt der Grenzübergang einen besonderen Platz ein.

Zahlreiche Bewohner von Gołdap überqueren täglich die polnisch-russische Grenze in der Hoffnung auf ein besseres Leben. Die Kommunalpolitiker überquerten dagegen mutig Grenzen schematischer Vorstellungen über die Entwicklung auf lokaler Ebene, allein schon durch die Schaffung des Grenzübergangs. Es ging allen Beteiligten um Chancen: den Grenzgängern für sich selbst und ihre Familien, den Verantwortlichen für Gołdap und die Mikroregion. Die lokalen Politiker setzten den Grenzübergang durch, der, zumindest bis zur Entstehung dieses Beitrags, kaum als *Fenster nach Russland* betrachtet werden kann im Sinne der frühen 1990er-Jahre. Dafür gibt es mehrere Gründe. Die wichtigsten unter ihnen sind die Veränderungen in Russland und der europäische Integrationsprozess.

Nach der Wende von 1989 ging man auch in Gołdap von einem optimistischen Entwicklungsszenario aus. Man nahm an, dass sich das Kaliningrader Gebiet, also der am weitesten in den Westen vorgeschobene Teil eines von Demokratisierungsprozessen erfassten Russlands, zu einem wirtschaftlich florierenden Bindeglied zwischen Russland und Europa entwickeln würde. Nach diesem Szenario sollten die Grenzstädte, wie z. B. Gołdap, eine besondere Rolle übernehmen. Als realistisch galt eine Vision, in der die bisher periphere Lage sich radikal ändern sollte. Allerdings haben die später eingetretenen Veränderungen keinen so spektakulären Wandel herbeigeführt. Vielmehr haben wir es mit ‚Zwischenlösungen' zu tun, die ich als Subinstitutionalisierung des sozialen Raumes bezeichne, was nicht nur für Städte wie Gołdap, sondern auch für den gesamten polnischen Transformationsprozess in den 1990er-Jahren und den Anfängen des 21. Jh.s bezeichnend war.

Auf der einen Seite bildet die Subinstitutionalisierung eine Konsequenz der institutionellen Rahmen der polnischen Transformation, ihrer Inkohärenz und

Inkonsequenz, und auf der anderen stellt sie eine Folge von Ansprüchen und Hoffnungen auf ein besseres Leben, wie sie die Menschen in Städten wie Gołdap hatten. Man sollte auch stets vor Augen haben, dass Gołdap, um mit Zdzisław Mach (1998) zu sprechen, eine „ungewollte Stadt"[4] war. Erst nach der Verwaltungsreform mit der die Grundlage für eine Selbstverwaltung gelegt wurde, verbesserte sich die Identifikation der Einwohner mit ihrer Stadt.

Die Region um Gołdap stellt zweifelsohne einen Raum dar, wo ein mutiger Versuch unternommen wurde, die lokale Gemeinschaft symbolisch abzuschließen und ihr einen attraktiven symbolischen Status zu verleihen, trotz der ungünstigen zeitlichen und räumlichen Rahmenbedingungen. Die symbolische Vollendung vollzieht sich infolge des Handelns lokaler Politiker, einflussreicher Gruppen sowie einzelner Bürger und Familien. Eine Schlüsselrolle spielt dabei die Kohärenz dieser Maßnahmen, die sich in zwei Dimensionen vollzieht: im Vergleich mit anderen Gemeinschaften und Gruppen sowie durch die Schaffung einer symbolischen Andersartigkeit und Anziehungskraft. Die symbolische Vollendung bildet einen nie vollendeten, somit permanenten Prozess. In Gołdap beruhte er auf dem gezielt unternommenen Versuch, das Gefühl der Andersartigkeit und eine positive emotionale Energie in einer Gemeinschaft freizusetzen, die zahlreiche Grenzen zu passieren hatte und dabei neue, wenn auch nicht immer nur befriedigende Möglichkeiten für sich entdeckte.

4 Zdzisław Mach verweist mit diesem Begriff auf Probleme, die Neusiedler nach Ende des Zweiten Weltkriegs in niederschlesischen Städten mit der neuen Heimat und ihrer Verwurzelung hatten. Es handelte sich eben um ‚ungewollte Städte'. Nicht anders war es in Masuren, wo Gołdap liegt.

Die verhandelbare Grenze. Die Funktion des grenzüberschreitenden Marktes in der postsozialistischen Transformation am Beispiel der Grenze Polens zum Kaliningrader Gebiet der Russischen Föderation

Ewa Matejko

Die gesellschaftlichen und wirtschaftlichen Veränderungen Anfang der 1990er-Jahre in Polen, die mit dem Aufbau eines neuen institutionellen Umfelds verbunden waren, sind zum Entwicklungsimpuls geworden und haben gleichzeitig eine wirtschaftliche, gesellschaftliche und politische Krise hervorgerufen. Für die Bewohner der Grenzgebiete im Norden und Osten Polens gestaltete sich der Beginn der Transformation besonders schwierig, weil die wirtschaftliche Basis dieser Regionen durch die Abwicklung der staatlichen landwirtschaftlichen Güter und der mit ihnen koexistierenden Betriebe verändert wurde. So lag hier z. B. die Arbeitslosigkeit in den 1990er-Jahren bei 30 %. Wegen der unterentwickelten Infrastruktur und der peripheren Lage waren diese Gebiete als Standort für potenzielle Investoren wenig attraktiv, und neue Unternehmen zeichneten sich durch die Instabilität der geschaffenen Arbeitsplätze, ein niedriges Lohnniveau, Beschäftigungsverhältnisse ohne Arbeitsverträge und Zahlungsunfähigkeit der Arbeitgeber aus. Vor diesem Hintergrund hat sich schließlich die Schattenwirtschaft etabliert.

In diesem Zusammenhang stellt sich die Frage nach der Rolle, die der Grenzübergang in den gesellschaftlich-wirtschaftlichen Veränderungen in den grenznahen Regionen übernommen hat. Diese Frage kann aus mehreren Perspektiven beleuchtet werden. Aus der mikroökonomischen Sicht können wir den informellen grenzüberschreitenden Markt als Ausdruck einer wirtschaftlichen Betätigung betrachten, mit der die bisher geltenden Muster ökonomischer Aktivitäten verändert wurden. Beschäftigungsmuster aus der Zeit des Sozialismus (Marody 1991, Verdery 1996) treten hier in Interaktion mit solchen, die für die kapitalistische Wirtschaft und eine moderne Gesellschaft typisch sind. In der mezzoökonomischen Perspektive hat der informelle grenzüberschreitende Markt Einfluss auf die Befriedigung von Grundbedürfnissen der Menschen in diesen Gebieten.

1 Forschungsmethode

In der durchgeführten Untersuchung wurde die Methode der *Grounded Theory* eingesetzt. Unser Hauptziel war dabei eine in der gesellschaftlichen Praxis verankerte Theorie zu finden. Bei der Erhebung von Daten sind wir induktiv vorgegangen (Glaser/Strauss 1967, Corbin/Strauss 2008). Nach der Grounded Theory werden zunächst intensive Feldforschungen auf der Grundlage von allgemeinen Fragen durchgeführt, ferner einzelne Daten um die sich herauskristallisierenden Forschungskategorien ausgewählt und miteinander verbunden. Auf dieser Grundlage wird dann der Versuch unternommen, eine Theorie von mittlerer Reichweite aufzustellen. In Übereinstimmung mit den Prinzipien der Grounded Theory erfolgte die Untersuchung des informellen grenzüberschreitenden Marktes während der Aufenthalte im Forschungsgebiet mit qualitativen Techniken in Form von Beobachtung und Interview sowie der Analyse von Statistiken.

Die Untersuchung wurde in den Jahren 2006–2007 im polnisch-russischen Grenzgebiet am Grenzübergang Gołdap-Gusev, wo die meisten Akteure des grenzüberschreitenden Marktes tätig sind, und in Gołdap, einer unweit der Grenze gelegenen Stadt, durchgeführt. Die Stadt Gołdap bildet mit ihren 14.000 Einwohnern das Zentrum des gleichnamigen Landkreises und des lokalen Arbeitsmarktes. Sie liegt 3 km vom Grenzübergang entfernt, und viele Grenzgänger nehmen das örtliche Hotel- und Dienstleistungsangebot in Anspruch. Darüber hinaus stammen viele Händler direkt aus Gołdap. Während des Aufenthaltes vor Ort wurden 32 Interviews mit Händlern und 11 Interviews mit lokalen Experten geführt sowie Beobachtungsnotizen und Fotos gemacht.

2 Ökonomischer Institutionalismus und wirtschaftliche Moral

Die täglichen Beobachtungen am Grenzübergang Gołdap-Gusev lassen den Schluss zu, dass der Handel an der Grenze im Rahmen eines informellen grenzüberschreitenden Marktes organisiert ist, der auf der Grundlage der Institution Staatsgrenze funktioniert. Mit Hilfe von soziologischen und ökonomischen Theorien wurden diese Beobachtungen im Rahmen einer klassischen institutionellen Theorie, einer neuen institutionellen Ökonomie sowie nach dem Konzept der Wirtschaftsmoral geordnet.

In Übereinstimmung mit der neuen institutionellen Ökonomie gehe ich davon aus, dass …

- … der Mensch in der Art des Wirtschaftens ein rational handelndes Wesen („economical man“) ist
- … die Rationalität der ökonomischen Akteure durch äußere institutionelle Bedingungen bzw. durch eigene Grenzen und Überzeugungen beschränkt ist
- … die ökonomischen Akteure kein vollständiges Wissen über Produktions- und Austauschbedingungen besitzen
- … die ökonomischen Akteure opportunistisch sind

In der Analyse müssen die institutionellen Rahmenbedingungen, die wirtschaftlichen Unsicherheiten und die begrenzte Rationalität menschlichen Handelns berücksichtigt werden. Die ökonomischen Ziele, das Höchstmaß an Vorteilen oder das Maximum an Zufriedenheit werden im Rahmen von institutionellen Beschränkungen und in Übereinstimmung damit erreicht, wie die Wirtschaftsakteure den Nutzen für sich interpretieren (Wilkin 1995, Iwanek/Wilkin 1998, Lissowska 2008).

Zu den wirtschaftlichen Grundprämissen gehört auch, dass der gewerblich aktive Mensch im Rahmen eines Marktes funktioniert. In unserem Fall haben wir es mit einem informellen Markt zu tun, der die benachbarten Regionen auf beiden Seiten der Grenze umfasst, und auf dem Waren, Leistungen, Kapital und Arbeitskräfte ausgetauscht werden. Hier hat der Markt informellen Charakter, denn er funktioniert ganz bzw. teilweise im Widerspruch zum nationalen oder internationalen Recht und basiert hauptsächlich auf der Lieferung von verbrauchssteuerpflichtigen Waren (Alkohol, Zigaretten, Treibstoff) nach Polen.

Der so definierte informelle grenzüberschreitende Markt wird durch die Institution Staatsgrenze geregelt. Mit Douglass C. North verstehe ich Institutionen als Beschränkungen, die von Menschen ausgearbeitet wurden und den Interaktionen der Individuen eine Struktur verleihen, als „Gesetzmäßigkeiten in wiederholbaren Interaktionen der Individuen (…), als Bräuche und Regeln, die als Komplex den Einzelnen zum Handeln motivieren bzw. ihn davon abhalten“ (North 1986). Sie bestehen aus formellen (Satzungs- und Gemeinschaftsrechte, Verfassungen, Regelungen) und informellen Begrenzungen (Verhaltensnormen, Konventionen, vorgegebene Vorgehenskodizes) sowie aus Regeln ihrer Vollstreckung (North 1994).

Institutioneller Wandel stellt ein Ergebnis von neuen Möglichkeiten bzw. eine Reaktion auf neue Gefahren für den Wohlstand dar. Zum Wandel kommt es, wenn sich die formellen bzw. informellen Regeln und die Art ihrer Vollstreckung verändern. Zu einem solchen Wandel ist es in Polen nach dem Fall des Kommunismus mit der Einführung des demokratischen Marktsystems gekommen. In der ersten Etappe der Transformation wurde das System verändert (formelles Recht). Danach vollzog sich über viele Jahre der Wandel von informellen Regeln des gesellschaftlichen Lebens, der in der Wirtschaftskultur seinen Ausdruck fand (Williamson 2002, Kochanowicz/Marody 2002). Die Wirtschaftsreformen, in der Fachliteratur als „Schocktherapie" bezeichnet, haben eine Krise hervorgerufen, die quasi von oben herab Veränderungen in allen Lebensbereichen der postsozialistischen Gesellschaft erzwungen haben.

Im vorliegenden Text soll der Ansatz der neuen institutionellen Ökonomie, der vom wirtschaftlich rational handelnden Individuum ausgeht, mit Ansichten von John R. Common verbunden werden. Common befasst sich mit gemeinschaftlichen Aktivitäten („collective actions") und definiert Institutionen als „gemeinschaftliche Kontrollaktivitäten", mit denen „individuelle Aktivitäten befreit und entwickelt" werden (Commons 1968). Er geht von der „verhandelbaren Ordnung" aus, denn die neuen Institutionen stellten für ihn gleichzeitig auch neue Formen gemeinschaftlichen Handelns dar, weil sie Individuen in neue Konstellationen von Verbindungen setzen. Gemeinschaftliche Aktivitäten und ihre Aufrechterhaltung sind nur dann möglich, wenn die neu in die Gruppe hinzugekommenen Akteure die Arbeitsregeln verhandeln müssen, um ihre Aktivitäten zu verwalten. Durch diese Verhandlungen wird eine Zusammenarbeit überhaupt erst möglich gemacht. Vor dem Hintergrund von so definierten Institutionen und Verhandlungen sind Mängel und Konflikte als gesellschaftliche Phänomene zu verstehen, durch die Institutionen konstruiert werden.

In diesem Beitrag werden die Verhandlungen über die Ordnung als informelle Verhandlungen von unten dargestellt, mit dem Ziel, den Anspruch auf Einkünfte aus dem grenzüberschreitenden Markt aufrechtzuerhalten. Die Verhandlungen über die Institution verstehe ich als „Abstimmungsprozess", der unter institutionellen Akteuren verläuft und sich auf die für die Institution konstitutiven formellen und informellen Regeln bezieht. Ich werde versuchen, die Institution Staatsgrenze, ihre formellen (Satzungs- und Gemeinschaftsrechte, Verfassungen, Regelungen) und informellen (Verhaltensnormen, Konventionen, vorgegebene Vorgehenskodizes) Regeln und deren Vollstreckung zu beschreiben sowie die beteiligten Akteure und den Einfluss der Verhandlungen auf wirtschaftliche Erlöse und damit auf die Absicherung der Grundbedürfnisse der Händler zu charakterisieren.

Im Hinblick auf die Grundbedürfnisse und ihre Befriedigung möchte ich mich auf das Konzept der moralischen Ökonomie („moral economy") beziehen, das im Zusammenhang mit Studien zum Übergang von der Feudalwirtschaft zum Kapitalismus entstanden ist. Die Vorreiter dieser Theorie, Edward Palmer Thompson und James C. Scott, konfrontierten die traditionellen Werte der Bauerngesellschaft mit den Werten einer modernen politischen Ökonomie, die sich auf Liberalismus und den freien Markt stützte (Thompson 1971, Scott 1979). Der

Wandel im Verhältnis zwischen Gesellschaft und Wirtschaft beruhte darauf, dass der Markt nun in der Gesellschaft verwurzelt war und sich nach ihren Bedürfnissen richtete (Sayer 2000, Olsen 2009).

Vor dem Industriezeitalter galt als Hauptprinzip der Wirtschaft ihre Verwurzelung in sozialen Beziehungen („social embedness"), die von Institutionen, Traditionen und sozialen Normen geregelt wurden (Booth 1994), und bei denen die Gemeinschaft den wichtigsten Bezugspunkt darstellte. Die moralische Ökonomie dieser Zeit ging auf das Überlebensrecht einzelner Mitglieder der Gemeinschaft ein („subsistence"). Das Recht aufs Überleben galt als Schlüsselbegriff bei der Umverteilung innerhalb der Gemeinschaft. Scott glaubt, dass die Ökonomie der Dorfgemeinschaft im moralischen Universum verankert ist, wo die Gerechtigkeit als Recht aufs Überleben verstanden wird und den zentralen Wert darstellt (Scott 1979).

Die moralische Ökonomie der Moderne stützt sich dagegen auf soziale Beziehungen, die im wirtschaftlichen System verankert sind („disembedded economy"). Der Unterschied beruht auf dem Wandel von der normativen Verankerung des Marktes zugunsten seiner Ausrichtung auf rationelles Handeln und wirtschaftlichen Gewinn. In der Moderne gründet sich die Ökonomie nicht auf sozialen Normen, sondern bildet einen autonomen Bereich, der von Gesetzen regiert wird. Die moderne Ökonomie lanciert eine Gesellschaft, die in einem sich selbst regulierenden Markt der ökonomischen Gesellschaft begründet ist, wo sich der Mensch als *homo oeconomicus* nach materiellen Gütern, Gewinn und Kalkül richtet und atomisiert, gierig und egoistisch ist. Heutzutage kann man sagen, dass die sozialen Gefahren eine den Markt integrierende Kraft entfalten und einen allgemein gesellschaftlichen Charakter besitzen. Die Wirtschaft wurde der sozialen Kontrolle entzogen – und nun wird sie von der unsichtbaren Hand des Marktes geleitet. Die Ökonomie lässt sich von anderen Normen, Gesetzen und Motiven als die Gesellschaft leiten und dient der Umverteilung von materiellen Gütern, damit materielle Bedürfnisse befriedigt werden können.

Im Zusammenhang damit dürfen wir davon ausgehen, dass durch den Handel an der polnisch-russischen Grenze das Recht aufs Überleben quasi von unten eingefordert wird, und dass dadurch auch die Forderung nach der Verwirklichung der sozialen Gerechtigkeit zum Ausdruck kommt. Somit sollte man detaillierter die Begründungen für den Handel, seine Ziele und ihre Umsetzung untersuchen. Interessant ist die Antwort auf die Frage nach der Ethik, von der sich die Händler leiten lassen. Ist sie eher im freien Markt oder in sozialen Werten verankert? Um auf diese Frage eine Antwort zu finden, sollten wir zunächst versuchen, die am Handel an der Grenze beteiligten Akteure, ihre Vorgehensweise und die von ihnen herangezogenen Begründungen zu charakterisieren.

3 Die Akteure des Grenzhandels und die Struktur des grenzüberschreitenden Marktes

In der alltäglichen Praxis am Grenzübergang sind die Beamten der Grenzpolizei für den Verkehr an der Grenze, und die Zollbeamten für die Kontrolle des Warenverkehrs zuständig. Sie vertreten die formalen Regeln der Institution Grenze. Andererseits besteht die Institution Grenze aus Menschen, die den Übergang passieren. Am Grenzübergang Gołdap-Gusev sind das überwiegend Personen, die am informellen grenzüberschreitenden Markt durch Handel mit verbrauchssteuerpflichtigen Waren aus Russland beteiligt sind (Matejko/Wasilewska 2008, Matejko 2009).

Im Hinblick auf variable Größen wie die Kompatibilität mit den Zollgesetzen, die Höhe der investierten Finanzmittel, die Größe der engagierten Humanressourcen, das Handelsvolumen und die erzielten Einnahmen sollten wir von zwei Kategorien der Händler ausgehen: Kleinhändler und Schmuggler. Nach einschlägiger Literatur agieren die Kleinhändler im Bereich der halbformellen Wirtschaft. Die Ware wird von ihnen legal und in erlaubten Mengen eingeführt, danach jedoch auf illegalen Wegen vertrieben (Wallace 1999). Im vorliegenden Kontext sollte man als Kleinhändler Personen bezeichen, die geringe und zulässige Mengen von Waren einführen, die verbrauchsteuerpflichtig sind. Wenn man Händler, die ein paar Schachteln Zigaretten mehr als erlaubt einführen, als Schmuggler bezeichnen würde, wäre das eine allzu große Vereinfachung.[1]

Kleinhändler investieren geringe Summen und wenig Sozialkapital, um ihre Handelsziele zu erreichen. Das Risiko und der Gewinn richten sich nach dem Umfang ihrer Aktivität. Die Unterstützung, die sie von ihren Familienangehörigen erhalten, ist gering, außerdem kooperieren sie selten mit Mittelsmännern und verkaufen ihre Ware hauptsächlich über familiäre und nachbarschaftliche Kontakte. Da es sich nur um geringe Mengen handelt, geschieht das relativ schnell und bringt lediglich einen kleinen Gewinn:

> „Es gilt generell folgendes Prinzip: Du triffst telefonisch Vereinbarungen, der Kunde kommt und nimmt in der Regel die Ware mit. Und in kleinen Mengen, denn in großen …, du weißt schon, wie das ist, jemand benachrichtigt die Polizei oder die Grenzpolizisten …, man gibt in der Regel kleine Mengen ab.“ (Interview 2006)

Im Unterschied dazu erfolgt der Schmuggel formal-juristisch gesehen vollständig außerhalb der geltenden Rechtsnormen. Er gehört zu jenem Teil der Wirt-

1 In dieser Definition sind Kleinhändler diejenigen, deren eingeführte Warenmenge als Ordnungswidrigkeit geahndet wird, als Schmuggler werden hingegen diejenigen bezeichnet, deren Handlung aufgrund der Warenmenge als Straftat verfolgt wird.

schaft, den man als Schwarzmarkt bezeichnet (Nugent 1999, Wysocki 2003). Die Schmuggler zeichnen sich durch hohe Risikobereitschaft aus. Sie transportieren Waren, deren Mengen weit über den zulässigen Normen liegen. Dabei setzen sie manipulierte Fahrzeuge ein, in denen große Mengen von Schmuggelware versteckt werden können und deren Benzintanks umgebaut wurden, um mehr Treibstoff fassen zu können. Sie agieren im Rahmen einer viel komplexeren Organisation als die Kleinhändler, was an dem Organigramm deutlich zu erkennen ist. Für den Schmuggel sind weit verzweigte Netzwerke unerlässlich, darunter auch Absprachen, die den Charakter von Korruption haben.

Abbildung 1: Organigramm des Handels an der Grenze

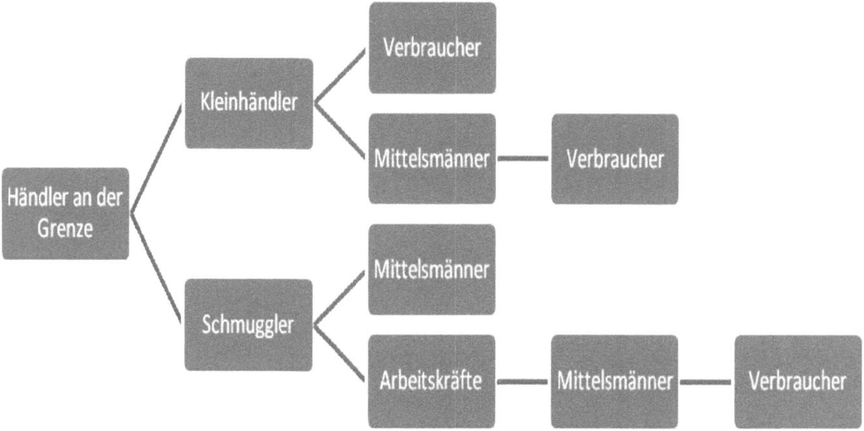

Sowohl unter Kleinhändlern als auch unter Schmugglern gibt es Personen, die den Handel professionell betreiben, was bedeutet, dass sie große Kompetenzen, Erfahrungen und hohes Sozialkapital besitzen, um ihrer Beschäftigung mit Gewinn nachzugehen. Beim Handel setzen sie eigens dafür präparierte Fahrzeuge und ausgeklügelte Methoden ein, um Waren über die Grenze zu bringen. Dagegen betreiben Kleinhändler den Handel nicht berufsmäßig und fahren nur gelegentlich über die Grenze. Ihr Ziel ist es, auf diesem Wege unerwartete Ausgaben im Haushalt zu decken oder ihre niedrigen Einkünfte, die sie aus abhängiger Arbeit erzielen, aufzustocken. In ihrem Fall handelt es sich hauptsächlich um Angestellte und Lehrer, aber auch um Rentner, Schüler oder Studenten.

Zum System Handel, wie am Organigramm dargestellt, gehören auch ‚Arbeitskräfte'. Damit sind Personen gemeint, die als Fahrer bzw. als Passagiere für einen Schmuggler arbeiten, um erlaubte Mengen von Zigaretten und Alkohol bzw., wie im Falle der Fahrer, Treibstoff einzuführen. Eine wichtige Rolle spielen auf dem grenzüberschreitenden Markt auch Mittelsmänner in der Funktion von ‚Großhändlern' oder ‚Ankäufern' (poln. „skupki"). Sie kaufen die Schmuggelware an, verkaufen sie weiter und kooperieren dabei häufiger mit Schmugglern als mit Kleinhändlern. Zu ihren Kunden gehören auch Privatpersonen, die hier zusätzliche Preisvorteile erzielen wollen. Aus der Aussage eines der Händler geht hervor, dass die professionell tätigen Mittelsmänner für die Erschließung von Absatzmärkten verantwortlich sind, und zwar sowohl in Polen als auch in ganz Europa:

> „Es wird teils ins Ausland [verkauft], teils in Polen, überall, hauptsächlich nach Deutschland. Ich weiß aber, dass es auch nach Schweden gegangen ist, in die Slowakei, praktisch genommen wird das in der gesamten Union vertrieben." (Interview 2005)

Die wirtschaftlichen Aktivitäten der Mittelsmänner sind illegal. Sie tragen das größte Risiko, denn aufgrund der Mengen, die sie umsetzen, können sie von den Polizeibeamten, der Grenzpolizei oder vom Zoll auch außerhalb des Grenzübergangs leicht erkannt werden.

Aus den Aussagen der Schmuggler geht hervor, dass kleine Mengen von verbrauchsteuerpflichtigen Produkten aus Russland direkt im grenznahen Raum abgesetzt werden. Größere Mengen landen dagegen über organisierte Transportnetze in Zentral- und Westpolen sowie in Ländern Westeuropas wie Deutschland, Holland, Italien, Großbritannien, Irland oder Norwegen, wo sie meistens von polnischen Emigranten gekauft werden. Indirekt sind auch lokale Politiker und Unternehmer am grenzüberschreitenden Markt beteiligt: Die Unternehmer, weil mit dem durch Handel an der Grenze erwirtschafteten Geld ihre Leistungen bzw. Waren gekauft werden. Es gibt Transportunternehmen, Reisebüros, Wechselstuben, Versicherungsagenturen oder Gaststätten, die explizit für den Grenzhandel gegründet wurden. Auch die russischen Gäste machen ihre Einkäufe gerne in Gołdap und stärken so die Nachfrage.

Von der lokalen Politik wird der Grenzübergang als Chance für die wirtschaftliche Entwicklung der Region wahrgenommen. Nach Auskunft von Kommunalpolitikern, mit dem Bürgermeister von Gołdap an der Spitze, ist in der Grenzregion jede Erwerbsmöglichkeit willkommen. Der Grenzübergang und der informelle Handel werden von der Lokalpolitik unterstützt, da sie die Folgen der Arbeitslosigkeit auffangen und die wirtschaftliche Entwicklung fördern:

> „Sollte hier ein Eisenbahn- und ein Güterübergang eröffnet werden, dann wird Gołdap mit dem Großteil der Arbeitslosigkeit fertig, weil sich dann auf beiden Seiten der Grenze Speditionsfirmen und Industriebetriebe ansiedeln und Waren in großen

> Mengen liefern werden. Das ist das finale Modell, von dem ich spreche ..., diese ‚Ameisen' werden dann allmählich marginalisiert, es wird Arbeit geben, und die Menschen werden nicht mehr ‚ameisen' [handeln] müssen, sondern einer legalen Beschäftigung nachgehen können." (Interview 2005)

Vertreter der lokalen Behörden von Gołdap beteiligen sich an Verhandlungen zwischen der Grenzpolizei und den Zollbeamten auf der einen, und den Kleinhändlern und Schmugglern auf der anderen Seite.[2] Mit ihren Vermittlungsversuchen ist es ihnen gelungen, soziale Konflikte zu entschärfen und die eigenen Popularitätswerte auch im Hinblick auf Wahlen zu verbessern. Diese Strategie wird aktiv vom jetzigen Bürgermeister von Gołdap umgesetzt, der sein Amt seit Anfang der 1990er-Jahre bekleidet.

4 Die Verhandlungen über die formalen Regeln an der Grenze

Im Interesse der Händler liegt eine weniger restriktive Vollstreckung formaler Regeln. Aus diesem Grund versuchen sie immer wieder, mit Grenzpolizisten bzw. mit Zöllnern zu verhandeln. Im Folgenden möchte ich näher auf Verhandlungen über Einreisebestimmungen, zulässige Normen und Strafen eingehen, um zu schildern, wie die Händler das Recht aufs Überleben für sich reklamieren. Ich betrachte hierbei die Jahre zwischen der Eröffnung des Grenzübergangs 1995 und dem Abschluss des Forschungsprojekts im Jahr 2007.

4.1 Einreisebestimmungen

Zahlreiche Forscher, die sich mit der polnischen Migrationspolitik beschäftigen, heben hervor, dass nach der Eröffnung des Grenzüberganges überaus liberale Einreise- und Einfuhrbestimmungen in Kraft waren (Instytut Spraw Publicznych 2001, Maksimczuk/Sidorowicz 2008). Bis 1997 galt an der Grenze zu Russland der visumfreie Verkehr, für die Einreise brauchte man lediglich einen Reisepass oder, bei Reisenden aus den grenznahen Orten, einen Passierschein. Diese Freizügigkeit hat in der Tat zu einem raschen Anstieg des Verkehrs am Grenzübergang Gołdap-Gusev beigetragen, zumal die Zollbestimmungen ebenfalls sehr großzügig waren.

2 Die Vertreter der Händler organisierten Blockaden am Übergang und forderten eine weniger restriktive Anwendung der Zollgesetze oder eine Beschleunigung der Abfertigungen. Versuche, Druck auf die Behörden auszuüben, gab es nicht nur am Übergang in Gołdap, sondern auch in Bezledy oder an der polnisch-ukrainischen Grenze in Medyka.

Zusätzlich wurden die geltenden Gesetze durch Korruption auf beiden Seiten der Grenze ‚aufgeweicht'. Obwohl der Grenzübergang von 1995–2002 nur 12 Stunden täglich für den Verkehr geöffnet war, sind diese Jahre vielen Bewohnern von Gołdap als die ‚goldenen Zeiten des Grenzhandels' in Erinnerung geblieben, als nicht nur Händler, sondern auch korrupte Zöllner und Grenzpolizisten große Vermögen anhäuften. An diese Zeit erinnert bis heute eine Straße in Gołdap, die „Schmugglerstraße" genannt wird, denn die dort errichteten Häuser wurden durch die Erlöse aus dem Grenzhandel finanziert. Die Forschungen, die im Jahr 2007 in Gołdap durchgeführt wurden, haben ergeben, dass diese Missstände auf der polnischen Seite der Grenze spürbar abgebaut worden sind, während sich die Situation auf der russischen Seite kaum verändert hat (Matejko, Wasielewska 2008). Grund für die Verbesserung der Lage an der Grenze waren interne Kontrollen, Kündigungen und Festnahmen von verdächtigen Beamten.

Im Zusammenhang mit dem geplanten EU-Beitritt Polens wurde seit 2002 die Übernahme des „Aquis communautaire" der EU vorbereitet. Im Jahr 2003 wurde der Visumzwang im Verkehr zwischen Polen und der Russischen Föderation eingeführt[3], allerdings wurden die Visa für Einwohner des Kaliningrader Gebiets und polnische Staatsbürger kostenfrei erteilt.[4] Mit dem Visumzwang hatten die Händler zunächst Probleme, da die Verfahren langwierig und kostspielig waren. Die Schwierigkeiten konnten jedoch schon bald mit Hilfe von Reiseagenturen, die bei Visumverfahren vermittelten, überwunden werden. Im Juni 2007 trat das Abkommen zwischen der Europäischen Union und der Russischen Föderation über Visumerleichterungen für Bürger der Europäischen Union und der Russischen Föderation in Kraft.[5] Für die Händler führte dies jedoch zu weiteren Schwierigkeiten, denn nach dem Prinzip der Gegenseitigkeit wurden jetzt auch Visumgebühren[6] bei Reisen in das Kaliningrader Gebiet erhoben. Darüber hinaus wurden die Reisenden verpflichtet, ihr Reiseziel genau zu dokumentieren. Hier sind erneut die lokalen Politiker von Gołdap aktiv geworden, indem sie sich für die Etablierung eines so gennannten „kleinen Grenzverkehrs" und einer damit verbundenen Befreiung vom Visumzwang einsetzten.[7] Ziel ist es, die Reisebedingungen zwischen Polen und Kaliningrad zu vereinfachen.

Die neuen Visum- und Zollbestimmungen haben den Anteil der Kleinhändler am gesamten Reiseverkehr laut eigener Aussagen deutlich reduziert. Das wird auch durch Statistiken der Grenzpolizei bestätigt. Allerdings ist der informelle

3 Abkommen vom 18. September 2003 zwischen den Regierungen der Republik Polen und der Russischen Föderation über Reisebedingungen für Staatsbürger der Republik Polen und der Russischen Föderation.

4 Monitor Polski (2003). 51: Abs. 800.

5 Dziennik Urzędowy UE L 129 vom 17. Mai 2007.

6 Die Gebühr betrug bei normalen Verfahren 35 EUR und bei beschleunigten 70 EUR.

7 Im Sommer 2010 waren die Verhandlungen noch nicht abgeschlossen.

grenzüberschreitende Markt auch angesichts der neuen Gesetzeslage nicht gänzlich unterbunden worden. Heute agieren dort professionalisierte Schmuggler, die über entsprechende Erfahrungen, soziale Netzwerke und Informationsquellen verfügen.

Die Schmuggler haben auch ihre bisherige Vorgehensweise verändert. Sie reisen nämlich nun über Gołdap nach Russland ein und kehren über die russisch-litauische Grenze wieder zurück, da es dort einfacher ist, steuerpflichtige Waren oberhalb geltender Normen in die EU einzuführen. In der Praxis heißt das, dass es einfacher ist, litauische Beamte zu bestechen als polnische.

An diesem Beispiel können wir erkennen, dass die Aufnahme Polens in den Schengen-Raum und die Verschärfung der Zollbestimmungen die informellen Regeln an der Grenze zwar verändert, aber den grenzüberschreitenden Markt nicht abgeschafft haben. Stattdessen haben die ergriffenen Maßnahme zu einer Spezialisierung des Handels und einem innovativen Missbrauch der Lücken in den Grenz- und Zollkontrollen geführt.

4.2 Geltende Normen und Strafen

Anfangs durften Reisende legal mehr Waren nach Polen einführen als das aktuell der Fall ist. Im Jahr 1995 waren Spirituosen (0,5 l), Wein (2 l), Bier (5 l), Zigaretten (250 Stück), Zigarren (50 Stück) und Tabak (250 g) vom Zoll befreit. Im Jahr 2001 wurden die zulässigen Mengen reduziert und gleichzeitig unterschiedliche Normen für Bewohner von grenznahen Gebieten und für Reisende aus dem Landesinneren eingeführt.[8] Nach dieser Regelung galten als Bewohner von grenznahen Gebieten Personen und Institutionen, die in einem 15 km breiten Streifen an der Grenze ansässig waren. Die neue Rechtslage führte zu Protesten der Händler. Nach Intervention der Gemeinde legte der Ombudsmann einen Vorschlag zur Lösung der Situation vor, aufgrund dessen ein zusätzlicher Punkt in den Zollkodex aufgenommen wurde.[9] Er besagt, dass die Bewohner in den grenznahen Gebieten von Zollgebühren befreit sind, vorausgesetzt, sie haben nachweislich ihre Waren außerhalb der Grenzzone erworben:

> „Wir haben erreicht, unser Bürgermeister hat uns dabei geholfen, dass sie ein Auge zudrücken (…), nicht schlecht, dieser Bürgermeister, er hat irgendwo herausgefunden, irgendeine Vorschrift, hat die Leute vom Zoll hierher gebracht. Schließlich bringen wir 200 Stück und 1 Liter Alkohol legal in der Tasche." (Interview 2007)

8 Dziennik Ustaw Nr. 148, Abs. 165.
9 Dziennik Ustaw Nr. 23, Abs. 117.

Die damit erreichten Vergünstigungen blieben auch bestehen, als 2007 eine formale Reduzierung der frei einführbaren Warenmengen vorgenommen wurde.[10]

Unabhängig von den geltenden Normen haben Händler in der täglichen Praxis immer wieder versucht, mit den Beamten der Grenzpolizei und der Zollverwaltung zu verhandeln. Vor der Grenzpolizei müssen sich die Reisenden mit ihren Reisedokumenten und einem entsprechenden Visum ausweisen und zeigen, dass ihr Fahrzeug fahrtauglich und versichert ist. Um der Strafe zu entgehen, müssen die Reisenden die beanstandeten Mängel direkt am Übergang beseitigen oder umkehren.

Die größten Emotionen weckt unter Kleinhändlern und Schmugglern die Zollkontrolle, denn schließlich sind von ihrem Verlauf die Höhe der Erlöse abhängig. Die ausgehandelten Änderungen ermöglichen den Kleinhändlern zwar eine größere Menge von Waren legal einzuführen als gesetzlich vorgegeben, jedoch versuchen die Händler während der Zollkontrolle die zulässige Menge erneut zu verhandeln.

> „Manchmal, wenn der Zöllner gut gelaunt ist, wenn er eine, zwei, vier Schachteln findet, dann sagt er, dass wir sie vernichten sollen, oder er tut das selbst. Aber sie bringen es auch fertig, wegen einer, zwei Schachteln einen Strafzettel auszustellen oder die Sache vors Gericht zu bringen." (Interview 2007)

Kann man sich auf dem Verhandlungsweg über die Vernichtung der Ware nicht verständigen, so versuchen die Händler eine niedrige Geldstrafe auszuhandeln:

> „Ich habe einmal erlebt, dass ich wegen 15 Stangen, die ich dann selbst aus dem Versteck geholt und dadurch dem Zöllner geholfen habe, sie waren im Rad versteckt, ich habe ihn angesprochen und habe 140 Złoty Strafe bekommen, und nebenan hat eine junge Frau, mit Fahrrad, wegen 5 Schachteln eine Strafe von 150 Złoty bekommen. Je nachdem." (Interview 2006)

Offensichtlich richtet sich das Strafmaß auch nach der Kooperationsbereitschaft der Händler. An der Grenze konnte man z. B. auch Händler beobachten, die ihren Strafzettel ohne weitere Verhandlungen akzeptierten, da sie das Risiko der Bestrafung von vornherein einkalkuliert hatten.

Schmuggler und kleine Händlern führten ihre Verhandlungen auf verschiedene Weise. Die Kleinhändler beriefen sich für gewöhnlich auf die Grundwerte,

10 Verordnung des Finanzministers vom 26. April 2004 über die Befreiung von der Verbrauchssteuer (Dziennik Ustaw Nr. 70, Abs. 500 von 2006 mit nachf. Änd.) sowie die Verordnung des Rates (EWG) Nr. 918/83 vom 28.03.1983 über das gemeinschaftliche System von Zollbefreiungen (Amtsblatt der EU L 105 vom 23.04.1983).

zum Beispiel auf ihr Recht zum Überleben. Die Schmuggler manifestierten dagegen ihre Macht, versuchten die Beamten einzuschüchtern und verhielten sich ihnen gegenüber häufig aggressiv. Bei genaueren Fahrzeugkontrollen auf der Werkstattgrube kam es immer wieder zu Spannungen, wenn die Händler ihre Empörung darüber äußerten, dass ein Fahrzeugteil demontiert oder das Fassungsvermögen der Tanks geprüft werden sollte.

Zu den am deutlichsten sichtbaren Verhandlungsformen gehörten Korruptionsabsprachen zwischen Schmugglern und Zöllnern. Während unserer Forschungen konnten wir beobachten, dass Fälle von offener Korruption, also Vorgänge die man direkt am Übergang Gołdap-Gusev beobachten konnte, auf der russischen Seite der Grenze passierten. Auf der polnischen Seite dagegen, wegen der intensiven Bekämpfung der Korruption beim Zoll und bei der Grenzpolizei, geschah dies, wenn überhaupt, außerhalb des Übergangs. Das heißt also, dass der Handel ein hohes Maß an sozialem Kapital erfordert, und dass man Menschen finden muss, die zur Kooperation bereit sind:

> „Ich glaube, dass Menschen, die über Kontakte verfügen, schon unterwegs, das ist meine Meinung, vor mobilen Kontrollen, die sich unserem Übergang nähern, gewarnt werden. Menschen, die Kontakte haben, fahren dann erst gar nicht los. Es passiert selten, dass diese Personen mit einer größeren Warenmenge erwischt und bestraft werden.“ (Interview 2006)

Die angeführten Beispiele von Verhandlungen über den Warenumfang zeigen, dass die Händler über die geltenden Bestimmungen und über Änderungen der Zollvorschriften bestens informiert sind. Allerdings ist auch der Spielraum bei Verhandlungen über den Wert und Umfang der mitgeführten Ware begrenzt und hängt nicht selten von dem jeweiligen Beamten und Händler ab.

4.3 Die Begründung des Handels

Nach der neuen institutionellen Ökonomie handeln die wirtschaftlich aktiven Individuen rational und opportunistisch mit dem Ziel der Gewinnmaximierung. Daher sollte man der Frage nachgehen, ob der Handel an der Grenze dem materiellen Gewinn oder dem puren Überleben dienen soll. Mit anderen Worten, ob der Handel durch die sozialen Bedürfnisse oder durch den Markt begründet wird. Auf der Suche nach einer Antwort sollte man näher darauf eingehen, wie die Händler ihren Grenzhandel begründen.

Eine Analyse der Interviews mit den Händlern hat ergeben, dass der Handel an der Grenze hauptsächlich durch die Krise motiviert war. Wie bereits in der Einführung dargelegt, begleitete die Krise den gesellschaftlichen und wirtschaftlichen Reformprozess und brachte eine strukturelle Arbeitslosigkeit mit sich, die tief greifende Einschnitte im Leben der Bewohner des Grenzgebietes verursachte. Beruflich oder räumlich mobile Menschen haben neue Abeitsplätze gefunden. Andere dagegen, die entweder ohne Einkommen geblieben sind oder auf legalem Wege lediglich ihr Überleben absichern konnten, haben sich für die Schattenwirtschaft entschieden. Die Krise liefert also die wichtigste Begründung für den Handel an der Grenze und zwar sowohl aus der Sicht der Händler als auch der Politik.

Eine nähere Betrachtung der von einzelnen Händlern herangezogenen Begründungen zeigt, dass der Handel an der Grenze nicht nur das Überleben erlaubt, sondern auch eine Entwicklungsstrategie darstellt mit der die Erlöse optimiert werden können. Der Handel an der Grenze sichert das Überleben derjenigen, die keine weiteren oder nur sehr niedrige Einkommen aus anderen Quellen erzielen, mit denen sie jedoch ihre Grundbedürfnisse nicht befriedigen können. Zu diesem Personenkreis gehören Arbeitslose und Rentner: „Ich habe keine Einkünfte. Deswegen fahre ich an die Grenze. Hier verdiene ich etwas nebenbei. Und 2 Stunden putze ich noch im Rathaus. Ich fahre täglich“ (Interview 2007). Hier wird das Recht auf Arbeit und Mindesteinkommen eingefordert, denn viele Händler betonten, dass sie nach der Abwicklung der staatlichen landwirtschaftlichen Güter allein gelassen wurden und selbst um ihre Anliegen kämpfen mussten.

Daneben wird der Handel auch mit dem Streben nach einem höheren Lebensstandard begründet. Das berichteten Familien, die in die Ausbildung ihrer Kinder und in Immobilien investieren. Hier gilt der Handel an der Grenze als Mittel zur Verbesserung des eigenen Lebensstandards durch Einkünfte, die im Vergleich zum offiziellen Arbeitsmarkt durchaus konkurrenzfähig sind: „Ich muss ja handeln gehen, denn das Haus muss fertig werden. Man muss ja auch normal leben. Man muss. Anders sehe ich keine Zukunft oder dass ich das Haus zu Ende bauen könnte dank normaler Arbeit hier (…). Der Mensch will ja etwas besitzen“ (Interview 2006). Dieser Händler hatte ein Grundstück geerbt, und um die familiäre Zukunft abzusichern hat er mit dem Bau eines Eigenheims begonnen. Aus seiner Aussage geht hervor, dass er die Baumaßnahme nur mit Erlösen aus dem Handel finanziert, wobei er als Kleinhändler eher bescheidene Gewinne erzielt. Trotzdem stellen die systematisch erwirtschafteten Mittel die Basis für einen langsamen Fortschritt der Bauarbeiten dar. Händler wie er verknüpfen in ihrer Begründung das notwendige Überleben mit dem Wunsch nach persönlichen Fortschritten.

In der Begründung der Schmuggler hingegen gilt der Handel als die beste Verdienstmöglichkeit in der Grenzregion. Aus Sicht der Kleinhändler und Schmuggler sowie auch der lokalen Politiker stellt die Grenze eine wichtige Ressource dar, mit der die öffentlichen Stellen von ihren Verpflichtungen zur finanziellen Unterstützung gegenüber arbeitslosen und hilfsbedürftigen Menschen befreit werden:

> „Die einen reden von ‚Schmuggel', ich dagegen spreche von ‚Handelstourismus', obwohl es sich hier um Aktivitäten im Rahmen der Schattenwirtschaft handelt, doch ist es für diese Region … Wir sagen offen: Wenn es keine Chancen auf eine legale Beschäftigung gibt, dann sollen sie es ruhig machen, dabei handelt es sich hier um eine Wahl zwischen dem Zollrecht und dem Recht aufs Leben. Als Kommune stehen wir selbstverständlich immer auf der Seite der ‚Ameisen'. (Interview 2007)

Die Billigung des Handels durch die lokale Politik hat sich positiv auf die Bekämpfung der Armut in der Grenzregion ausgewirkt. Diese Haltung geht mit der Idee einer in der Gemeinschaft verankerten Wirtschaft einher. Demnach sind angesichts sozialer Bedürfnisse bestimmte Praktiken zulässig, selbst dann, wenn es auf Kosten der formalen Regeln geschieht (Scott 1979):

> „Das heißt, die Menschen betrachten es als ihre einzige Verdienstmöglichkeit, hier gibt es ja sonst keine Arbeit. Ich werde doch nicht klauen gehen. Im Endeffekt berauben sie den Staat. Der Staat gibt ihnen nichts, deswegen berauben sie ihn auf diese Weise." (Interview 2007)

Die Händler sind sich dessen bewusst, dass sie mit dem Handel in der Schattenwirtschaft gegen geltende Gesetze verstoßen, aber sie rechtfertigen ihn als das geringere Übel. Aus Sicht der Händler sind Diebstahldelikte, die sich gegen Einzelpersonen richten, schärfer zu verurteilen als der Schmuggel, da der Staat in Anbetracht der hohen Arbeitslosigkeit die Menschen in der Grenzregion ihrem Schicksal überlässt:

> „Die Menschen betreiben den Handel, denn sie haben schlichtweg keine Arbeit. Sie werden ja nicht klauen gehen. Ich klaue nicht, und der Zöllner wirft mir vor, ich hätte den Staat beraubt. Und wie viel hat mir der Staat geklaut? Das sind Diebe! Ich klaue das nicht, was ich kaufe, kaufe ich von meinem eigenen Geld." (Interview 2006)

Als wichtigste Begründung für das eigene Engagement am grenzüberschreitenden Markt wird von den Betroffenen das Desinteresse der Politik am Schicksal der Menschen in den von der Krise heimgesuchten Grenzregionen angeführt. So wird der Grenzhandel zur Norm der wirtschaftlichen Aktivitäten der dort lebenden Bewohner (Kurczewska/Bojar 2000, Matejko/Wasilewska 2008). Dabei handelt es sich um ein Gewerbe mit hohen Renditen, das dank der Institution Staatsgrenze etabliert wurde.

5 Schlussfolgerungen

Im Zusammenhang mit der am Anfang gestellten Frage nach der Rolle des Grenzübergangs in der Phase sozialer und wirtschaftlicher Umbrüche in den Grenzregionen zeigt sich, dass die Staatsgrenze für die lokale Gesellschaft eine wirtschaftliche Ressource darstellt. In Zeiten der postsozialistischen Transformation gelang es dadurch, die Folgen der Armut zu mildern und die Entwicklung zu fördern. Der Systemwandel nach dem Fall des Kommunismus erforderte den Umbau des Staates sowie einzelner Bereiche des gesellschaftlichen Lebens. Der Übergang von der zentralen Plan- zur freien Marktwirtschaft war mit zahlreichen wichtigen und schwierigen Reformen verbunden. Die Schocktherapie, der Polen ausgesetzt wurde, hat viele Menschen in der Grenzregion ohne Existenzgrundlagen zurückgelassen. Die empfundene soziale Ungerechtigkeit lieferte die Begründung für Aktivitäten innerhalb der Schattenwirtschaft.

Wie wir am Fall des Handels an der Grenze beobachten können, haben die Marktreformen und die mit ihnen verbundenen Veränderungen im wirtschaftlichen Leben eine Antinomie zwischen einem freien Markt auf der einen und den Bedürfnissen der Gesellschaft und ihrer Kohäsion auf der anderen Seite nach sich gezogen. In der geschilderten Analyse haben Händler mit Unterstützung der lokalen Politik Verhandlungen über die bestehenden formellen Regeln aufgenommen und Respekt für ihr Recht auf Überleben und Entwicklung gefordert. Bei manchen von ihnen bedeutet Entwicklung einen höheren Lebensstandard für ihre Familien, bei anderen dagegen gewerbliche Aktivitäten auf dem Schwarzmarkt. In beiden Fällen handelte es sich um eine klare Alternative zu einem unterentwickelten freien Markt. Vor dem Hintergrund der Schocktherapie haben die Bewohner der Grenzregion durch ihre direkte und indirekte Beteiligung am grenzüberschreitenden Markt symbolisch eine evolutionsartige Transformation der Wirtschaft eingefordert.

Angesichts der Schwäche von wirtschaftlichen (Arbeitsmarkt), rechtlichen und sozialen (soziale Sicherheit) Institutionen des Staates setzten Menschen an der Grenze kurzfristige Strategien ein, die typisch für die Zeit des Sozialismus bzw. des Frühkapitalismus waren. In Übereinstimmung mit Mirosława Marody (1991), Michael Burawoy und Katrin Verdery (1996) zeigt sich, dass Handlungsmechanismen aus sozialistischen Zeiten teilweise in die Anpassungsstrategien im neuen wirtschaftlichen und sozialen Umfeld eingeflossen sind. Durch den Untergang der sozialistischen Wirtschaftsordnung wurden die gesellschaftlichen und wirtschaftlichen Regeln der Demokratie und des freien Marktes nicht automatisch in Kraft gesetzt. Vielmehr entstand die neue Ordnung in einem Prozess, in dessen Rahmen auch die vertrauten Gewohnheiten aus der Vergangenheit zum Einsatz kamen. Das heißt nicht, dass die Erfahrungen aus dem Sozialismus die neue Wirklichkeit gänzlich geprägt hätten, doch waren sie im Denken und in der Kultur der Menschen präsent und evolvierten in Richtung Demokratie und freie Marktwirtschaft.

Im Handel an der Grenze können wir eine Vermengung von sozialistischen und kapitalistischen Wirtschaftsstrategien beobachten. Rückgriffe auf frühere Erfahrungen können als innovative Anpassungsstrategien interpretiert werden, die in der Erschließung von neuen Einnahmequellen durch den Missbrauch von Gesetzeslücken im offiziell vorhandenen institutionellen System zum Ausdruck kommen (Marody 1991). In der alltäglichen Praxis werden dann Schwachstellen im Rechtssystem gesucht, um das eigene Überleben und die eigene Entwicklung abzusichern. Die Händler offenbaren gleichzeitig auch unternehmerisches Denken durch wirtschaftliche Rationalität, ihre Risikobereitschaft, Innovations- und Anpassungsfähigkeit. Man darf also behaupten, dass der grenzüberschreitende Markt nicht nur das Überleben der Bewohner der Grenzregion möglich macht, sondern auch Eigenschaften vermitteln kann, die für die freie Wirtschaft unerlässlich sind. Der grenzüberschreitende Markt bildet somit wirtschaftliche Aktivitäten aus, die Übergangscharakter haben und zwischen Methoden des Sozialismus und des Kapitalismus zu orten sind.

Wenn Leute, Sachen und Geld migrieren. Ethnografie der *Reibung* an der polnisch-belarussischen Grenze

Jakub Grygar

Dem grenzüberschreitenden Kleinhandel widmen die Anthropologen seit Anfang der 1990er-Jahre ihre Aufmerksamkeit, als der Zusammenbruch des sowjetischen Blocks zur Entfaltung dieser Art der ‚grenzüberschreitenden Touristik'[1] wesentlich beigetragen hat. Ihre Texte konzentrieren sich auf die Rolle des grenzüberschreitenden Handels beim Übergang der postsozialistischen Länder zur Marktwirtschaft (Humphrey 2002), die Formen der Macht und Resistenzstrategien bei der Überschreitung von Staatsgrenzen (Konstantinov 1994, 1996) oder auf die Rolle der Ethnizität und Gender (Hann C./Hann I. 1992, Yükseker 2004, 2007). Im folgenden Text schließe ich an diese Themen an und entwickle sie in Bezug auf die Möglichkeiten des ethnografischen Studiums der Globalisierung weiter. An Beispielen der Migration von Personen, Sachen und Geld über die polnisch-belarussische Grenze konzentriere ich mich darauf, wie der Kleinhandel in Bezug auf die Verflechtung von Personen, Sachen und Geld untersucht werden kann.

Weder der Straßen- noch der Eisenbahngrenzübergang zwischen dem polnischen Orzełków und dem belarussischen Zviezdnyj deuten an, dass es sich um eine der wichtigsten Eisenbahnstrecken aus der EU in den Osten handelt. Den Ort, an dem der Raum der „Freiheit, Sicherheit und Gerechtigkeit" – so versteht sich die EU zumindest – endet, an dem der Unterschied von 89 mm zwischen der europäischen und russischen Eisenbahnspurweite als Metapher für die Differenz des ökonomischen und moralischen Systems dient, habe ich bei meinem ersten Besuch als furchtbar langweilig empfunden.

Ein paar Bars, deren Öffnungszeiten von der momentanen Besuchshäufigkeit sowie vor allem vom hiesigen Kundenkreis abhängig sind. Im Sommer 2006 gab es hier viele Geschäfte, die nicht verleugnet haben, dass ein wesentlicher Teil ihres Sortiments für Kunden aus Belarus bestimmt ist: Regale voll mit Fleisch, bis zu zwei Meter hoch gestapelte Fünfliter-Eimer Pflanzenöl, Handtücher, Bettbezüge, Kleidung aller Art, alles in der billigsten Ausführung.

---

1 Der Aufsatz basiert auf ethnografischen Studien, die ich zwischen 2006 und 2008 durchführte. Die Feldforschung wurde ermöglicht durch den Józef Mianowski Fund und die Czech Science Foundation (postdoc grant 403-07-P299_pcz).

Eine größere Belebung – verbunden mit einem ungewohnten Spektakel – bieten Gruppen von älteren Frauen, die hierher täglich aus dem nahe gelegenen Zviezdnyj kommen. Die Polen nennen sie *mrówki* („Ameisen"), die Belarussen verwenden für sie das russische Wort „čelnoki" – ein Ausdruck, der Weberschiffchen bezeichnet. Beide Ausdrücke evozieren eine regelmäßige Bewegung, im konkreten Fall von der einen Seite der Grenze auf die andere, die für diese Frauen so charakteristisch ist. Einer ihrer polnischen Kunden hat sie am Anfang meines Aufenthalts in Orzełków – mit einer Mischung von Paternalismus, Missachtung und Nachsichtigkeit – „devuški" (Mädels) genannt. Nach ihrer Ankunft in Orzełków verkaufen sie heimlich mitgebrachte Zigaretten und Schnaps an Zwischenhändler, die gleich am Eingang zum Bahnhofsgebäude auf sie warten. Während die letzten Reisenden die Zoll- und Passkontrolle verlassen, kaufen die meisten der Frauen schon in den umliegenden Geschäften ein.

Orzełków stellt ein ‚Labor' für ökonomische Beziehungen dar. Das Angebot schafft die Nachfrage und die Nachfrage beeinflusst das Angebot. Alles, was die „devuški" brauchen, bieten ihnen Händler aus Orzełków an, und umgekehrt brauchen die „devuški" nur das, was man ihnen in Orzełków anbietet. Sie kaufen für sich, für Bekannte sowie für ihre Kunden ein. Das für die Waren eingelöste Geld kann in den meisten Fällen nur die Kosten für die Rückfahrkarte abdecken; Gewinn kann man erst mit dem Verkauf der polnischen Waren in Belarus erzielen.

Nach Zviezdnyj kann man noch anders gelangen als mit der Eisenbahn. Ein Teil dieser grenzüberschreitenden Kleinhändlerinnen schlägt nach dem Verkauf der mitgebrachten Ware die Richtung zum einige Kilometer entfernten Straßengrenzübergang ein, *na podsadku* – um mitgenommen zu werden. Aus Polen kommt niemand ohne Waren nach Belarus zurück, jeder bringt das mit, was er mitzunehmen imstande ist, und was er verzollen kann. In alten verrosteten Kleintransportern, die meistens aus Deutschland eingeführt wurden, passt immer noch vieles rein. In Belarus, wo mit Ausnahme von Zigaretten und Kraftstoffen im Vergleich zu Polen alles teurer ist, kann man das meiste mit Profit verkaufen. Die „devuški", die für die Rückfahrt nicht die Bahn nutzen, erhalten von den belarussischen Fahrern fünf USD, wenn sie in der Zollerklärung angeben, dass ein Teil der über die Grenze gebrachten Ware für ihren eigenen Bedarf bestimmt ist. Für Fliesen, Computerkomponenten, Reifen, Kinderwagen, Fleisch, Obst usw. sind genaue Limits festgelegt, wie viel von welcher Ware noch eingeführt werden darf und welche Menge der Verzollung unterliegt. Diese und andere Sachen werden so für die Dauer des Grenzübergangs zum (formalen) Eigentum der „devuški".

1 Ethnografie der *Reibung*

Der Ausdruck „grenzüberschreitender globaler Handel" weist darauf hin, dass der Handel weltweit in großen Mengen betrieben wird und somit Geld und Waren in Umlauf bringt. Der Handel verknüpft die Schicksale und Aktivitäten von Menschen, die ihr Leben in unterschiedlichen Umgebungen führen.

Das Hauptziel meiner Untersuchung war, diese *Verbindungen* zwischen den Akteuren zu studieren, die zwischen dem polnischen Orzełków und dem belarussischen Zviezdnyj migrieren. Mich interessierte, welche Netzwerke und Topologien die grenzüberschreitende Migration überhaupt ermöglicht und hervorbringt, und wie sich die Identitäten von einzelnen Akteuren durch die Entstehung und Einbindung in diese Netzwerke verändern (Näheres siehe Grygar 2009). In einem weiteren Rahmen war ich auch daran interessiert, wie sich diese Agenten am Funktionieren von Marktbeziehungen in verschiedenen politischen Systemen beteiligen. Der Fokus auf eine Lokalität von ein paar Quadratkilometern und auf die Schicksale von einigen wenigen Akteuren bedeutet jedoch nicht, dass die Erkenntnisse nicht auf die allgemeine Situation der grenzüberschreitenden Migration an der östlichen EU-Grenze übertragbar wäre. Die Grenze zwischen Orzełków und Zviezdnyj fungiert als einer der Knotenpunkte eines breiteren Netzwerks, das Mobilität, Geschäftstransaktionen, Administrationen und den Identitätswandel der Migranten umfasst.

Es stellt sich die Frage, ob man das Phänomen der Globalisierung mit der ethnografischen Methode erfassen kann, da sich diese üblicherweise auf eine geschlossene lokale Gesellschaft bezieht. Besteht ein Widerspruch zwischen der Ethnografie und der Vorstellung von kontinuierlichen globalen Bewegungen? Jedoch wird man auch die globalen Phänomene auf lokaler Ebene antreffen. Lokales und Globales müssen als *miteinander verbundene* Phänomene verstanden werden. Vor diesem Hintergrund wird es möglich, mit ethnografischen Methoden auch Phänomene der Globalisierung zu beschreiben.

Mein Ziel ist es, die Phänomene der Globalisierung in den Verbindungen von lokalen und globalen Erscheinungen zu analysieren. Es sind die Entkoppelungen und Verbindungen, denen mein Interesse gilt, und nicht die Untersuchung globaler Ereignisse auf lokaler Ebene. Ethnografisch über transnationale Netzwerke zu schreiben, bedeutet, sie als ethnografische Knotenpunkte und Zeitausschnitte zu erfassen.

Zum Beispiel so, wie das Anna Lowenhaupt Tsing (2005) macht, die diese Interaktionen bzw. Verbindungen mit der Metapher der *Reibung* („frictions") charakterisiert. Das *Globale*, das in diesen Reibungen entsteht, ist durch eine instabile Verflechtung von Verschiedenheiten gekennzeichnet. Die *Reibung* ist also eine Art von ungleichmäßigen und schwerfälligen Verbindungen von einzelnen Kettengliedern des globalen Kapitalismus. *Reibungen* tauchen in dem Moment auf, in dem wir anfangen, ethnografisch zu untersuchen, wie die globalen Flüsse wirklich fließen. Es ist ähnlich, als ob wir uns ein Einzelbild („frame") eines Filmstreifens anschauen würden. Was uns als kontinuierlicher ununterbrochener Fluss von Ereignissen vorkommt, zeigt sich bei näherer Betrachtung als Folge von Disharmonien und Reibungen, eben als zerstückelte Bewegung. Die Metapher der *Reibung*, die uns ermöglicht, unterschiedliche und ungleiche Kollisionen wahrzunehmen, kann uns dazu führen, dass wir anfangen, neu über Kultur und Machtbeziehungen nachzudenken. Nach Tsing erinnern uns die *Reibungen* an die Wichtigkeit von Interaktionen bei der Definition von Migration, kulturellen Formen und Handlungen („agency"). Die *Reibung* ist ein unabdingbarer Bestandteil der Bewegung, die *Reibung* stellt eine Bedingung dar, die globale Flüsse (Ideen, Handelsartikel, Geld, Macht etc.) in Gang halten und zugleich zu deren Verlangsamung beitragen. Internationale Grenzen sind Orte, an denen diese Reibungen sichtbar sind. Die Grenzkontrolle stellt hier ein Instrument für die Harmonisierung von Identitäten und *Handlungen* der Akteure mit den Anforderungen des Staats dar, dessen Gebiet die Akteure betreten (vgl. Grygar 2009). Gleichzeitig stellt die Grenzkontrolle auch einen der Knotenpunkte oder notwendigen Übergangspunkte – („obligatory passing point", Michel Callon 1986) in Netzwerken und Topologien des grenzüberschreitenden Handels dar. Das durch die grenzüberschreitende Migration eingerichtete („enacted") Akteurenetzwerk verwandelt sich nicht nur je nachdem, welche Akteure sich daran gerade beteiligen, sondern auch durch Interaktionen, Kommunikationen, Streitigkeiten usw., also *Reibungen,* die unter den Beteiligten entstehen. In dieser Hinsicht sind es dann nicht die Akteure selbst, die den Charakter des Netzwerks definieren, sondern Effekte von unterschiedlichen Typen von *Reibungen,* die unter ihnen entstehen. Die *Reibung* bestimmt das Akteurenetzwerk und wirkt auf die Akteure zurück. Im folgenden Text werde ich drei Typen von Akteuren und durch sie hervorgerufene *Reibungen* vorstellen, die bei der grenzüberschreitenden Migration entstehen.

2 Leute

Das große Ausmaß des grenzüberschreitenden Kleinhandels und die Rolle, die dieser Handel in den sich transformierenden Wirtschaften von Mittel- und Osteuropa spielt, ist nicht der Aufmerksamkeit von Anthropologen, Soziologen und Sozialgeografen entgangen (vgl. u. a. Hann C./Hann I. 1992; Konstantinov 1994, 1996; Konstantinov et al. 1998; Iglicka 1999, 2001; Williams/Baláž 2002; Eder et al. 2003; Yükseker 2007). Diese Autoren begründen den Entschluss der grenzüberschreitenden Kleinhändler, als „mrówki“ bzw. „čelnoki“ zu arbeiten, hauptsächlich damit, dass es sich um Opfer der Transformation handelt, die nicht ausreichend Kapital (Finanzkapital, Kulturkapital, Sozialkapital) haben, um sich an die neuen Bedingungen anzupassen. Die Geschichte von Katja und ihren Kolleginnen zeigt jedoch, dass diese Frauen nicht nur Opfer einer gesellschaftlichen, politischen und ökonomischen Transformation sind, sondern auch Akteure, die auf Änderungen aktiv reagieren. Hierbei zeigt sich, wie sehr bei diesen Einzelpersonen die Rationalität des ökonomischen Handelns mit strukturellen Einschränkungen verbunden ist, zu denen z. B. die Grenzformalitäten, die Arbeitsteilung oder die finanziellen Bedingungen zählen. Sie sind jedoch auch gleichzeitig ein Nachweis dafür, wie diese strukturellen Einschränkungen auf eine schöpferische Art und Weise umgangen und genutzt werden.

Die belarussische Journalistin Veronika Čerkasová zieht in ihrem Buch „Krasnym po Belomu: Stat'i, Ocherki, Esse“ (2005) aus ihrer naturalistisch geschilderten Reportage über einen normalen Arbeitstag der „čelnoki“ folgende Schlussfolgerung: Sollte mal ein Denkmal für Pioniere des Kapitalismus in Belarus errichtet werden, dann sollte dieses die Statue einer „čelnoka“ darstellen – eine einfache Frau mit riesengroßen, voll gestopften Einkaufstaschen. Vielleicht bereiten diese Frauen die Geburt eines neuen wirtschaftspolitischen Systems vor? Jedenfalls helfen sie, die Wirtschaft unter den Bedingungen einer sich transformierenden Planwirtschaft zu entwickeln, indem sie Handelsbarrieren überwinden. Gleichzeitig gehören sie zu den ersten ‚Unternehmerinnen’, deren Dienstleistungen sowohl vom entstehenden neuen politisch-ökonomischen System als auch von den Repräsentanten der alten Ordnung genutzt werden. Betrachtet man jedoch den grenzüberschreitenden Kleinhandel detaillierter aus ethnografischer Sicht, dann ist kaum zu übersehen, dass der „čelnok“ oder „mrówka“ nicht jenes Chaos, Interregnum sowie den Verlust von Sicherheiten verkörpert, die mit der Transformierungsperiode verbunden werden. Sollten die Arbeitsschicksale von Katja und anderen „devuški“, die ich kennengelernt habe, einen Übergang verkörpern, dann nicht den Übergang von der Planwirtschaft zur freien Marktwirtschaft, vom Sozialismus zum Kapitalismus. Ähnlich wie die von Čerkasová beschriebenen Frauen, die aus Minsk auf polnische Basare fahren, verkörpern sie einen Übergang, der mit der Neuverteilung von Macht und Gütern in einer politischen Ökonomie eng verbunden ist. Die Frauen, die ich bei ihrer Arbeit begleitet habe, verbinden mit ihren Aktivitäten vor allem Sphären von formellem und informellem Wirtschaften, Sphären der Legalität und Illegalität.

Diesem Thema widmen sich auch die Sozialgeografen Sik und Claire Wallace (1999), die das Organisieren des Verkaufs auf den Märkten in Mittelost- und Osteuropa verglichen haben und feststellen, dass die osteuropäischen Marktplätze gegenwärtig Orte sind, auf denen unternehmerische Ambitionen befriedigt werden können. Das Beispiel von Katja zeigt jedoch noch eine andere Dimension. Denn weder sie noch eine der anderen Frauen haben die Ambition, auf dem Marktplatz von Orzełków eine unternehmerische Laufbahn zu starten, wie das zum Beispiel Łukowski, Bojar und Jałowiecki (2009) beschreiben. Der Grund dafür war weder die Tatsache, dass zur Zeit meiner Untersuchung Lukaschenkos Verwaltung die Aktivitäten von Kleinunternehmern stark eingeschränkt hat, noch eine unzureichende Ausbildung dieser Frauen (Iglicka 1999, 2001), denn einige von ihnen haben ein Hochschulstudium abgeschlossen, und die meisten verfügen über langjährige berufliche Erfahrungen. Einer der Gründe, warum sich Katja und andere Frauen vom kleinen grenzüberschreitenden Handel ernährt haben, war ihr Verständnis von Arbeit. Selbstverständlich war dies nicht der einzige Grund (ähnlich wie die Wahl unserer Strategien selten das Ergebnis nur einer einzigen Ursache ist), aber von den anderen Gründen dieser ‚Wahl', die ich feststellen konnte (niedrige Kosten für die Legalisierung des Gewinns, Genderdimension des grenzüberschreitenden Handels, Höhe des erreichbaren Einkommens), erscheint mir der erstgenannte aus soziologischer Sicht am interessantesten.

Von allen Händlerinnen habe ich immer wieder gehört, dass sie aufgrund ihres Alters in Belarus arbeitslos wären. Wie es sich später gezeigt hat, war ich im Laufe meiner Untersuchung nicht imstande, diese Information genau nachzuvollziehen. Ähnlich wie diese Frauen habe auch ich das Gewicht auf die Tatsache gelegt, dass es kaum möglich ist, eine Stelle zu finden, dass der belarussische Arbeitsmarkt einfach gesättigt ist und die schwache belarussische Wirtschaft nicht imstande ist, Arbeitsstellen zu schaffen, die den finanziellen Bedarf meiner Kolleginnen befriedigen könnten. Erst als diese Frauen auf die Visumeinschränkungen reagieren mussten, die im Zuge des Beitritts Polens zum Schengen-Raum entstanden sind, hat sich gezeigt, wie eng diese ‚Arbeitslosigkeit' mit dem sozialen Kapital und mit der Integration in soziale Netze verbunden ist. Wie ich erst später begriff, waren Katja und viele ihrer Kolleginnen im kleinen grenzüberschreitenden Handel nicht deshalb tätig, weil sie kaum eine Chance hatten, eine Stelle zu finden, sondern weil sie kaum eine Chance hatten, eine Stelle mit entsprechenden sozialen Kontakten zu finden.

November 2007. Ich bin wieder in Katjas Wohnung. „Was wirst du machen?", frage ich sie. Sie zuckt mit den Achseln und schüttelt den Kopf, um sich das zu lange Haar aus der Stirn zu streichen, sie wirft dabei das Glas auf dem Tisch mit ihrem langen Zopf fast um (dies macht sie immer, wenn sie etwas nicht beantworten will) und erwidert: „Was sollte ich schon machen, ich bleibe zu Hause hocken." Nach einer Weile des Schweigens fängt sie an zu erzählen, wie sich ihre Kolleginnen mit der bevorstehenden Situation abfinden. Jede versucht irgendetwas, aber wie sie das machen, weiß sie nicht. Sie reden eigentlich gar nicht darüber.

Einer ähnlichen Resignation bin ich auch bei den „devuški“ begegnet. Während meines Pendelns zwischen Orzełków und Zviezdnyj, während des Wartens auf die Zollabfertigung und Passkontrolle oder bei den Forschungsgesprächen ist das Thema Schengen-Raum und die künftige Visumpflicht immer stärker in den Vordergrund getreten. Überraschenderweise wurden bei den Debatten über die zunehmenden Probleme beim Grenzhandel nie alternative Arbeitsmöglichkeiten thematisiert. Unter den „devuški“ war das einfach kein Thema.

Im April 2008 rufe ich Katja aus Prag an:

> „Ich habe Arbeit!“, sagt sie mir freudig. „Eine Bekannte hat mir geholfen.“
> „Welche Bekannte?“
> „Na, eine Bekannte, Kundin von meinem chozjajina. Er hat ihr Geschäft mit Waren aus Polen beliefert, und so hat er nachgefragt. Und sie macht das angeblich für ihn.“

Im angeführten Dialog erfahren wir nichts von Katjas aktiver Suche nach Arbeit oder darüber, dass Katja das Schließen der Grenze, zu dem es nach dem Beitritt Polens zum Schengen-Raum kommt, als Problem empfindet. Wenn in Mittel- und Osteuropa über eine Sache nicht gesprochen wird, dann scheint das Problem wirklich ernst zu sein (vgl. z. B. Pine 1993). Die Erkenntnis, dass es notwendig ist, Probleme anzusprechen, wurde in diesen Ländern aus dem Westen importiert. Eine Frage ist dabei, welches Verständnis von Arbeit Katja und die Frauen haben. Mit Katja habe ich darüber viele Gespräche geführt, meist abends bei einem Gläschen Wodka oder beim Morgenkaffee, wenn wir uns gegenseitig versichert haben, dass es gut sei, dass weder sie noch ich früh aufstehen und zur Arbeit gehen müssen.

Anthropologen haben anhand vieler Beispiele dargelegt, was die Institution des Feierns – wozu auch Wodkaabende zählen, die Katja mit mir oder auch mit anderen „devuški“ verbracht hat – für die Subversion der bestehenden sozialen Ordnung bedeutet (vergleiche z. B. Day et al. 1999: 6–35, Stewart 1997, Bakhtin 1984). Die Beziehung von Katja und anderen „devuški“ zur Arbeit ist meiner Meinung nach gerade in diesem Licht zu sehen. Nicht nur als Unmöglichkeit, eine andere Quelle des Unterhalts zu finden, sondern auch als symbolische Überhöhung der Bedeutung ihrer aktuellen Position im Rahmen der hierarchischen Beziehungen, in die sie durch ihre Tätigkeit in der Schattenwirtschaft eingeflochten wurden. Das folgende Beispiel von Ol'ga veranschaulicht dies.

Ol'ga, ähnlich wie die meisten anderen „devuški“, ist allein erziehende Mutter. Von ihrem Mann hat sie sich scheiden lassen, weil er trank, gegen sie und ihre zwei Kinder gewalttätig wurde und sie letztlich auch noch betrog. Ol'ga war unter den Reisenden im Zug, der zwischen Orzełków und Zviezdnyj pendelt, eine auffallende Erscheinung, weil sie sich kräftig schminkte, jung war und den Grenzoffiziellen kokett begegnete.

In Geschäften und Restaurants im Zentrum von Zviezdnyj habe ich mehrmals Anzeigen gesehen, in denen eine junge Verkäuferin, Bedienung oder eine unqualifizierte Hilfskraft gesucht wurde. Jedes Mal, wenn ich Ol'ga danach gefragt habe, warum sie sich den erniedrigenden Grenzkontrollen unterzieht und sich sexistischen Kommentaren und zweideutigen Angeboten der Alkoholiker in Orzełków aussetzt, anstatt sich auf eine der angezeigten freien Stellen zu bewerben, hat sie immer dasselbe geantwortet. Auch wenn sie die mitgebrachte Ware oft unter der Kleidung am bloßen Körper verstecken muss, auch wenn sie die Gefahr eingeht, sich einer unangenehmen persönlichen Untersuchung unterziehen zu müssen, auch wenn sie sich einem abschätzigen und bisweilen auch arroganten Verhalten der polnischen Grenzpolizisten und Zollbeamten aussetzen muss, lohnen sich für sie all diese ‚Investitionen'. Neben dem solchermaßen gesicherten Einkommen, das sich – wie ich mich überzeugen konnte – zwischen 200 bis 250 USD bewegt hat, gab es noch einen zusätzlichen Vorteil, auf den all ‚meine Kolleginnen' oft hingewiesen haben: Der Warentransport über die Grenze ist keine *Arbeit.*

Für die Frauen war der grenzüberschreitende Handel eine ökonomische Aktivität, jedoch keine Arbeit. Arbeit war für sie durch andere Merkmale gekennzeichnet als nur durch ökonomischen Gewinn. Arbeit ist – wie es einmal Katja zusammengefasst hat – „Chef, Arbeitszeit und Kollektiv". Das Gefühl, sich frei entscheiden zu können, wann, mit welcher Person und mit welchem Zug man mit der Ware über die Grenze fährt, das ist eine wirkliche Alternative zur Arbeit, aber in ihrem Verständnis keine Arbeit.

Der Besitz eines Reisepasses mit Visum ist keineswegs das einzige Element, das einem das Passieren der Grenze ermöglicht. *Reibungen*, die ein Ausdruck dieser „Nicht-Selbstverständlichkeit des Passierens" der Staatsgrenze, der Verlangsamung, aber auch Ausrichtung dieser Bewegung sind, werden durch eine komplizierte gegenseitige Übertragbarkeit von unterschiedlichen ökonomisch-moralischen Kategorien von Gender und Arbeit sichtbar gemacht.

3 Sachen

Die „mrówki" bzw. „čelnoki" waren keineswegs die einzigen Akteure, die während meines Forschungsaufenthalts die nicht gerade verkehrsreiche Grenze zwischen Polen und Belarus überschritten haben. Gemeinsam mit ihnen haben auch *Sachen* diese EU-Außengrenze passiert. In gewisser Hinsicht haben diese Sachen bei der Migration von menschlichen („human") und nichtmenschlichen („nonhuman“) Akteuren eine wichtigere Rolle gespielt. Erst die Migration von Sachen hat nämlich die Migration von Menschen bewirkt, gesteuert, deren Intensität und Charakter beeinflusst und mitbestimmt. Im folgenden Teil werde ich einige Formen von Reibungen darstellen, die bei dieser gemeinsamen und sich gegenseitig beeinflussenden Migration von Menschen und Sachen entstanden sind.

September 2007. Wie fast täglich bestelle ich auch heute nach der Ankunft in Orzełków heißen Tee mit Zitrone in der nicht weit vom Bahnhof entfernten Bar. Aus dem Fenster beobachte ich die Zwischenhändler, die unterschiedliche Zigarettenmarken mit oder ohne russische, ukrainische oder belarussische Steuermarken am Bahnhofsausgang den „Ameisen“ abkaufen. Mit schnellen Bewegungen stecken sie eine Stange nach der anderen in die breiten Ärmel ihrer Winterjacken, um nach einer Weile in einem der nahe liegenden Geschäfte zu verschwinden, in dem sie die gerade gekauften Zigaretten so lange lagern, bis ein passender Augenblick kommt, um diese an einen sicheren Ort zu bringen. In diesen Zwischendepots lagern dann diese mitgebrachten Zigaretten so lange, bis ein Teil von ihnen auf den Marktplätzen weiterer polnischer Städte und Dörfer heimlich verkauft, ein anderer Teil an die polnische Westgrenze gebracht wird, wo die Zigaretten Kunden aus Deutschland angeboten oder – mit Aussicht auf den größten Gewinn (und mit dem größten Risiko) – in Pkws und Kleintransportern in weitere europäische Städte gebracht werden. Am Ende kann der Verkaufspreis das Achtfache des Einkaufspreises betragen. Ol'ga, die ich heute nach Orzełków begleitet habe, hat sich von mir gleich nach der Ankunft verabschiedet. Bereits in Zviezdnyj hat sie beim Warten auf die Zollabfertigung und die Passkontrolle mit Alëša abgesprochen, dass sie für ihn einen Teil der Sendung über die Grenze bringt. Alëša ist ein großer Dreißigjähriger, der – im Gegensatz zu den „devuški“ – vor Selbstbewusstsein und Zukunftsoptimismus strotzt. Ähnlich unterschiedlich ist auch Alëšas durchschnittliches Monatseinkommen: Seine nie versteuerten achthundert US-Dollars stellen zur damaligen Zeit einen Betrag dar, den in Belarus nur Angestellte in Massenmedien, IT-Spezialisten oder Mitglieder der politischen und ökonomischen Elite, die sog. „verchuški“, erreichen.

Betrachtet man Alëša und sein Verhältnis zu den „devuški“, klärt sich auch die Rolle von Gender in der Organisation des grenzüberschreitenden Kleinhandels. In der Händlerhierarchie arbeitet Alëša eine Stufe höher als Katja oder Ol'ga. Alëša organisiert den Warentransport über die Grenze. Jedoch liefert er keine Zigaretten oder Diesel – Artikel also, die vom Osten in den Westen gebracht werden, sondern Kleidung und Schuhe, die vor allem für den russischen Markt in kleinen Werkstätten am Rande von Warschau oder Łódź gefertigt werden. Alëša hilft mit, diesen Markt zu bedienen. Wenn ein russischer Kunde bei seinem Chef bestimmte Waren bestellt, holt Alëšas „Chozjajin“ die Waren von polnischen Herstellern und bringt sie nach Orzełków. Der Transport über die Grenze ist

Alëšas Aufgabe. Er muss eine ausreichende Anzahl von „devuški“ besorgen, die Ware so einteilen, dass jede der Frauen nur die erlaubte Menge über die Grenze mitnimmt, damit die Ware nicht verzollt werden muss. Anschließend überquert er die Grenze zusammen mit den „chelnoki“ und übernimmt die Ware wieder von den „devuški“. Dafür bezahlt er ihnen je nach Warentyp ein bis fünf USD pro Stück. In Belarus wird diese Ware dann komplettiert und mit Nachtzügen nach Moskau zum Kunden gebracht. Die ganze Transaktion – von der Bestellung bis zur Auslieferung beim Kunden – kann innerhalb von 24 Stunden getätigt werden.

Die Blusen, bei deren Transport Ol'ga Alëša hilft, entsprechen einer verbreiteten Vorstellung von ‚östlicher Ästhetik'. Neben Alëšas spitzen Schuhen und seiner Frisur können auch Damenstiefel mit langen Nadelabsätzen aus Metall, aber auch Zuschnitte und Farbaufdrucke auf den Blusen der postsowjetischen Sexy-Mode vieler junger Belarussinnen, Russinnen und Ukrainerinnen diesem Modestil zugeordnet werden. Ol'ga zieht vor dem Bahnhof in Orzełków die Blusen in mehreren Schichten mit der Hoffnung an, dass dieser Trick der Aufmerksamkeit der belarussischen Zollbeamten entgeht. Mit dem Begriff „östliche Ästhetik“ bezeichne ich eine Ästhetik, die zeitlich mit der postsowjetischen Transformation verbunden ist. In dieser Hinsicht entspricht auch die West-Ost-Achse einer Reich-Arm-Achse. Dass jemand bereit ist, derlei ‚hässliche' Waren tausende Kilometer weit zu transportieren, erstaunt. Mir erscheint das primär wie eine Transportorganisation des ‚Billigen'. Diese Vorstellung wird noch durch die Verflechtung des sozialen Status dieser Waren mit dem sozialen Status der Transporteure verstärkt. Die doppelte Marginalisierung verstehe ich als Nachweis dafür, dass ‚hässliche' Waren auch ‚billig' sein müssen. Erst nach langer Zeit habe ich die Möglichkeit einer anderen Auslegung zugelassen. Zur Wende in diesen Überlegungen kam es in dem Moment, als ich zuerst alleine und später zusammen mit Alëša angefangen habe, kleine Werkstätten im polnischen Binnenland zu besuchen, die diese Waren für den russischen Markt gefertigt haben.

Dezember 2007. Der polnische Ort Pabianice ist wahrscheinlich in jeder Jahreszeit unfreundlich – scheint mir –, während ich von der Bushaltestelle durch den tauenden Schnee zu einer kleinen Schneiderwerkstatt wate, die vor neun Jahren gegründet wurde. Damals waren die Inhaber, Herr Andrzej und Frau Joasia, schon einige Jahre beim Arbeitsamt als arbeitslos gemeldet. Nachdem sie Ende des Jahres 1989 ihren Job in einer der großen Textilfabriken im nur wenige Kilometer entfernten Łódź verloren hatten, sind sie ausgereist, um in Deutschland zu arbeiten. Sie sind mit Geld und dem Entschluss zurückgekehrt, nie mehr für andere, sondern nur noch für sich selbst zu arbeiten. Und noch eine wichtige Sache haben sie aus Deutschland mitgebracht: Die Bekanntschaft mit Michail, die sich nach Jahren in eine Freundschaft verwandelt hat. Michail war derjenige, der Andrzej und Joasia davon überzeugt hat, dass der russische Markt auf Waren wartet, die in Polen gefertigt werden. Dieser in Smolensk lebende Ukrainer hatte – wie Andrzej nun sagt – eine „Nase fürs Business". Ihre erste Nähmaschine haben Andrzej und Joasia in die Garage gestellt, die sich allmählich in eine vollwertige Schneiderwerkstatt verwandelt hat. Hier nähen sie Kleidung nach Mustern, die ihnen Michail aus Russland schickt. Das erste Mal war ich im Sommer in Pabianice, aber die Inhaber lehnten es schon im Garten ab, mit mir zu reden. Wenn ich heute Andrzej schildere, wie ich vor ein paar Monaten erfolglos versucht habe, etwas darüber zu erfahren, was hinter den Türen der in ganz Łódź und der Umgebung verteilten Schneiderwerkstätten vor sich geht, spöttelt er vergnügt.

„Keiner spricht hier mit dir, alle haben Angst, dass du von der Polizei oder eine andere Kontrolle sein könntest", erklärt Andrzej und bestätigt Nachrichten, die man ab und zu in der überregionalen Presse lesen kann: In diesen Werkstätten arbeiten – zusammen mit den Pabianicer Frauen – auch (illegale) Migranten aus Asien und aus Ländern der ehemaligen Sowjetunion, insbesondere aus der Ukraine, desweiteren aus Belarus und Russland.

Wir sind Zeugen einer doppelten Bewegung. Während Waren aus Polen nach Russland strömen, strömen Arbeitskräfte in die umgekehrte Richtung. Obwohl mir niemand je bestätigt hat, dass die Kleidung, die über die polnisch-belarussische Grenze nach Russland gebracht wird, direkt von Mitarbeitern aus den Zielländern gefertigt wird, besteht zwischen beiden Bewegungen eine enge Verbindung. Der postsowjetische Raum ist in diesen Produkten (z. B. den Blusen, mit denen Ol'ga die Zollkontrolle in Zviezdnyj passiert) in mehreren Formen vertreten. Erstens ist er hier teleologisch, also durch seinen Zweck, anwesend. Wie Andrzej erklärt und wie es auch in anderen Gesprächen bestätigt wird, die ich mit den Herstellern und Verkäufern der in den Osten gebrachten Waren geführt habe, werden diese Waren primär für den postsowjetischen Markt gefertigt. Zweitens ist der postsowjetische Raum in diesen Waren als Muster präsent. Die ersten Modelle, die Andrzej und Joasia geschneidert haben, wurden nach Mustern gefertigt, die ihnen Michail geschickt hat. Aber auch die gegenwärtigen Modelle kopieren lediglich Trends, die es auf dem russischen Markt bereits gibt, anstatt neue Trends zu entwickeln. Drittens materialisiert diese Kleidung den postsowjetischen Raum durch seine östliche Ästhetik, die meiner Ansicht nach nur in diesem Raum anzutreffen ist.

Ich bin der Meinung, dass die Blusen, die Alëša aus Polen nach Russland über die östliche EU-Grenze transportieren lässt, (östliche) Ästhetik, Arbeit und Raum verbinden. Die Mode, die die Blusen verkörpern, die Arbeit, deren Produkt die Blusen sind, und der Raum, den die Blusen durch die Migration zwischen der Schneiderwerkstatt von Andrzej und Joasia in Pabianice und Michails

Kunden abstecken, können nicht vollständig verstanden werden, wenn wir uns nur auf eine dieser Dimensionen konzentrieren.

Mein ursprüngliches Verständnis für die tausende Kilometer lange Migration der Kleidung über die EU-Grenze war ästhetisch (und emisch) begründet und nicht soziologisch (und nicht ethisch). Ich habe sie zunächst als Migration von billigen und hässlichen Blusen verstanden. Mein Verständnis hat sich hingegen erweitert, als ich die Verflechtung des Status der migrierenden Akteure mit dem Arbeitspreis und der -Praxis dieser Migration (das Auspacken der Originalverpackungen, das Anziehen und Tragen mehrerer Schichten am Körper der „mrówki", wiederholtes Verpacken in große Taschen) beobachtete. Der Besuch bei Andrzej und Joasia in ihrer Scheiderwerkstatt in Pabianice zeigte mir den Zusammenhang. Die Frauen arbeiten für Andrzej in der neu erbauten Werkstatt, die durch die Erweiterung einer ehemaligen Garage und den Umbau eines irgendwo im zentralen Polen stehenden Familienhauses entstanden ist. Durch den Arbeitsplatz bestätigen die Frauen eine über Staatsgrenzen konsistente Ästhetik (Kultur). Bei dieser doppelten Migration von Personen und Sachen ist nicht nur die Tatsache bestimmend, dass diese Blusen und sonstigen Kleidungsstücke ein Produkt der Arbeitskräfte aus dem Osten sind. Wichtig ist, dass es sich um Produkte handelt, die auf den östlichen Märkten begehrt sind, da sie von Michail und anderen Kunden immer wieder bestellt werden. Gleichzeitig handelt es sich auch um Produkte, die geschätzt werden, da die Kunden bereit sind, auch höhere Beträge dafür zu zahlen, und das trotz der Tatsache, dass sie dem Endverbraucher ‚nur' auf Marktplätzen angeboten werden. Nicht zuletzt sind diese Produkte auch ‚schön', da sie den historisch situierten Geschmack der Kunden widerspiegeln.

4 Geld

Auch bei den Waren- und Geldtransfers kommt es zu lokalen *Reibungen*. Der US-amerikanische Soziologe Michal Burawoy hat in seiner Arbeit über die unfreiwillige Degeneration des ökonomischen Handelns im postsowjetischen Raum nachgewiesen, dass das ökonomische Handeln in lokalen Mustern verankert ist und nicht einfach aus einem kulturellen Kontext in einen anderen übertragen werden kann (Burawoy 2001: 270). Nach 1989 kam der liberale Kapitalismus nämlich nicht in ein von der kapitalistischen Wirtschaft und Moral gänzlich unberührtes Polen. Was Frances Pine als charakteristisches Zeichen für das postsozialistische Polen bezeichnet hat – „gigantischer und unendlicher Ausverkauf des Inhalts der Pkw-Kofferräume" (Pine 2005: 91) – war für die Polen keineswegs eine neue Erscheinung. Markthändler aus der ehemaligen Sowjetunion überfluteten in den 1990er-Jahren mit ihrem bunten Sortiment nicht nur die grenznahen Orte, sondern auch das Zentrum von Warschau. Sie waren auch am Kulturpalast anzutreffen, also in unmittelbarer Nähe zum markantesten Symbol des sozialistischen Polen. Dies war jedoch nur die Fortsetzung eines Prozesses, der viel früher begonnen hatte. Diese Markthändler haben oft an Erfahrungen angeknüpft und soziale Kontakte genutzt, die in vielen Fällen bereits seit Anfang der 1970er-Jahre bestanden. Das veranschaulicht auch das Beispiel von Joanna und Marcin.

Marcin schildert Reisen und Handelstransaktionen aus den 1970er- und 1980er-Jahren, in denen Bargeld anscheinend nur selten als Zahlungsmittel eingesetzt wurde. Als Tauschmittel haben damals Goldketten, Jeans oder türkische Lederjacken gegolten. Die Deutsche Mark – also universelles Zahlungsmittel auf dem Schwarzmarkt im ganzen damaligen südöstlichen Europa – hat in Marcins Erzählungen eigentlich eine zweitrangige Rolle gespielt, sie war in erster Linie ‚nur' ein Umrechnungsmittel. Während der dreißig bis vierzig Jahre, in denen Marcin mit seinem Fiat geschäftlich in den Balkanstaaten unterwegs war, hat sich vieles verändert, jedoch nicht seine Beziehung zu Bargeld. Ähnlich wie damals ist es auch heute für kleine grenzüberschreitende Händler nicht wichtig, finanzielle Beträge in einer der eintauschbaren Währungen anzuhäufen. Wichtig ist – damals wie heute – das gerade eingelöste Geld möglichst schnell in andere Waren einzutauschen.

Die Bevorzugung der Waren vor Bargeld bedeutet jedoch nicht, dass meine ‚Kolleginnen' nicht über Geld reden. Die Transaktionen auf großen Marktplätzen in Istanbul, Odessa, Chmelnicky, Warschau oder Moskau werden in unterschiedlichen Währungen getätigt. Je mehr Währungen ein Händler anbietet, desto größere Chancen hat er, ausländische Kundschaft zu gewinnen. Weder für Ol'ga und Katja noch für den ambitiösen Alëša war dies ein Thema. Geld wurde in ihren Transaktionen eher als Instrument zum Preisvergleich genutzt und nicht als Ziel ihrer Bemühungen. Es hat mich immer wieder überrascht, wie selbstverständlich und leicht die „devuški“, mit denen ich die Grenze überschritten habe, sowie andere meiner Bekannten und Freunde beiderseits der Grenze imstande waren, Preise in polnischen Złoty, belarussischen Rubel oder ukrainischen Griwna in US-Dollars umzurechnen. Dieser ‚arithmetische Multilingualismus' ist ähnlich wie der sprachliche Multilingualismus – also die Fähigkeit der Sprecher, aus einem Sprachkode in einen anderen fließend übergehen zu können – eines der charakteristischen Merkmale der Grenzregionen (vgl. Grygar 2003). Durch diese rechnerische Kunst haben sich insbesondere die „čelnoki“ ausgezeichnet.

Diese rechnerische Fähigkeit kann nicht nur als Ergebnis einer langfristigen Beschäftigung mit dem grenzüberschreitenden Handel verstanden werden, sondern gehörte fast zur habituellen Grundausstattung der Osteuropäer (vergleiche Pine 2002 oder Humphrey 2002). Polen und die Länder der ehemaligen Sowjetunion sind so Teil eines Raums, in dem der US-Dollar ein reales alternatives Zahlungsmittel ist.

Obwohl die tatsächliche Geldmenge, die meine Kolleginnen während meines Forschungaufenthalts über die Grenze gebracht haben, sehr beschränkt war, bedeutet dies jedoch nicht, dass auch der Wert der über die polnisch-belarussische Grenze mitgebrachten Waren klein war. Ganz im Gegenteil. Ähnlich wie in Marcins Schilderungen über die Bedeutung der deutschen Mark während seiner Geschäftsreisen in den 1990igern wird dieser Wert auch heute in US-amerikanischen Dollars angegeben. Im Jahre 1995, als in Istanbul – in der Hauptstadt der Kleidungsindustrie des postsozialistischen Europas – die Flut von Händlern ihren Höhepunkt erreicht hatte, haben die kleinen grenzüberschreitenden Händler einen Umsatz von 10 Milliarden USD erzielt (Eder et al. 2003: 5). In derselben Zeit haben bis zu 500.000 Ukrainer die ukrainisch-polnische Grenze regelmäßig überschritten und die Höhe der Bestechungen, die die kleinen Händler an der Grenze zwischen Bulgarien und der Türkei geleistet haben, hat bis zu 500.000 USD pro Jahr betragen (Konstantinov 1996: 773, Egbert 2006: 348). 2006 wurde der Wert von Waren, die aus Istanbul nach Russland und in zwanzig andere europäische Länder geflossen sind, auf 3,5 bis 4 Milliarden USD geschätzt.[2] Hierbei rechnet man mit etwa 2,5 Milliarden USD nicht versteuerten Waren, die von „mrówki" bzw. „čelnoki" über die Grenze gebracht wurden, 2 Milliarden USD weniger als im Jahre 2004, als die Türkei die restriktive Versteuerung dieses kleinen Handels eingeführt hat.[3] Riesengroße Beträge, die das entstehen lassen, was Arjun Appadurai mit dem Begriff „financescape" bezeichnet:

> "[A] disposition of global capital which is now more mysterious, rapid, and difficult landscape to follow than ever before, as currency markets, national stock exchanges, and commodity speculations move mega monies through national turnstiles at blinding speed, with vast, absolute implications for small differences in percentage points and time units." (Appadurai 1996: 34–35)

Während Appadurai vor allem an Geldflüsse denkt, die von Tokio bis zur Wall Street börsengängig sind, gibt es noch kleinere Knotenpunkte, in denen Geschäfte mit der Weltwährung gemacht werden und in denen der Wert dieses Geldes wächst.

---

2 http://www.fibre2fashion.com/news/general-textile-industry-news/turkey/newsdetails.aspx?news_id=17806; http://www.turks.us/article.php?story=20060502090049662

3 http://www.turks.us/article.php?story=20060502090049662

5 Fazit: *Reibungen*, Hierarchie und Netzwerke

Die angeführten Beispiele der grenzüberschreitenden Migration von Personen, Sachen und Geld informieren uns nicht nur über die Organisation des Kleinhandels an der polnisch-ukrainischen Grenze. Diese Migration hilft uns auch, die Koexistenz der Langstrecken-Verbindungen mit internationalen Grenzen sowie die Auflösung („dissociation“) derselben durch diese Grenzen zu verstehen. Im vorliegenden Text habe ich versucht zu zeigen, dass diese Langstrecken-Verbindungen des kleinen grenzüberschreitenden Handels, die den Fluss von Personen, Handelsartikeln und Geld zwischen Istanbul, Warschau oder Moskau ermöglichen, gerade dank der kurzfristigen Auflösungen dieser Verbindungen bestehen, wie am Beispiel der Grenze zwischen dem polnischen Orzełków und dem belarussischen Zviezdnyj untersucht wurde.

Diese beschriebenen Auflösungen und begleitenden Übersetzungen ihrer Identitäten aus einem Kulturkontext in einen anderen können wir auch als Effekt materieller Politiken (Barry 2001) der untersuchten internationalen Grenze verstehen. Als Effekt dessen, wie die partikulären Politiken oder Kontroversen (einzelner nationalen Staaten, EU) hinsichtlich der Regulierung der Bewegung von Personen, Sachen und Geld in der konkreten materiellen Anordnung des Grenzübergangs Orzełków-Zviezdnyj erfasst und wiedergegeben werden.

Die im Text beschriebenen Auflösungen der Langstrecken-Verbindungen sind Beispiele der *Reibungen*, mittels derer die globale Bewegung von Sachen, Handelsartikeln und Kapital in Bewegung gehalten wird. Internationale Grenzen einschließlich der EU-Außengrenzen sind – paradoxerweise – keine Barriere für diese Bewegung, sondern eine Chance für sie. Durch die Formen, die diese Grenzen in der Praxis unterschiedlicher Akteure annehmen, machen sie unterschiedliche Erscheinungsweisen der Macht und kulturellen Praktiken sichtbar, die das soziale Leben der Migranten strukturieren. Durch die Reibungen, für die Grenzen Raum schaffen, wird auch *de facto* das Akteurenetzwerk von Personen-Sachen-Geld der grenzüberschreitenden Migration errichtet, dessen Bestandteil ich zusammen mit meinen ‚Kollegen' und ‚Kolleginnen' – den „mrówki“ bzw. „čelnoki“ – für einige Zeit sein konnte.

Am Ostrand des „wettbewerbsfähigsten Wirtschaftsraums der Welt". (Raum-)Theoretische Überlegungen zur Produktion der EU-Außengrenze als Territorialisierungs- und Skalenstrategie

Bernd Belina und Judith Miggelbrink

> „Die Taktik hat nur den Ort des Anderen. (...) die Taktiken setzten auf einen geschickten Gebrauch der Zeit, der Gelegenheiten, die sie bietet." (de Certeau 1988: 89–92)

Die empirische Untersuchung der „Grenze als Ressource"[1] am östlichen Rand der EU setzt die Existenz und Wirkung territorialer Grenzen voraus, sowohl nationaler als auch die der EU. Indem sie diese Grenzen überqueren, können Kleinhändler[2] bzw. Schmuggler sie als Einkommensquelle nutzen, was ihren Alltag weitgehend (mit-)strukturieren kann. In diesem Beitrag diskutieren wir aus (raum-)theoretischer Perspektive, aus welchen Formen der Raumproduktion diese Grenze resultiert, und welche Interessen und Strategien seitens der EU diesen Formen zugrunde liegen. Im Kern geht es dabei um das Ziel, formuliert in der Lissabon-Strategie im Jahr 2000, die EU zum „wettbewerbsfähigsten und dynamischsten (...) Wirtschaftsraum in der Welt" (Europäischer Rat 2000) zu machen und um die mit dieser Strategie verbundenen Folgen, mit denen unter dem Label der ‚Sicherheit' umgegangen wird.

Im Verlauf dieser Diskussion verweisen wir an verschiedenen Stellen darauf, was die Raumproduktion der EU für die alltäglichen Praktiken von Kleinhändlern bzw. Schmugglern bedeutet.[3] Deren Praktiken betrachten wir als primär ökonomische, die nur wegen der Grenze und der Anwendung der Regeln und Gesetze, die diese konstituieren, kriminalisiert werden, wodurch aus Kleinhandel

1 So der Titel des von U. Mai geleiteten und von M. Wagner koordinierten Forschungsprojektes, dessen Abschlusstagung in diesem Band dokumentiert wird.
2 Wenn im Folgenden nur die maskuline Form benutzt wird, sind gleichwohl stets alle ‚gendered' Subjektpositionen gemeint.
3 Diese Frage ist Gegenstand des Projektes „Geographie[n] an den Rändern des Europäischen Projekts", in dem unter der Leitung von J. Miggelbrink am Leibniz-Institut für Länderkunde, Leipzig, die grenzüberschreitenden Praktiken von Kleinhändlern und Unternehmern an verschiedenen Grenzrelationen untersucht werden.

Schmuggel wird. Da im Folgenden die Perspektive der EU im Vordergrund steht, reden wir von „Schmugglern“, wissend und darauf verweisend, dass Schmuggel nur aufgrund national-staatlicher bzw. supranationaler Steuerungsmaßnahmen entsteht und als reines Kontrolldelikt nur durch die Aktivitäten staatlicher Organe (insbes. des Zolls) aufgedeckt wird (vgl. zur Figur des Schmugglers Lindenberg et al. 2002: 107 et passim).

Schmuggler sind unabhängig von Art und Ausmaß ihres Verstoßes gegen die Reglementierungen des Waren- und Personenverkehrs, d. h. losgelöst von einer genauen Beurteilung der Illegalität ihres Tuns – in Anlehnung an die Begriffsbestimmungen von de Certeau (1988) –, auf die ‚Taktik' angewiesen, die „mit dem Terrain fertig werden [muss], das ihr so vorgegeben wird, wie es das Gesetz einer fremden Gewalt organisiert“ (ebd.: 89). Als Folge der Strategien der EU wird die Ostgrenze für Schmuggler zu einem „Ort des Anderen“ (ebd.), den diese sich im „geschickten Gebrauch“ (ebd.: 92) anzueignen und für das eigene Überleben zu nutzen suchen.

1 Die Produktion des Raums

Der theoretische Hintergrund, von dem aus wir uns dem Thema der EU-Außengrenze nähern, kann einerseits als raumtheoretisch gekennzeichnet werden, ist dies andererseits aber gerade nicht. Diesen scheinbaren Widerspruch aufzuklären und dabei die Grundlagen der Diskussion um die „Produktion des Raums“ zu entwickeln, ist das Ziel dieses ersten Abschnitts.

1.1 Räume sind nicht, Räume werden gemacht

Dass Räume nicht einfach da sind, sondern gemacht werden, ist seit dem *spatial turn* breiter Konsens. Weit weniger Einigkeit besteht bei den sich auf diese Erkenntnis direkt anschließenden Fragen: Wie werden Räume gemacht? Von wem? Und welcher Art sind die gemachten Räume?

Im Anschluss an Autoren, die sich dieser Fragen in der Tradition historisch-materialistischer Gesellschaftstheorie angenommen haben (Harvey 1973, 1989, 1996; Lefebvre 1974; Smith 1984), sprechen wir im Folgenden von der „Produktion des Raums“. Mit dieser Formulierung wird betont, dass Raum in seiner Materialität und Bedeutung als Mittel und Resultat sozialer Praxis hergestellt wird und dabei je nach Produktionskontext und -zweck(en) unterschiedliche Formen annehmen kann (vgl. einführend Belina: 2008a). Damit werden in Abgrenzung zu anderen aktuellen Theorieangeboten insbesondere zwei Aspekte betont: Die praktische Herstellung von Raum in *gesellschaftlichen Verhältnissen* und seine *materielle Qualität.*

Ersteren Aspekt betont etwa auch Benno Werlen in seinem handlungstheoretischen Entwurf einer „Sozialgeographie alltäglicher Regionalisierungen“ (1997). Er versteht unter „Regionalisierung (...) alle Formen (...), in denen die Subjekte über ihr alltägliches Handeln die Welt (...) auf sich beziehen“ (ebd.: 212). Untertheoretisiert bleibt dabei, dass die Subjekte ihre Geografie zwar wie ihre Geschichte selbst machen, dies aber eben „nicht unter selbst gewählten, sondern unter unmittelbar vorgefundenen, gegebenen und überlieferten Umständen“ (Marx 1969: 115). Gramsci (1992: 493) fordert in seinem Entwurf einer „Philosophie der Praxis“ deshalb einerseits, dass die „Tätigkeit des Menschen (Geschichte)“ den Ausgangspunkt jedes Nachdenkens über die Welt bilden sollte, konstatiert aber andererseits, dass damit keine Philosophie der „‚reinen Tat’“ (ebd.) begründet sei, sondern, weil es stets nur um Praxis „in concreto“ gehen könne, gerade eine der „‚unreinen’, das heißt wirklichen Tat im profanen Sinn des Wortes“ (ebd.). Diese „unreine“ Tat findet stets innerhalb gegebener gesellschaftlicher Verhältnisse statt, in denen sich Herrschafts- und Ausbeutungsverhältnisse manifestieren. Gegenüber allen individualisierenden Vorstellungen der Herstellung von Raum fokussiert die „Produktion des Raums“ Praxis deshalb als soziale, d. h. in ihrer gesellschaftlichen Eingebundenheit und als Mittel der Ausübung von Macht.

Die Vorstellung, dass Raum ausschließlich auf seine Materialität zu reduzieren sei, die dann – etwa als „Naturausstattung“, „räumliche Distanz“ oder „Nähe“ – kausal auf soziale Phänomene einwirke, wurde zu Recht kritisiert (vgl. Bahrenberg 1987). Als Folge dieser Kritik wurde und wird aber inzwischen häufig die hergestellte und u. U. je konkret auch sozial relevante Materialität von Raum i. S. seiner physischen Dinglichkeit völlig negiert. Im Gegensatz zu dergestalt idealistischen Konzepten, deren Verbindung zur „Welt da draußen“ stets spekulativ bleibt (vgl. Belina 2008b: 98–105), fokussiert die „Produktion des Raums“ je nach Relevanz für die interessierende Fragestellung auch und gerade die Materialität von Raum. Dabei „spürt sie“, wie Lefebvre (1971: 51) formuliert hat, „nicht das Bedürfnis, diese ‚Materie’ zu definieren“, denn, so Engels (1971: 503), „die Materie als solche (...) hat noch niemand gesehen oder sonst erfahren“.

Die bisher skizzierten Ausführungen zur „Produktion des Raums“ bilden *keine Raumtheorie*, da gerade keine *abstrakte* Theorie ‚des Raums’ formuliert werden soll. Belina und Michel (2007) schlagen vor, von kritisch-materialistischer Raum*forschung* zu sprechen, wenn im Rahmen kritischer Gesellschaftstheorie untersucht wird, ob und inwiefern *konkrete* Raumproduktionen in *konkreten* gesellschaftlichen Praktiken und Prozessen relevant sind. Ist dies der Fall, kann im Rahmen einer kritisch-materialistischen Raum*theorie* versucht werden, die jeweiligen Leistungen spezieller Raumproduktionen zu abstrahieren:

> „Diese ‚Raumtheorie' ist also nichts anderes als diejenige Unterabteilung kritisch-materialistischer Gesellschaftstheorie, die nach Regel- und Gesetzmäßigkeiten der gesellschaftlich relevanten Strukturen des sozial produzierten Raums sucht." (Belina/Michel 2007: 8)

In welcher Hinsicht und in welcher Form produzierter Raum bei je konkreten sozialen Praktiken und Prozessen eine Rolle spielt, gilt es am Gegenstand zu bestimmen. Für die Beschäftigung mit dem Schmuggel über die EU-Ostgrenze sind auf der einen Seite, bei ihrer *Herstellung*, besonders die Formen des staatlichen Territoriums und der räumlichen Maßstabsebene (*scale*) relevant; auf der anderen Seite, bei ihrer Nutzung durch Schmuggler, diejenige der grenzüberschreitenden Praktiken. Da letztere in verschiedenen anderen Beiträgen dieses Bandes im Mittelpunkt stehen, befassen wir uns im Folgenden mit den erstgenannten Formen: Territorium und räumliche Maßstabsebene. Zuvor diskutieren wir zentrale Aspekte der „Produktion des Raums" unter gegenwärtigen gesellschaftlichen Bedingungen.

1.2 Produktion des kapitalistischen Raums: Lefebvre, Harvey, Poulantzas

Wenn die Produktion des Raums in sozialer Praxis und damit in sozialen Verhältnissen untersucht wird, sind letztere näher zu bestimmen, denn: „Jede Gesellschaft (…) produziert einen ihr eigenen Raum." (Lefebvre 2006: 330f.). In diesem sind „die *sozialen Reproduktionsverhältnisse* (…) und die *Produktionsverhältnisse* (…) ‚verortet'" (ebd.: 331f.). Die Produktion des Raums ist kein unilinearer und homogener Prozess, sondern in verschiedene Sets von Beziehungen eingebunden, die ihrerseits widersprüchlich und von unterschiedlichen Interessen durchzogen sein können. Daher sind notwendigerweise „räumliche Gestaltungsweisen und Praktiken (…) in jeder Gemeinschaft voller Schwierigkeiten und subtiler Verwicklungen" (Harvey 1990: 43). Für David Harvey ist bei der *kapitalistischen* Produktion des Raums die „Spannung zwischen Fixiertheit und Bewegung"[4] (Harvey 1982: 422) zentral (vgl. Belina 2008a: 79–85). Er betont, „that capitalism has to fix space (…) in order to overcome space" (Harvey 2001: 25), woraus „one of the central contradictions of capital" (ebd.) folgt, „that it has to build a fixed space (or 'landscape') necessary for its own functioning at a certain

4 Alle Übersetzungen fremdsprachlicher Zitate durch B. B. & J. M.

point in its history only to have to destroy that space (...) at a later point in order to make way for a new 'spatial fix'." (ebd.)

Wo Kapital räumlich fixiert und damit stets der Gefahr der Entwertung durch Kapitalmobilität ausgesetzt ist, bildet sich ein räumlich fixierter Zusammenhang aus zwischen „Produktion, Vertrieb, Austausch und Konsumption, Angebot und Nachfrage (vor allem an Arbeitskraft), Klassenkampf, Kultur und Lebensstil[en]" (Harvey 2007: 108), den Harvey als „Region" bezeichnet, in der eine „strukturierte Kohärenz" (ebd.) herrscht. Diese Regionen beginnen im „Laufe der Zeit (...) eine entscheidende Rolle dabei zu spielen, wie die politische Körperschaft des Staates als Ganzes, allein nach einer territorialen Logik definiert, sich selbst positioniert" (Harvey 2005: 106). Allerdings bestimmt Harvey nicht, woher diese Logik des Staates stammt, was in seiner Beschäftigung mit dem „neuen Imperialismus" besonders auffällt.

Mit der Raumproduktion des kapitalistischen Staates befasst sich Nicos Poulantzas in der „Staatstheorie" (2002). Die Struktur der Produktionsverhältnisse, für die „[d]er Staat/das Politische (...) immer schon konstitutiv [existiert]" (ebd.: 45), liefert demnach als Aspekt der Individualisierung „einen materiellen Bezugsrahmen in Form von *räumlichen und zeitlichen Matrizes*" (ebd.: 91). In der so hergestellten räumlichen Matrix erst, so Poulantzas, entstehen „*Grenzen im modernen Sinne*, (...) die auf einem seriellen und diskontinuierlichen Raster verschoben werden können, das überall ein *Innen* und *Außen* festlegt" (ebd.: 135). Hieraus entsteht das Territorium „*als konstitutives Element der modernen Nation*" (ebd.: 136): „Der Staat setzt die Grenzen dieses seriellen Raumes in demselben Prozess, in dem er das eint und homogenisiert, was diese Grenze einschließt" (ebd.: 137), nämlich die Nation.

In dieser Herleitung erscheint das Territorium ausschließlich als staatliches Territorium. Im Folgenden treten wir von dieser am Gegenstand gewonnenen Bestimmung einen Schritt zurück und fragen, was die spezifische Qualität dieser räumlichen Form darstellt. In der obigen Terminologie gehen wir damit von der Raumforschung zur Territorialität des Staates über, zur raumtheoretischen Frage, was die räumliche Form „Territorium" ausmacht.

1.3 Territorium bzw. Territorialisierungsstrategie und „scale" bzw. Reskalierungsstrategie

Eine in der angloamerikanischen Geografie fast schon klassische Definition von „territory" fasst diesen Begriff als „the attempt by an individual or group to influence, affect, or control objects, people, and relationships by delimiting and asserting control over a geographic area" (Sack 1983: 56). In dieser allgemeinen

Definition wird nicht bestimmt, was durch die Herstellung eines Territoriums bzw. mittels Territorialisierung beeinflusst oder kontrolliert werden soll. Dies ist einerseits der beabsichtigten Breite der Definition geschuldet. Andererseits muss sie deshalb durch den Hinweis ergänzt werden, dass Territorialisierung nie ohne konkreten Inhalt stattfindet, sonst besteht die Gefahr, die räumliche Form „Territorium“ als unabhängig von den sozialen Verhältnissen zu essenzialisieren. Dieser Essenzialisierung tritt man am wirkungsvollsten entgegen, indem nicht die Entität, sondern die Tätigkeit betrachtet wird, also das Territorialisieren zu einem bestimmten Zweck bzw. mit bestimmten Folgen. Genau in diese Richtung zielt die jüngst von Etienne Balibar (2009: 192) vorgeschlagene, sich auf staatliche Territorien beziehende Definition:

> „To 'territorialize' means to assign 'identities' for collective subjects within structures of power, and, therefore to *categorize and individualize* human beings – and the figure of the 'citizen' (with its statutory conditions of birth and place, its different subcategories, spheres of activity, processes of formation) is exactly a way of categorizing individuals."

Es geht daher nicht um die räumliche Form als (Selbst-)Zweck der Analyse, sondern um den Inhalt dessen, was durch die Form erzeugt wird, wie auch Kevin Cox (2002: 10f.) betont: „It is not enough to refer to territorial interests and projects in the abstract. They always have some substantive content. They are interests in particular things, practices, relations." Territorialisierung ist kein Selbstzweck, sondern wird, bezogen auf je bestimmte Interessen und Gegenstände, *als Strategie* angewandt und ist dann *räumliches* Mittel für *unräumliche* Zwecke. Dieses Verständnis von Territorialität „lends itself to a dialog with the concrete" (Cox 2003: 610), es hält zur Untersuchung *konkreter* Territorialisierungsstrategien an. Dabei sind stets die untersuchten sozialen Phänomene das Entscheidende, die auf die spezifischen Leistungen der Strategie „Territorialisierung“ hin betrachtet werden. Zu fragen ist dann, wer zu welchem Zweck territorialisiert, also Grenzen im Raum zieht, um wen oder was ein- und auszuschließen?

Die Frage nach Funktion und Bedeutung von Territorialisierungsstrategien zielt nur auf *eine* Form von Raumproduktion, die für die Analyse des Grenzregimes notwendig ist, mit dem Schmuggler sich auseinandersetzen müssen um die Grenze als Ressource nutzen zu können. Zur Systematisierung relevanter Raumproduktionen haben Jessop et al. (2008) einen Vorschlag vorgelegt, indem sie vier zentrale Dimensionen sozialräumlicher Relationen identifizieren, die als strukturierende Prinzipien der Gesellschaft fungieren: „territory", „scale", „place" und „network". Dabei betonen sie, dass „treating the dimensions as existing outside of their production in and through social agency would risk falling into new forms of structuralism, functionalism, or sociospatial fetishism" (ebd.: 396).

Territorien *sind* nicht, könnte man dies reformulieren, sondern Territorien werden *gemacht* und sind stets „product of bordering strategies" (ebd.: 396).

Das empirische Material, aus dem Jessop et al. (2008) die vier Dimensionen sozialräumlicher Relationen abstrahiert haben, bezieht sich vor allem auf Veränderungen *staatlicher* Raumproduktionen. Das wichtigste Beispiel für Territorialisierungsstrategien ist der postwestfälische Nationalstaat, zu dessen wesentlichen Eigenschaften seine Territorialität zählt (Cox 2002) und der als „bounded power-container" (Giddens 1987: 171) bezeichnet wurde. Sein Monopol legitimer Gewaltanwendung, sein Recht und seine Währung sind allesamt territorial organisiert, ihre (mehr oder weniger erfolgreiche) Durchsetzung im Inneren Resultat von Territorialisierungsstrategien.

Zu Recht wird seit rund 20 Jahren diskutiert, dass die tatsächlich existierenden Staaten sich immer weiter vom Ideal des postwestfälischen Territorialstaates wegentwickeln. Dieser hat infolge seiner Internationalisierung (Prokla 2007) und anderer Reskalierungen (Swyngedouw 1992, Wissen et al. 2008) seine zu Zeiten des Fordismus dominante Position als zentraler Raumproduzent verloren (vgl. Jessop 2000). Zugleich betonen verschiedene Autoren die Notwendigkeit des Fortbestands des Systems von Territorialstaaten, wobei sie verschiedene Argumente anführen: Kapital könne nur basierend auf staatlicher Macht mobil sein (vgl. Harvey 2005: 39–42), nur konkurrierende Staaten garantierten ihm die beste „provision of conditions congenial to accumulation" (Wood 2006: 24), nur in konkurrierenden Nationalstaaten träten die gesellschaftlichen Widersprüche im Inneren hinter die Konkurrenz mit anderen Nationen zurück (Hirsch 2005: 59). Aus diesen Gründen schafft die Reskalierung des Territorialstaates diesen nicht ab, sondern diese sollte als Anpassung seiner räumlichen Form angesichts dynamischer sozialer – allen voran ökonomischer – Prozesse auf allen räumlichen Maßstabsebenen verstanden werden, die aus sozialen Widersprüchen und Kämpfen resultieren.

Der zentrale Aspekt der Debatte um die *production of scale* liegt im Verständnis räumlicher Maßstabsebenen als etwas Produziertem. Ihre Herstellung kann – wie die des Territoriums – als Strategie betrieben werden, weil eigene Interessen besser durchgesetzt werden können, wenn sie auf der *scale* ausgehandelt werden, auf der die Kräfteverhältnisse dies am wahrscheinlichsten erscheinen lassen. Dies wird in der Literatur in Anlehnung an Neil Smith (1990) als „politics of scale" beschrieben.

Zwischen den *scales* besteht ein dichtes Bündel organisatorischer, strategischer, diskursiver und symbolischer Beziehungen (Brenner 2001: 600). Wenn also Staats- oder andere Aktivitäten zwischen *scales* verschoben werden und Elemente von Staatlichkeit durch „andere" Maßstabsebenen realisiert werden, so gilt es zu untersuchen, wer dieses *re-scaling* zu welchem Zweck betreibt, was nur sinnvoll geschehen kann, wenn die relevanten sozialen Prozesse im Zusammenhang unterschiedlicher *scales* betrachtet werden. Das *re-scaling* des Staates betrifft in den letzten zwei Jahrzehnten vor allem Prozesse der Regionalisierung (zum Beispiel der Struktur- und Wirtschaftspolitik), der Kommunalisierung (z. B. der Kriminalpolitik) oder, für unser Thema besonders relevant, der Europäisierung. Keine dieser Reskalierungen löst den Territorialstaat ab, vielmehr geschehen sie auf dessen Initiative hin, entweder in seinem Rahmen oder als Zusammenschluss mehrerer Territorialstaaten.

Zu untersuchen sind die sozialen Gründe für die jeweilige Reskalierung, die Akteure, die sie vorantreiben bzw. zu verhindern suchen, sowie die Kräfteverhältnisse, die sich in ihren Ergebnissen manifestieren. Dies gilt auch und gerade für die EU. Ein Verständnis der Art und Weise ihres Grenz- und Migrationsregimes, das an ihren territorialen Grenzen (aber nicht nur dort) materiell wird, setzt ein Verständnis dieses Staatenbundes voraus, dessen Agieren – offiziell seit der Lissabon-Strategie (2000), de facto seit seiner Gründung – von der Konkurrenz zur ökonomischen und politischen Macht der USA bestimmt wird (Altvater/Mahnkopf 2007). Hieraus leiten sich die Realitäten an der Grenze, mit denen sich Schmuggler auseinandersetzen müssen, zwar nicht direkt ab, es ergeben sich aus ihnen aber die widersprüchlichen Anforderungen an das Grenzregime, die sich in ihm manifestieren.

Verschiedene Autoren betonen, dass die zentrale Stellung des *Territorial*staates nicht nur wegen Reskalierungsstrategien schwächer wird, sondern auch weil andere Arten der Machtausübung neben der Territorialisierung an Bedeutung gewinnen. Agnew (2005) nennt als weitere Formen der Raumproduktionen zum Zweck staatlicher Machtausübung Zentralisierung und Netzwerke, und Neil Smith betont, dass seit den 1980er-Jahren die geoökonomische Machtausübung durch die USA (v. a. durch den Freihandel, der die nach Masse und Produktivität führenden Nationalökonomien stärkt) zugunsten geopolitischer Machtausübung, die auf Eroberung und direkte Kontrolle fremder Territorien setzt, an Bedeutung gewonnen hat. Entgegen jeder vorschnellen Ausrufung des Endes des territorialen Nationalstaates, die keiner der hier zitierten Autoren im Sinne hat, die aber mitunter aus ihren Argumenten gefolgert wird, betont Harvey, dass es ein zentrales Kennzeichen des „neuen Imperialismus“ sei, dass „territorialized politics of state and empire re-enter to claim a leading role” (Harvey 2003: 132). Hierfür stehe der Irakkrieg 2003 exemplarisch.

1.4 Grenze

Obschon *scale making* im Allgemeinen als Ergebnis sowohl der Alltagspraxis als auch sozialer Makrostrukturen zu verstehen ist, kann bezüglich der EU-Außengrenze von einem Zusammenspiel beider Ebenen nur schwerlich gesprochen werden. Vielmehr handelt es sich um eine strukturelle Formierung durch die in der EU verdichteten Kräfte, die sich Grenznutzer in ihren Alltagspraktiken aneignen müssen. Das hängt wesentlich mit dem spezifischen Charakter der „Institution Grenze" zusammen. Anders als bei vielen anderen Institutionen fallen hier, wie Eigmüller (2007: 44) zu Recht anmerkt, zwei Akteursebenen auseinander: Zum einen gibt es „die (zumeist politischen) Akteure, die die Institution hervorgebracht haben" und zum anderen „diejenigen Akteure, die zunächst ihr eigenes Verhalten an der Existenz der Institution ausrichten und mit ihrem auf die Grenze bezogenen Verhalten die Institution Grenze verändern". Ganz ähnlich argumentiert auch Newman (2006: 148), der darauf hinweist, dass das Maß der Offenheit und Geschlossenheit und folglich die Leichtigkeit der Passage vor allem von Eliten und deren Interesse bestimmt wird. Der ‚eigentliche' Zweck der Institution Grenze, mit der ‚die Akteure' dann zurechtkommen müssen, ist „established by political decisions and regulated by legal texts" (Anderson o. J.: 1). Dabei sind die so produzierten Grenzen in hohem Maße dynamisch in dem Sinne, dass ihre jeweilige Bedeutung, ihre Permeabilität und ihre Selektivität (nicht aber – zumindest nicht notwendigerweise – ihr konkreter Verlauf durch das erdräumliche Koordinatensystem) vom Stand der Auseinandersetzungen innerhalb des Staates abhängig sind.

Für die EU-Ostgrenze gilt grundsätzlich – wie für jede territoriale Grenze, dass sie „nicht eine räumliche Tatsache mit soziologischen Wirkungen [ist], sondern eine soziologische Tatsache, die sich räumlich formt" (Simmel 1908/2006: 23). Die primäre „soziologische Tatsache", die sich entlang ihrer „räumlich formt", ist das Aufeinanderprallen konkurrierender, territorial definierter Souveränitätsansprüche der EU bzw. der beteiligten Staaten. In diesem Sinne gilt: „‚Nicht von der Grenze, der frontière selbst, muß man ausgehen, um sie zu erforschen, sondern vom Staat'" (Febvre 1988: 29, zit. in Medick 2006: 41).

2 Zur Produktion der EU-Außengrenze

2.1 Die EU und ihre Außengrenze

Der Grund für die Mitgliedsstaaten der EU, Teile ihrer Souveränität an die EU zu übertragen, liegt in der Einsicht begründet, allein in der globalen ökonomischen Konkurrenz chancenlos und wegen fehlender Machtmittel beim Regieren der hieraus resultierenden globalen Verhältnisse außen vor zu sein.[5] Im Zentrum der EU-Politik steht deshalb die Ausrichtung am Ziel einer „europäischen Wettbewerbsstaatlichkeit“ (Wissen 2005), in der – analog zum „nationalen Wettbewerbsstaat“ (Hirsch 1995) – eine „alle sozialen Sphären umgreifende Ausrichtung der Gesellschaft auf das Ziel globaler Wettbewerbsfähigkeit [angestrebt ist]“ (ebd.: 109). Hieraus folgt die wettbewerbsstaatliche Form der europäischen Integration (Van Apeldoorn 2000, Ziltener 2000). Dass die EU kein Staat ist, bedeutet für die Übertragung dieser Wettbewerbslogik von der nationalen auf die europäische Ebene kein Hindernis, sondern ist im Gegenteil von Vorteil. Versteht man den kapitalistischen Staat mit Poulantzas (2002) als „Verdichtung gesellschaftlicher Kräfteverhältnisse“, in dessen Institutionen sich je nach gesellschaftlichen Kräfteverhältnissen bestimmte Interessen mehr oder weniger stark durchsetzen können, kann die EU als „Verdichtung zweiter Ordnung“ bestimmt werden (Brand et al. 2007), die eine eigene institutionelle Materialität angenommen hat, und in deren Konstruktion eine selektive Bevorzugung marktliberaler Kräfte eingebaut ist.

Zentral für die Errichtung der EU als neoliberales Projekt ist die Implementierung der ‚vier Freiheiten'. Als Teilaspekt dessen werden seit dem Vertrag von Amsterdam (1997) unter dem Titel „Raum der Freiheit, der Sicherheit und des Rechts“ auch Regelungen vergemeinschaftet, die den Umgang mit Drittstaatsangehörigen betreffen, die in die EU einreisen und sich dort bewegen wollen. Von diesen sind auch die Schmuggler betroffen, die die EU-Außengrenze als Ressource nutzen. Wir erkennen hier zum einen eine Territorialisierungsstrategie, also einen „attempt (...) to influence, affect, or control (...) people (...) by delimiting and asserting control over a geographic area" (Sack 1983: 56), deren „substantive content" (Cox 2002: 10f.) darin besteht, Migrationsbewegungen zum Zweck der Etablierung eines europäischen Wettbewerbsregimes mittels eigener EU-„bordering strategies" (Brenner et al. 2008: 396) zu regulieren, die zum anderen mit einem *re-scaling* einhergeht, einer „reconfiguration (...) of particular differentiations, orderings and hierarchies *among* geographical scales" (Brenner 2001: 600, Hervorhebungen im Original), bei der die Zuständigkeit für die Regulierung von Migrationsbewegungen strategisch auf die Ebene der EU verschoben

5 Labica spricht wegen der „Subalternität“ (2002: 42) der EU und Japans gegenüber den USA von der gegenwärtigen Globalisierung als einer „USAisierung“ (ebd.: 43). Pantich und Gindin (2004: 70 bis 79) sehen in der EU keine imperiale Konkurrenz zu den USA, weil diese – ebenso wie Japan – ökonomisch im Einklang und militärisch abhängig von den USA operiert. Elmar Altvater und Brigitte Mahnkopf charakterisieren das Ziel der EU mit Blick auf aktuelle (Rüstungs-)Entwicklungen als die angestrebte Herstellung der „wettbewerbsfähigsten Region in der globalisierten Welt, die obendrein militärisch Muskeln spielen lassen kann“ (2007: 264).

wird, um diese den dort vorherrschenden Interessen direkter zugänglich zu machen.

Erst die Kombination beider Strategien der Raumproduktion erlaubt es, das Neue am Regime der EU-Außengrenze in den Blick zu bekommen, mit dem sich jeder Grenzübertrittswillige und jeder Schmuggler auseinandersetzen muss. Denn neu ist nicht, dass Nationalstaaten anstreben, die Mobilität ‚Fremder' im eigenen Territorium mittels Territorialisierung zu regulieren (vgl. Noiriel 1994, Sassen 2000), sondern dass dies auf der neu geschaffenen *scale* der EU in vergemeinschafteter Weise geschieht und den dort vorherrschenden Interessen folgt. Entscheidend daran ist nicht die Raumproduktion selbst, nicht die reine Verschiebung der räumlichen Maßstabsebene vom Nationalstaat zur EU, sondern die Tatsache, dass auf der Ebene der EU eine eigene institutionelle Materialität geschaffen wurde, in der sich die Kräfteverhältnisse aus der Perspektive der Herstellung einer europäischen Wettbewerbsstaatlichkeit günstiger darstellen als auf der zwischenstaatlichen Ebene der Einzelstaaten.

Das aktuelle Grenzregime der Europäischen Union bedient also zwei teilweise aufeinander bezogene, aber nicht deckungsgleiche Raumproduktionen: Es dient (erstens) der Absicherung einer Reskalierung, die aus der Neuordnung der Beziehungen zwischen den Nationalstaaten und einer partiellen Transnationalisierung staatlicher Aktivitäten resultiert. Die wirtschaftspolitisch motivierte Integration – Herstellung der Wirtschafts- und Währungsunion – bedeutet eine Ausdehnung der vergemeinschafteten und homogenisierten Politikbereiche auf die (wirtschaftsrelevanten) Grenzfunktionen, wodurch die bilateral angelegten Grenzregimes überprägt werden. Doch ist das neoliberale, im Kern auf ökonomischen Erfolg ausgerichtete Projekt europäischer Wettbewerbsstaatlichkeit nicht die einzige Interessenkonstellation, die die Art und Weise bestimmt, in der das EU-Grenzregime ausgestaltet wird. Zwar liefert es den Grund für die Existenz einer *EU*-Außengrenze, den Charakter der EU-*Außengrenze* bestimmt es aber nur zum Teil. Für deren konkrete Ausprägung spielen vielmehr Fragen der Sicherheit eine zentrale Rolle. Wie bei fast allen Raumproduktionen gehen auch in die EU-Außengrenze verschiedene, nicht immer ohne Weiteres kompatible Strategien und Zwecke ein. Die (zweitens) zu betrachtende territoriale Strategie manifestiert sich in der europäischen *border perimeter strategy* und hat ein – allerdings anders organisiertes – Pendant in der *smart border strategy* der USA (vgl. Brunet-Jailly 2006). Die territoriale Strategie speist sich weit mehr aus einem allgemeinen Diskurs der *notwendigen* Versicherheitlichung (vgl. Huysmans 2000) zur Abwehr von Gefahren (Menschenhandel, Terrorismus, organisierte Kriminalität), die *von außen* drohen.[6] Ins Visier geraten dabei „clandestine trans-

6 Sie speist sich auch aus der Frage nach einer europäischen Staatsbürgerschaft bzw. der seit 1992 realisierten Unionsbürgerschaft, die nicht nur eine Statuszuschreibung nach innen ist, sondern

national actors" (Andreas 2003: 78) – Schmuggler, illegalisierte Arbeitsmigranten etc., denen selektiv der Zugang zum Territorium verweigert wird. Die Scheidung dieser von den „'desirable' entries" (ebd.: 80) bedeutet einen Aus- und Umbau der Grenzregimes im Namen der Sicherheit.

Zum Verhältnis von dominanten geoökonomischen Interessen (Freihandel) und geopolitischen (Sicherheit) betont Matthew Coleman (2005) in einer Untersuchung zur Grenze zwischen den USA und Mexiko, dass diese einen „security/economy nexus of relatively incoherent practices" (ebd.: 189) darstellt, der bestimmt wird durch „dissimilar security and neoliberal designs, U.S. geopolitical and geoeconomic practices [that] at once demand different things of the border" (ebd.: 200). Er folgert: „The border as security/economy nexus is literally a strategic terrain where countervailing projects of statecraft come to bear on one another" (Coleman 2005: 200).

2.2 Die EU-Außengrenze als Mittel der Sicherheitspolitik

Die *Grenzpolitiken* der territorialisierenden EU und der Einzelstaaten umfassen alle judikativen, administrativen und exekutiven Handlungen und Entscheidungen, die das Überschreiten der Grenze betreffen, aber auch alle notwendigen Einrichtungen und Prozeduren einschließlich der materiellen Infrastruktur, die zum Zweck der Regulierung der Grenzüberschreitung geschaffen wurden. Diese sind teilweise höchst uneinheitlich, weil sich in ihnen neben den beiden genannten Zielen seitens der *scale* der EU – „Wettbewerbsstaatlichkeit" und „Sicherheit" – weitere, auf nationaler und lokaler *scale* angesiedelte Interessen, soziale Verhältnisse und Widersprüche artikulieren. Zu Letzteren zählen etwa nationalistische Ideologien mit ihren Generalverdächtigungen oder zwischenstaatliche Konflikte (etwa um die Schlangeninsel zwischen Rumänien und der Ukraine) respektive die alltäglichen Interaktionsmuster zwischen Schmugglern und Grenzsichernden (vgl. Bruns sowie Bruns et al. in diesem Band). Wegen dieser unterschiedlichen und auf verschiedenen räumlichen Maßstabsebenen ausgehandelten Einflüsse können sich die je konkreten Grenzpolitiken vor Ort stark voneinander unterscheiden. Lokal verankerte Schmuggler, die nicht als Teil großer Netzwerke agieren, interessiert dabei die lokale Ebene, auf der „wir im Wortsinne unser tägliches Leben leben" (Taylor 1982: 29), und auf der die Ausführenden der Exekutive *low visibility decisions* (Goldstein 1960) treffen, also Entscheidungen außer-

zugleich eine nach außen, indem sie alle anderen als davon ‚abgeschiedene' Nicht-Unionsbürger bzw. Drittstaatenangehörige definiert, denen das Recht zur Einreise je nach geopolitischer Wertschätzung ihres Herkunftslandes zugewiesen wird. Auch dies geschieht maßgeblich unter dem Vorzeichen der Sicherheit.

halb des Blickfeldes der Regeln der Organisation. Für den Umgang mit „Ausländern“ konstatiert Noiriel (1994: 47) noch für das Frankreich der ersten Hälfte des 19. Jahrhunderts eine „relative Machtlosigkeit des Staates“ bei einer „weitgehenden Autonomie des jeweiligen lokalen Geflechts sozialer Beziehungen“. Nachdem Grenzpolitiken seitdem weitgehend auf nationalstaatlicher Ebene homogenisiert wurden, stellt die Vergemeinschaftung ein weiteres *scale jumping* dar. Dies ist aus der Perspektive der EU allein schon wegen der unterschiedlichen Organisationsformen der Grenzschutzbehörden in Europa keine leichte Aufgabe (vgl. Jahn 2006: 209f.).

Einen Versuch der Homogenisierung der EU-Außengrenzen stellt der 2006 in Kraft getretene *Schengener Grenzkodex* dar. Die Staatsgrenzen der Mitgliedsstaaten werden hier unterschieden in Binnen- und Außengrenzen, eine Unterscheidung, die von der Definition der Binnengrenze ausgeht. Diese umfasst:

> a) die gemeinsamen Landgrenzen der Mitgliedstaaten, einschließlich der Fluss- und Binnenseegrenzen,
> b) die Flughäfen der Mitgliedstaaten für Binnenflüge,
> c) die See-, Flussschifffahrts- und Binnenseehäfen der Mitgliedstaaten für regelmäßige Fährverbindungen.

Dementsprechend umfasst die Außengrenze „die Landgrenzen der Mitgliedstaaten, einschließlich der Fluss- und Binnenseegrenzen, der Seegrenzen und der Flughäfen sowie der Flussschifffahrts-, See- und Binnenseehäfen, soweit sie nicht Binnengrenzen sind“ (Verordnung (EG) Nr. 562/2006 [Schengener Grenzkodex]). Dort, wo diese Grenze mit der Grenze des Gebietes der Mitgliedstaaten zusammenfällt, bei denen der Schengen-Besitzstand (Schengen-Besitzstand 2000) in vollem Umfang angewendet wird, ist sie zugleich auch die Grenze des sog. Schengen-Raums. Diese Grenze ist sowohl Ergebnis als auch Mittel und Ausdruck der Territorialisierungs- und Reskalierungsstrategie seitens der EU.

Ihre Institutionalisierung auf der EU-*scale* stellt der Versuch dar, an die Stelle einer Vielzahl historisch bedingter, unterschiedlicher Reglementierungen bilateraler Grenzüberquerungsverhältnisse nun *ein* Grenzregime treten zu lassen. Dessen zentrale *Legitimation* geschieht mittels des Topos der „Sicherheit“. Der Kern der einheitlichen Visumsregelung besteht darin, von einem einheitlichen, dem Sicherheitstopos verpflichteten Visum auszugehen, das den …

> „(…) visumpflichtigen Drittausländer [berechtigt], an einer Grenzkontrollstelle der Außengrenze des das Visum ausstellenden Staates oder an der Grenze einer anderen Vertragspartei vorstellig zu werden und je nach Kategorie des Visums um Durchreise oder Aufenthalt zu ersuchen, soweit die übrigen Voraussetzungen für die Ein- oder Durchreise gegeben sind.“ (Gemeinsame Konsularische Instruktion 2005: 120f.)

Diese Homogenisierung der Visumsregelung durch die EU produziert den „visumpflichtigen Drittausländer“ als einheitlichen Adressaten der Regelung. Im Rahmen dieser Logik sind die Bestimmungen, mit denen die Vergabe von Visa beispielsweise an ukrainische Staatsbürger vereinfacht werden soll (vgl. Verordnung (EG) Nr. 415/2003 sowie Abkommen zwischen der Europäischen Gemeinschaft und der Ukraine 2007), eine *Gewährung von Erleichterungen.*

Auch die Regelung des sog. „kleinen Grenzverkehrs“ (vgl. Verordnung (EG) Nr. 1931/2006 sowie die Berichtigung der Verordnung) folgt dieser Logik der Homogenisierung: War sie bis zur Entwicklung des Schengener Übereinkommens ein nicht eindeutig zu definierendes Phänomen bilateraler Abkommen, um Bewohnern der Grenzregionen, aber auch Touristen die Grenzüberschreitung zu vereinfachten Konditionen zu ermöglichen, wovon de facto auch Schmuggler profitierten, wird sie durch die Einflussnahme der EU zu einem (weiteren) Element der Versicherheitlichung der Grenze.

Die Logik, innerhalb derer eine Regelung zum kleinen Grenzverkehr entworfen werden sollte, wie sie vor dem Beitritt der mittel- und osteuropäischen Staaten für notwenig erachtet wurde, erschließt sich aus der Positionierung der Mitteilung, die direkt an die Tagung des Europäischen Rates am 14./15.12.2001 in Laeken anschließt, auf der effizientere Kontrollen der Grenze im Hinblick auf „Terrorismus, Schleuserkriminalität und Menschenhandel“ gefordert wurden (Kommission der Europäischen Gemeinschaften 2002b: 2). Indem der kleine Grenzverkehr in den Horizont dieses Dreiklangs eingeordnet wird, ist er Gegenstand der *security border* (verstanden als der Gebrauch des Territoriums zum Zweck der Durchsetzung von Sicherheitspolitiken). Sie erzeugt eine latente Kriminalisierung aller Drittausländer, die im Rahmen der Personenkontrolle einer fahndungstechnischen Überprüfung unterworfen werden *müssen.*

Die notwendige zukünftige Regelung des kleinen Grenzverkehrs wird unmittelbar mit der Problematik der illegalen Einwanderung verknüpft, indem darauf verwiesen wird, dass ggf. ergänzende Rückübernahmeabkommen zu schließen seien (Kommission der Europäischen Gemeinschaften 2002a: 8). Das Arbeitsdokument diskutiert dann die Möglichkeiten[7], die Besonderheiten des „klei-

7 Für die Staaten, deren Bürger nicht der Visumpflicht unterliegen, sind das: Grenzübertritt mit dem Personalausweis oder Einführung einer besonderen Grenzübertrittserlaubnis.

nen Grenzverkehrs“ – d. h. seine „räumliche und zeitliche Beschränkung“ (ebd.: 10) – in der Praxis der Grenzübertrittskontrollen zu wahren. Im Hinblick auf die Staaten, deren Bürger gemäß dem *Schengen-Acquis* der Visumpflicht unterliegen, wird festgehalten, dass deren Visumpflicht auch im kleinen Grenzverkehr nicht aufgehoben werden könne. Eine Erleichterung des Grenzübertritts in diesem Rahmen bei gleichzeitiger Einhaltung der Visumpflicht stellt mithin einen Bedarf an neuen Regeln dar, und zwar solchen, die „Erleichterungen im Kleinen Grenzverkehr schaffen und gleichzeitig sicherstellen, dass die Grundprinzipien des Besitzstandes im Bereich Visa und Außengrenzen gewahrt bleiben“ (ebd.: 12f.). Dies offenbart die Logik der *security border*, die der Abwehr von potenziellen (und z. T. durch die Grenze erst geschaffenen) Straftätern und Straftaten dient und durch die die Logik des kleinen Grenzverkehrs partiell umgekehrt wird. Während frühere bilaterale Abkommen zwischen ‚alten' EU-Staaten und Drittstaaten v. a. vom Gedanken ausgingen, Grenzübertritte zu ermöglichen (der kleine Grenzverkehr wurde in Italien auch offiziell als „Ausflugsverkehr“ bezeichnet), steht jetzt der Abwehrgedanke im Vordergrund. Dies manifestiert sich etwa in der Einforderung umfangreicher Nachweise eines *berechtigten* Interesses der Grenzübertrittswilligen, wobei die Kategorien, innerhalb derer überhaupt ein berechtigtes Interesse geäußert werden kann, im Vorhinein festgelegt werden. „Kleinhandel zu betreiben“ ist im Sinne dieser Nachweispflicht (erwartungsgemäß) kein legitimes Motiv für eine Grenzüberschreitung, Schmuggler müssen andere, ‚legitimere' Interessen anführen können.

3 Fazit

Wir haben die EU-Außengrenze als räumliches Phänomen betrachtet, dessen Analyse im Kontext der Debatten um die „Produktion des Raums“ auf die Zwecke und Strategien verweist, die in seine Produktion eingehen. An räumlichen Formen sind hierbei die Territorialisierung der EU und die damit einhergehende Reskalierung von Politiken entscheidend. Die Leistungen dieser räumlichen Strategien haben wir anhand der Regulierung des Grenzübertritts illustriert. In diese, so konnte gezeigt werden, gehen primär Sicherheitsüberlegungen ein, in denen die Praktiken ‚normaler', ‚alltäglicher' Grenzüberquerer ausschließlich als störend und riskant verstanden werden, und daher eingeschränkt bzw. verhindert werden. Die Logik ist die einer Zuteilung des Rechts auf Grenzüberschreitung aufgrund eines definierten und normierenden Rahmens. Diese neuen Regelungen, deren Umsetzung vor Ort an anderer Stelle untersucht wird (vgl. die Beiträge von Bruns sowie Bruns et al. in diesem Band), sind es, mit denen sich Schmuggler auseinandersetzen müssen. Wegen ihrer schwachen Machtposition besteht ihr Vorgehen bei der Aneignung der Grenze im Sinne von de Certeau aus Taktiken und trägt nur selten strategische Züge. Die Taktik, so schreibt er, muss „mit dem Terrain fertig werden, das ihr so vorgegeben wird, wie es das Gesetz einer fremden Gewalt organisiert“ (de Certeau 1988: 89). Sie ist „die Kunst der Schwachen“ (ebd.).

Anstelle eines Nachworts: Schmuggel als Projekt

Mathias Wagner

Für die mittelosteuropäischen Staaten war die Transformation einer planwirtschaftlichen in eine marktwirtschaftliche Ökonomie mit einer tiefgehenden sozialen Differenzierung der Gesellschaften verbunden. Zwanzig Jahre nach Beginn dieses Prozesses kann man feststellen, dass die Gesellschaften ökonomisch und sozial in Transformationsgewinner und -verlierer gespalten sind. Die polnische Gesellschaft mag hier als ein herausragendes Beispiel dienen, da sie aufgrund des Umfangs ihrer Bevölkerungszahl den größten Markt und mithin eine der wichtigsten Ökonomien der mittelosteuropäischen Staaten der Europäischen Union bildet. Zudem stellte die in der polnischen Gesellschaft verankerte Volksbewegung der Solidarność einen historisch entscheidenden Faktor bei der Befreiung der Staaten aus der sowjetischen Unterdrückung dar. Die historische Leistung der Solidarność endete jedoch nicht in dem Moment, als die Nomenklatura bereit war die Macht zu teilen, sondern betrifft auch die Gestaltung der nachfolgenden Gesellschaft. Schon Ende der 1980er-Jahre hatte ein Kreis von Personen um Finanzminister Balcerowicz Pläne für eine wirtschaftliche Entwicklung ausgearbeitet, die auf eine kritiklose Übernahme des westlichen Systems zielten und keinen Raum für andere Entwicklungsrichtungen ließen. Damit wurden die Voraussetzungen für eine Privatisierung eingeleitet, von der vor allem diejenigen Bevölkerungsteile profitierten, die durch ihren Zugang zu den alten Eliten über die sozialen und finanziellen Ressourcen verfügten, um sich als private Unternehmer am Markt zu positionieren (Jarosz 2005: 57ff., 114ff.). Der Zugang zu den Netzwerken der politischen Eliten, verbunden mit einem Informationsvorsprung, sicherte in vielen Fällen den Zugriff auf Betriebe. „Dank ihrer politischen Stellung profitierten Personen oder Familien, die mit dem Regierungslager verbunden waren, in besonderer Weise von der Privatisierung." (Holzer 2007: 92). Unter ihrer Mitverantwortung wurden die als „Chicago-Boys" bekannt gewordenen Wirtschaftsberater mit der Umgestaltung der Ökonomie beauftragt, die zugleich als Beispiel für andere Staaten des ehemaligen Ostblocks dienten (Jarosz 2005: 54).

Unter den polnischen Transformationsverlierern führte der sich etablierende neoliberale Kapitalismus zu einer tief gehenden Krise, da man sich der Solidarność mit dem Ziel angeschlossen hatte, eine Steigerung der Lebensqualität zu erreichen, die neben einer Etablierung politischer Freiheiten vor allem auch wirtschaftliche Verbesserungen umfasste. Es ist die Ironie der Geschichte, dass große Teile der Bevölkerung, die für den Systemwechsel eingetreten sind, anschließend arbeitslos wurden und von Verarmung bedroht sind:

> „In Polen und Russland fielen Beraterteams in die staatlichen Ministerien ein, um sie aufzulösen oder in Privatunternehmen umzuwandeln. Der Harvard-Experte Jeffrey Sachs machte Polen zu einem Experimentierfeld für freie Marktwirtschaft, aber er blieb nicht dort." (Sennet 2005: 49)

Dagegen blieb den Betroffenen häufig nur die Wahl zwischen einem Rückzug in die Subsistenzlandwirtschaft, Arbeitsmigration, informelle Ökonomie oder andere prekäre Beschäftigungsformen. Ihre Hoffnungen setzen sie auf die Bildungserfolge ihrer Kinder, damit zumindest sie Ziele verwirklichen, die der Elterngeneration verwehrt wurden (Walczak 2005: 156, Kawczynska-Butrym et al. 2004: 29ff.). Gleichwohl wird sich dies auch für viele der jungen Generation als Illusion erweisen, denn eine sich zunehmend verfestigende ökonomisch differenzierte Sozialstruktur bietet auch für sie meist keine Veränderung ihrer sozialen Position: „Und wenn doch, so ist das meist eine ‚Bewegung nach unten', in die Schichten der Arbeitslosen und Randgruppen. Das Merkmal der letzten dreißig Jahre ist die Verarmung der Arbeiterklasse", schreibt Maria Jarosz und betont damit einen Prozess, der schon in den siebziger Jahren einsetzte und damals die Basis für die Systemtransformation schuf (Jarosz 2005: 117).

Bevor wir diesen Gedankengang weiterentwickeln und den Versuch starten, die Phänomene von Armut und illegaler Erwerbsform als gesellschaftliche Erscheinungen und damit soziologisch zu erklären, ist es notwendig, auf ein methodisches Problem einzugehen. Ein grundlegendes Problem bei der Erklärung sozialer Phänomene entsteht daraus, welches Gewicht dem Verhältnis von Geschichte und Gegenwart zugemessen wird. Unstrittig erscheint, der Historie einen Einfluss auf die Ausgestaltung gegenwärtiger Erscheinungen einzuräumen. Da jedoch das Spektrum historischer Fakten fast grenzenlos ist, entsteht die Frage nach welchen Kriterien eine Auswahl stattfinden kann. Tatsächlich kann die Vergangenheit nur mit den Erfahrungen der Gegenwart interpretiert werden, d. h. die Form der Erinnerung ist abhängig von den gegenwärtigen Interessen und der Position im sozialen Feld. Aus dem gegenwärtigen Bedürfnis nach Identifikation richtet sich die Perspektive auf die Vergangenheit und eine Auswahl vergangener Ereignisse als Geschichte (Welzer/Lenz 2007: 38). Die Akzeptanz der gesellschaftlichen Diskurse strukturiert den Inhalt dessen, was als historischer Fakt erinnert wird und darüber die Handlungen, Ansichten und Charaktereigenschaften von Individuen in der Gegenwart beeinflusst. „Ohne Auswahl keine Geschichte" schreibt Baumann und betont damit, dass in der Geschichtsschreibung immer Aspekte hervorgehoben werden, während andere Aspekte in den Hintergrund treten (Baumann 2005: 28). Handelt es sich also bei der historischen Ableitung von Fakten um einen äußerst fragilen Prozess, so wird dieser umso ideologieanfälliger, je mehr wir den Versuch unternehmen, psychologische Erscheinungen aus vergangenen Ereignissen herzuleiten. Der psychologische Ansatz wird in dem Moment ideologisch, in dem die gesellschaftlichen Bedingungen individueller Ausprägung übergangen werden (Wehler 1973: 104). Damit laufen wir in der Interpretation jedoch Gefahr, Fragen des Bewusstseins nicht aus objektiven Gegebenheiten, sondern aus beschränkten Interessen abzuleiten (Ginzburg 2002: 73). An dieser Stelle ist nicht der Platz diese Problematik ausführlicher zu behandeln, jedoch erscheint eine ‚gesunde' Skepsis angebracht, wenn Erscheinungen der mittelosteuropäischen Gesellschaften ausschließlich der realsozialistischen Vergangenheit angelastet werden, ohne die aktuellen Entwicklungen zu berücksichtigen: dessen ungeachtet beeinflussen die realsozialistischen Erfahrungen sicherlich auch die gegenwärtigen mittelosteuropäischen Entwicklungen. Die Bedingungen unter denen Menschen ihr Leben organisieren sind „im sozialhistorischen Prozess gewordene formations- und klassenspezifische Ausprägungen von gesellschaftlichen Verhältnissen (Holzkamp 1983: 42). Erkennt man dem Individuum einen Gestaltungsspielraum zu, den es innerhalb einer historisch gewachsenen Struktur nutzt, so betont man damit seinen Status als Subjekt der Geschichte. Gegenwart und Vergangenheit beeinflussen sich wechselseitig und bleiben voneinander gesondert unverständlich. Beide Faktoren stehen als objektive und subjektive Elemente in einem dialektischen Verhältnis. Die objektiven Strukturen konstruieren die subjektiven Vorstellungen der Akteure, und die subjektiven Elemente stabilisieren oder verändern zugleich die objektiven Strukturen. „Gewiss konstruieren sie ihre Weltsicht. Aber diese Konstruktion geschieht unter strukturellen Zwängen." (Bourdieu 1992: 143). Unser Versuch einer Einordnung der Phänomene von Armut und illegaler Ökonomie wird sich also davon leiten lassen, der Gegenwart eine entscheidende Kraft zuzusprechen ohne die Vergangenheit zu ignorieren.

Greifen wir den Faden der Veränderungen im Zuge der Systemtransformation wieder auf und stellen die Frage nach den sozialen Resultaten. Ein Ziel der Transformation bestand darin, den Markt zu einem möglichst umfassenden gesellschaftlichen Gestaltungsmittel auszubauen:

> „Diese Apotheose des Marktes sollte – ihren Verfechtern zufolge – begleitet werden durch eine Entthronung der Wirtschafts-, Sozial- und Bildungspolitik, wodurch letztendlich die großen Systemverlierer ihrem Schicksal überlassen und praktisch an den Rand einer findigen und reichen Gesellschaft gedrängt werden: die Arbeitslosen, Invaliden, Familien mit vielen Kindern und all jene, die sich (aus den unterschiedlichsten, oft objektiven Gründen) nicht an die Regeln der Marktwirtschaft anzupassen vermochten." (Jarosz 2005: 132)

Gleichzeitig begnügt sich die Gesellschaft nicht mit einer ökonomischen und sozialen Differenzierung, sondern nutzt diese zur Trennung der ...

> „,würdigen' von den ,unwürdigen' Armen, diejenigen, die es verdienen, gerettet und (mit einer Mischung von Sanktionen und Anreizen) wieder in den Kreislauf der instabilen Lohnarbeit ,eingespeist' zu werden, von denen, die ab jetzt dauerhaft auf die schwarze Liste zu setzen und auszusondern sind." (Wacquant 2009: 16)

Letztere werden dann Aufgrund ihres Verhaltens als kulturell und mental unangepasst verurteilt (Baumann 2009: 179). „Die Unterschicht versperrt sich selbst den Weg in die aufnahmebereite Gesellschaft, indem sie sich durch eine eigene Kultur von ihr abschottet", so lautet dann das moralisierende Argument etablierter Gesellschaftsschichten (Kronauer 2006: 38f.). An den polnischen Ostgrenzen trifft dieses Vorurteil beispielsweise die Arbeiter der ehemaligen Staatsgüter und vernachlässigt deren reale Lebenssituation (Walczak 2005: 148f., Kawczynska-Butrym 2004: 6). Indem Armut zum individuellen Problem erlärt wird, erspart sich die Gesellschaft eine politische Auseinandersetzung und verweist die Armen stattdessen in die Zuständigkeit der sozialen Fürsorge.[1]

Armut ist am Beginn des 21. Jahrhunderts als globales Phänomen in erster Linie mit Arbeitslosigkeit verbunden. Es macht heute wenig Sinn zwischen so genannten „Arbeitsgesellschaften" oder „Industriegesellschaften" und vorgeblich traditionellen Gesellschaften zu differenzieren, wenn wir die Gründe von Armut beschreiben.[2] Auch in den mittelosteuropäischen Staaten geht Arbeitslosigkeit der Armut voraus. Paugam verweist auf den Prozesscharakter der Armut, die aus Arbeitslosigkeit resultiert. Anfangs werden Arbeitslose noch als Opfer der wirtschaftlichen Entwicklung gesehen, später, wenn die Arbeitslosigkeit fortdauert, wird ihnen meist Faulheit vorgeworfen (Paugam 2008: 85). Den Hintergrund dieser sozialen Differenzierungen bilden Zerfallsprozesse der Arbeitsgesellschaft, die Castel auf drei Ebenen beschreibt: erstens die unter dem Begriff der Flexibilisierung fallenden Anforderungen an Beschäftigte, zweitens die Ausweitung prekärer Einkommensverhältnisse und drittens die Zuordnung der Langzeitarbeitslosen zu Überzähligen, die weder als Produzenten noch als Konsumenten benötigt werden (Castell 2007: 18).

---

1 In den letzten Jahren wird dieses Phänomen unter dem Begriff der „Ausgrenzung" (auch Exklusion) diskutiert (Bude/Willisch 2006, Castell 2007). Kritisch bemerken dazu Boltanski und Chiapello (2006: 389f.), dass der Begriff die Individualisierung des Verarmungsphänomens fortschreibt, hingegen der Begriff der „Ausbeutung" den Aspekt der sozialen Verantwortung stärker hervorhebt.

2 Damit soll nicht gesagt werden, dass die Unterscheidung bezüglich bestimmter Fragestellungen durchaus sinnvoll sein kann. Wie stark Armut durch Arbeitslosigkeit auch in Ländern der so genannten „Dritten Welt" verursacht wird, lässt sich anschaulich nachlesen bei Fabrizio Gatti (2010): Bilal, als Illegaler auf dem Weg nach Europa. München: Antje Kunstmann.

In den mittelosteuropäischen Staaten, deren Ostgrenzen seit 2004 zugleich die Außengrenzen der Europäischen Gemeinschaft bilden, fällt der Niedergang der Arbeitsgesellschaft mit dem Beginn der Systemtransformation zusammen. Die daraufhin entstehende Arbeitslosigkeit und Armut führt zu einer Ausweitung des informellen Sektors und der Zunahme illegaler Erwerbsformen, für die der hier behandelte Warenschmuggel nur ein Beispiel ist.[3] In den einzelnen Artikeln dieses Bandes werden die mit der Armut und den informellen bzw. illegalen Erwerbsformen verbunden Fragen aus unterschiedlichen Perspektiven und am Beispiel verschiedener Gesellschaften analysiert. An dieser Stelle soll die Perspektive dahingehend erweitert werden, die gesellschaftliche Logik darzulegen, die dazu führt, dass eine illegale Erwerbsform wie der Schmuggel an den Ostgrenzen der EU von den Staaten und letztlich von der EU toleriert wird. Das methodische Vorgehen stützt sich dabei auf die von Bourdieu mehrfach eingeforderte Erweiterung eines materialistischen Standpunktes, der sich nicht allein auf ökonomische Bezüge stützen kann, sondern im Sinn einer mehrdimensionalen Theorie symbolische, kulturelle und soziale Aspekte einbeziehen muss (Wacquant 2009: 17):

> „Man sieht also, eine wirklich allgemeine Wissenschaft von der ökonomischen Praxis muss in der Lage sein, auch all die Praxisformen mit einzubeziehen, die zwar objektiv ökonomischen Charakter tragen, aber als solche im gesellschaftlichen Leben nicht erkannt werden und auch nicht erkennbar sind. (...) Eine allgemeine ökonomische Praxiswissenschaft muss sich deshalb bemühen, das Kapital und den Profit in allen ihren Erscheinungsformen zu erfassen und die Gesetze zu bestimmen, nach denen die verschiedenen Arten von Kapital (oder, was auf dasselbe herauskommt, die verschiedenen Arten von Macht) gegenseitig ineinander transformiert werden." (Bourdieu 1992: 52)

Damit ist der Versuch verbunden, einer Entpolitisierung der Probleme von Verarmung entgegenzuwirken, die zum einen auf der Individualisierung und zum anderen einer ökonomischen Verkürzung beruhen, wie sie in Anbetracht der illegalen Erwerbsformen verbreitet sind. Die damit angestrebte Repolitisierung der Phänomene will die Machtstrukturen sichtbar machen, die im Verborgenen eine Etablierung der informellen und illegalen Erwerbsformen unterstützen. Im Sinne von Bourdieu soll zumindest ein Teil des Feldes informeller Strukturen analysiert werden.

Wir rekapitulieren: Das Problem besteht darin, die gesellschaftlichen Strukturen zu erklären, die die informelle Ökonomie und konkret den Warenschmug-

3 Ein anderes Beispiel sind die illegalen Kohlengruben in Niederschlesien, so genannte „Armengruben" (poln. „bieda śyby").

gel unterstützen. Dazu ist es notwendig, zunächst etwas weiter auszuholen und sozialökonomische Grundstrukturen zu beschreiben, die am Beginn des 21. Jahrhunderts für die europäischen Gesellschaften relevant sind. Um an dieser Stelle gleich den Einwand vorwegzunehmen, es handele sich um eine nicht zu rechtfertigende Verallgemeinerung mit der die historischen, ökonomischen und letztlich auch politischen Unterschiede ignoriert werden, so sei betont, dass wir uns der Differenzen sehr wohl bewusst sind. Die Differenzen existieren gleichsam als Feinausprägungen oberhalb einer grobstrukturellen ökonomischen Basis, wobei letztere weit über die Staaten der Europäischen Gemeinschaft hinaus soziale Auswirkungen zeigen. Unsere Aufgabe ist also eine doppelte: Einmal sollen die allgemeinen gesellschaftlichen Veränderungen aufgezeigt werden und daran anschließend wird es notwendig sein, auch den Sonderfall der mittelosteuropäischen Grenzstaaten zu betrachten.

Spätestens mit dem Beginn der Systemtransformation in Osteuropa wurde auch dort der Kapitalismus, verstanden als die Verbindung eines ökonomischen und politischen Systems mit sozialen Auswirkungen, zu dem vorherrschenden gesellschaftlichen Muster, das das Denken und Handeln strukturiert (Boltanski/Chiapello 2006: 92). Dabei ist es ein Allgemeinplatz, dass *der* Kapitalismus selbstverständlich nicht existiert, sondern als ein sich im historischen Prozess wandelndes System zu verstehen ist. Um die grundlegenden Veränderungen dieses Systems zu beschreiben, deren Anfänge in Westeuropa bis in die 1970er-Jahre zurückreichen und in den letzten zwanzig Jahren auch in den mittelosteuropäischen Staaten zur vollen Entfaltung gelangten, stützen wir uns in erster Linie auf die Analyse von Boltanski und Chiapello.

Sie stellen einen Wandel des kapitalistischen Systems fest, der die „Vorstellung, dass die Verfolgung des eigenen Interesses dem Allgemeinwohl diene", zum Dogma erhoben hat (ebd. 49). Gleichzeitig wird der Anstieg des gesellschaftlichen Wohlstandes als Ausdruck des verbesserten Allgemeinwohls angesehen, ohne auf die sozialen Unterschiede zu achten (ebd. 49, vgl. auch Sennet 2005: 143f.). Im Zuge der Veränderungen setzte auch ein Wandel der Unternehmen ein, die unter dem Primat des *outsourcing* Produktionsabläufe an Drittfirmen zu vergeben begannen. Die zentralen Unternehmen arbeiten dabei als Rumpffirmen, deren Aufgabe die Koordination der Produktion in einem Netz von Einzelbetrieben ist, wobei die einzelnen Subunternehmen in direkter wirtschaftlicher Abhängigkeit vom zentralen Auftraggeber-Betrieb stehen. In der entwickelten Form wird diese Arbeitsweise dann auch innerhalb der Betriebe auf die einzelnen Arbeiter angewandt. Sie arbeiten dann untereinander vernetzt im Team an einzelnen, begrenzten Projekten (ebd. 112). Kennzeichnend für diese Arbeitsform sind ‚flache' Hierarchien, bei denen von den Arbeitern im Sinne einer moralischen Selbstverpflichtung die Anpassung an die Erfordernisse der

Produktion als selbständige Leistung erwartet wird (ebd. 125). Kontrolle wird nicht mehr direkt durch Vorgesetzte ausgeübt, sondern zum inneren Gebot der Individuen und zur Anpassung an anonyme Erfordernisse des Produktionsablaufes, mit deren Einhaltung die Arbeitskollegen rechnen.

Während der Kapitalismus der Nachkriegszeit auf Kontinuität angelegt war, bei der die Lebensstellung in einem Unternehmen die Regel war, beruht aktuell der Arbeitsprozess auf zeitlich und räumlich begrenzten Projekten. Um in diesem System als Individuum zu überleben sind weiträumige – im Extremfall weltumspannende – Netzwerke mit einer Vielzahl von Kontakten notwendig (ebd. 157). „Paradoxerweise sind heute Ortsgebundenheit, Firmentreue und Verlässlichkeit *Prekaritätsfaktoren* und werden im Übrigen zunehmend auch als solche empfunden" (ebd. 402). Nach der Interpretation von Sennett, lebte man im alten Kapitalismus in Sicherheit durch die institutionelle Einbindung. Heute wird vom Individuum Eigenverantwortung für seine soziale Vorsorge, Ausbildung und Zukunftsgestaltung verlangt. Um bei der gesellschaftlich geforderten Individualisierung der Gefahr einer Vereinzelung zu entgehen, müssen die Individuen über ein dichtes Netz sozialer Kontakte verfügen (Sennet 2005: 40f.). Man kann sagen, dass die Instabilität und fehlende Kontinuität der Arbeitsplätze durch die in das Individuum verlegte Anforderung der schnellen Anpassung an wechselnde inhaltliche, räumliche, soziale und ökonomische Anforderungen ersetzt wurde. Boltanski und Chiapello sprechen davon, dass die „obsessive Fixierung auf Anpassungsfähigkeit, Veränderung, ‚Flexibilität'" (Boltanski/Chiapello 2006: 110) auf dem Wandel der Produktionsbedingungen beruht.

Beziehen wir das Gesagte auf die Situation des einzelnen Arbeiters in einem Unternehmen, so wird es möglich, die Forderung nach Flexibilität mit Inhalt zu füllen: „In diesem Sinne gilt als wertvoller Mitarbeiter, wer es versteht, mit grundverschiedenen Menschen zusammenzuarbeiten, wer bei einem Projektwechsel offen und flexibel auftritt und wer sich mit Erfolg unablässig neuen Gegebenheiten anpasst" (ebd. 136). Diese Anforderungen lassen sich jedoch nicht ‚äußerlich' erfüllen, sondern sie setzen den psychosozialen Wandel der Individuen in Gang und zugleich auch voraus. Von den Individuen wird selbständiges Handeln erwartet und dies wirkt sich dahingehend aus, dass „die Menschen (...) heute weder Befehle empfangen noch Befehle erteilen [wollen]" (ebd. 109). Sowohl die Forderungen nach Flexibilität als auch der Anspruch auf hierarchiefreie Erwerbsformen wird in hervorragender Weise von den „marginalen Erwerbsformen" (ebd. 223) erfüllt. Wo, wenn nicht im informellen Sektor, verlangen die Tätigkeiten Mut zum Risiko, Anpassungsfähigkeit und Selbstständigkeit? Und noch viel mehr trifft dies auf die illegalen Bereiche zu wie beispielsweise den Warenschmuggel.

Diese hier skizzierten gesellschaftlichen Veränderungen gründen zwar auf einem Wandel der Produktionsbedingungen, jedoch haben sie zugleich eine kulturelle Evolution eingeleitet. Das individuelle Erfolgsstreben wurde zu einem kulturell definierten Ziel mit einem hohen Zuspruch von allen Mitgliedern der Gesellschaft (Merton 1995: 128). Merton beschreibt den hohen gesellschaftlichen Konformitätsdruck, der von den Individuen individuellen Erfolg fordert. Gleichzeitig verteilt aber die soziale Struktur einer Klassengesellschaft divergierende Chancen, das Erfolgsstreben zu realisieren. Da die Klassenstruktur den Zugang zu den Mitteln, mit denen die kulturell definierten Ziele erreicht werden können, beschränkt, nimmt die Bedeutung und Akzeptanz illegaler Methoden zu (ebd. 1995: 141). Der Volksmund bringt dies mit der Redensart „der Erfolg rechtfertigt die Mittel" auf den Punkt. Die illegalen Methoden werden akzeptiert, da sie dazu dienen, das kulturell definierte Ziel individueller wirtschaftlicher Selbstständigkeit zu erreichen.

Der Schmuggel ist an den Ostgrenzen der Europäischen Gemeinschaft nur in Ausnahmefällen in Mafiastrukturen organisiert. Vielmehr arbeiten in der Regel die Schmuggler selbstständig und es obliegt ihrer eigenen Initiative, Einkauf, Transport und Weiterverkauf zu organisieren. Dadurch geht die Mehrzahl der Schmuggler, die im Polnischen als *mrówki* (dt. „Ameisen") bezeichnet werden keine Verpflichtungen gegenüber Dritten ein. Tatsächlich lässt sich die Organisation des Schmuggels mit der Funktionsweise des Internets vergleichen, bei dem alle Teile autonom agieren und gleichsam reibungslos ineinander greifen. Das System ist horizontal organisiert, ohne übergeordnete Ebenen einer Hierarchie.

Vor diesem Hintergrund kann es nicht erstaunen, wenn Gemeindevertreter polnischer Grenzbezirke die aktive Problemlösung der Schmuggler betonen, um damit den illegalen Aspekt zu relativieren. Schmuggler verhalten sich aktiv und entsprechen so den gesellschaftlichen Forderungen, auch wenn sie diese auf unorthodoxe Weise umsetzen. So wie die Beschäftigten flexibel auf sich beständig ändernde Projekte reagieren müssen, muss auch der Schmuggler auf ein zeitlich und räumlich begrenztes Problem, nämlich zu überleben in Zeiten umfassender Arbeitslosigkeit, reagieren. Schmuggler entsprechen ebenso den Forderungen der Ökonomie nach autonom handelnden Akteuren, denen es gelingt in selbst konstruierten Netzwerken, eine fest umrissene Aufgabenstellung zu lösen. Schmuggel ist aber kein Beruf im Sinne einer ‚Berufung', sondern dem Schmuggel geht man quasi wie einem Projektes mit zeitlichen, räumlichen und sozial begrenzten Zielen nach. Erreicht der Akteur *sein* Ziel, so wendet er sich neuen Aufgaben zu.[4]

4 Der Schmuggel hat in der hier vorliegenden Ausprägung eben keine „Kultur des Schmuggels" geschaffen, die als Selbstzweck an die nächste Generation weitergegeben wird. Vielmehr ist man be-

Wer nach einer hohen Wertigkeit strebt, klammert sich nicht an einen Beruf oder an eine Qualifikation, sondern zeigt sich *anpassungsfähig*, *flexibel*. Er ist jemand, der zu einer völlig andersartigen Situation überwechseln kann und sich dort zurechtfindet. Er ist *polyvalent*, wechselt problemlos seinen Tätigkeitsbereich bzw. seine Instrumente je nach Art der Beziehungen, die er mit anderen Personen oder Objekten unterhält. Gerade aufgrund dieser *Anpassungsfähigkeit* und *Polyvalenz* hat er einen hohen *Beschäftigungswert*, d. h. er lässt sich in der Wirtschaftwelt leicht in ein neues Projekt integrieren." (Boltanski/Chiapello 2006: 158).

Es ist die Umsetzung der marktfreundlichen Strategien, die von den Individuen geleistet werden und seit der Systemtransformation von den Apologeten einer liberalisierten Ökonomie gefordert werden.[5] Die Schmuggler werden so zum Beispiel des ‚neuen' Bürgers, der aktiv und individuell an der Bewältigung seiner Probleme arbeitet (vgl. Sennet 2005: 127). Der Schmuggel stellt eben auch einen Weg dar, die ökonomischen Probleme hoher Arbeitslosigkeit und niedriger Löhne zu privatisieren. Jeder ist demnach „seines Glückes Schmied".

Wobei auch die auf staatliche Hilfen angewiesenen Arbeitslosen innerhalb des Systems eine Aufgabe erfüllen. Einerseits bestätigen sie mit ihrer Lebenssituation die Aktivität und Selbstständigkeit derjenigen, die als Schmuggler im informellen Bereich arbeiten, andererseits dient ihre Situation auch als disziplinierendes Beispiel, mit dem prekäre Arbeitsformen durchgesetzt werden können (Wacquant 2009: 120). Das polnische Beispiel zeigt die Disziplinierungsfunktion recht gut, wo das Sozialhilferecht Arbeitslosigkeit nicht als Grund für den Bezug kontinuierlicher staatlicher Unterstützung kennt (Kopacka-Klose 2008: 58). Betroffene werden durchaus von den Mitarbeitern des Sozialamtes aufgefordert, ihr Einkommen durch Brennholzhacken bei der Nachbarin aufzubessern oder mit dem Grenzhandel zu beginnen (Bruns 2009: 132f.). Im Endergebnis wird damit „die soziale Unsicherheit als Norm" (Wacquant 2009: 298) durchgesetzt. Es handelt sich um die Durchsetzung einer Norm, bei der nicht nach den individuellen Schicksalen und Gründen derjenigen gefragt wird, die nicht über die notwendigen Ressourcen verfügen, die es ihnen ermöglichen würden, sich an die neuen ökonomischen Verhältnisse anzupassen.

Bis zu diesem Punkt basiert unsere Analyse auf einer weitgehenden Parallelisierung ökonomisch-sozialer Entwicklungen in Westeuropa und den mittelost-

---

müht, das Einkommen des Schmuggels durch andere legale Erwerbsformen zu ersetzen, sobald diese wirtschaftlich attraktiv erscheinen.

5 Im Übrigen ist es erstaunlich, wie sich in deutschen und polnischen Zeitungen die Diagnosen der wirtschaftlichen Situation und die daraus abgeleiteten Empfehlungen dahingehend gleichen, dass den Arbeitslosen mangelnde räumliche und berufliche Flexibilität vorgeworfen wird und die Begrenzung der Löhne und Lohnnebenkosten als Heilmittel zur Schaffung von Arbeitsplätzen vorgeschlagen wird.

europäischen Staaten. Die Analyse wäre unvollständig, wenn wir hier nicht auch auf einen Aspekt länderspezifischer Besonderheiten verweisen würden. Als Beispiel soll wieder die polnische Situation dienen, da hier in besonderer Deutlichkeit Zusammenhänge zu erkennen sind. Während Wacquant am Beispiel von Nordamerika und Westeuropa eine Tendenz diagnostiziert, bei der die Staaten mit zunehmender Härte eine Kriminalisierung von Armut betreiben, reagiert der polnische Staat auf den Schmuggel mit Entkriminalisierung. Wo sich die westeuropäischen Staaten bemühen, sich an ein Konzept der „Null Toleranz" anzupassen, zeigt die polnische Gesellschaft gegenüber dem massenhaft vollzogenen illegalen Grenzhandel Milde. Dies erstaunt umso mehr, als die Protagonisten der Systemtransformation gerade die Kreise waren, die auch der Kriminalisierung von Armut Vorschub leisteten. Verständlich wird dieser polnische Sonderweg, wenn wir die jüngere historische Erfahrung in unsere Überlegungen einbeziehen. Der Anspruch auf einen Sozialstaat, der eine relativ gleichmäßige Verteilung des Wohlstandes garantiert, war nicht nur tragendes Prinzip der bis 1990 bestehenden Gesellschaftsordnung, sondern auch eine Grundlage des Widerstandes, der sich gegen das System formierte. Diese historische Erfahrung konnte auch durch die umfassende Umgestaltung von Politik und Wirtschaft in der Gesellschaft nicht unterdrückt werden. In der Konsequenz formte sich daraus ein mittelosteuropäischer Sonderweg, der die Integration eines Teils der von Verarmung bedrohten Bevölkerung ermöglicht.

In der Toleranz, mit der dem Schmuggel begegnet wird, wird auch ein Element der Widerständigkeit sichtbar. Eines Widerstandes der Individuen gegen die umfassende Anpassung an prekäre Arbeits- und Lebensverhältnisse, die ihnen nur die Wahl zwischen Wanderarbeit und niedriger Entlohnung lassen. Gerade der Schmuggel zeigt die Widersprüchlichkeit einer Anpassung der Individuen an gesellschaftliche Zwänge. Indem sie ihre Subjekthaftigkeit bewahren, befördern sie zugleich die gesellschaftliche Akzeptanz prekärer Arbeitsbedingungen und werden zum Objekt der ökonomischen Entwicklung. Die zentrale These, der hier nachgegangen wurde, beruht darin, dass mit dem Beginn der Systemtransformation in Polen (und anderen mittelosteuropäischen Staaten) ein „neuer Geist des Kapitalismus" (Boltanski/Chiapello) sich etabliert hat. Dieser stellt sich aber nicht einfach als Entfremdung der Arbeiterklasse[6] von den Zielen der Solidarność-Bewegung dar, sondern die Arbeiter sind auch aktiv Handelnde in diesem Prozess.

6 Auch wenn die Solidarność als Volksbewegung beschrieben wird, so stellten doch die Arbeiter der industriellen Großbetriebe (Werften und Schwerindustrie) den Kern der Bewegung.

Literaturverzeichnis

Abkommen zwischen der Europäischen Gemeinschaft und der Ukraine über Erleichterungen bei der Erteilung von Visa – Protokoll – Erklärung – Gemeinsame Erklärungen. Amtsblatt Nr. L 332 vom 18.12.2007. Celex Nr.: 22007A1218(02): 68–76

Agnew, John (2005): Sovereignty Regimes: Territoriality and State Authority in Contemporary World Politics. In: Annals of the Association of American Geographers 95. 2. 2005. 437–461

Altvater, Elmar/Mahnkopf, Brigitte (2007): Konkurrenz für das Empire. Münster: Westfälisches Dampfboot

Anderson, James/O'Dowd, Liam (1999): Borders, Border Regions and Territoriality: Contradictory Meanings, Changing Significance. In: Regional Studies 33. 7. 1999. 593–604

Anderson, Malcolm (o. J.): The Frontiers of the European Union. http://www.edc.spb.ru/publications/june/anderson.htmle [Abruf am 28.8.2006]

Andreas, Peter (2003): Redrawing the line. In: International Security 28. 2. 2003. 78–111

Appadurai, Arjun (1996): Modernity at Large. Cultural Dimensions of Globalization. Minneapolis: The University of Minnesota Press

Arambaşa, Mihaela (2009): Bedeutung der grenzüberschreitenden Praktiken im moldauisch-rumänischen Grenzraum vor und nach dem EU-Beitritt Rumäniens. In: Heller et al. (2009): 137–160

Arambaşa, Mihaela/Bruns, Bettina (2008): Am östlichen Rand der EU: Politisch-geographische, ethnische und nationale sowie ökonomische und soziale Probleme und ihre Folgen für die Grenzraumbevölkerung. In: Südosteuropa Mitteilungen 05/06. 2008. 106–110

Ascherson, Neal (1987): Der Traum vom freien Vaterland. Polens Geschichte bis heute. Köln: Verlagsgesellschaft

Auswärtiges Amt (2009): Belarus. Reise- und Sicherheitshinweise. http://www.auswaertiges-amt.de/diplo/de/Laenderinformationen/Belarus/Sicherheitshinweise.html#t6 [Abruf am 19.02.2009]

Avram, Andrei/Müller, Dietmar (2008): Moldova's border with Romania: challenges and perspectives after Romania's accession to the European Union. In: South-East Europe review 3. 11. 2008. 399–430

Bahrenberg, Gerhard (1987): Über die Unmöglichkeit von Geographie als „Raumwissenschaft". In: Bahrenberg et al. (1987): 225–239

Bahrenberg, Gerhard et al. (Hrsg.) (1987): Geographie des Menschen. Bremen: Universität Bremen

Bakhtin, Michail (1984): Rabelais and His World. Bloomington: Indiana University Press

Balibar, Etienne (2009): Europe as Borderland. In: Environment and Planning D: Society and Space 27. 2009. 190–215

Banfield, Edward C. (1995): The Moral Basis of Backward Society. Cambridge: Harvard University Press

Barry, Andrew (2001): Political Machines: Governing a Technological Society. London: The Athlone Press

Batt, Judy/Wolczuk, Kataryna (Hrsg.) (2002): Region, state and identity in Central and Eastern Europe. London: Frank Cass

Baumann, Zygmunt (2005): Verworfenes Leben. Die Ausgegrenzten der Moderne. Hamburg: Hamburger Edition

Baumann, Zygmunt (2005): Moderne und Ambivalenz. Das Ende der Eindeutigkeit. Hamburg: Hamburger Edition

Baumann, Zygmunt (2009): Leben als Konsum. Hamburg: Hamburger Edition

Beck, Ulrich (1986): Risikogesellschaft. Frankfurt a. M.: Suhrkamp

Belina, Bernd (2008a): Die kapitalistische Produktion des Raums: zwischen Mobilität und Fixierung. In: Krumbein et al. (2008): 70–86

Belina, Bernd (2008b): No Go Areas historisch-materialistischer Raumdebatten. Zur Kritik von Raumfetischismus und Raumidealismus. In: Demirović (2008): 89–109

Belina, Bernd/Michel, Boris (2007): Raumproduktionen. In: Belina et al. (2007a): 7–34

Belina, Bernd/Michel, Boris (Hrsg.) (2007): Raumproduktionen. Münster: Westfälisches Dampfboot

Berg, E./Van Houtum, H. (Hrsg.) (2003): Routing Borders Between Territories, Discourses and Practices. Aldershot/Burlington: Ashgate

Berichtigung der Verordnung (EG) Nr. 1931/2006 des Europäischen Parlaments und des Rates vom 20. Dezember 2006 zur Festlegung von Vorschriften über den kleinen Grenzverkehr an den Landaußengrenzen der Mitgliedstaaten sowie zur Änderung der Bestimmungen des Übereinkommens von Schengen. In: Amtsblatt der Europäischen Union L 29 (Celex 32006R1931R(01). 3–9

Beskid, Lidia (Hrsg.) (1999): Zmiany w życiu Polaków w gospodarce rynkowej. Warszawa: Wydawnictwo IFiS PAN

Bieling, Hans-Jürgen/Steinhilber, Jochen (Hrsg.) (2000): Die Konfiguration Europas. Münster: Westfälisches Dampfboot

Bingen, Dieter/Ruchniewicz, Krzysztof (Hrsg.) (2009): Länderbericht Polen. Bonn: Bundeszentrale für politische Bildung

BiOSG (2009): Bieszczadzki Oddział Straży Granicznej. Dane statystyczne za I półrocze 2009r. Przemyśl. http://www.bieszczadzki.strazgraniczna.pl/index.php?id=15. [Abruf am 06.04.2010]

Biroul Naţional de Statistică al Republicii Moldova (2007): Anuarul Statistic al Republicii Moldova 2007. Chişinău: Statistica

Blajan, Anne-Marie (2009): EUobserver: Presedintia ceha a UE si institutiile europene sunt ingrozite de propunerea Romaniei de a acorda cetatenie romana unui milion de moldoveni. http://www.hotnews.ro/stiri-international-5605561-euobserver-presedintia-ceha-institutiile-europene-sunt-ingrozite-propunerea-romaniei-acorda-cetatenie-romani-unui-milion-moldoveni.htm?cfnl [Abruf am 24.05.2009]

Błazejowska, Justyna/Wieczorkiewicz, Paweł (2006): PRL – Świadkowie. Wyjechać gdzie się da. Zeszyt historyczny (Beilage). In: Newsweek Polska 43. 2006. 7

Błędowski, Piotr/Broda-Wysocki, Piotr (Hrsg.) (2007): Państwo, samorządy, organizacje pozarządowe i wspólnoty lokalne wobec ubóstwa i wykluczenia społecznego. Warszawa: IpiSS

Bochmann, Klaus et al. (Hrsg.) (2009): Moldova im europäischen Kontext. Ein Handbuch. Leipzig: Leipziger Universitätsverlag (in Druckvorbereitung)

Bodnar, Judit (1998): Assembling the Square: Social Transformation in Public Space and the Broken Mirage of the Second Economy in Postsocialist Budapest. In: Slavic Review 57. 3. 1998. 489–515

Bojar, Hanna. (2003): Rodzina w lokalnej przestrzeni publicznej. In: Kultura i Społeczeństwo 3. 2003

Bojar, Hanna. (2005): Family Values in Parental Perspective. In: Polish Sociological Review 3. 2005

Bojar, Hanna et al. (Hrsg.) (2009): Społeczność na granicy. Zasoby mikroregionu Gołdap i mechanizmy ich wykorzystywania. Warszawa: Wydawnictwo Naukowe Scholar

Boltanski, Luc/Chiapello, Ève (2006): Der neue Geist des Kapitalismus. Konstanz: UVK Verlagsgesellschaft

Booth, William J. (1994): On the Idea of the Moral Economy. In: American Political Science Review 88. 3. 1994. 653–667

Borst, Renate et al. (Hrsg.) (1990): Das neue Gesicht der Städte. Theoretische Ansätze und empirische Befunde aus der internationalen Debatte. Basel/Boston/Berlin: Birkhäuser Verlag (= Stadtforschung aktuell 29)

Bourdieu, Pierre (1982): Die feinen Unterschiede. Frankfurt a. M.: Suhrkamp

Bourdieu, Pierre (1992): Die verborgenen Mechanismen der Macht. Schriften zu Politik und Kultur 1. Hamburg: VSA

Bourdieu, Pierre (2004): Schwierige Interdisziplinarität. Zum Verhältnis von Soziologie und Geschichtswissenschaft. Münster: Westfälisches Dampfboot

Bradshaw, Jonathan/Sainsbury, Roy (Hrsg.) (2000): Experiencing Poverty. Aldershot: Ashgate

Brand, Ulrich et al. (2007): Verdichtungen zweiter Ordnung. In: Prokla 2. 2007. 217–234

Brenner, Neil (2001): The limits to scale? Methodological reflections on scalar structuration. In: Progress in Human Geography 25. 4. 2001. 591–614

Brenner, Neil et al. (2008): Theorizing sociospatial Relations. In: Environment and Planning D. Society and Space 26. 2008. 389–401

Brill, Klaus/Gammelin, Cerstin (2009): Neue Pässe für die alten Brüdern. In: Süddeutsche Zeitung. 17.04.2009. 8

Brunet-Jailly, Emmanuel (2006): Security and Border Security Policies: Perimeter or Smart Border? Comparison of the European Union and Canadian-American Border Security Regime. In: Journal of Borderlands Studies 21. 1. 2006. 3–21

Bruns, Bettina (2009): Schmuggel an der polnisch-russischen Grenze – Illegalität im Spannungsfeld zwischen Rationalität und Legitimität. In: Heller et al. (2009): 161–174

Bruns, Bettina (2010): Grenze als Ressource. Die soziale Organisation von Schmuggel am Rande der Europäischen Union. Wiesbaden: VS Verlag für Sozialwissenschaften

Bryant, Clifton D. (Hrsg.) (2001): Encyclopedia of Criminology and Deviant Behavior. Philadelphia: Brunner-Routledge

Bude, Heinz/Willisch, Andreas (Hrsg.) (2006): Das Problem der Exklusion. Ausgegrenzte, Entbehrliche, Überflüssige. Hamburg: Hamburger Edition

Bundesagentur für Außenwirtschaft. Servicestelle des Bundesministeriums für Wirtschaft und Technologie (2007): Wirtschaftstrends kompakt. Republik Moldau 2007/08. http://www.bfai.de/fdb-SE, MKT20080110101141 [Abruf am 25.02.2008]

Buravoy, Michael/Verdery, Katherine (1998): Uncertain Transition: Ethnographies of Change in the Post Socialist World. Lanham: Rowman and Littlefield

Burawoy, Michal (2001): Transition without transformation. Russia's involuntary road to capitalism. East European Politics and Societies 15 (2). 2001. 269–290

Bürgerrechte & Polizei (2008): Themenheft Sicherheitsarchitektur II: Europäische Großbaustelle. Bürgerrechte & Polizei/CILIP 91. 3. 2008

Busch, H. (2002): Vertiefen, Erweitern, Verfassung ... Wo steht die Innen- und Justizpolitik der EU? In: Bürgerrechte & Polizei/CILIP 73. 3. 2002. 6–9

Carrera, S. et al. (vsl. Erscheinungsweise 2010): Europe's 21st Century Challenge: Delivering Liberty and Security. Ashgate: Farnham

Castel, Robert (2008): Die Fallstricke des Exklurionsbegriffs. In: Bude et al. (2008): 69–86

Castree, Noel/Gregory, Derek (Hrsg.) (2006): David Harvey: A Critical Reader. Malden: Blackwell

CBOS (2007): Zasoby materialne Polaków i sposoby radzenia sobie z trudnościami finansowymi. BS 2. 2007

CBOS (2008): Wakacje 2008 – wyjazdy wakacyjne i praca zarobkowa dzieci i młodzieży szkolnej. Komunikat z badań. BS 165. 2008

Centrul Român pentru Jurnalism de Investigaţie (2003). http://www.crji.org.

Çinar, Alev/Bender, Thomas (Hrsg.) (2007): Urban Imaginaries: Locating the Modern City. Mineapolis: University of Minnesota Press

Cœuré, Sophie/Dullin, Sabine (2007): Introduction. In: Cœuré et al. (2007): 9–23

Cœuré, Sophie/Dullin, Sabine (Hrsg.) (2007): Frontières du Communisme. Paris: La Découverte

Coleman, James S. (1987): Norms as Social Capital. In: Radnitzky et al. (1987)

Coleman, James S. (1993): Racjonalna rekonstrukcja społeczeństwa. In: Studia Socjologiczne 1. 1993

Coleman, James S. (1994): A rational choice perspective on economics sociology. In: Smelser et al. (1994)

Coleman, Matthew (2005): U.S. statecraft and the U.S.-Mexico border as security/economy nexus. In: Political Geography 24. 2005. 185–209

Colinns, Randal (2005): Interaction Ritual Chains. Princeton/Oxford: Princeton University Press

Commons, John R. (1968): Legal Foundations of Capitalism. Madison/London: The University of Wisconsin Press

Corbin, Juliet/Strauss, Anselm (2008): Basics of Qualitative Research: Techniques and Procedures for Developing Grounded Theory. 3. Aufl. Thousand Oaks: Sage Publications

Cox, Kevin R. (2002): Political Geography. Territory, State, and Society. Oxford: Blackwell

Cox, Kevin R. (2003): Political geography and the territorial. In: Political Geography 22. 2003. 607–610

Czapiński, Janusz/Panek, Tomasz (Hrsg.) (2005): Diagnoza społeczna 2005. Warunki i jakość życia Polaków. Warszawa: Wyższa Szkoła Finansów i Zarządzania

Czapiński, Janusz/Panek, Tomasz (Hrsg.) (2007): Diagnoza społeczna 2007. Warszawa: Rada Monitoringu Społecznego

Day, Sophie et al. (1999): Lilies of the Field. Marginal People Who Live for the Moment. Boulder: Westview Press

De Certeau, Michel (1988): Kunst des Handelns. Berlin: Merve

Deflem, Mathieu/Henry-Turner, Kelly (2001): Smuggling. In: Bryant (2001): 473–475

Demirović, Alex (Hrsg.) (2008): Kritik und Materialität. Münster: Westfälisches Dampfboot

Derczyński, Włodzimierz (2005): Warunki życia i zróżnicowanie materialne. In: Zagórski et al. (2005): 276–286

Donnan, Hastings/Wilson, T. M. (1999): Borders, Frontiers of Identity, Nation and State. Oxford/New York: Berg

Dörre, Klaus (2007): Entsteht eine neue Unterschicht? Anmerkungen zur sozialen Frage in der Politik. In: Working Papers: Economic Sociology 1. 2007

Drozdowski, Rafał (2001): Strategie samoograniczenia. Między społeczeństwem aspirującym a rezygnującym. In: Leszkowicz-Baczyński (2006): 119–142

Dunford, Mick/Kafkalis, Grigoris (Hrsg.) (1992): Cities and Regions in the New Europe. London: Belhaven

Dura, George (2006): A tale of two visa regimes – Repercussions of Romania's accession to the EU on the freedom of movement of Moldovan citizens. In: Eurojournal.org. http://eurojournal.org/index.php.

Durkheim, Emil (2007): Zasady metody socjologicznej. Warszawa: Wydawnictwo Naukowe PWN

Dünne, Jörg/Günzel, Stefan (Hrsg.) (2006): Raumtheorie. Frankfurt a. M.: Suhrkamp

Działek, Jarosław (2008): Geografia kapitału społecznego. Regionalne zróżnicowania zasobów kapitału społecznego w Polsce. In: Szczepański et al. (2008)

Egbert, Henrik (2006): Cross-border Small-scale Trading in South-Eastern Europe: Do Embeddedness and Social Capital Explain Enough? In: International Journal of Urban and Regional Research 30. 2. 2006. 346–361

Eigmüller, Monika/Vobruba, Georg (2006a): Einleitung: Warum eine Soziologie der Grenze? In: Eigmüller (2006c): 7–11

Eigmüller, Monika (2006b): Der duale Charakter der Grenze. Bedingungen einer aktuellen Grenztheorie. In: Eigmüller et al. (2006c): 55–73

Eigmüller, Monika (2007): Grenzsicherungspolitik. Funktion und Wirkung der europäischen Außengrenze. Wiesbaden: VS Verlag für Sozialwissenschaften

Eigmüller, Monika/Vobruba, Georg (Hrsg.) (2006c): Grenzsoziologie. Die politische Strukturierung des Raumes. Wiesbaden: VS Verlag für Sozialwissenschaften

Elam, Gilliam et al. (2000): Eking Out an Income: Low Income Households and Their Use of Supplementary Resources. In: Bradshaw et al. (2000): 219–232

Ellis, Robert (2005): Runder Tisch und Krieg an der Spitze. Die Gewerkschaft Solidarność im Umbruch 1988–90. Berlin: Verlag für Wissenschaft und Forschung

Emigh, Rebecca J./Szelenyi, Ivan (Hrsg.) (2001): Poverty, Ethnicity and Gender During the Market Transition. Westport: Praeger

Engels, Friedrich (1971): Dialektik der Natur. In: Marx-Engels-Werke 20 (1971): 305–570 (1873–83)

Europäische Gemeinschaften (2000): Schengen-Besitzstand gemäß Artikel 1 Absatz 2 des Beschlusses 1999/435/EG des Rates vom 20. Mai 1999

Europäischer Rat (2000): Europäischer Rat. 23. und 24. März 2000. Lissabon. Schlussfolgerungen des Vorsitzes. http://www.europarl.europa.eu/summits/lis1_de.htm [Abruf am 29.03.10]

Feige, Edgar L./Ott, Katarina (Hrsg.) (1999): Unrecorded Activity, Tax Evasion, Corruption and Organised Crime. Aldershot: Ashgate

Fish, Mary/Edwards, Lynn (1989): Shadow trading by international tourists in the Soviet Union. In: Journal of Criminal Justice 17. 1989. 417–427

Frieske, K. W. (Hrsg.) (2004): Utopie inkluzji. Sukcesy i porażki programów reintegracji społecznej. Warszawa: IpiSS

Funken, K./Cooper, P. (Hrsg.) (1995): Old and New Poverty. The Challenge for Reform. London: Rivers Oram Press

Gandziarowska, Jagoda/Pieliński, Bartosz (2007): Sposoby zarobkowania poza rynkiem pracy. In: Golinowska et al. (2007): 94–120

Gazeta Wyborca Rzeszów (2009): Mały ruch graniczny. http://miasta.gazeta.pl/rzeszow/1,34975,6626266,Maly_ruch_graniczny_tuz_tuz.html. [Abruf am 19.05.2009]

Gemeinsame konsularische Instruktion an die diplomatischen Missionen und die konsularischen Vertretungen, die von Berufskonsularbeamten geleitet werden. In: Amtsblatt Nr. C 326 vom 22.12.2005. 1–149 (Celex 52005XG1222(01))

Giddens, Anthony (1987): Social Theory and Modern Sociology. Cambridge: Polity Press

Gilliat, Stephen (2001): How the Poor Adapt to Poverty in Capitalism. New York: Edwin Mellen Press

Ginsburg, Carlo (2002): Spurensicherung. Die Wissenschaft auf der Suche nach sich selbst. Berlin: Wagenbach

Girtler, Roland (1992): Schmuggler. Von Grenzen und ihren Überwindern. Linz: Veritas

Girtler, Roland (1995): Randkulturen. Theorie der Unanständigkeit. Wien/Köln/Weimar: Böhlau

Giza-Poleszczuk, Anna et al. (2000): Strategie i system. Polacy w obliczu zmiany systemowej Warszawa: Wydawnictwo IFiS PAN

Glaser, Barney G./Strauss, Anselm (1967): Discovery of Grounded Theory. Strategies for Qualitative Research. Mill Valley: Sociology Press

Glenny, Misha (2008): McMafia. A Journey Through the Global Criminal Underworld. New York: Alfred A. Knopf

Gliński, Piotr (2006): Style działań organizacji pozarządowych w Polsce. Grupy interesu czy pożytku publicznego? Warszawa: Wydawnictwo Instytutu Filozofii i Socjologii PAN

Gloser, Günter (2007): Europäische Nachbarschaftspolitik nach der deutschen EU-Ratspräsidentschaft – Bilanz und Ausblick. In: Forum ENP 4. 2007. http://www.iep-berlin.de/fileadmin/website/09_Publikationen/integration_2007/gloser.pdf [Abruf am 22.04.2009]

Goldstein, Joseph (1960): Police Discretion Not to Invoke the Criminal Process: Low-Visibility Decisions in the Administration of Justice. In: Yale Law Journal 69. 1960. 543–594

Golinowska, Stanisława et al. (2007): Praca lekarstwem na biedę i wykluczenie. Strategie wobec pracy. Warszawa: IpiSS

Gorzelak, G. (Hrsg.) (2008): Polska Lokalna 2007. Warszawa: Wydawnictwo Naukowe Scholar

Gramsci, Antonio (1992): Gefängnishefte. Bd. 3. Hamburg: Argument-Verlag

Granovetter, Mark (1974): Getting a Job: A Study of Contacts and Careers. Cambridge MA: Harvard University Press

Granovetter, Mark (1992): Economic institutions as social constructions: A framework for analysis. In: Acta Sociologica 35. 1. 1992

Granovetter, Mark (1995): The strength of weak ties. In: American Sociological Review 42. 6. 1995

Grant, Lidia (2000): Disabled People, Poverty and Debt: Identity, Strategy and Policy. In: Bradshaw et al. (2000): 232–250

Grygar, Jakub (2009): 'Devushka' and cigarette. Fluid migrants across the EU border. Slovak Ethnology 5 (2009)

GUS (2007): Województwo Warmińsko-Mazurskie 2007 – podregiony, powiaty, gmina. Olsztyn

GUS (2008): Miesięczna informacja o bezrobociu w Polsce w grudniu 2008 r. http://www.stat.gov.pl

GUS (2009a): Miesięczna informacja o bezrobociu w Polsce w czerwcu 2009 r. http://www.stat.gov.pl

GUS (2009b): Sytuacja gospodarstw domowych w 2008 r. w świetle wyników badań budżetów gospodarstw domowych. http://www.stat.gov.pl

GUS (2009c): Bank danych regionalnych. http://www.stat.gov.pl/bdr_n/app/dane_cechter.wymiary [Abruf am 09.07.2009]

Haase, Anneget et al. (2004): Wandel in ostmitteleuropäischen Grenzregionen. Auswirkungen der zunehmenden Durchlässigkeit der polnischen Ostgrenze auf Grenzregionen und Grenzbeziehungen. Leipzig: Leibniz-Institut für Länderkunde

Hachi, Mihai (2005): Modul de trăi al populaţiei Republicii Moldova. Chişinău: Editura ASEM

Haller, Dieter (2000): Gelebte Grenze Gibraltar. Transnationalismus, Lokalität und Identität in kulturanthropologischer Perspektive. Wiesbaden: Deutscher Universitäts-Verlag

Hann, Chris M./Hann, Ildiko (1992): Samovars and sex on Turkey's Russian markets. Anthropology Today 8. 4. 1992. 3–6

Hann, Christopher (Hrsg.) (2002): Postsozialismus. Transformationsprozesse in Europa und Asien aus ethnologischer Perspektive. Frankfurt a. M.: Campus

Hardering, Friedericke (2009): Prekarität und Prekarisierung. Jüngere Tendenzen der Debatte über die neue soziale Unsicherheit. In: König et al. (2009): 131–150

Harvey, David (1973): Social Justice and the City. London: Edward Arnold

Harvey, David (1982): The Limits to Capital. Oxford: Blackwell

Harvey, David (1989): The Condition of Postmodernity. Oxford: Blackwell

Harvey, David (1990): Flexible Akkumulation durch Urbanisierung. Reflexionen über „Postmodernismus" in amerikanischen Städten. In: Borst et al. (1990): 39–61

Harvey, David (1996): Justice, Nature and the Geography of Difference. Oxford: Blackwell

Harvey, David (2001): From Managerialism to Entrepreneurialism: The Transformation in Urban Governance in Late Capitalism. In: Harvey (2001): 345–368

Harvey, David (2003): The New Imperialism. Oxford/New York: Blackwell

Harvey, David (2005): Der Neue Imperialismus. Hamburg: VSA

Harvey, David (2007): Räume der Globalisierung. Hamburg: VSA

Harvey, David (Hrsg.) (2001): Spaces of Capital. Towards a Critical Geography. New York: Routledge

Heintz, Monica (Hrsg.) (2007): Stat slab, cetăţenie incertă. Bucureşti: Curtea Veche

Heller, Wilfried (2009): Die Republik Moldau – ein europäischer Übergangsraum? Eine geographische Studie. In: Bochmann et al. (2009)

Heller, Wilfried/Arambaşa, Mihaela Narcisa (Hrsg.) (2009): Am östlichen Rand der Europäischen Union. Geopolitische, ethnische und nationale sowie ökonomische und soziale Probleme und ihre Folgen für die Grenzraumbevölkerung. Potsdam: Universitätsverlag (Potsdamer Geographische Forschungen 28)

Hemingway, Ernest (o. J.): Haben und Nichthaben. Gütersloh: Bertelsmann

Heyman, Josiah McC./Smart, Alan (1999): States and Illegal Practices: An Overview. In: Heyman et al. (1999)

Heyman, Josiah McC./Smart, Alan (Hrsg.) (1999): States and illegal practices. Oxford: Berg

Hirsch, Joachim (1995): Der nationale Wettbewerbsstaat. Hamburg: VSA

Hirsch, Joachim (2005): Materialistische Staatstheorie. Hamburg: VSA

Holzer, Jerzy (2007): Polen und Europa. Land, Geschichte, Identität. Bonn: Dietz

Holzkamp, Klaus (1983): Grundlegung der Psychologie. Frankfurt a. M./New York: Campus

Horn, Eva et al. (Hrsg.) (2002): Grenzverletzer. Von Schmugglern, Spionen und anderen subversiven Gestalten. Berlin: Kadmos

Hrbek, Rudolf/Weyand, Sabine (1994): Betrifft: Das Europa der Regionen. München: Beck

Hüchtker, Dietlind (1999): „Elende Mütter" und „Liederliche Weibspersonen". Geschlechterverhältnisse und Armenpolitik in Berlin (1770–1850). Münster: Westfälisches Dampfboot

Humphrey, Caroline (2002): The Unmaking of Soviet Life: Everyday Economies after Socialism. Ithaca/London: Cornell University Press

Huysmans, Jef (2000): The European Union and the Securitization of Migration. In: Journal of Common Market Studies 38. 5. 2000. 751–777

Chaskin, Robert J. et al. (2001): Building Community Capacity. New York

Chelcea, Liviu/Latea, Puiu (2004): Cultura penuriei: bunuri, strategii şi pratici de consum în România anilor '80. In: Neculau (2004): 152–174

Chelcea, Liviu/Mateescu, Oana (Hrsg.) (2005): Economia informală in România: Pieţe, practici sociale şi transformari ale statului după 1989. Bukarest: Paideia

Chelcea, Liviu et al. (2005): Informalizare şi institutionalizare: geografia compărării şi pieţele agricole din două sectoare ale Bucureştiului. In: Chelcea (2005): 145–188

Iglicka, Kristyna (2001): Shuttling from the former Soviet Union to Poland. From Primitive Mobility to Migration. Journal of Ethnic and Migration Studies 27. 3. 2001. 505–518

Ihrig, Stefan (2008): Wer sind die Moldawier? Rumänismus versus Moldowanismus in Historiographie und Schulbüchern der Republik Moldova, 1991–2006. Stgt.: ibidem

Institutul pentru Politice Publice Bucureşti /Institutul pentru Politice Publice Chişinău (2002): Consolidation of Border Security and Regional Stability. Bukarest/Chişinău

Institutul pentru Politice Publice Chişinău/International Labour Organisation (2004a): Trafficking in Children for Labour and Sexual Exploitation in Moldova. Chişinău

Institutul pentru Politice Publice Chişinău (2004b): Migration Policies in the Republic of Moldova. Chişinău

Isac, Mihai (2007): Dosarul vizelor: Diplomatul român de la Chişinău riscă expulzarea. In: Gardianul: http://www.gardianul.ro/2007/08/22/extern- ec3/dosarul_vizelor_ diplomatul_roman_de_la_chisinau_risca_expulzarea-s99863.html [Abruf am 22.12.2008]

Iwanek, Maciej/Wilkin, Jerzy (1998): Instytucje i instytucjonalizm w ekonomii. Warszawa: WNE

Jahn, Sven (2006): Die Europäische Grenzschutzagentur. In: Die Polizei 97. 2006. 207–211

Jahoda, Marie et al. (1933): Die Arbeitslosen von Marienthal. Leipzig: Verlag von S. Hirzel

Jarosz, Maria (2005): Macht, Privilegien, Korruption. Die polnische Gesellschaft 15 Jahre nach der Wende. Wiesbaden: Harrassowitz

Jaworski, Piotr (Hrsg.) (2001): Polska droga do Schengen. Opinie ekspertów. Warszawa: Instytut Spraw Publicznych

Jessop, Bob (2000): The Crisis of the National Spatio-Temporal Fix and the Tendential Ecological Dominance of Globalizing Capitalism. In: IJURR 24. 2000. 323–360

Jessop, Bob (2006): Spatial Fixes, Temporal Fixes and Spatio-temporal Fixes. In: Castree et al. (2006): 142–66

Jurczyk, Karin/Rerrich, Maria S. (Hrsg.) (1993): Die Arbeit des Alltags. Freiburg im Breisgau: Lambertus

Kaluski, Stefan (2004): The „New" Eastern Polish Border in the Face of Environmental and Socio-political Problems. In: Kramsch et al. (2004)

Kawczyńska-Butrym, Zofia et al. (2004): Kobiety i ich rodziny w osiedlach byłych pegeerów. Raport. Olsztyn: UWM

Kelle, Udo/Kluge, Susanne (1999): Vom Einzelfall zum Typus. Opladen: Leske und Budrich

Kempe, Iris et al. (1999): Direkte Nachbarschaft an der Ostgrenze einer erweiterten EU. In: Kempe et al. (1999)

Kempe, Iris (2007): Zwischen Anspruch und Realität. Die Europäische Nachbarschaftpolitik. In: Sapper et al.(2007): 57–68

Kempe, Iris/Solonnko, Iryna (2004): International Orientation and Foreign Support of the Presidential Elections. In: Kurth et al. (2004)

Kempe, Iris et al. (Hrsg.) (1999): Die EU-Beitrittsstaaten und ihre östlichen Nachbarn – The EU Accession States and Their Eastern Neighbours. Gütersloh: Bertelsmann Stiftung

Kerski, Basil (2004): Die polnisch-ukrainischen Beziehungen am Beginn des 21. Jahrhunderts. In: Makarska et al. (2004)

Kierszyn, Anna (2004): Kapitał społeczny a sukces programów integracji – podstawy teoretyczne. In: Frieske (2004)

Kindler, Marta/Matejko, Ewa (2008): Monitoring przejść granicznych Unii Europejskiej. Raport. Warszawa: Fundacja im. S. Batorego

Kindler, Marta/Matejko, Ewa (vsl. Erscheinungsweise 2010): Gateways to Europe – a Friendly Border? In: Carrera et al. (vsl. Erscheinungsweise 2010)

Kisielowska-Lipman, Marzena (2002): Poland's Eastern Borderlands: Political transition and the 'Ethnic Question'. In: Batt et al. (2002)

Klein, Naomi (2007): Die Schock-Strategie. Der Aufstieg des Katastrophen-Kapitalismus. Frankfurt a. M.: S. Fischer

Kochanowicz, Jacek/Marody, Mirosława (2007): Towards Understanding Polish Economic Culture. Polish Sociological Review 4. 2003. 343–368

Kojder, Andrzej (1999): Spojrzenie na przemiany ustrojowe w Polsce w latach 1989–1997. In: Sztompka (1999)

Kommission Der Europäischen Gemeinschaften (2002a): Arbeitsdokument der Kommissionsdienststellen: Weiterentwicklung des Besitzstands im Bereich des „kleinen Grenzverkehrs". SEK 947. 2002. http://www.uni-mannheim.de/edz/pdf/sek/2002/sek-2002-0947.pdf. [Abruf am 19.10.09]

Kommission Der Europäischen Gemeinschaften (2002b): Mitteilung der Kommission an den Rat und das Europäische Parlament. Auf dem Weg zu einem integrierten Grenzschutz an den Außengrenzen der EU-Mitgliedsstaaten. KOM 233. 2002. http://eur-lex.europa.eu/LexUriServ/LexUriServ.do?uri=COM:2002:0233:FIN:DE:PDF. [Abruf am 19.10.09]

König, Helmut et al. (Hrsg.) (2009): Die Zukunft der Arbeit in Europa. Chancen und Risiken neuer Beschäftigungsverhältnisse. Bielefeld: transcript

Konstantinov, Yulian (1994): Hunting for gaps through boundaries: Gypsy tactics for economic survival in the context of the second phase of post-totalitarian changes in Bulgaria. Innovation. The European Journal for Social Sciences 7. 3. 1994. 237–248

Konstantinov, Yulian (1996): Patterns of Reinterpretation: Trader-Tourism in the Balkans (Bulgaria) as a Picaresque Metaphorical Enactment of Post-Totalitarianism. In: American Ethnologist 23. 4. 1996. 762–782

Konstantinov, Yulian et al. (1998): Outclassed by former outcasts: petty trading in Varna. American Ethnologist 25. 4. 1998. 729–745

Kopacka-Klose, Liliana (2008): Vergleich der Grundsicherung für Arbeitssuchende und Sozialhilfe in Deutschland und der Sozialhilfe in Polen im Hinblick auf die geschichtliche Entwicklung und die Lebensstandards. Potsdam: Fachhochschule Potsdam, Fachbereich Sozialwesen. Bd. 30. Arbeitsmaterialien des Fachbereichs Sozialwesen der Fachhochschule

Kopciał, Janusz (1995) (Hrsg.): Gołdap i okolice. Suwałki: Wydawnictwo Hańcza

Kornai, Janos (1980): Economics of Shortage: Contributions to Economic Analysis. London: Elsevier Science Ltd.

Kramsch, Oliver Thomas/Hooper, Barbara (2004): Cross-Border Governance in the European Union. London/New York: Routledge

Kronauer, Martin (2006): „Exklusion" als Kategorie einer kritischen Gesellschaftsanalyse. Vorschläge für eine anstehende Debatte. In: Bude et al. (2006): 27–45

Krumbein, Wolfgang et al. (Hrsg.) (2008): Kritische Regionalwissenschaft. Gesellschaft, Politik, Raum. Münster: Westfälisches Dampfboot

Kurczewska, Joanna/Bojar, Hanna (2002): Konsekwencje wprowadzenia Układu z Schengen: Wyniki badań społeczności pogranicza wschodniego. Warszawa: Instytut Spraw Publicznych

Kurczewska, Joanna (Hrsg.) (2006): Oblicza lokalności. Różnorodność miejsc i czasu. Warszawa: Wydawnictwo IFiS PAN

Kurth, Helmut/Kempe, Iris. (2004): Presedential Election in Ukraine. Implications for the Ukrainian Transition. Kiev: Friedrich Ebert Stiftung

Kurzępa, Jacek (1998): Młodzież pogranicza. Zielona Góra: Lubuskie Towarzystwo Naukowe

Labica, Georges (2002): Vom Imperialismus zur Globalisierung. In: Z 4. 2002. 34–49

Laitinen, Kari (2003): Post-Cold War Security Borders: A Conceptual Approach. In: Berg et al. (2003): 13–34

Lang, Kai-Olaf (2004): Polen und die Ukraine: Eine strategische Partnerschaft für das neue Europa? In: Makarska et al. (2004)

Lazaroiu, Sebastian (2003): More "Out" Than "In" at the Crossroads between Europe and the Balkans. Genève: Organisation Internationale pour les Migrations

Lee, Raymond M. (1993): Doing Research on Sensitive Topics. London: Sage

Lefebvre, Henri (1971): Probleme des Marxismus heute. Frankfurt a. M.: Suhrkamp

Lefebvre, Henri (2006) [1974]: Die Produktion des Raums. In: Dünne et al. (2006): 330–342

Leszkowicz-Baczyński, Jerzy (Hrsg.) (2006): Transgraniczność w perspektywie socjologicznej. Nowe pogranicza? Zielona Góra: Lubuskie Towarzystwo Naukowe

Lewenstein, Barbara (2006a): Nowe paradygmaty rozwoju układów lokalnych – w stronę obywatelskich wizji społeczności lokalnych. In: Kurczewska (2006)

Lewenstein, Barbara (2006b): Społeczeństwo rodzin czy obywateli – kapitał społeczny Polaków okresu transformacji. Societas Communitas 1. 2006

Lindenberg, Michael et al. (2002): Der Schmuggler. In: Horn et al. (2002): 98–114

Lipp, Wolfgang (1998): Institution. In: Schäfers (1998): 148–151

Lissowska, Maria (2008): Instytucje gospodarki rynkowej w Polsce. Warszawa: Wydawnictwo C. H. Beck

Lister, Ruth (1995): Women in Poverty. In: Funken et al. (1995): 55–68

Lister, Ruth (2005): Poverty. Cambridge: Polity Press

Łukowski, Wojciech (2002): Społeczne tworzenie ojczyzn. Studium tożsamości mieszkańców Mazur. Warszawa: Wydawnictwo Naukowe Scholar

Łukowski, Wojciech (2009): Miasto na granicy. W poszukiwaniu symbolicznej spójności. In: Łukowski et al. (2009)

Łukowski, Wojciech et al. (2009): Społeczność na granicy. Warszawa: Wydawnictwo Naukowe Scholar

Mach, Zidzisław (1998): Niechciane miasta. Migracje i tożsamość społeczna. Kraków: Universitas

Makarska, Renata/Kerski, Basil. (Hrsg.) (2004): Die Ukraine, Polen und Europa. Europäische Identität an der neuen EU-Ostgrenze. Osnabrück: Fibre

Maksimczuk, Aleksander/Sidorowicz, Leszek (2008): Graniczna obsługa ruchu osobowego i towarowego Unii Europejskiej. Warszawa: Almamer

Mandel, Ruth/Humphrey, Caroline (Hrsg.) (2002): Markets & Moralities. Ethnographies of Postsocialism. Oxford: Berg

Marody, Mirosława (1991): Jednostka w systemie realnego socjalizmu. In: Marody (1991): 220–250

Marody, Mirosława (Hrsg.) (1991): Co nam zostało z tych lat ... Społeczeństwo polskie u progu zmiany systemowej. Londyn: Aneks

Martinez, Oscar (1994): The dynamics of border interaction. In: Schofield (1994)

Marx, Karl (1969) [1852]: Der achtzehnte Brumaire des Louis Bonaparte. In: Marx-Engels-Werke 8 (1969): 115–123

Marx-Engels-Werke 8 (1969). Berlin: Dietz-Verlag

Marx-Engels-Werke 20 (1971). Berlin: Dietz-Verlag

Matei, Constantin (Hrsg.) (2005): Impactul migrației populației asupra situției demografice din Republica Moldova. Chişinău : Editura ASEM

Matejko, Ewa (2008): Przejście graniczne jako zasób przygranicznej społeczności lokalnej. In: Studia Społeczne 14. 2008. 61–77

Matejko, Ewa (2009): Przejście graniczne w życiu społeczności lokalnej. Rola przejścia granicznego Gołdap-Gusiew w funkcjonowaniu mieszkańców mikroregionu Gołdap. In: Bojar et al. (2009): 105–135

Matejko, Ewa/Wasilewska, Olga (2008): Monitoring przejść granicznych Unii Europejskiej. Raport z badań w Polsce. Warszawa: Fundacja im. S. Batorego

Matwiejczyk, Witold (1999): Soziale, historische und kulturelle Aspekte der polnisch-ukrainischen Beziehungen unter dem Gesichtspunkt der EU-Osterweiterung. In: Kempe et al. (1999)

Mead, Margaret (2000): Kultura i tożsamość. Studium dystansu międzypokoleniowego. Warszawa: Wydawnictwo Naukowe PWN

Medick, Hans (2006): Grenzziehungen und die Herstellung des politisch-sozialen Raumes. Zur Begriffsgeschichte und politischen Sozialgeschichte der Grenze in der Frühen Neuzeit. In: Eigmüller et al. (2006c): 37–51

Mendoza Rockwell, Natalia (2009): Conversaciones del desierto: Cultura, moral y tráfico de drogas (Gespräche in der Wüste). México: Edition CDI

Menn, Andreas (2008): Konstruktion von Nation und Staat in Osteuropa. Transnistrien und die Republik Moldau. Saarbrücken: VDM Verlag Dr. Müller

Merton, Robert K. (1982): Teoria socjologiczna i struktura społeczna. Warszawa: Wydawnictwo Naukowe PWN

Michalon, Bénédicte (2009): Mobilitätspraktiken und Strategien von Kleinhändlern im grenzüberschreitenden Verkehr an der rumänisch-moldawischen Grenze vor dem EU-Beitritt. In: Heller et al. (2009): 125–136

Milic-Czerniak, Róża (1999): Zachowania przystosowawcze do nowych warunków ekonomicznych. In: Beskid (1999): 54–71

Moore, Marketa (2004): Politiques migratoires émergentes en Europe centrale et orientale. In: Migrations Sociétés 16. 92. 2004. 61–82

Mutz, Gerd et al. (1995): Diskontinuierliche Erwerbsverläufe. Analysen zur post-industriellen Arbeitslosigkeit. Opladen

Neculau Adrian (Hrsg.) (2004): Viaţa cotidiană in communism. Iaşi: Polirom

Neolceous, Mark (2001): Against security. In: Radical Philosophy 100. 2001. 7–15

Newman, David (2006): The lines that continue to separate us: borders in our 'borderless' world. In: Progress in Human Geography 30. 2. 2006. 143–161

Noiriel, Gérard (1994) [1991]: Die Tyrannei des Nationalen. Lüneburg: Dietrich zu Klampen Verlag

North, Douglass C. (1986). The New Institutional Economics. In: Journal of Institutional and Theoretical Economics 142. 1. 1986. 230–237

North, Douglass C. (1994): Economic Performance Through Time. In: The American Economic Review. 84. 3. 1994. 359–368

North, Douglass C. (1999a): Understanding the Process of Economic Change. In: Occasional Paper 106. London: Institute of Economic Affairs

North, Douglass C. (1999b): Institutions, Institutional Change and Economic Performance. Cambridge: Cambridge University Press

North, Douglass C. (1999c): Understanding the process of economic change. London: Institute of Economic Affairs for the Wincott Foundation

Nugent, Paul (1999): Power versus knowledge: Smugglers and the state along Ghana's ekstern frontier, 1920–1992. In: Rösler et al. (1999): 77–99

Olsen, Wendy (2009). Moral political economy and moral reasoning about rural India: four theoretical schools compared. Cambridge Journal of Economics 33. 2009. 875–902

OMEF (2008): (Verordnung des Wirtschafts- und Finanzministeriums 3424/2008). In: Monitorul Oficial 795. 27.11.2008

Paasi, Ansi (1999): Boundaries as Social Practice and Discourse: The Finnish-Russian Border. In: Regional Studies 33. 7. 1999

Paczkowski, Andrezej (2005): Pół wieku dziejów Polski 1939–1989. Warszawa: Wydawnictwo Naukowe PWN

Palska, Hanna (2000): Ludzie „w opiece". Przyjmowanie darów i zaciąganie długów jako element stylu życia ubogich. In: Tarkowska (2000): 172–197

Pamiętniki (1933): Pamiętniki bezrobotnych 1–57. Warszawa: Instytut Gospodarstwa Społecznego

Pamiętniki (2003–2008): Pamiętniki bezrobotnych 1–8. Warszawa: Oficyna Wydawnicza SGH

Pańków, Irena (2006): Społeczny kapitał rodziny a kapitał przywódczy w demokracji lokalnej. In: Wasilewski (2006)

Pantich, Leo/Gindin, Sam (2004): Globaler Kapitalismus und amerikanisches Imperium. Hamburg: VSA

Paugam, Serge (2008): Die elementaren Formen der Armut. Hamburg: Hamburger Edition

Paul, Bettina et al. (2002): Der Schmuggler. In: Horn et al. (2002): 98–113

Péraldi, Michel (2002): Introduction. In: Péraldi (2002): 11–41

Péraldi, Michel (Hrsg.) (2002): La fin des norias? Réseaux migrants dans les économies marchandes en Méditerranée. Paris: Maisonneuve et Larose

Pérouse, Jean-François (2002): Laleli, giga-bazar d'Istanbul. Appréhender les caractéristiques et les mutations d'une place commerciale internationale. In: Péraldi (2002): 307–331

Pine, Frances (2002a): Dealing with Money. Złotys, Dollars and Other Currencies in the Polish Highlands. In: Mandel et al. (2002): 75–97

Pine, Frances (2002b): Rückzug in den Haushalt? Geschlechtsspezifische Bereiche im postsozialistischen Polen. In: Hann (2002)

Pine, Frances (2005): Postsocjalizm: od produkcji do konsumpcji? In: Kultura popularna 4. 14. 2005

Plińska, Weronika (2007): Przemytnicy – studium terenowe. Warszawa: Uniwersytet Warszawski [Wydział Polonistyki: Praca magisterska]

Popescu, Gabriel (2006): Transborder State Reterritorialization in Eastern Europe: the Lower Danube Euroregion. Tallahassee: Dissertation of The Florida State University

Poulantzas, Nicos (2002) [1978]: Staatstheorie. Hamburg: VSA

Präsidialerlass Nr. 503 vom 15.10.2007. http://www.pravo.by/webnpa/text.asp?start=1&RN=P30700503 [Abruf am 19.02.2009]

Prokla (2007): Themenheft: Internationalisierung des Staates. Prokla 37. 2. 2007

Putnam, Robert D. (2000): Bowling Alone: The Collapse and Revival of American Community. London

Radnitzky et al. (Hrsg.) (1987): Economic Imperialism: The economic method applied outside the field of economics. New York: Paragon House Publisher

Rakowski, Tomasz (2007): Między zbieractwem a archeologią. Doświadczenie historii i teraźniejszości wśród społeczności zdegradowanych na Ziemiach Zachodnich. In: Kultura i Społeczeństwo 4. 2007. 119–135

Reuber, P./Wolkersdorfer, G. (2005): Festung Europa. Grenzen im Zeitalter der Globalisierung. In: Berichte zur deutschen Landeskunde 79. 2/3. 253–263

Revista 22 (2009): Mesajul preşedintelui României, Traian Băsescu, în faţa Camerelor reunite ale Parlamentului. http://www.revista22.ro/articol-5939.html [Abruf am 27.04.2009]

Rogowska, Anna/Stępień, Stanisław (1997): Die polnisch-ukrainische Grenze in den zurückliegenden 50 Jahren. In: JI 11. 1997: Ukraina – Polska. Gespräch über Grenzen. Lviv: JI

Rösler, M./Wendl, T. (Hrsg.) (1999): Frontiers and Borderlands. Antropological perspective. Frankfurt a. M.: Peter Lang

Rychard, Andrzej Rychard (2000): Przestrzeń instytucjonalna. In: Giza-Poleszczuk et al. (2000)

Sack, Robert (1983): Human Territoriality: A Theory. In: Annals of the Association of American Geographers 73. 1983. 55–74

Sandu, Dumitru et al. (2004): A Country Report on Romanian Migration Abroad: Stocks and Flows after 1989. Multicultural Center Prague. http://www.migrationonline.cz

Sapper, Manfred/Weichsel, Volker (Hrsg.) (2007): Inklusion, Exklusion, Illusion. Konturen Europas: Die EU und Ihre Nachbarn. Berlin: Berliner Wissenschafts-Verlag

Sassen, Saskia (2000) [2006]: Migranten, Siedler, Flüchtlinge. Frankfurt a. M.: Fischer

Sayer, Andrew (2000): Moral Economy and Political Economy. In: Studies in Political Economy 61. 2000. 79–103

Schäfers, Bernhard (Hrsg.) (1998): Grundbegriffe der Soziologie. Opladen: Leske und Budrich

Schofield, Clive (Hrsg.): Global Boundaries. London/New York: Harper Collins (=World Boundaries 1)

Scott, James C. (1979): The Moral Economy of the Peasant: Rebellion and Subsistence in Southeast Asia. New Haven: Yale University Press

Scott, James W./Matzeit, Silke (Hrsg.) (2006): EXLINEA. Lines of Exclusion as Arenas of Co-operation: Reconfiguring the External Boundaries of Europe – Policies, Practices, Perceptions. Final Project Report. http://www.exlinea.comparative-research.net/fileadmin/user_upload/reports_and_publications/exlinea%20final%20report.pdf.

Sennett, Richard (2005): Die Kultur des Neuen Kapitalismus. Berlin: Berlin Verlag

Serebrian, Oleg (2009): Despre Geopolitica. Chişinău: Cartier

Serviciul Vamal al Republicii Moldova (2008): Legislaţia vamală a Republicii Moldova: Informaţia detaliată cu privire la modul de introducere şi scoatere a bunurilor de pe teritoriul Republicii Moldova de către persoanele fizice … http://www.customs.md/index.php?id=1160 [Abruf am 20.04.2009]

Schengen-Besitzstand gemäß Artikel 1 Absatz 2 des Beschlusses 1999/435/EG des Rates vom 20. Mai 1999. In: Amtsblatt der Europäischen Gemeinschaften vom 22.9.2000. 1–473

Scherhag, Daniela (2008): Europäische Grenzraumforschung. Hanover: Verlag der ARL

Schuller, Tom et al. (Hrsg.) (2000): Social Capital. Oxford

Sík, Endre (1999): The Spatial Distribution of Informal Marketplaces and Informal Foreign Traders in Contemporary Hungary. In: Feige et al. (1999): 275–306

Sík, Endre/Wallace Claire (1999): The Development of Open-Air Markets in East-Central Europe. In: International Journal of Urban and Regional Research 23. 4. 1999. 697–714

Simmel, Georg (2006) [1908]: Der Raum und die räumlichen Ordnungen der Gesellschaft. In: Eigmüller et al. (2006c): 15–23

Singelnstein, Tobias/Stolle, Peer (2008): Die Sicherheitsgesellschaft. Soziale Kontrolle im 21. Jahrhundert. Wiesbaden: VS Verlag für Sozialwissenschaften

Słoma, Jarosław (2004): Śladami Immanuela Kanta. In: Immanuel Kant. Prekursor zjednoczonej Europy. Gołdap: Redakcja Z bliska

Smelser, N./Swedberg R. (Hrsg.) (1994): Handbook of Economic Sociology. Princeton: Princeton University Press

Smętkowski, Maciej (2008): Gminy przygraniczne. In: Gorzelak (2008)

Smith, Neil (1990): Uneven Development. Oxford: Blackwell

Smith, Neil (1990): Afterword: The Beginning of Geography. In: Smith (1990): 160–178

Sobala-Gwosdz, Agnieszka (2005): Ośrodki Wzrostu i Obszary Stagnacji w Województwie Podkarpackim. Kraków: UJ

Soja, Edward W. (1980): The socio-spatial dialectic. In: Annals of the Association of American Geographers 70. 2. 1980. 207–225

Śpiewak, Paweł (Hrsg.) (2004): Komunitarianie. Wybór tekstów. Warszawa: Fundacja Aletheia

Staszyńska, Katarzyna/Bojar, Hanna (2008): Warunki życia polskich rodzin: problemy i strategie. In: Gorzelak (2008)

Staszyńska, Katarzyna/Zagórski, Krzysztof (2009): Strategie adaptacji rodzin w polskich gminach. In: Zagórski (2009): 111–142

Stewart, Michael (1997): The Time of the Gypsies. New York: Westview Press

Süddeutsche Zeitung (2008): Protest gegen „neue Berliner Mauer". http://www.sueddeutsche.de/politik/379/430131/text/ [Abruf am 17.1.2008]

Swyngedouw, Eric (1992): The mammon quest. "Glocalisation", interspatial competition and the monetary order: the construction of new scales. In: Dunford et al. (1992): 39–67

Szafraniec, Krystyna (2006): Zasoby ludzkie z perspektywy pytania o bezradność i roszczeniowość polskiej wsi. In: Szafraniec (2006)

Szafraniec, Krystyna (Hrsg.) (2006): Kapitał ludzki i zasoby społeczne wsi. Warszawa: Instytut Rozwoju Wsi i Rolnictwa

Szczepański, M. S. et al. (Hrsg.) (2008): Kapitały ludzkie i społeczne a konkurencyjność regionów. Katowice: Wydawnctwo Uniwersytetu Śląskiego

Sztompka, P. (Hrsg.) (1999): Imponderabilia wielkiej zmiany, mentalność, wartości i więzi społeczne czasów transformacji. Warszawa/Kraków: PWN

Szylko-Skoczny, Małgorzata (2009): Arbeitsmarktlage und Arbeitsmarktpolitik. In: Bingen et al. (2009): 294–308

Szymborska, Anita (2007): Freundliche EU-Grenze. Anspruch und Realität der EU-Visapolitik. In: Sapper et al. (2007): 273–285

Tarkowska, Elżbieta (1999): Social History of Poverty in Central Europe: the Polish Case. Rural Poverty on Former State Farms. IWM Policy Project, Vienna, SOCO Project, Paper 69. http://www.iwm.at/publ-spp/soco69pp.pdf.

Tarkowska, Elżbieta (2001): An Underclass without Ethnicity: The Poverty of Polish Women and Agricultural Laborers. In: Emigh et al. (2001): 83–122

Tarkowska, Elżbieta (2002a): Intra-household gender inequality: hidden dimensions of poverty among Polish women. In: Communist and Post-Communist Studies 35. 2002. 411–432

Tarkowska, Elżbieta (2007a): Dziedziczenie biedy i wychodzenia z biedy w rodzinach byłych pracowników PGR-ów. In: Tarkowska (2007c): 108–146

Tarkowska, Elżbieta/Korzeniewska, Katarzyna (2002): Młodzież z byłych PGR-ów. Raport z badań. Warszawa: ISP

Tarkowska, Elżbieta et al. (2007b): System edukacji wobec ubóstwa i wykluczenia społecznego. In: Tarkowska (2007c): 11–107

Tarkowska, Elżbieta (Hrsg.) (2000): Zrozumieć biednego. O dawnej i obecnej biedzie w Polsce. Warszawa: Typografika

Tarkowska, Elżbieta (Hrsg.) (2007c): Ubóstwo i wykluczenie społeczne młodzieży. Warszawa: IpiSS

Taylor, Peter (1982): A materialist framework for political geography. In: Transactions of the Institute of British Geographers 7. 1982. 15–34

The Economist Intelligence Unit (2007): Moldova politics: Heading for the exit. http://www.viewswire.com/article1811867966.html?pubtypeId=930000293&text=moldov [Abruf am 22.12.2008]

The state customs service of Ukraine: Procedures for bringing personal belongings into/out of Ukraine by individuals. http://www.customs.gov.ua/dmsu/control/en/publish/article?art_id=1093966&cat_id=1093808 [Abruf am 26.02.2009]

Thompson, Edward P. (1971): The Moral Economy of the English Crowd in the 18th Century. In: Past & Present 50. 1971. 76–136

Thompson, Edward P. (1980a): Plebeische Kultur und moralische Ökonomie. Frankfurt a. M.: Ullstein

Thompson, Edward P. (1980b): Das Elend der Theorie. Zur Produktion gesellschaftlicher Erfahrung. Frankfurt a. M.: Campus

Thuen Trond (1999): The Significance of Borders in the East European Transition. In: International Journal of Urban and Regional Research 23. 4. 1999. 738–750

Tischner, Jozef (1982): Ethik der Solidarität. Prinzipien einer neuen Hoffnung. Graz: Styria

Tomescu-Hatto, Odette (2007): Noile frontiere ale Uniunii Europene şi relaţiile românomoldoveneşti. In: Heintz (2007): 252–290

Trees, Wolfgang (2002): Schmuggler, Zöllner und die Kaffepanzer. Die wilden Nachkriegsjahre an der deutschen Westgrenze. Aachen: Triangel

Trutkowski, Cezary/Mandes, Sławomir (2005): Kapitał społeczny w małych miastach. Warszawa: Wydawnictwo Naukowe Scholar

Trutkowski, Dominik (2007): Der Sturz der Diktatur. Opposition in Polen und der DDR 1988/89. Berlin: Lit

Tsing, Anna Lowenhaupt (2005): Friction: An Ethnography of Global Connection. Princeton/Oxford: Princeton University Press

United Nations Statistics Division – National Accounts (2007): Per Capita GDP in US Dollars.

Urząd Miejski Przemyśla (2005): Strategia Sukcesu Miasta Przemyśla. Przemyśl. http://www.przemysl.pl/pobierz/plik.html,4006

Urząd Statystyczny w Rzeszowie (2006): Rocznik Statystyczny Województwa Podkarpackiego 2006. Rzeszów. http://www.stat.gov.pl/bdr_n/app/dane_cechter.nowe_okno?p_zest_id=554486&p_typ=HTML. [Abruf am 06.04.2010]

Urząd Statystyczny w Rzeszowie (2009): Badanie pilotażowe obrotów towarów i usług w ruchu granicznym na granicy polsko-ukraińskiej w II kwartale 2009 rok. Rzeszów. http://www.stat.gov.pl/cps/rde/xbcr/rzesz/ASSETS_Wyniki_badania_II_kw_2009.pdf [Abruf am 06.04.2010]

Van Apeldoorn, Bastian (2000): Transnationale Klassen und europäisches Regieren: Der European Round Table of Industrialists. In: Bieling et al. (2000): 189–221

Van der Velde, M./Van Houtum, H. (Hrsg.) (2000): Borders, Regions and People. London: PION

Van Houtum, Henk (2000): Introduction: Current Issues and Debates on Borders and Border Regions in European Regional Science. In: Van der Velde et al. (2000)

Verdery, Katherine (1996): What Was Socialism, and What Comes Next? Princeton: Princeton University Press

Verordnung (EG) Nr. 1931/2006 des Europäischen Parlaments und des Rates vom 20.12.2006 zur Festlegung von Vorschriften über den kleinen Grenzverkehr an den Landaußengrenzen der Mitgliedstaaten sowie zur Änderung der Bestimmungen des Übereinkommens von Schengen. In: Amtsblatt der Europäischen Union L405. 30.12.2006. 1–22 (Celex 32006R1931)

Verordnung (EG) Nr. 274/2008 des Rates vom 17. März 2008 zur Änderung der Verordnung (EWG) Nr. 918/83 des Rates über das gemeinschaftliche System der Zollbefreiungen. http://eur-lex.europa.eu/LexUriServ/LexUriServ.do?uri=OJ:L:2008:085:0001:0002:DE:PDF [Abruf am 25.02.2009]

Verordnung (EG) Nr. 415/2003 des Rates vom 27. Februar 2003 über die Erteilung von Visa an der Grenze, einschließlich der Erteilung derartiger Visa an Seeleute auf der Durchreise. In: Amtsblatt der Europäischen Union Nr. L64/1. 07.3.2003. 1–8 (Celex 32003R0415)

Verordnung (EG) Nr. 562/2006 des Europäischen Parlaments und des Rates vom 15. März 2006 über einen Gemeinschaftskodex für das Überschreiten der Grenzen durch Personen (Schengener Grenzkodex) (konsolidierte Fassung 2008-04-10 übernommen). In: Amtsblatt L105. 13.4.2006. 1–45 (Celex 32006R0562)

Verordnung des Ministerrates Nr. 197 poz. 1469 (2005)

Verordnung Nr. 918/83 EWG des Rates vom 28.02.1983 über das gemeinschaftliche System der Zollbefreiungen. In: Amtsblatt der Europäischen Gemeinschaften L 105. 1

Vobruba, Georg (2000): Alternativen zur Vollbeschäftigung. Die Transformation von Einkommen und Arbeit. Frankfurt a. M.: Suhrkamp

Voznyak, Taras (2000): Regional Cooperation of Ukraine and Countries of Western Europe. Lviv 2000. http://www.ji-magazine.lviv.ua/position/2000/vozniak.pdf [Abruf am 06.04.2010]

Wacquant, Loïc (2009): Bestrafen der Armen. Zur neoliberalen Regierung der sozialen Unsicherheit. Opladen/Farmington Hills: Barbara Budrich

Wagner, Mathias (2009): Arbeitsplatz Grenze. Schmuggel, der informelle Sektor. In: Le Monde Diplomatique 8834. 2009. 23

Walczak, Karol (2005): Segmentaryzacja ubóstwa. Antropologiczne studium społeczności w okresie regresu. Poznań [unveröffentlichte Dissertation]

Wallace, Claire et al. (1999): Investing in Social Capital: The Case of Small-Scale Cross-Border Traders in Post-Communist Central Europe. In: International Journal of Urban and Regional Research 23. 4. 1999. 749–770

Warzywoda-Kruszyńska, Wielisława/Grotowska-Leder, Jolanta (2007): Nieformalne sieci wsparcia ludności żyjącej w biedzie (na wsi i w małym mieście). In: Błędowski et al. (2007): 134–191

Wasilewski, J. (Hrsg.) (2006): Powiatowa elita polityczna. Rekrutacja, struktura, działanie. Warszawa: ISP PAN

Wciórka, Bogna/Michał Wenzel (2005): Bezrobocie i bezrobotni. In: Zagórski et al. (2005): 286–306

Weber, Max (1956): Wirtschaft und Gesellschaft. Grundriss der verstehenden Soziologie. Tübingen

Wehler, Hans-Ulrich (1973): Geschichte als Historische Sozialwissenschaft. Frankfurt a. M.: Suhrkamp

Welzer, Harald (2001): Das soziale Gedächtnis. Hamburg: Hamburger Edition

Welzer, Harald/Lenz, Claudia (2007): Opa in Europa. Erste Befunde einer vergleichenden Tradierungsforschung. In: Welzer (2007)

Welzer, Harald (Hrsg.) (2007): Der Krieg der Erinnerung: Holocaust, Kollaboration und Widerstand im europäischen Gedächtnis. Frankfurt a. M.: Fischer

Werlen, Benno (1997): Sozialgeographie alltäglicher Regionalisierungen. Bd. 2. Stuttgart: Steiner

Wiegand, Bruce (1993): Petty Smuggling as Social-Justice: Research Findings from the Belize-Mexico Border. Social and Economic Studies 42. 1. 1993. 171–193

Wilkin, Jerzy (1995): Jaki kapitalizm, jaka Polska? Warszawa: PWN

Williams, Allan M./Baláž, Vladimir (2002): International Petty Trading: Changing Practices in Trans-Carpathian Ukraine. In: International Journal of Urban and Regional Research 26. 2. 2002. 323–342

Williamson, Oliver E. (2002): The New Institutional Economics: Taking Stock, Looking Ahead. In: Journal of Economic Literature 38. 3. 2000. 595–613

Wissen, Markus (2005): Europäische Wettbewerbsstaatlichkeit. Die Rolle der EU im Prozess der neoliberalen Restrukturierung. In: Widerspruch 48. 2005. 31–37

Wissen, Markus et al. (2008): Politcs of Scale. Münster: Westfälisches Dampfboot

Wojciechowska, Joanna (2004): Mrówka Polska. In: Duży Format 36. Beilage zur Gazeta Wyborcza 215. 2004

Wood, Ellen Meiksins (2006): Logics of Power. In: Historical Materialism 14. 2006. 9–34

Wóycicka, Irena (2007): Die Herausforderungen des polnischen Arbeitsmarktes. In: Polen-Analysen. 11. 2007. 2–5

Wysocki, Władysław (2003): Przemyt a bezpieczeństwo ekonomiczne Polski. Warszawa: ULMAK

Yükseker, Deniz (2004): Trust and Gender in a Transnational Market: The Public Culture of Laleli, Istanbul. Public Culture 16. 2004. 47–66

Yükseker, Deniz (2007): Economy and Gender in the Urban Borderland. The Public Culture of Laleli, Istanbul. In: Çinar et al. (2007): 17–36

Z bliska (2005): (Sonderausgabe 15 Jahre nach Wiedereinführung der lokalen Selbstverwaltung in Polen)

Zabłocki, Grzegorz et al. (1999): Ubóstwo na terenach wiejskich północnej Polski. Toruń: UMK

Zagórski, Krzysztof (Hrsg.) (2009): Życie po zmianie. Warunki życia i satysfakcje Polaków. Warszawa: Scholar

Zagórski, Krzysztof/Strzeszewski, Michał (Hrsg.) (2005): Polska. Europa. Świat. Opinia publiczna w okresie integracji. Warszawa: Scholar

Zawadzki, Bohdan/Lazarsfeld, Paul F. (1935): Psychological Effects of Unemployment. In: Journal of Social Psychology 6. 2. 1935. 224–251

Zeller, Anika (2005): Konstruktion im Wandel: Nationale Identität in der Republik Moldau. Eine Analyse der staatlichen Zeitung „Nezavisimaja Moldova“ (1991–1994). Hamburg: Verlag Dr. Kovač

Ziltener, Patrick (2000): Die Veränderung von Staatlichkeit in Europa – regulations- und staatstheoretische Überlegungen. In: Bieling et al. (2000): 73–101
Żurawski vel Grajewski, Przemysław (1999): Poland/Polen. Die östlichen Nachbarn Polens. In: Kempe et al. (1999)

Autorinnen und Autoren

Barthel, Martin, Dipl.-Geogr., Jg. 1976, studierte an der Freien Universität Berlin Geografie, Politikwissenschaft und Soziologie. Arbeitsgebiete: politische Geografie, Grenzforschung. Der hier vorliegende Artikel basiert auf seiner Diplomarbeit, die er im Rahmen des Eu-Projektes „Eudimensions“ schrieb. Aktuell tätig für das Comparative Research Network Berlin und als Programmdirektor für das im Aufbau befindliche Chios Institute for Mediterranean Affairs (CIMA).

Belina, Bernd, Dr. rer. pol., Jg. 1972, Juniorprofessor am Institut für Humangeographie der Goethe-Universität Frankfurt, Redakteur bei „Kriminologisches Journal“, Mitherausgeber der Buchreihe „Raumproduktionen“. Arbeitsschwerpunkte: historisch-geografischer Materialismus, Kritische Kriminalgeografie, Geschichte der Geografie, Grenzforschung. Publikationen: Belina, Bernd/Miggelbrink, Judith (Hrsg.) (2010): Hier so, dort anders. Raumbezogene Vergleiche in der Wissenschaft und anderswo. Münster; Belina, Bernd: Kriminalitätskartierung – Produkt und Mittel neoliberalen Regierens. In: Geographische Zeitschrift (im Ersch.).

Bojar, Hanna, Dr., Jg. 1961, Soziologin, Assistentin am Institut für Philosophie und Soziologie der Polnischen Akademie der Wissenschaften. Forschungsgebiete: lokale Studien, Grenzregionen, familiäre Probleme, nationale Minderheiten und Immigranten. Publikationen: Bojar, Hanna (2000): Mniejszości społeczne w państwie i społeczeństwie III RP. Wrocław: FNP; Kurczewska, J./Bojar, H. (Red.) (2005): „Granice na pograniczach”. Warszawa: IFiS PAN; Łukowski, W./Bojar, H./Jałowiecki, B. (Red.) (2009): Społeczność na granicy. Warszawa; Kurczewska, J./Bojar, H. (Red.) (2009): Wyciskanie Brukselki? O europeizacji społeczności lokalnych na pograniczach. Warszawa.

Bruns, Bettina, Dr. phil., Jg.1977, wissenschaftliche Mitarbeiterin am Leibniz-Institut für Länderkunde im Forschungsprojekt „Geographie[n] an den Rändern des europäischen Projekts“. Forschungsschwerpunkte: Transformationsprozesse, Grenzen, qualitative empirische Sozialforschung, Ostmitteleuropa, Polen. Publikationen: Bruns, B. (2010): Grenze als Ressource – Die soziale Organisation von Schmuggel am Rande der Europäischen Union. Wiesbaden: VS; Bruns, Bettina/Zichner, Helga (2009): „Übertragen – Übersetzen – Aushandeln? Wer oder was geht durch Übersetzung verloren, oder kann etwas gewonnen werden?“ In: Social Geography 3. 2009.

Grygar, Jakub, Jg. 1972, Sozialanthropologe, Assistent an der Fakultät für Soziologie der Universität Masaryka in Brno (Tschechien). Arbeitsschwerpunkte: Anthropologie der Grenze, soziales Gedächtnis, Ethnizität und die Entwicklung gesellschaftlicher Ordnung; Forschungen zur Funktion von Gedächtnisorten bei der Entwicklung lokaler Identität in der Region Śląsk Cieszyński und zur Entwicklung der polnisch-belarussischen Grenze zur Außengrenze der EU.

Łukowski, Wojciech, Prof. Dr., Jg. 1958, Studium der Politikwissenschaften und Soziologie, Professor an der Universität Warschau. Forschungsschwerpunkte: lokale und regionale Entwicklung, Migration, Methoden der Sozialforschung. Wichtigste Publikationen: Społeczne tworzenie ojczyzn. Warszawa 2002; Polscy pracownicy na europejskim rynku pracy. Warszawa 2004; Społeczność na granicy. Warszawa 2009.

Mai, Ulrich, Prof. Dr. em., Jg. 1941, Studium der Geographie und Anglistik; apl. Prof. an der Fakultät für Soziologie, Universität Bielefeld; Gastdozenturen in Yogyakarta (Indonesien), Jena, Potsdam, Warschau, St. Petersburg. Forschungsprojekte: die Rolle der Wochenmärkte, kultureller Wandel in ländlichen Regionen, fremdethnische Händlerminoritäten in Indonesien, soziale Netzwerke unter den Sorben der Oberlausitz. Publikationen: Łukowski, W./Mai, U.: Die soziale Konstruktion von Heimat in Masuren; Łukowski, W./Mai, U.: Grenze als Ressource: Kleinhandel in der Armutsökonomie an der neuen EU-Außengrenze zwischen Nordostpolen und dem Bezirk Kaliningrad.

Matejko, Ewa, Jg. 1980, Politologin, Doktorandin am Institut für Soziale Studien der Universität Warschau, Mitarbeit am Ośrodek Badań nad Migracjami der Universität Warschau. Arbeitsgebiete: Anthropologie der Grenze, Migration, Probleme der Systemtransformation in Polen, informelle Ökonomie. Mitautorin eines Berichts zum Funktionswandel von staatlichen Grenzen zur Außengrenze der EU.

Michalon, Bénédicte, Dr., Jg. 1975, Doktorin in Geografie der Universität Poitiers, Frankreich; seit 2006 Senior Research Fellow beim Centre national de la recherche scientifique am Institut ADES in Bordeaux-Pessac. Forschungsschwerpunkte: Entwicklung der Einwanderung in den ehemaligen kommunistischen Ländern, Migrationskontrolle durch Abschiebegefängnisse und Asylantenheime; Feldforschungen in Rumänien und der Republik Moldau. Publikation:

Michalon, Bénédicte/Morice, Alain (Hrsg.) (2008): Travailleurs étrangers dans l'agriculture: nouveaux modèles migratoires. In: Études Rurales 182. 2008.

Miggelbrink, Judith, Dr. phil, Jg. 1966, wissenschaftliche Mitarbeiterin und Forschungsgruppenleiterin am Leibniz-Institut für Länderkunde, Leipzig. Forschungsschwerpunkt: Sozialgeografie – insbesondere raumtheoretische Grundlagen, Grenze und Territorium, Indigenität mit dem Schwerpunkt Sámi. Publikationen: Miggelbrink, Judith (2002): Der gezähmte Blick. Zum Wandel des Diskurses über „Raum" und „Region" in humangeographischen Forschungsansätzen des ausgehenden 20. Jahrhunderts. Leipzig; Belina, Bernd/Miggelbrink, Judith (Hrsg.) (2010): Hier so, dort anders. Raumbezogene Vergleiche in der Wissenschaft und anderswo. Münster.

Müller, Kristine, Dipl.-Geogr., Jg. 1975, wissenschaftliche Mitarbeiterin am Leibniz-Institut für Regionalentwicklung und Strukturplanung (IRS) in Erkner. Im Rahmen ihrer Projektarbeit sowie Dissertation untersucht sie räumliche Entwicklungen an der Außengrenze der Europäischen Union. Forschungsschwerpunkte: Sozialgeografie, Verräumlichung sozialer Ungleichheit und Grenzforschung.

Niemczik-Arambasa, Mihaela Narcisa, M. A., Jg. 1980, wissenschaftliche Mitarbeiterin am Institut für Geographie, Abteilung Humangeographie, an der Universität Potsdam. Forschungsschwerpunkte: Rumänien, Republik Moldau, Grenzräume. Dissertationsprojekt (seit 2006): Alltag am östlichen Rand der EU: Raumaneignungen der Bevölkerung im Grenzraum Rumänien-Republik Moldau. Publikation: Heller, Wilfried/Arambaşa, Mihaela Narcisa (Hrsg.) (2009): Am östlichen Rand der EU: geopolitische, ethnische und nationale sowie ökonomische und soziale Probleme und ihre Folgen für die Grenzraumbevölkerung.

Tarkowska, Elżbieta, Prof. Dr. hab., Jg. 1944, Soziologin, Professorin am Institut für Philosophie und Soziologie der Polnischen Akademie der Wissenschaften (PAN) sowie an der Akademie für spezielle Pädagogik. Arbeitsgebiete: Soziologie und Anthropologie der Gegenwart, Entwicklung von Lebensstilen, die französische Schule der Soziologie, Soziologie der Armut. Autorin und Redakteurin sowie Herausgeberin von über 30 Büchern, veröffentlichte mehr als 250 Artikel in Zeitschriften und Sammelbänden. Redakteurin des Periodikums „Kultura i Społeczeństwo" sowie Vorstandsmitglied am Institut für öffentliche Angelegenheiten.

Wagner, Mathias, Dr. phil., Jg. 1955, Sozialwissenschaftler, Lehrbeauftragter, Hörfunk- und Dokumentarfilm-Autor. Forschungsschwerpunkte: Qualitative Sozialforschung, ethnographische Methoden, Biografieforschung, ländliche Entwicklung, Polen. Publikationen u. a.: „Fliege Wolke du nach Westen“. Fritz Straube – ein Emigrantenschicksal im Zweiten Weltkrieg. Deutschlandfunk 2005; Fremde Heimat. Alltag in einem masurischen Dorf. Potsdam 2004; „Wir waren alle Fremde“: Die Neuformierung dörflicher Gesellschaft in Masuren seit 1945. Münster 2001; „In der Nähe war Korea.“ Masuren – Geschichten einer neuen Heimat. Dokumentarfilm 1998.

Wust, Andreas, M. A., Jg. 1969, wiss. Mitarbeiter am Institut für Länderkunde, Leipzig. Projekt: „Geographie[n] an den Rändern des europäischen Projekts“. Arbeitsgebiete: Grenzraumforschung, Regionalentwicklung im östlichen Europa. Publikationen: Haase, A./Wust, A./Knappe, E./Grimm, F.-D. (Hrsg.) (2004): Wandel in ostmitteleuropäischen Grenzregionen. Leipzig; Bruns, B./Müller, K./Wust, A./Zichner, H. (2010): Praktiken der Grenzüberschreitung. Die Produktion der Außengrenze der EU zwischen Homogenisierung und lokaler Aushandlung. In: Belina, B./Miggelbrink, J. (Hrsg.): Hier so, dort anders. Raumbezogene Vergleiche in der Wissenschaft und anderswo. Münster.

Zichner, Helga, Dipl. Kulturwissenschaftlerin, Jg. 1975, seit 2008 im Forschungsprojekt „Geographien an den Rändern des europäischen Projekts“. Publikationen: Zichner, Helga et al. (2009): „Handeln an der Außengrenze der Europäischen Union“. In: Krämer, Raimund (Hrsg.): Grenzen in den internationalen Beziehungen. Welttrends. Potsdam; Bruns, Bettina/Zichner, Helga (2009): Übertragen – Übersetzen – Aushandeln? Wer oder was geht durch Übersetzung verloren, oder kann etwas gewonnen werden? In: Social Geography 4. 2009. (http://www.soc-geogr.net/4/25/2009/)

MIX
Papier aus verantwortungsvollen Quellen
Paper from responsible sources
FSC® C105338

If you have any concerns about our products, you can contact us on
ProductSafety@springernature.com

In case Publisher is established outside the EU, the EU authorized representative is:
Springer Nature Customer Service Center GmbH
Europaplatz 3, 69115 Heidelberg, Germany

Printed by Libri Plureos GmbH
in Hamburg, Germany